Christoph Deutschmann
Postindustrielle Industriesoziologie

Grundlagentexte Soziologie

Herausgegeben von Klaus Hurrelmann

In den sechziger und siebziger Jahren erschien im Juventa Verlag die Reihe „Grundfragen der Soziologie". Sie wurde von Dieter Claessens, Sozialanthropologe und Familienforscher an der Universität Münster, später der Freien Universität Berlin, herausgegeben. Die Reihe hatte einen prägenden Einfluss auf die damals noch in den Anfängen stehende Disziplin Soziologie. Viele Bände der Reihe sind bis in die 80er-Jahre hinein Standardlehrbücher geblieben.

Die Reihe „Grundlagentexte Soziologie" knüpft an diese Tradition an. Die Soziologie hat sich seitdem in Deutschland als theoretisch und empirisch reichhaltiges wissenschaftliches Fach etabliert. Es fehlt ihr aber an Einführungstexten und Übersichtsbänden für den Lehrbetrieb in Universitäten, Fachhochschulen, Fachschulen und anderen Bildungseinrichtungen.

Dieser Herausforderung stellt sich die Reihe „Grundlagentexte Soziologie". Von fachlich gut ausgewiesenen Wissenschaftlerinnen und Wissenschaftlern werden Texte vorgelegt, die die wichtigsten theoretischen Ansätze des Faches, methodische Zugänge und gesellschaftswissenschaftliche Analysen präsentieren. Die Bände sind so zugeschnitten, dass sie sich als Basislektüre für Vorlesungen, Seminare und andere Lehrveranstaltungen mit einführendem Charakter eignen.

Die Reihe „Grundlagentexte Soziologie" wird herausgegeben von Klaus Hurrelmann, der als Sozial- und Gesundheitswissenschaftler an der Universität Bielefeld tätig ist.

Christoph Deutschmann

Postindustrielle Industriesoziologie

Theoretische Grundlagen, Arbeitsverhältnisse
und soziale Identitäten

Juventa Verlag Weinheim und München 2002

Der Autor

Christoph Deutschmann, Jg. 1946, ist Professor für Soziologie an der Universität Tübingen.

Seine Arbeitsgebiete sind Industrie- und Wirtschaftssoziologie, sowie Managementforschung.

Die Deutsche Bibliothek - CIP-Einheitsaufnahme

Ein Titeldatensatz für diese Publikation ist bei
Der Deutschen Bibliothek erhältlich.

© 2002 Juventa Verlag Weinheim und München
Umschlaggestaltung: Atelier Warminski, 63654 Büdingen
Umschlagabbildung: André Thomkins, ohne Titel, 1973
Printed in Germany

ISBN 3-7799-1471-9

Inhalt

1. Einleitung

Die Industriesoziologie wird gewöhnlich als eine „angewandte" Soziologie betrachtet, die die mit der industriellen Produktion verknüpften sozialen Verhältnisse auf betrieblicher und gesellschaftlicher Ebene untersucht. Sie sieht ihre Aufgabe in „the application or development of principles of sociology relevant to the industrial mode of production and the industrial way of life" – so lautete die Definition von Wilbert E. Moore (1948). Moore formulierte sie kurz nach dem Ende des Zweiten Weltkrieges, als die Industriesoziologie sich als eine Subdisziplin der akademischen Gesellschaftslehre in den USA zu etablieren begann. Sie ist rein formaler Natur und kann aus heutiger Sicht nicht unbesehen übernommen werden. Wir können Moores Definition hier nur als Ausgangspunkt betrachten, um präzisere Fragen zur Aufgabenbestimmung der heutigen Industriesoziologie zu formulieren.

- Ob die Industriesoziologie eine nur „angewandte" Soziologie ist, ist unter den Vertretern des Faches immer umstritten gewesen. Die „Praktiker" unter den Industriesoziologen waren zwar seit jeher Anhänger einer solchen Auffassung. Sie betrachten den Industriebetrieb als ihr Hauptbetätigungsfeld und sehen ihre Aufgabe darin, den arbeitspolitischen Akteuren – Management, Arbeitgeberverbänden, Betriebsräten und Gewerkschaften – mit wissenschaftlich begründeten Erkenntnissen zur Seite zu stehen. Es geht dabei um Fragen der Organisation der Arbeit, der Gestaltung technischer Systeme, der betrieblichen Leistungs- und Lohnpolitik, der Verfahren der Partizipation und Konfliktregelung und zahlreiche andere Probleme der betrieblichen Praxis – im Grunde also nicht um „Industrie"- sondern um Betriebssoziologie. Die „Theoretiker" auf der anderen Seite dagegen weisen eine solche Beschränkung des Faches zurück und insistieren auf seiner Bezeichnung als „Industriesoziologie". Sie räumen zwar die Existenz betrieblicher Gestaltungsspielräume ein, bestehen jedoch darauf, dass Industriearbeit durch sektorale und gesamtgesellschaftliche Strukturen bedingt ist, sowie ihrerseits in vielfältiger Weise auf die Gesellschaft zurückwirkt. Die in der betrieblichen Arbeitspolitik wirksamen sozialen Kräfte lassen sich nach ihrer Überzeugung nur im Rahmen einer gesamtgesellschaftlichen Analyse richtig einschätzen. Nur so könne die Industriesoziologie selbst auch der Gefahr undurchschauter Instrumentalisierung durch die Interessen der das Feld dominierenden Akteure entgehen. Industriesoziologie ist für die Vertreter dieser Position nicht nur angewandte empirische Soziologie, sondern ein Kernstück der Gesellschaftstheorie. Die Industriesoziologie schwankte in ihrer Entwicklung zwischen diesen beiden Auffassungen hin und her. Sie stehen auch heute noch kaum verbunden nebeneinander; die Konkurrenz zwischen ihnen liefert Stoff für immer neue Kontroversen.

- Gegenstand der Industriesoziologie soll der „industrial mode of production" und der „industrial way of life" sein. Was immer man darunter verstehen mag – es gibt kaum einen Gegenstand der Soziologie, der sich historisch so sehr verändert hat wie dieser. Die Industriearbeiterschaft, die in der Mitte des 20. Jahrhunderts in allen entwickelten kapitalistischen Ländern noch die größte Gruppe unter den abhängig Beschäftigten war, ist zu Beginn des 21. Jahrhunderts zu einer Minderheit geschrumpft und ihre Bedeutung geht weiter zurück. Die industrielle Gesellschaft hat sich, wie Daniel Bell schon 1973 voraussagte (Bell 1976), in eine „post-industrielle Gesellschaft" verwandelt, deren Lebensweise nicht länger durch die industrielle Produktion, sondern durch „tertiäre" Tätigkeiten im weitesten Sinn geprägt wird: Wissenschaft und Forschung, Dienstleistungen, Kommunikation. Die Industriearbeit selbst hat ihre frühere Handgreiflichkeit verloren und kann nicht mehr mit schwerer körperlicher Arbeit in rußgeschwärzten Fabriken, auch nicht mehr ohne weiteres mit mechanisierter Massenproduktion gleichgesetzt werden. Auch wenn die Letztere noch keineswegs verschwunden ist, hat die Produktionsarbeit sich immer mehr aus der direkten Einbindung in den materiellen Produktionsprozess gelöst und gewinnt damit den Charakter von „Gewährleistungsarbeit" (Springer 1987). Auch innerhalb des verarbeitenden Gewerbes treten die direkt herstellenden Arbeiten hinter den indirekt produktiven Funktionen, den Wartungs-, Instandhaltungs- und Steuerungstätigkeiten einerseits, den Dienstleistungs- und kommunikativen Funktionen andererseits zurück. Flexible Arbeitsformen und netzwerkartige Organisationsstrukturen verdrängen die überkommenen bürokratischen und hierarchischen Koordinationsmuster (Castells 1996), analytische, intellektuelle und soziale Qualifikationen gewinnen gegenüber den manuellen an Bedeutung.

Kritiker (z.B. Hack/Hack 1985, Rammert 1993, Türk 1995) haben der Industriesoziologie vorgeworfen, aufgrund ihrer traditionellen Konzentration auf die gewerblichen Produktionstätigkeiten einem anachronistisch gewordenen Bild der industriellen Wirklichkeit nachzuhängen. Auch wenn dieser Kritik zu einem guten Teil zuzustimmen ist, macht der „postindustrielle" Charakter der heutigen Arbeitswelt dennoch die traditionellen Fragestellungen und analytischen Perspektiven der Industriesoziologie keineswegs in toto obsolet. Auch die vielzitierte „Wissensarbeit" ist nach wie vor Arbeit unter kapitalistischen Produktionsbedingungen, die unter den Imperativen der Kostensenkung einerseits, der Leistungssteigerung andererseits steht. Es sind gerade die auf elektronische Medien und Informationstechniken gestützten konsum- und produktionsbezogenen Dienstleistungen, die als Folge ihres Wachstums heute mehr denn je unter Konkurrenz- und Rationalisierungsdruck geraten. Sie gewinnen selbst den Charakter von „Industrien", wie der Jargon der „Praktiker" sagt: nicht selten ist sogar von „Finanzindustrien" die Rede! Die Veränderungen der Arbeitsbedingungen und -verhältnisse in der Informationswirtschaft weisen keineswegs nur Unterschiede, sondern auch Analogien zu den Rationalisierungsprozessen der klassischen industriellen Produktion im Übergang von ihrem handwerklichen zum mechanisierten Stadium auf.[1] Auf der anderen Seite war die Kreativität nicht nur der Erfinder und Experten, sondern auch der Produktionsarbeiter seit jeher eine wesentliche Voraussetzung der industriellen Revolutionen des Kapitalismus. Sie ist kein exklusives Merkmal der heutigen „Wissensarbeit" – ein Ausdruck den wir, so beliebt er auch heute geworden ist, wegen der in ihm angelegten Tautologie für irreführend halten und deshalb vermeiden werden. An seiner Stelle werden wir den Terminus „Informationsarbeit" verwenden.

Arbeit, selbst die einfachste körperliche „Knochenarbeit", beruht immer auf „Wissen", d.h. einer wie immer ausgestalteten subjektiven Repräsentation gesellschaftlicher Symbolwelten; sie wäre andernfalls nicht von instinktgesteuertem Verhalten zu unterscheiden. Sie ist die auf Wissen gestützte Auseinandersetzung des Menschen mit der gegenständlichen Realität und damit eine a priori gesellschaftliche Aktivität wie das zugrunde liegende Wissen selbst. Wissen ist die menschlichen Subjekten eigene Fähigkeit, Informationen auf einen kontingenten Kontext zu beziehen und so zu „interpretieren" (auslegen, erklären, dolmetschen). Information dagegen ist symbolisch objektiviertes Wissen. Sie ist ein öffentliches Gut, das nicht übertragen, sondern mitgeteilt wird und mit ansteigender Zahl seiner Nutzer keine zusätzlichen Kosten verursacht. Privat angeeignet und in eine Ware verwandelt werden kann es nur, wenn seine Nutzung künstlich mit den Mitteln des Urheber- oder Patentrechts blockiert wird, oder wenn es in die Form eines physischen Gutes oder einer Dienstleistung gebracht wird. Dazu ist Arbeit erforderlich, und die Anforderungen an diese Arbeit tendieren mit steigender Komplexität des in den Produkten und Dienstleistungen bereits objektivierten Wissens ihrerseits zu wachsen.

Informationsarbeit ist Arbeit, die sich ganz auf kreative und kommunikative Leistungen, sowie auf die Bewältigung von Störungen und situativen Anforderungen konzentriert. Sie ist von mechanischen Funktionen weitgehend entlastet und hat es vorrangig mit der Bewältigung von Unsicherheit zu tun: Mit der Befriedigung der Bedürfnisse anspruchsvoller und launischer Kunden, mit Beratung in unkalkulierbaren Handlungssituationen, mit Forschung und Entwicklung, mit komplexen Produktionssystemen und Soft-

---

1 So hat die Softwareindustrie ihr „handwerkliches" Stadium schon in der Mitte der achtziger Jahre überwunden. Bemühungen um eine stärkere Arbeitsteilung, um eine Standardisierung und Rationalisierung der Entwicklungsarbeit setzen sich auch in dieser Branche verstärkt durch, auch wenn bis heute nicht die „Fabrik", sondern das „Netzwerk" die vorherrschende Produktionsform ist (Trautwein-Kalms 1995; Konrad/Paul 1999: 37).

wareproblemen. Sie lässt sich daher entweder gar nicht oder nur mit hohem Aufwand programmieren. Die Arbeitsleistung kann daher oft nicht länger mit den herkömmlichen Mitteln organisatorischer und technischer Kontrolle abgerufen und überwacht werden. Auch elektronische Überwachungssysteme können diesen Zweck nur sehr begrenzt erfüllen. Selbstkontrolle muss daher an die Stelle von Fremdkontrolle treten. Weil die Leistungsziele aufgrund der Variabilität und Kontextgebundenheit der Aufgaben (Picot et al. 1996: 433f.) ohne die aktive und loyale Mitwirkung der Arbeitenden gar nicht spezifiziert werden können, muss eine im Vergleich zu traditionellen Systemen sehr viel höhere subjektive Einbindung der Beschäftigten angestrebt werden. Das wirkt sich in vielfältiger Weise auch auf ihren sozialen und arbeitsrechtlichen Status aus.

Die heutige „postindustrielle" Arbeitswelt lässt sich auf der Basis einer bloßen Fortschreibung traditioneller industriesoziologischer Kategorien nicht angemessen analysieren. Eine abstraktere und zugleich differenzierungsfähigere Begrifflichkeit ist nötig, um Differenzen wie Kontinuitäten zwischen den alten und den neuen Arbeitsformen angemessen zu bestimmen.

• Verändert haben sich schließlich die „principles of sociology", die Kategorien und Fragestellungen der Soziologie selbst und mit ihnen das Verständnis der Aufgaben einer „soziologischen" Untersuchung der Industrie. Webers Untersuchungen zur Psychophysik der industriellen Arbeit verfolgten andere Ziele als Mayos Hawthorne-Studien; Popitz' und Bahrdts Untersuchungen zu Technik und Industriearbeit in den fünfziger Jahren hatten ein anderes Erkenntnisinteresse als die durch die Renaissance des Marxismus geprägten Studien zum Arbeiterbewusstsein der siebziger Jahre. Von diesen wiederum ist es ein weiter Weg zu den heute einflussreichen konstruktivistischen Ansätzen. In diesen Differenzen drücken sich grundlegendere Unterschiede in der Auffassung des „Sozialen" und der es bestimmenden Strukturen selbst aus: Sind es letztlich die technischen Sachgesetzlichkeiten, die die Organisation der Arbeit im Industriebetrieb bestimmen, oder ist die Technik ihrerseits als eine „soziale Konstruktion" aufzufassen? Welche Rolle spielen ökonomische Verwertungsimperative, wie wichtig sind informelle Gruppen, Netzwerke und Koalitionen? Auch diese Kontroversen um die Aufgabenstellung der Industriesoziologie sind ohne Berücksichtigung des historischen und praktischen Kontexts, in dem sie ausgetragen wurden, nicht nachzuvollziehen.

In diesem Buch sollen die Entwicklung und der aktuelle Stand der Industriesoziologie dargestellt und kritisch überprüft werden. Daraus werden analytische Perspektiven entwickelt, die über die herkömmliche Konzentration des Fachs auf die industrielle Fertigung hinausweisen. Wir gehen im folgenden Kapitel zunächst auf die skizzierten Fragen ein. Der weitere Gang der Darstellung ist wie folgt: In Kapitel 3 wird es um die historisch-theoretischen Grundfragen der Industriesoziologie gehen. Muss der traditionelle Schlüsselbegriff des Kapitalismus, wie es heute oft gefordert wird, zugunsten neuer Konzepte – z.B. „reflexive Modernisierung", „funktionale Differenzierung" – „Arbeitsgesellschaft" – relativiert werden? Wir werden an dem traditionellen Konzept festhalten; die nähere Begründung wird freilich zu einer Neufassung der Begriffe Geld und Kapital führen, bei der wir insbesondere auf die Analysen Georg Simmels zurückgreifen. Daran schließt sich eine Interpretation der kapitalistischen Dynamik an, bei der wir neben den Analysen von Schumpeter und Marx auch von den Ansätzen der neueren, konstruktivistisch orientierten Technikgeneseforschung Gebrauch machen. Im vierten Kapitel werden die klassischen Themen der Industriesoziologie dargestellt und unter aktuellen Gesichtspunkten diskutiert: Das Transformationsproblem, Macht, Kontrolle und Herrschaft in Betrieben und Organisationen, die Institutionen des Arbeitsverhältnisses. Insbesondere wird auf die Fragen von Ausbildung und Arbeitsmarkt, der industriellen Arbeitsbeziehungen und der sozialen Sicherung eingegangen. Im Anschluss daran geht es um das Thema der „Subjektivität". Das fünfte Kapitel enthält einen Überblick über die industriesoziologische, teils auch sozialgeschichtliche Identitäts- und Bewusstseinsforschung. Der historische Prozess der Konstruktion und Dekonstruktion auf Erwerbsarbeit begründeter sozialer Identitäten wird an drei kontrastierenden Mustern aufgezeigt: Geschlechteridentitäten, Arbeiter und Angestellte, Manager und Unternehmer. Ein kurzes Resümee sowie ein zeitdiagnostisch orientierter Ausblick schließen die Darstellung ab.

Das Buch ist nicht nur für Fachexperten geschrieben, sondern soll auch dem weniger vorgebildeten Leser einen Einblick in die Grundfragen der Industriesoziologie geben. Um den Bedürfnissen beider Rechnung zu tragen, sind Textpassagen, die dem Experten vielleicht bekannte Basis- oder Detailinformationen enthalten, klein gedruckt. Er oder der einfach nur eilige Leser[2] mag sie überschlagen.

Die Arbeit Buch ist Ergebnis intensiver Diskussionen und einer langjährigen Zusammenarbeit mit vielen Fachkollegen; genannt seien hier nur Reinhard Bahnmüller, Joachim Bergmann, Jens Beckert, Michael Faust, Werner Schmidt, Rudi Schmitt, Paul Windolf. Auch die Studierenden meiner Tübinger Seminare haben mir manche Anregung gegeben. Ihnen allen sei hier gedankt.

---

2 Im Interesse der Lesbarkeit des Textes wird auf die regelmäßige Nennung der weiblichen Form verzichtet.

2. Entwicklung und heutige Lage der Industriesoziologie

2.1 Industriesoziologie oder Betriebssoziologie? Ein historischer Überblick

Die Frage danach, was die Industriesoziologie als ihr Untersuchungsfeld betrachtet, ist in ihrer Geschichte immer wieder kontrovers gewesen. Im historischen Überblick lässt sich ein Changieren zwischen einer breiten Definition des Gegenstandes und einer engen beobachten, nämlich der Industrie als zentralem Sektor gesellschaftlicher Entwicklung einerseits, dem Industriebetrieb andererseits.

2.1.1 Die Konstitutionsphase

Für die Begründer der Soziologie im 19. Jahrhundert – Saint-Simon, Comte, Spencer, Durkheim, Schmoller, Toennies – war die Industrie und die industrielle Entwicklung das Thema ihres Faches schlechthin. Es waren die durch die industrielle Revolution hervorgebrachten neuen Formen sozialer Differenzierung und Prozesse sozialen Wandels, die für sie den Inbegriff der „Gesellschaft" bildeten. Die neu entstehende Gesellschaftslehre konzentrierte sich auf Themen wie die Arbeitsteilung, den Kampf der sozialen Klassen, die Freisetzung der Individuen aus ständischen Bindungen. Sie analysierte die Zerstörung der überkommenen gemeinschaftlichen Institutionen durch den industriellen Fortschritt und ihre Ersetzung durch neue, gesellschaftliche, industrielle Sozialstrukturen. Auch Karl Marx, der freilich selbst kein Soziologe sein wollte, erblickte in der durch den Kapitalismus hervorgebrachten „großen Industrie" das zentrale Strukturelement der zeitgenössischen Gesellschaft. „Industriesoziologie" gab es in dieser Zeit noch nicht, weil die Soziologie selbst sich als Theorie der Industriegesellschaft verstand. Durch ihre empirische und historische Orientierung versuchte sie, sich von sozialphilosophischer Spekulation einerseits, von abstraktem ökonomischem Modelldenken andererseits abzugrenzen.

Eine Industriesoziologie im engeren Sinn einer spezialisierten Subdisziplin der Soziologie entwickelte sich erst seit dem Ende des 19. Jahrhunderts (Lutz/Schmidt 1977). Damals begannen Autoren wie Charles Booth, B. Seebohm Rowntree, Sidney und Beatrice Webb in Großbritannien, sowie der „Verein für Socialpolitik" in Deutschland unter der Ägide Herkners und

Webers, die soziale Lage der Arbeiterschaft mit Hilfe systematischer empirischer Erhebungen zu erforschen. So entstanden Studien wie Sidney und Beatrice Webbs „Industrial Democracy" (1920), Max Webers und Marie Bernays' Untersuchungen zur „Auslese und Anpassung der Arbeiterschaft in der geschlossenen Großindustrie" (1924) und Adolf Levensteins Erhebungen zur „Arbeiterfrage" (1912). Sie öffneten nicht nur den Blick in die von der damaligen Wissenschaft noch weitgehend ignorierte industrielle Arbeitswelt, sondern leisteten auch wichtige Beiträge zur Entwicklung der Methodik der empirischen Sozialforschung. Die Hinwendung zur methodisch kontrollierten empirischen Forschung führte auch dazu, dass der Betrieb als eigenständiges soziales Gebilde und die Probleme betrieblicher Leistungspolitik als Thema der Soziologie entdeckt wurden – eine Entwicklung, die schon um die Jahrhundertwende begann, aber erst nach dem Ersten Weltkrieg wirklich zum Durchbruch kam. Die bekannten Studien Elton Mayos und seiner Mitarbeiter in den Hawthorne-Werken der Western Electric Company in den USA in den Jahren 1927-32, sowie die damaligen Forschungen Götz Briefs', Adolph Gecks, Eugen Rosenstocks und Willy Hellpachs in Deutschland werden im Allgemeinen als eigentlicher Ursprung der Betriebssoziologie betrachtet.

Es war die Leistung dieser Untersuchungen, dass sie mit dem in der älteren Literatur dominierenden psychotechnischen Bild des Arbeiters als einer nutzenmaximierenden „Lohnmaschine" brachen, dessen Einfluss auch bei Max Weber noch deutlich spürbar war (Weber 1972: 86). Über den Reiz-Reaktions-Ansatz der Psychotechnik hinaus begann sich eine Industrie„soziologie" im eigentlichen Sinn zu entwickeln, die die Aufgaben der „sozialen Betriebsführung" (Geck 1953) in ihrer Eigenständigkeit ernst nahm und damit nicht umhin konnte, sich auch auf die subjektiven Sichtweisen und Probleme der Arbeiter einzulassen. Diese Entwicklung war sowohl in Deutschland, in Großbritannien und in den USA zu beobachten; sie ging jedoch einher mit einer Verengung der Forschungsthemen auf den Industriebetrieb und einer Indienstnahme der Industriesoziologie durch das Management. Mehr denn je zeigten sich gerade die Unternehmensführungen an industriesoziologischer Forschung und Beratung interessiert, da die immer komplexeren Probleme der Auswahl, Qualifizierung und sozialpolitischen Einbindung der Arbeiterschaft nicht länger im Rahmen traditioneller patriarchalischer Personalpolitik gelöst werden konnten.

In Deutschland hatten Krieg und Inflation nicht nur zu einer Verelendung breiter Schichten der Bevölkerung und zu einer Zerrüttung des Produktionsapparates geführt, sondern auch zu einer Zuspitzung der politischen und sozialen Kämpfe zwischen Kapital und Arbeit, insbesondere in der Zeit von der Novemberrevolution bis zum Währungszusammenbruch von 1923. Auf der Seite der Unternehmer wurde erkannt, dass die Wiederherstellung der Konkurrenzfähigkeit der deutschen Wirtschaft nicht allein von der Anwendung der aus den USA kommenden tayloristischen Lehren zu erwarten war.

Wichtiger erschien es, die sozialen Spannungen zu überwinden und die Leistungsbereitschaft und „Arbeitsfreude" – ein zentrales Schlagwort der Literatur der zwanziger Jahre – der Arbeiter zu steigern. Dazu begannen die Unternehmer und ihre Verbände, unterstützt durch die von Heinz Marr, Josef Winschuh und anderen unternehmernahen Schriftstellern und Professoren initiierte „Werkgemeinschaftsbewegung", eine Kampagne gegen die Gewerkschaften und den von ihnen durchgesetzten Achtstundentag (Hinrichs 1981: 155f.). Dem Ziel der Wiederherstellung der „Arbeitsfreude" widmete sich aber auch die sich nun rasch entwickelnde Betriebssoziologie. Die Bedingungen und Erscheinungsformen der Arbeitsmotivation wurden zum Zentralthema theoretischer wie empirischer Untersuchungen wie auch der von Hellpach, Lang und Rosenstock durchgeführten praktischen Versuche der Arbeitsgestaltung, die viele Elemente des späteren Konzepts teilautonomer Gruppen vorwegnahmen (Hellpach/Lang 1922). Die Auseinandersetzung mit den Problemen der Arbeitsmotivation führte zu einer Kritik der sich damals in der deutschen Industrie verbreitenden Fließbandorganisation und tayloristischen Rationalisierungspolitik.

Goetz Briefs, der das Institut für Betriebssoziologie und soziale Betriebslehre in Berlin Charlottenburg im Jahr 1928 gründete, forderte eine Abkehr vom technizistischen Menschenbild des Taylorismus und der Psychotechnik. Auch die „Seele des Arbeiters", seine nicht messbaren Fähigkeiten und Bedürfnisse müssten gewürdigt, ihre Unterdrückung als Kostenfaktor erkannt werden. Der Soziologie Hendrik de Man schließlich veröffentlichte eine Schrift mit dem programmatischen Titel „Der Kampf um die Arbeitsfreude" (de Man 1927). Die Konjunktur der Betriebssoziologie hatte unzweifelhaft damit zu tun, dass sie einen Beitrag zu der von unternehmerischer Seite dringend gewünschten „Versachlichung" der Arbeitsbeziehungen versprach. Die Gewerkschaften sollten aus dem Betrieb herausgehalten, die Produktivität gesteigert und die Arbeiterschaft ruhig gestellt werden. Dabei kam man freilich nicht umhin, auch die „Entfremdung" zwischen Arbeiter und Betrieb als Problem zu erkennen. Um ihr entgegenzuwirken, plädierte man für sozialpolitische Maßnahmen und die Einrichtung betrieblicher Konsultationssysteme (Briefs 1959: 49).

Auch in den USA stand der durch die „Human Relations"-Bewegung repräsentierte Aufschwung der Industriesoziologie in engem Zusammenhang mit einer sich verschärfenden „Kontrollkrise" (Edwards 1981: 109f.) der Unternehmen. Sie hatte hier weniger mit den Nachwirkungen des Krieges zu tun als mit den ungeplanten Folgewirkungen des Größenwachstums der Unternehmen und der Anwendung von Taylors Rezepten der „wissenschaftlichen Betriebsführung" durch immer mehr Firmen. Der verbreitete militante Widerstand der Arbeiter gegen die tayloristische Rationalisierung (Brecher 1975) brachte das Management zu der Erkenntnis, dass das Produktivitätspotential des modernen mechanisierten Großbetriebes ohne eine wie immer herbeizuführende „freiwillige" Disziplin und Kooperationsbereitschaft der Arbeiter nicht ausgeschöpft werden könne. Schon vor dem Ersten Weltkrieg hatte man daher begonnen, betriebliche Personalabteilungen, Wohlfahrtseinrichtungen, Betriebsgewerkschaften aufzubauen, um das betriebliche Sozialklima zu verbessern.

Es war das Ziel Mayos und seiner Mitarbeiter, die bereits „in der Luft" liegende Erkenntnis des Zusammenhangs zwischen Produktivität und den menschlichen Beziehungen im Betrieb an „objektiven" Experimenten zu demonstrieren und zu einer handlichen „Botschaft" zu verdichten (Roethlisberger/Dickson 1939, Mayo 1949). In den Hawthorne-Werken wurde eine ganze Serie von Experimenten durchgeführt, mit denen bewiesen werden sollte, dass nicht, wie bisher vielfach angenommen, kürzere Arbeitszeiten und höhere Löhne, sondern bessere menschliche Beziehungen am Arbeitsplatz und ein nicht direktiver Führungsstil entscheidende Faktoren für die Erzielung höherer Effizienz seien. Im Verlauf der Versuche stießen die Forscher auch auf die Phänomene der kollektiven Leistungsrestriktion und der informellen Gruppen. Auf ihren Befunden bauten sie eine ganze Theorie der sozialen Organisation des Industriebetriebes auf.

Ihr Kern ist die Erkenntnis der Eigenständigkeit des Motivationsproblems und, im Zusammenhang damit, die Unterscheidung von „formaler" und „informeller" Organisation. Basierte die Erste auf die Logik von Kosten und Effizienz, so wird die Zweite durch eine „logic of sentiments" geleitet, in der die Normen der Gruppe und die reziproken Gefühle der Gruppenmitglieder zum Ausdruck kommen. Das Handeln der Menschen im Industriebetrieb folgt damit nicht individuellen Antrieben (die so genannte „Horden"-Hypothese nach Mayo), sondern wird durch genuin kollektive Strukturen, Traditionen, Normen determiniert – eine These, bei der Mayo sich explizit auf Durkheim berief. Daraus ergaben sich vielfältige praktische Konsequenzen für die Personalpolitik des Managements im Betrieb. Um die formale und informelle Organisation im Gleichgewicht zu halten, ist z.B. die soziale Führungskompetenz der Vorgesetzten nicht minder wichtig als die technische und organisatorische. Zur sozialen Kompetenz der Vorgesetzten gehört insbesondere auch der „klinische Blick", d.h. die Fähigkeit, hinter den ausdrücklich artikulierten Forderungen und Beschwerden die wahren Konflikte, Bedürfnisse und Interessen der Mitarbeiter zu entdecken. Sie wurden als grundsätzlich harmonisierbar interpretiert. In diesem Sinne ließ sich der Ansatz Mayos auch als „sozialtherapeutisch" kennzeichnen.

Kritiker haben die These vertreten, dass es sich bei den Hawthorne-Studien um einen besonders erfolgreichen Fall sozialer „Konstruktion" wissenschaftlicher Erkenntnisse gehandelt habe. Das Resultat der Versuche sei in Wahrheit nicht, wie die offizielle Legende behauptete, durch einen mühsamen Prozess von Versuch und Irrtum zustande gekommen, sondern bewusst durch das Arrangement der Experimente im Relay Assembly-Testraum herbeigeführt worden (Walter-Busch 1989; Kieser 1999a). Wie berechtigt diese Kritik auch immer war, sie änderte nichts an der öffentlichen Wirksamkeit der Botschaft. Ein neues „Paradigma" der Industriesoziologie war entstanden.

2.1.2 Die Entwicklung in der Nachkriegszeit

Die Human Relations-Doktrin hat zahlreiche empirische Forschungen zur Sozialpsychologie des Industriebetriebes, zum Betriebsklima, zum Verhalten kleiner Gruppen, zu Führungsstilen angeregt und ist zum Vorbild zahlreicher späterer Konzepte (wie Organisationsentwicklung, „Theorie Z",

Human Resources Management etc.) geworden. Sie hat nicht nur den Hauptstrom der amerikanischen Industriesoziologie über Jahrzehnte geprägt, sondern auch die Homans'sche Kleingruppentheorie und die allgemeine soziologische Systemtheorie von Talcott Parsons beeinflusst. In Großbritannien ist die Human Relations-Doktrin durch den „sozio-technischen" Ansatz des Londoner Tavistock-Instituts (Trist/Bamforth 1951) aufgenommen und weiterentwickelt worden.

Bei ihrer Verbreitung in Europa nach dem Zweiten Weltkrieg, aber auch in den USA selbst, stieß die Doktrin freilich auch auf skeptische Reaktionen. Vorgeworfen wurde ihr eine sozialharmonistische Sichtweise und ein sozialpsychologisch verkürzter Blick auf die Gruppenbildungen im Industriebetrieb, der die objektiven gesellschaftlichen Strukturbedingungen industrieller Lohnarbeit ausblende. Es war vor allem der französische Industriesoziologe Georges Friedmann (1952, 1953, 1959), der ungeachtet seiner Anerkennung der Verdienste Mayos und seiner Kollegen um die Überwindung taylorischer Arbeitsformen die zentralen, von der Kritik immer wieder geltend gemachten Einwände gegen die Human Relations-Doktrin formulierte: Die soziale Integration des Arbeiters in den Betrieb werde als ein lediglich therapeutisch und nicht durch reale Mitbestimmung im Betrieb zu lösendes Problem angesehen. Die Human Relations-Doktrin setze sich dem Verdacht der Manipulation aus und setze an die Stelle des Taylor'schen Technizismus nur einen neuen, sozialpsychologischen Technizismus. Die Einbindung der betrieblichen Sozialorganisation in die überbetriebliche Sozialpolitik sowie die gesellschaftliche Klassenstruktur werde ignoriert. Gewollt oder ungewollt lasse die Betriebssoziologie sich durch die Interessen der Kapitalseite instrumentalisieren. Dass Mayo selbst versucht hatte, seine Befunde zur betrieblichen Kooperation in Richtung einer an Durkheim angelehnten allgemeinen Theorie sozialer Integration zu erweitern, konnte den auch in der deutschen Kritik (Schelsky 1965, Mayntz 1966) erhobenen Vorwurf, er vertrete ein allzu einfaches Gesellschaftsbild, nicht entkräften.

Die Human Relations-Bewegung, die zunächst so starke Resonanz gefunden und die Institutionalisierung der Industriesoziologie vor allem in den USA getragen hatte, verlor in den fünfziger Jahren immer mehr an Boden (Lutz/Schmidt 1977: 135f.). Die Problematik, die an ihrem Beginn gestanden hatte, nämlich die Kritik tayloristischer Rationalisierung und Technisierung der Arbeit, blieb jedoch aktuell und wurde in der Nachkriegszeit in einer neuen, nicht länger betriebssoziologisch beschränkten Perspektive wieder aufgenommen. Friedmann (1959: 40) formulierte sein „Gesetz der sinkenden Erträge" der Arbeitsteilung. Die in der wissenschaftlichen Betriebsführung zum Dogma erhobene These Adam Smiths, die Teilung der Arbeit führe zu stetigen Produktivitätsfortschritten, gehe von einem bestimmten Punkt an in die Irre, da sie die Rückwirkungen der Arbeitsteilung auf die menschliche Persönlichkeit ignoriere. Die Reduktion der Tätigkeiten auf repetitive Teilarbeiten führt, wie Friedmann an zahlreichen empirischen

Untersuchungen belegt, zu einseitigen körperlichen und seelischen Belastungen, zu Langeweile und Unlust der Beschäftigten. Die Arbeiterinnen und Arbeiter reagieren darauf mit Fehlleistungen, häufiger Abwesenheit und Stellenwechsel, die die angestrebten Produktivitätswirkungen der Technisierung und Arbeitsteilung zunichte machen. Die exzessive Arbeitsteilung, die sich nicht nur in kapitalistischen, sondern auch in sozialistischen Betrieben findet, ist nach Friedmann jedoch nicht nur eine betriebswirtschaftliche Fehlkalkulation. Weil der Erwerbsarbeit eine zentrale Rolle bei der Bildung der Persönlichkeit zukomme, führe der Abbau betrieblicher Qualifikationen durch die Taylorisierung auch zu gesellschaftlichen Krisen. Wer sich in der Arbeit als austauschbar empfinde, keine Aufgabe zu Ende führen könne, nur noch Unlust und Desinteresse verspüre, werde dafür auch in der „Freizeit" keine Kompensation finden können. Im Gegenteil können sich diese Versagungen auch dort auswirken und zu pathologischen Kompensationsversuchen durch Alkoholkonsum und rohe Vergnügungen aller Art (Friedmann 1959: 120) führen.

Neben den Auswirkungen der wissenschaftlichen Betriebsführung auf die Industriearbeit traten zunehmend die Folgen des technischen Fortschritts in den Blick der Industriesoziologie. Die Debatte darüber, ob die Mechanisierung der Industriearbeit wirklich zu einer progressiven Degradierung der Qualifikationsanforderungen führe, oder ob nicht beim Übergang von der mechanisierten zur automatisierten Produktion ein gegenläufiger Trend zu höherer Qualifikation und Autonomie des Arbeiters wirksam werde, wurde in den fünfziger und frühen sechziger Jahren mit den Untersuchungen Touraines, Brights, Blauners und Mallets begonnen. Zugleich aber wurde schon die Frage gestellt, wieweit es sich bei der industriellen Mechanisierung überhaupt, wie bis dahin überwiegend angenommen, um eine rein technische Sachgesetzlichkeit, oder nicht vielmehr auch durch gesellschaftliche Kräfte bestimmten Prozess handle, der dann immer auch Spielräume für alternative Formen der Arbeitsorganisation sowohl auf betrieblicher wie auf überbetrieblicher Ebene eröffne – eine Diskussion, die dann später im Zentrum der anglo-amerikanischen „Labour Process Debate" (Braverman 1977, Littler 1982, Hildebrandt/Seltz 1987) und der Forschungen zur „Humanisierung der Arbeit" stehen sollte.

Auch die deutsche Industriesoziologie der Nachkriegszeit war nicht bereit, sich gemäß dem Vorbild der Human Relations-Bewegung auf die Rolle einer sozialtherapeutischen Beratung des betrieblichen Managements zu beschränken. Die enge Verbindung zwischen der empirischen Erforschung des Industriebetriebes und allgemeinen gesellschaftsanalytischen und -politischen Fragestellungen wurde geradezu zum „Markenzeichen" der deutschen Industriesoziologie der fünfziger Jahre. Die Autoren, die damals begannen, sich einen Namen zu machen – Hans Paul Bahrdt, Ludwig v. Friedeburg, Burkhard Lutz, Heinrich Popitz, Theo Pirker und andere – waren davon überzeugt, es bei dem Industriebetrieb mit einem empirischen Feld

18

zu tun zu haben, auf dem sich entscheidende Tendenzen der gesamtgesellschaftlichen Entwicklung frühzeitig offenbaren und hier besonders gut zu studieren seien. Themen, die sie besonders interessierten, waren das Problem des Erfahrungsverlustes in modernen Gesellschaften im Zuge beruflicher Differenzierung und Spezialisierung, oder auch die subjektiven und objektiven Aspekte der Einbindung der Arbeiterschaft und ihrer Interessenorganisationen in die in Westdeutschland entstehende gesellschaftliche Ordnung. Im Zentrum stand der Prozess der Technisierung und die durch ihn bedingte „Versachlichung" von Herrschaftsverhältnissen. Dieser Prozess machte sich nicht nur im Betrieb geltend, wo Popitz/Bahrdt et al. (1957a) eine fortschreitende Ersetzung „teamartiger" durch „gefügeartige", d.h. technisch vermittelte Kooperationsformen diagnostizierten, sondern auch in der Gesellschaft – ein Thema, das später auch Gegenstand der zwischen Schelsky und Ellul einerseits, Habermas und Marcuse andererseits ausgetragenen Kontroversen um die sog. „Technokratiethese" sein sollte.

Hans Paul Bahrdt formulierte es im Rückblick (1982) so: „Auch heute, aber sicher auch in Zukunft wird aber mächtig sein ein allgemeines Interesse an den Auswirkungen der technischen Rationalisierung auf das Leben der Menschen. Diese sind beinahe in allen Lebensbereichen und Berufsfeldern, ferner bei Angehörigen aller sozialen Schichten festzustellen. Aber es hat gute Gründe, sie in der industriellen Produktion und dort, wo industrielle Arbeitsmethoden eindringen, z.B. in Bürogroßbetrieben, zu untersuchen. Dort treten sie anschaulicher und reiner in Erscheinung als anderswo. Hier ist dieser Prozess schon seit langem in Gang. Es gibt mehr gesicherte geschichtliche Erfahrungen über längere Zeiträume, als etwa über das Eindringen der Elektronik in den häuslichen Freizeitbereich." (Bahrdt 1982: 14) Bahrdt folgerte daraus, dass es für den Industriesoziologen unabdingbar sei, sich mit den Erkenntnissen anderer spezieller Soziologien vertraut zu machen, soweit sie unter dem Blickwinkel der verfolgten allgemeinen Fragen von Bedeutung seien, etwa mit denen der Sozialisationsforschung, der Familien- und Freizeitsoziologie.

Die Industrie galt den Wortführern der Soziologie in den fünfziger Jahren als dasjenige Feld, auf dem ihr sich akademisch gerade erst etablierendes Fach am besten demonstrieren konnte, worauf es ihm ganz besonders ankam: Mehr zu sein als bloß weltfremde geisteswissenschaftliche Spekulation und Zivilisationskritik[1]. Insbesondere die in den fünfziger Jahren entstandenen, in der Tradition der philosophischen Phänomenologie geschulten Studien von Popitz/Bahrdt et al. setzten hinsichtlich ihrer methodischen Sorgfalt und sprachlichen Genauigkeit Maßstäbe; berühmt wurde u.a. das Kapitel über die Tätigkeit des Umwalzers in der Untersuchung über „Technik und Industriearbeit" (Popitz/Bahrdt et al. 1957a: 104). Es war kein Zufall, dass die in der Mitte der fünfziger Jahre gegründete „Sektion Industriesoziologie" nicht nur die erste, sondern lange Zeit auch die einflussreichste Sektion innerhalb der Deutschen Gesellschaft für Soziologie war.

---

1 Siehe die treffenden ironischen Kommentare von Popitz/Bahrdt et al.(1977a) zur zeitgenössischen Technikphilosophie in der Einleitung zu ihrer Studie „Technik und Industriearbeit".

2.1.3 Von den siebziger Jahren bis zur Gegenwart

Als es in den späten sechziger Jahren unter dem Einfluss der Studentenbewegung zu einer breiten Renaissance der Marx'schen Theorie in der Soziologie kam, schlug das Pendel in der Industriesoziologie noch stärker zugunsten einer gesellschaftstheoretischen Akzentuierung aus. Die Marx'sche Theorie hat, wie Brandt (1989: 254f.) mit Recht hervorgehoben hat, schon immer im Hintergrund der meisten theoretischen Auseinandersetzungen in der deutschen Industriesoziologie gestanden: Ob es um die Struktur von Macht und Herrschaft im Betrieb ging, um die Klassengesellschaft oder die „nivellierte Mittelstandsgesellschaft", um die Entwicklungstendenzen von Technik, Arbeitsorganisation und Arbeitsteilung – explizit oder implizit ging es fast stets um die Verteidigung oder Widerlegung Marx'scher Theoreme. Um die Wende von den sechziger zu den siebziger Jahren jedoch wurde die Marx'sche Kritik der politischen Ökonomie zur ersten Pflichtlektüre für Industriesoziologen. Im Hintergrund stand nicht nur das Bedürfnis, der immer wieder kritisierten Theorielosigkeit der Industriesoziologie endlich abzuhelfen, sondern auch die gesellschaftliche und politische Entwicklung. Die erneute Auseinandersetzung mit Marx, vor allem mit den Marx'schen Frühschriften und den unorthodoxen Marx-Interpretationen des „westlichen Marxismus" und der Frankfurter Schule, hatte wesentliche Bedeutung für das Selbstverständnis der studentischen Protestbewegung und der akademischen Linken. Darüber hinaus trat mit der „neuen Militanz", den zahlreichen spontanen Streiks der Arbeiterschaft nicht nur in der Bundesrepublik, sondern auch in zahlreichen anderen westlichen Ländern ein Phänomen auf, für das die auf Integrations- und Verbürgerlichungsvorstellungen festgelegte etablierte soziologische Theorie keine Erklärung hatte und das nach unkonventionellen Interpretationen zu verlangen schien.

Verständlicherweise richtete sich das Bemühen der sich nun entwickelnden politökonomischen Industriesoziologie vor allem darauf, den neu erwachten lohnpolitischen Aktivismus der Arbeiterschaft als Anzeichen für eine „Resurgence of Class Conflict in Western Europe" (Crouch/Pizzorno 1978) zu deuten. Die nun verstärkt vorangetriebenen Forschungen zur Gewerkschaftsbewegung (Bergmann et al. 1975), zum Bewusstsein der Arbeiter, aber auch die historische Entwicklung enttäuschten diese Hoffnungen jedoch alsbald. Die spontanen Streiks, so zeigte sich, konnten nicht als Ausdruck eines Erwachens der „Arbeiterklasse" interpretiert werden. Sie signalisierten im Gegenteil einen fortschreitenden sozialen Differenzierungsprozess, der durch die Situation der Vollbeschäftigung und Lohninflation gefördert wurde. Einzelne Gruppen der Arbeiterschaft – darunter auch An- und Ungelernte, sowie Immigranten – begannen, deutlich selbstbewusster als früher ihre von der zentralisierten Gewerkschaftspolitik vernachlässigten Interessen zu vertreten. Nicht nur die Verteilungsrelationen zwischen Arbeit und Kapital, sondern auch die Hierarchie von Lohn und Leistung innerhalb der Arbeiterschaft wurde in Frage gestellt. Damit entfaltete sich nicht nur eine Lohn-Preis-Spirale, sondern auch eine Lohn-Lohn-Spirale zwischen konkurrierenden Gruppen von abhängig Beschäftigten. Die Differenzierungen zwischen verschiedenen Gruppen der Produktionsarbeiterschaft wurden damit viel mehr als früher zum Gegenstand der Aufmerksamkeit der Industriesoziologie. Nicht die gemeinsame Klassenlage, sondern individuell und gruppenspezifisch sehr unterschiedliche Arbeitsorientierungen und -erfahrungen bestimmen das Handeln der Industriearbeiter – in dieser zentralen These stimmten zwei der wichtigsten damaligen Studien, die von Goldthorpe/ Lockwood et al. (1968, dt. 1970) über den „Affluent Worker" in Großbritannien und die Untersuchung von Kern/Schumann (1970) über „Industriearbeit und Arbeiterbewusstsein" überein. Sowohl die von Kern/Schumann diagnostizierte „Polarisierung" der technisch bedingten Arbeitsanforderungen, als auch die von Goldthorpe/Lockwood beobachtete „instrumentalistische" Einstellung der Arbeiter ließen gerade nicht auf ein neu entstehendes Klassenbewusstsein schließen, sondern ganz im Gegenteil auf eine fortschreitende Differenzierung der Soziallagen. Und der „Instrumentalismus" konnte, wie sich in der 1974/1975 einsetzenden Wirtschaftskrise zeigte, unter anderen Umständen rasch wieder in eine pragmatische, auf die Sicherheit der Arbeitsplätze und die Kooperation mit dem Management bedachte Haltung umschlagen.

Die immer komplexeren Befunde, die die nun stark anwachsende empirische Forschung zutage förderte, ließen sich in dem politökonomischen Theorierahmen, von dem man sich hatte leiten lassen, nicht mehr sinnvoll interpretieren. Von dieser Situation zeigte sich das Fach seit Mitte der siebziger Jahre zunehmend überfordert. Theoriebildung und empirische Forschung, gesellschaftliche und betriebliche Blickrichtung fielen immer weiter auseinander. Die Marx-Orthodoxie blieb zwar zunächst einflussreich, zumal sie sich nicht nur auf Marx' Analyse der „großen Industrie" selbst, sondern auch auf die ehrwürdige Tradition der Weber'schen Bürokratietheorie und Schumpeters These der Selbstzerstörung des Kapitalismus infolge der Verdrängung des Unternehmertums durch das großindustrielle Management berufen konnte. Sie hielt an zentralen Lehrstücken der Marx'schen Theorie unverändert fest (Braverman 1977, Ullrich 1977, Herkommer/Bierbaum 1979) oder versuchte, sie durch Einbeziehung des Sohn-Rethel'schen Theorems der „Zeitökonomie" zu modifizieren (Schmiede/Schudlich 1976, Benz-Overhage et al. 1982) – die Gefahr einer nur noch illustrativen Verwendung der Empirie nahm man dabei in Kauf. Die zentrale These dieser Schule lautete, dass die an Taylor und Ford orientierten Strategien industrieller Rationalisierung als direkter Ausdruck einer der kapitalistischen Produktionsweise inhärenten „Logik" fortschreitender Degradierung der Arbeit und ihrer „Subsumtion" unter das Kapital zu interpretieren seien.

In der kapitalistischen Produktionsweise, so hatte es Braverman formuliert, „sind neue Methoden und neue Maschinen Teil der Bemühungen des Managements, den Arbeitsprozess als einen von den Arbeitern gelenkten Prozess aufzulösen und als einen vom

Management gelenkten Prozess wiederentstehen zu lassen." (Braverman 1977: 134). Der erste Schritt ist die Reorganisation des Arbeitsprozesses nach den Prinzipien des wissenschaftlichen Managements: Kopf- und Handarbeit werden getrennt, die Kopfarbeit in den Büros konzentriert, die Handarbeit in standardisierte Elementaroperationen zerlegt. Die Standardisierung schafft dann die Voraussetzungen für den zweiten Schritt, die Technisierung: Die bis ins kleinste Detail schematisierten Arbeitsoperationen können auf ein Maschinensystem übertragen werden; für die Arbeiter bleiben nur die vorläufig nicht völlig mechanisierbaren Restfunktionen übrig: „Die Maschinen bieten dem Management Gelegenheit, mit ausschließlich mechanischen Mitteln zu tun, was es zuvor mit Hilfe organisatorischer und disziplinarischer Methoden zu tun versucht hatte." (Braverman 1977: 152). So erscheint die Technisierung nicht nur als Hebel der Steigerung der Arbeitsproduktivität, sondern zugleich als Mittel perfekter politischer Kontrolle des Managements über die Arbeiter. Das „Zuckerbrot" steigenden Lebensstandards dank des wachsenden Ausstoßes billiger Massengüter trägt zusätzlich zur Befestigung des Systems bei. Ein Heer atomisierter, dequalifizierter Massenarbeiter lässt sich nicht nur innerbetrieblich, sondern auch außerbetrieblich viel leichter beherrschen als eine hoch qualifizierte Facharbeiterbelegschaft. Otto Ullrich (1977: 172/173) sah die Hauptfunktion technischer Mediatisierung von Herrschaft darin, die Machtasymmetrie zwischen Kapital und Arbeit auf drei Ebenen zu stabilisieren: In der unmittelbaren Umgebung des Arbeiters, auf der Systemebene des Betriebes oder der Organisation und schließlich auf der Ebene der Industriegesellschaft im Ganzen.

Dieser Versuch, das Verhältnis von gesellschaftlicher Entwicklung und betrieblicher Rationalisierung deterministisch, im Sinne einer „engen Kopplung" (Tacke 2000) zwischen betrieblicher und gesellschaftlicher Rationalisierung zu interpretieren, ließ sich indessen nicht durchhalten. Aus der Kritik an Braverman entwickelte sich in Großbritannien und in den USA die schon erwähnte „Labour Process Debate", die zahlreiche empirische Untersuchungen auch international vergleichender Art anregte. Sie öffnete den Blick für den Einfluss der betrieblichen Arbeitspolitik und ihres institutionellen Rahmens auf die Gestaltung von Organisation und Technik. Sie machte darüber hinaus die beträchtlichen betrieblichen, branchentypischen, regionalen und nationalen Unterschiede in den Formen des Einsatzes und der Qualifizierung von Arbeit sichtbar, mit dem Ergebnis, dass die politökonomische Interpretation des Arbeitsprozesses mehr und mehr durch eine „arbeitspolitische" ersetzt wurde (Friedman 1977, Burawoy 1979). Die Machtbeziehungen zwischen Akteuren in Organisationen und die sie begründenden Ressourcen traten in das Zentrum der Aufmerksamkeit (Crozier/Friedberg 1979).

Auch in Deutschland kam es, angeregt durch das seit 1974 von der Bundesregierung mit beträchtlichen finanziellen Mitteln geförderte Forschungsprogramm zur „Humanisierung des Arbeitslebens", zu einem Rückschwung hin zur betriebssoziologischen Forschung. Auch hier bildete die Entdeckung der Varianz technischer und organisatorischer Gestaltungsoptionen auf betrieblicher Ebene, der „Betrieb als Strategie" (Bechtle 1980), das Leitmotiv breit angelegter empirischer Untersuchungen und konzeptueller Debatten, wie sie vor allem zwischen dem Institut für sozialwissenschaftliche Forschung (ISF) in München und dem Soziologischen Forschungsinstitut (SOFI) in Göttingen geführt wurden (einen Überblick gibt Wuntsch 1988). Schrittweise, wenn auch unter teilweise heftigen Kontroversen löste man sich von der Vorstellung, das betriebliche Geschehen könne durch objektive „Gesetzmäßigkeiten" der Kapitalverwertung erklärt werden. Damit holte die Industriesoziologie freilich nur Erkenntnisprozesse nach, die in der soziologischen und betriebswirtschaftlichen Organisationsforschung mit der Kritik an der klassischen Organisationstheorie schon früher vollzogen worden waren. Aber mit den Marx'schen „Bewegungsgesetzen" verlor man die gesellschaftliche Umwelt des Betriebes ebenfalls aus dem Blick. Die Industriesoziologie schrumpfte wiederum zur Betriebssoziologie.

Der betriebssoziologischen Verengung widerstanden nur jene in der deutschen Industriesoziologie nicht eben zahlreichen Forscher, deren Studien international vergleichend orientiert waren: Burkhard Lutz, Werner Sengenberger, Arndt Sorge (in Zusammenarbeit mit Marc Maurice und Malcolm Warner), Wolfgang Streeck. Diese Autoren hatten die Formen der Organisation und Qualifizierung der Arbeit im Ländervergleich (insbesondere Deutschland, Großbritannien, Frankreich, USA) untersucht und waren dabei auf beträchtliche Unterschiede zwischen technisch-ökonomisch sonst ähnlichen Betrieben der gleichen Branche gestoßen. Sie versuchten, diese Unterschiede durch die Wechselwirkung zwischen betrieblichen Strukturen und den überbetrieblichen Institutionen des Bildungssystems, des Arbeitsmarktes, der industriellen Beziehungen und der politischen Steuerung zu erklären.

Lutz (1976) konnte zeigen, wie die stärker hierarchische Struktur des Bildungswesens in Frankreich sich auch in einer im Vergleich zu Deutschland größeren „Kopflastigkeit" und Arbeitsteilung der betrieblichen Konfigurationen niederschlägt; Maurice, Sorge und Warner (1980) erweiterten und vertieften diese komparativen Analysen durch die Einbeziehung Großbritanniens. Köhler und Sengenberger (1983) und Sengenberger (1987) und wiederum Lutz (1987) arbeiteten die zentrale Bedeutung überbetrieblich verankerter Arbeitsmarktstrukturen für die betrieblichen Strategien des Arbeitseinsatzes im Vergleich zwischen Westdeutschland, den USA und anderen Ländern heraus. Mit noch höherem systematischem Anspruch analysierte Streeck (1991) das deutsche System der „diversifizierten Qualitätsproduktion" als ein Gefüge sich wechselseitig stützender, teils fest, teils aber durchaus auch „lose" gekoppelter betrieblicher und überbetrieblicher Institutionen. Einen Überblick über die international vergleichende Organisationsforschung geben Heidenreich/Schmidt Hrsg. (1991).

Dass die Verknüpfung zwischen betriebssoziologischer und gesellschaftlicher Analyse hier vergleichsweise überzeugend gelang, hatte aber ohne Zweifel auch damit zu tun, dass es sich ohne Ausnahme um Autoren handelte, die der marxistischen Orthodoxie der Industriesoziologie seit jeher distanziert gegenübergestanden hatten. Ihre theoretischen Inspirationen holten sie sich aus anderen Quellen: Institutionentheorie und -ökonomie, Transaktionskosten- und Organisationstheorie, allenfalls aus der sich nur noch sehr indirekt auf Marx beziehenden französischen „Regulationsschule".

23

In Deutschland hielt die Mehrzahl der industriesoziologischen Forscher an der politökonomischen Begrifflichkeit als allgemeinem Fixpunkt fest, konzentrierte sich aber im Übrigen darauf, fallstudienbasiert und leitfadenbewehrt die betriebliche Arbeitswelt immer tiefer zu durchdringen. Mit Kern/Schumanns (1984) Entdeckung der „neuen Produktionskonzepte", der Baethge/Oberbeck (1986) eine parallele Diagnose für den Angestelltenbereich zur Seite stellten, erhielt diese betriebssoziologische Forschungslinie freilich eine neue Wendung. Denn Kern/Schumann fügten den bekannten Befunden zur betrieblichen Variabilität der Wechselbeziehung von Technik und Arbeitsorganisation nicht bloß eine neue Facette hinzu, sondern postulierten einen historischen „Umbruch in der Nutzung von Arbeitskraft" vom Taylorismus hin zu „ganzheitlicheren" Aufgabenzuschnitten und „breitere Verwendung von Qualifikationen" (Kern/Schumann 1984). Mit diesen Aussagen verstießen die Autoren gleich doppelt gegen den Konsens der Zunft: Nicht nur durch die von der herrschenden Meinung abweichende empirische Diagnose, sondern auch durch die eher implizit mitgelieferte begriffliche Neubestimmung kapitalistischer Rationalisierung selbst. Kern/Schumann sprachen von „Konzepten", nicht länger von „Logiken" oder „Gesetzmäßigkeiten" der Rationalisierung. Sie rückten damit, ähnlich wie Piore und Sabel (1985) in ihrem nahezu zeitgleich erschienen Buch über das „Ende der Massenproduktion", die politischen und institutionellen Aspekte der Rationalisierungsdynamik ganz in den Vordergrund, freilich ohne diese neue Sichtweise theoretisch genauer zu begründen. In jedem Fall bedeutete es den Abschied von der traditionellen industriesoziologischen Vorstellung objektiver, in der Gesellschaft wie im Betrieb wirksamer „Bewegungsgesetze" des Kapitalismus. Das brachte nicht nur beträchtlichen Zündstoff in die industriesoziologische Debatte (vgl. Malsch/Seltz Hrsg. 1987), sondern sorgte auch für einen weiteren Strom nunmehr auf Entwicklungstrends betrieblicher Restrukturierung orientierter empirischer Forschungen (Schumann et al. 1994).

Das Aufkommen der „lean production"-Doktrin Anfang der neunziger Jahre und die von dieser Doktrin ausgehende Welle von Reorganisationsmaßnahmen in der Industrie machten deutlich, dass es sich bei dem von Kern/Schumann, aber auch Piore/Sabel und anderen diagnostizierten „Paradigmenwechsel" industrieller Rationalisierung nicht länger um eine bloß akademisch relevante Entdeckung handelte. Zwar blieb die Verbreitung der „neuen", im engeren Sinn selbstregulierten Arbeitsformen, wie teilautonome Gruppenarbeit oder Fertigungsinseln, begrenzt (Dreher et. al. 1995); der Kern/Schumann'sche „Systemregulierer" blieb eine relativ seltene Erscheinung. Auch verschwanden tayloristische Arbeitsformen keineswegs von der Bildfläche. Bosch (2000) und Nordhause-Janz/Pekruhl (2000) schätzten die Verbreitung „tayloristisch" strukturierter Arbeitsplätze in Deutschland in den neunziger Jahren aufgrund einer quantitativen Erhebung auf immerhin 35-40 Prozent; manche Beobachter diagnostizierten sogar eine „Rückkehr zum Taylorismus" zumindest in der Automobilindustrie (Springer 1999). Aber dennoch ließ sich nicht leugnen, dass die Unternehmen sich in ihren Bestrebungen, die Effizienz des Arbeitseinsatzes zu steigern, nicht mehr wie in der Vergangenheit von der Logik der traditionellen tayloristisch-fordistischen Managementkonzepte leiten ließen, sondern sie im Gegenteil vielfach geradezu auf den Kopf stellten: Statt Planung und Ausführung zu trennen, bemühte man sich um ihre zumindest partielle Reintegration. Statt weiterer Formalisierung der betrieblichen Hierarchie strebte man wiederum eine Re-Politisierung der betrieblichen Leistungskontrolle unter Beteiligung der betrieblichen Interessenvertretung an (Dörre/Neubert 1995). Die bisherige Politik der vertikalen Integration der Fertigung und der Zentralisierung des Managements wurde im Zuge der „Verschlankung" der Produktion in ihr Gegenteil verkehrt: Dienstleistungen wurden ausgelagert, Stäbe und Hierarchieebenen abgebaut, Führungskompetenzen nach unten verlagert. Das bisherige Prinzip der Abschirmung der Fertigungssysteme gegen die Kontingenzen des Marktes wurde aufgegeben und mit der „lean production" in sein Gegenteil verkehrt. Das bedeutete keinen Verzicht auf Rationalisierung, aber auch die Rationalisierung der Fertigung wurde nun als durch die Arbeiter eigenständig zu lösende Aufgabe definiert: „Der Arbeiter (als Teil des Fertigungsteams) soll jetzt selbst wissen, was getan werden muss. Er soll nicht mehr auf Anweisungen warten, er soll das tun, was ihm sonst befohlen werden müsste." (Koczyba/Vormbusch 2000: 169). Damit veränderte sich auch die Rolle der Meister und unteren Vorgesetzten: Teils wurde sie auf die eines Moderators der Selbstorganisation der Arbeitsgruppen reduziert, teils durch einen stärker „unternehmerischen" Zuschnitt aufgewertet (Jauch 1997). Nach dem Fall des realen Sozialismus gingen auch die westlichen Unternehmen daran, ihren „bürokratischen Zentralismus" (Springer 1999) zu zerschlagen, hierarchische durch horizontale Koordinierung zu ersetzen, finanziell eigenverantwortliche, direkt mit dem Druck des Marktes konfrontierte Subsysteme zu schaffen.

Die Industriesoziologie geriet damit immer stärker unter den Druck der Forderungen der Praxis. Stärker als in der Vergangenheit wurde von ihr erwartet, ihr Wissen unter den Primat der betrieblichen und nationalen Wettbewerbsfähigkeit zu stellen (Stichwort: „Standort Deutschland") und den Praktikern bei der Bewältigung der vielfältigen Probleme bei der Einführung der neuen Produktions- und Organisationskonzepte beizustehen. Wie in der ähnlichen Situation der zwanziger Jahre schlug das Pendel nun erneut zugunsten einer dezidiert auf die betriebliche Praxis konzentrierten Aufgabenstellung aus. „Sozialwissenschaftliche Organisationsberatung" (Howaldt/Kopp Hrsg. 1998) wurde als ein expandierendes Berufsfeld für Industriesoziologen entdeckt, dessen Möglichkeiten viel stärker als in der Vergangenheit zu nutzen seien.

Diese Entwicklung hat der Industriesoziologie zwar geholfen, ihre aus ihrer marxistischen Vergangenheit resultierende Isolierung im akademischen Elfenbeinturm zu überwinden. Aber die „Kosten" der neuen Orientierung waren und sind gleichfalls beträchtlich. Die gesellschaftlichen Voraussetzungen und Triebkräfte des vielzitierten „Paradigmenwechsels" industrieller Rationalisierung traten ebenso aus dem Blickfeld der Industriesoziologie wie die außerbetrieblichen Folgewirkungen der neuen Produktions- und Organisationskonzepte. Die neuen Entwicklungen auch theoretisch einzuholen, gelang weder auf der Ebene der Gesellschaft, noch der des Betriebes. Der Stil vieler industriesoziologischer Untersuchungen nähert sich immer mehr dem der Unternehmensberatung an. Soweit das noch nicht der Fall ist, wird er weiterhin durch oft sehr breit und deskriptiv angelegte Fallstudien geprägt. Versuche, dieses von vielen Autoren durchaus erkannte Theoriemanko mit Konzepten wie „systemische Rationalisierung" und – später – „Globalisierung" zu beheben, sind bis heute Stückwerk geblieben. Die Industriesoziologie hat zwar durch ihre eigenen empirischen Forschungen das Paradigma der Massenproduktion, das ihre analytischen Perspektiven über Jahrzehnte hinweg bestimmte, problematisiert, relativiert, durchlöchert. Aber ein Ersatz für dieses Paradigma ist nach wie vor nicht in Sicht. Das Problem der Beziehung der Industriesoziologie zur Gesellschaftstheorie ist ungelöst. Die politökonomischen Konzepte, mit denen die Industriesoziologie in der Vergangenheit die Ebenen der Organisation und der Gesellschaft analytisch miteinander zu verklammern versucht hat, wie die der „reellen Subsumtion" oder der „Rationalisierung", können diese Aufgabe heute nicht länger erfüllen, wie Ortmann (1995: 253f.) mit Recht festgestellt hat. Eine Überwindung dieser Schwierigkeit setzt theoretische Ansätze voraus, die es erlauben, das Verhältnis zwischen Betrieb, Industrie und Gesellschaft nicht länger mehr als fest, sondern als ein „lose" gekoppeltes (Tacke 2000) zu denken. Derartige Angebote systemtheoretischer (Baecker 1993) oder organisationstheoretischer (Ortmann 1995) Provenienz liegen zwar durchaus vor, wurden aber bislang kaum in empirische Forschungen übersetzt.

Als immer problematischer erweist sich darüber hinaus die Verengung der Aufmerksamkeit auf die relativ in ihrer Bedeutung immer mehr zurückgehenden Branchen der klassischen Industrieproduktion (Automobilindustrie, Maschinenbau, Chemische Industrie) und dort wiederum auf den Bereich der direkten Fertigung. Die expandierenden Service- und Verkaufstätigkeiten, die „Gefühlsarbeit" im Rahmen der persönlichen Dienste (Hochschild 1983), die mit dem Wachstum der modernen Informations- und Kommunikationssysteme verknüpfte „Informationsarbeit", das Management und die hoch qualifizierten Angestellten blieben nachrangig behandelte Themen – mit der Folge, dass andere angrenzende „spezielle Soziologien" wie die Organisationssoziologie, die Wirtschafts- und Techniksoziologie sich ihrer annahmen. So bewegt sich die Industriesoziologie auch empirisch auf einem immer engeren Terrain und ist von einer Mehrzahl z.T. ebenfalls recht partikularistisch angelegter Nachbardisziplinen umgeben, deren Forschungsfelder sich mit denen der Industriesoziologie vielfach überlappen.

2.2 Die Industriesoziologie und das Phänomen der Tertiarisierung

Unser historischer Überblick lässt sich in der Feststellung resümieren: Wenn es in der Geschichte der Industriesoziologie ein zentrales erkenntnisleitendes Konzept gab, so war es das der „Massenproduktion". Dieses Konzept wurzelte keineswegs nur in der marxistischen Tradition, sondern konnte sich auf eine eindrucksvolle Reihe berühmter Autoren berufen: Nicht nur auf Weber und Schumpeter, sondern darüber hinaus auch Hilferding, Gottl-Ottlinienfeld und Berle und Means. Noch in den siebziger Jahren diente es Chandler (1977) als Leitmotiv seiner historischen Interpretation der Rationalisierungsprozesse des amerikanischen Managements. In seinem Zentrum stand die Annahme einer kapitalistischen Logik fortschreitender Organisierung und Technisierung. Arbeitsprozesse und soziale Strukturen werden nach dem Prinzip der „economies of scale" umgestaltet und geraten damit in immer stärkere Abhängigkeit von technischen Funktionszusammenhängen. Weil dieses technische Kontrollsystem in den Großbetrieben des sekundären Sektors am weitgehendsten realisiert schien, standen diese konsequenterweise auch im Brennpunkt der Aufmerksamkeit der empirischen Industriesoziologie. Auch dort, wo die Forschung, wie in den vergangenen 10-20 Jahren, auf das Modell der Massenproduktion überwiegend kritisch Bezug nahm, blieb es zumindest noch im negativen Sinn Fixpunkt.

Nun waren aber von der Seite der empirischen Forschung nicht nur viele berechtigte Einwände gegen die Behauptung der Allgemeingültigkeit des Massenproduktions-Modells erhoben worden. Das Modell hatte sich auch gleichsam von selbst verabschiedet, indem die Akteure der unternehmerischen Praxis sich in wachsender Zahl auf eine gänzlich andere Logik der Reorganisation einließen. Diese Entwicklung musste grundlegende Zweifel an der Theoriefähigkeit der Industriesoziologie wecken. Diese Zweifel zwingen heute dazu, den durch das Massenproduktions-Paradigma analytisch ausgeblendeten Phänomenen neue Aufmerksamkeit zu schenken. Ausgeblendet worden war vor allem eine Beobachtung: Dass Organisierung und Technisierung keineswegs nur die Effizienz und Kalkulierbarkeit der Produktion erhöhen, sondern zugleich immer neue Unsicherheiten erzeugen. Weil diese Beobachtung üblicherweise unter Begriffen wie „Dienstleistungen" oder „Tertiarisierung" abgehandelt worden war und damit in ein Untersuchungsfeld fiel, für das die Industriesoziologie sich nicht zuständig fühlte, widmete sie dem Zusammenhang zwischen den beiden Seiten des Rationalisierungsprozesses nicht die nötige Aufmerksamkeit.

Es ist üblich, zwischen der Tertiarisierung der Wirtschaftsstruktur und der der Unternehmen und Organisationen zu unterscheiden. Auf der einen Seite wächst der Anteil der Dienstleistungssektoren – Handel, Banken, Versicherungen, Verkehr, Kommunikation, Wissenschaft, Bildung, Gesundheit, persönliche Dienste – an der Gesamtwirtschaft, auf der anderen Seite nimmt die relative Bedeutung der tertiären Funktionsbereiche innerhalb der Unternehmen – Management, Verwaltung, Marketing, Stäbe, Servicefunktionen – zu. Wir verzichten hier darauf, die in der Literatur umfangreich referierte statistische Evidenz dazu noch einmal ausführlich wiederzugeben.

Als ein bezeichnender Befund sei nur genannt, dass die durch das Statistische Bundesamt im Jahre 1991 (Deutschland insgesamt) durchgeführte Klassifikation der Tätigkeiten nur noch 19 Prozent der Erwerbstätigen unter der Rubrik „Herstellen" erfasst, weitere 15 Prozent unter den Rubriken „Maschinen einstellen, warten" und „reparieren", alle anderen dagegen unter rein „tertiären" Rubriken (Handel treiben, Büroarbeiten, Planen, Forschen, Leiten, Allgemeine Dienstleistungen, Sichern, Ausbilden, Informieren, vgl. Bögenhold 1996: 79). Expertenschätzungen kommen zu dem Ergebnis, dass sich der Anteil der herstellenden Tätigkeiten in Deutschland bis zum Jahr 2010 auf knapp 13 Prozent, der Einrichtungs-, Wartungs- und Reparaturtätigkeiten auf gut 11 Prozent verringern wird (Dostal/Reinberg 1999). In den USA ging der Anteil der Produktions- und Transportarbeiter an den abhängig Beschäftigten zwischen 1970 und 1991 von 35,3 auf 26 Prozent zurück; die gleiche Tendenz ist auch in Japan und in den europäischen Ländern festzustellen. Auf der anderen Seite nehmen überall die Beschäftigungsanteile der Dienstleistungs-, Experten- und Verwaltungsberufe stark zu (ILO 1996: 27).

Zwar entgingen keineswegs alle Aspekte der Tertiarisierung der Aufmerksamkeit der Industriesoziologie. Der Tertiarisierungsprozess der Unternehmen, das heißt, das absolute und relative Anwachsen der Stäbe, der Dienstleistungsbereiche, der Verwaltung, des Managements und mit ihnen das unaufhaltsame Wachstum der Gruppe der Angestellten konte nicht unbeachtet bleiben. Die „Soziologie der Angestellten" hatte seit den Studien Schmollers, Lederers und Kracauers vor und den Untersuchungen Mills', Whythes, Bahrdts, Pirkers, Croners nach dem Zweiten Weltkrieg ihren festen Platz in der Industriesoziologie. Auch die Differenzierung der Angestelltentätigkeiten in geschlechtsspezifisch geprägte Segmente und Ebenen wurde untersucht (z.B. Willms-Herget 1985, Gottschall 1990). Aber das Büro wurde meist nicht in seiner Wechselbeziehung mit der industriellen Produktion analysiert, sondern als ein separater Bereich, in dem man die gleichen kapitalistischen Gesetzmäßigkeiten der Organisierung, Technisierung und Mechanisierung am Werk sah wie in der industriellen Produktion. Das nicht zu leugnende Rationalisierungsgefälle zwischen beiden Bereichen hielt man für ein transitorisches Phänomen und erklärte es aus der besonderen Prägung der Angestelltenarbeit durch bürokratische Routinen und ständische Traditionen (Bahrdt 1958, Pirker 1963, Jaeggi/Wiedemann 1966, Kadritzke 1975). Der Tertiarisierungsprozess auf der Ebene der Wirtschaftsstruktur wurde, soweit er nicht seinerseits die Form des Großbüros oder des „Great Salesroom" (Mills) annahm, kaum zur Kenntnis genommen. Für die Arbeit von Lastwagenfahrern, Friseusen, Krankenschwestern, Stewardessen fühlte die Industriesoziologie sich nicht zuständig, erst recht nicht für die unbezahlte Hausarbeit und ihre elementaren „Gewährleistungsfunktionen".

Die Hauptschwäche der Industriesoziologie war es, den Zusammenhang zwischen der Entfaltung der Massenproduktion und dem Prozess der Tertiarisierung als nur äußerliche, nach prinzipiell parallelen Gesetzmäßigkeiten ablaufende Entwicklung, nicht aber als *inneren* Zusammenhang zu analysieren. Worin besteht dieser? Was ist mit dem unscharfen Begriff der Dienstleistungen, beziehungsweise der „tertiären" Wirtschaft überhaupt gemeint? Wir werden im Folgenden zunächst die Gemeinsamkeiten der mit dem Ausdruck „Tertiarisierung" bezeichneten Transformationsprozesse auf den Ebenen der Wirtschaftsstruktur (2.2.1) und der Organisationsstruktur (2.2.2) diskutieren. Im Anschluss daran werden wir aufzeigen, dass es darüber hinaus eine dritte, verborgene Dimension der Tertiarisierung der Industriearbeit selbst gibt, die die Industriesoziologie zwar empirisch durchaus zur Kenntnis nahm, ohne sie freilich begrifflich-theoretisch befriedigend einordnen zu können (2.2.3). Die Quintessenz unserer Argumentation werden wir dann in einigen allgemeinen Überlegungen zum Verhältnis von Technik und Arbeit zusammenfassen, mit denen wir zugleich unseren eigenen Ansatz umreißen (2.2.4).

2.2.1 Tertiarisierung auf sektoraler Ebene

Auf einen entscheidenden Sachverhalt hatte bereits Jean Fourastié (1954: 77f.) aufmerksam gemacht: Nicht alle Arbeitsprozesse in der Wirtschaft lassen sich nach den Prinzipen der Massenproduktion organisieren. Der technische Fortschritt wirkt daher nicht in allen Sektoren in gleicher Weise. Dort, wo die Technisierung leicht durchsetzbar ist – Fourastié bezeichnete diesen Bereich als den „sekundären Sektor" und identifizierte ihn mit der Industrie – steigt die Produktivität der Arbeit rasch und mit ihr das Angebot der Produkte auf dem Markt. Das führt zu einer Verbilligung und zu einem höheren Verbrauch der Güter dieses Sektors. Irgendwann werden jedoch Sättigungserscheinungen sichtbar. Der Absatz von Massengütern aus der landwirtschaftlichen, aber auch der industriellen Produktion lässt sich von einem bestimmten Punkt an nicht mehr weiter steigern. Dann wirkt der technische Fortschritt nicht länger produktionssteigernd, sondern führt zu einer relativen Verringerung der in dem sekundären Sektor beschäftigten Arbeitskräfte. In anderen Wirtschaftsbereichen dagegen, die nach Fourastié „im Wesentlichen den Handel, die Verwaltung, das Unterrichtswesen, die freien Berufe und eine große Zahl von Handwerksberufen" (1954: 80) umfassten, wirkt der technische Fortschritt weniger oder fehlt völlig; Fourastié bezeichnete diese als „tertiären Sektor". Mit dem Rückgang der in der industriellen Produktion beschäftigten Arbeitskräfte muss das absolute und relative Gewicht dieses Sektors steigen, da die Konsumenten sich nun eine größere Menge seiner Produkte und Dienste leisten können. Hinzu kommt, dass die Konsumenten bei steigendem Wohlstand immer mehr dazu neigen, exklusive Güter den herkömmlichen Standardwaren vorzuziehen: „Der Mensch zieht sehr schnell die tertiären Dienstleistungen und Güter, die ihm vorenthalten bleiben, bestimmten sekundären Gütern vor, selbst wenn diese sehr billig sind. Er trinkt lieber guten Wein als Bier oder Limonade, er trägt lieber Maßkleidung (tertiär) als Konfektionskreidung (sekundär) und kauft lieber eine Eintrittskarte für eine Sportveranstaltung als ein elektrisches Bügeleisen." (Fourastié 1954: 87). Die Bedürfnisse werden immer differenzierter, individueller und anspruchsvoller. So führt gerade die Technisierung der industriellen Produktion nicht zu einer Reduktion der gesellschaftlich notwendigen Arbeit, sondern setzt einen „Hunger nach Tertiärem" frei, der immer mehr zum Motor der wirtschaftlichen Entwicklung wird. Fourastié sagte voraus, dass der Anteil des sekundären Sektors an der Wertschöpfung und dem Arbeitspotential der Gesamtwirtschaft ebenso wie schon der der Landwirtschaft in der Zukunft drastisch schrumpfen und langfristig kaum mehr als 20 Prozent ausmachen werde.

Zu Beginn der siebziger Jahre weitete Jean Baudrillard den auf die Konsumentwicklung bezogenen Strang der Argumentation Fourastiés zu einer soziologisch fundierten Theorie des Konsums aus. Baudrillard kritisierte die Ideologie der „Wohlstandsgesellschaft" und insbesondere ihre Behauptung, mit dem Fortgang des wirtschaftlichen Wachstums werde auch die Armut in den entwickelten Industriegesellschaften verschwinden, da ungeachtet fortbestehender sozialer Unterschiede *alle* gesellschaftlichen Schichten von der steigenden Leistung der Wirtschaft profitieren würden. Entgegen dieser später von Ulrich Beck eingeführten These vom „Fahrstuhleffekt" des Wirtschaftswachstums argumentierte Baudrillard, dass das Wirtschaftswachstum selbst eine Funktion sozialer Ungleichheit sei: Ungleichheit erzeuge Wachstum, Wachstum aber resultiere in weiterer Ungleichheit (Baudrillard 1998: 49f.). Die industrielle Massenproduktion führt keineswegs zu einem immer höheren Wohlstand für alle, sondern setzt einen Prozess sozialer Differenzierung in Gang. Sie macht zwar Güter, die ursprünglich einer kleinen gesellschaftlichen Elite vorbehalten waren, für immer breitere Schichten der Gesellschaft erschwinglich und hat insofern einen egalisierenden Effekt. Die Wirtschaft antwortet darauf jedoch mit der Erfindung neuer, prestigeträchtiger Güter und Dienstleistungen, die wiederum nur exklusiv den Reichen zur Verfügung stehen. Mit Hilfe der innovativen Leistungen des tertiären Sektors wird die soziale Distanz zwischen der Elite und den Massen wiederhergestellt, freilich nur mit dem Ergebnis, dass sich ein neuer Egalisierungszyklus anschließt – und so weiter.

Dieses mit dem Wirtschaftswachstum verknüpfte Wechselspiel zwischen Egalisierung und Differenzierung erklärt Baudrillard mit seiner Zeichentheorie des Konsums, die die bekannte, bereits Ende des 19. Jahrhunderts formulierte Veblen'sche Theorie der „conspicious consumption" aufnimmt. Entgegen den in den Wirtschaftswissenschaften auch heute noch verbreiteten Vorstellungen erklärt sich das Konsumverhalten danach keineswegs nur aus „gegebenen", in der Natur des Menschen angelegten Bedürfnissen. Es folgt vielmehr einer symbolischen Logik sozialer Distinktion.

Was die Wirtschaftstheorie mit dem verschwommenen Begriff des „Wohlstands" beschreibt, ist nichts anderes als die Tatsache, dass Konsumgüter primär nicht länger wegen ihres materiellen Nutzwertes, sondern vielmehr wegen ihres sozialen Distinktionswertes geschätzt werden. Güter müssen zwar *auch* nützlich sein (ein Sportwagen der Luxusklasse z.B. muss auch zur Fortbewegung geeignet sein), aber das Entscheidende ist die von ihnen transportierte Botschaft sozialer Exklusivität. Konsumgüter – hier decken sich Baudrillards Thesen mit den späteren Analysen Bourdieus – sind symbolische Artefakte, die in erster Linie nicht physische, sondern soziale Bedürfnisse bedienen. Sie stellen symbolische Schemata bereit, die die Wünsche der Konsumenten nach Selbstprofilierung und Abgrenzung gegen andere befriedigen. Die so gewonnene 'Identität' der Individuen erweist sich freilich als trügerisch, denn bei den scheinbar exklusiven Gütern, auf die sie sich stützt, handelt es sich ja um Waren und damit um etwas eo ipso nichts Individuelles, sondern Allgemeines. Sie mündet also notwendig in Enttäuschung.

Der Konsum ist für Baudrillard ein Zeichensystem, das der sozialen Kommunikation der Konsumenten dient und aus dem ihm inhärenten Wechselspiel von Illusion und Enttäuschung heraus immer neue wirtschaftliche Wachstumsimpulse erzeugt. Denn das „Gut" der sozialen Distinktion unterliegt nicht dem für materielle Güter geltenden Gesetz des mit steigendem Konsum sinkenden Grenznutzens. Steigendes Einkommen und Vermögen lässt den Appetit der Konsumenten auf „Individualisierung" gerade nicht sinken, sondern steigen. Konsum soll das demonstrieren, wozu ihr Einkommen und Vermögen die Menschen befähigt: wählen zu können. Die symbolische Logik sozialer Distinktion ist ebenso offen und unendlich wie das Geld selbst und erzeugt nicht bloß das Bedürfnis nach, sondern geradezu einen Zwang zu immer neuen Erfindungen. Konsum ist, so gesehen, alles andere als eine bloß hedonistische Aktivität; er stellt sich für Baudrillard als eine Art „Pflicht" dar (Baudrillard 1998: 80). Ihr Streben nach Unverwechselbarkeit fesselt die Menschen an die sich wechselseitig treibenden Treträder des Konsums und der Produktion und zwingt sie, sich darin wie Hamster abzumühen.

Gegenüber diesem Automatismus der Expansion der Bedürfnisse, den Baudrillards Interpretation des Konsums als Zeichensystem unterstellt, ist freilich Skepsis angebracht. Stärker als Baudrillard hat Galbraith, gestützt auf die amerikanische Konsumforschung der Nachkriegszeit, die aktive Rolle des industriellen Marketing, der Werbung und der Medien bei der Stimulierung neuer Bedürfnisse betont. Nach Galbraith ist es die Produktion selbst, die „die Bedürfnisse erzeugt, die sie zu befriedigen sucht." (Galbraith 1968: 138). Nigel Dodd (1994: 105f.) versucht, die verschiedenen Interpretationen miteinander zu verbinden. Er greift Baudrillards These von der symbolischen Selbstreferenzialität des Konsumsystems auf, begründet sie aber nicht strukturalistisch, sondern geld- und medientheoretisch. Er verweist dabei mit Simmel auf die Rolle des Geldes nicht nur als bloßes „Tauschmittel", sondern als Gegenstand und Inbegriff der Wünsche selbst; er zeigt, wie Werbung und Medien diese Wünsche in eine bestimmte Richtung lenken. Über die von Baudrillard und Bourdieu betonten sozialen Distinktionswirkungen hinaus stehen die symbolischen Funktionen des Konsums im Mittelpunkt der neueren Konsumforschung, die sich darum bemüht hat, die ganze Mannigfaltigkeit der Bedeutungsgehalte der Warenwelt sichtbar zu machen.

Konsumgüter können expressive und kommunikative Funktionen für ihre Käufer erfüllen, ja, sie versprechen sogar, ihnen zu einer „Identität" zu verhelfen. Sie können persönliche Defizite kompensieren und „therapeutische" Leistungen erbringen (einen Überblick gibt Stihler 1998). Wer hässlich ist, besucht eine Schönheitsfarm, wer dumm ist, kauft sich „intelligente" Software, sogar der Erwerb des ewigen Lebens rückt in Reichweite, glaubt man den heutigen Versprechungen der „Life science"-Industrien.

Auf diese Weiterentwicklungen wollen wir hier jedoch zunächst nicht weiter eingehen. Festzuhalten ist, dass Fourastié, Baudrillard und Galbraith entscheidende Aspekte der später zum Gemeinplatz gewordenen Diskussion über das „Ende der Massenproduktion" vorweggenommen haben, noch mehr: Sie haben gezeigt, dass das mit dem Etikett „Tertiarisierung" bezeichnete Wachstum der auf idiosynkratische Bedürfnisse gerichteten und daher schwer technisierbaren Wirtschaftsbereiche als eine direkte Folge der Entfaltung der industriellen Massenproduktion betrachtet werden muss und nicht nur als ihre eher zufällige Begleiterscheinung. Die gleichen Methoden organisatorisch-technischer Standardisierung, mit denen das fordistische Management ökonomische Unsicherheit zu reduzieren sucht, *erzeugen* als ungeplante Folge ihrer Anwendung neue Unsicherheiten. Gerade die Massenproduktion macht auf individuelle Kundenbedürfnisse zugeschnittene Produkte und Dienstleistungen in neuer Weise attraktiv; deutsche Autoren (Schulze, Beck, Lüdtke, Hradil, Berger) werden später von „Erlebnissen" „Lebensstilen" oder „Individualisierung" sprechen, die zu den eigentlich „knappen Gütern" avancieren. Die Folge ist eine unaufhaltsame Ausweitung der tertiären Wirtschaftsbereiche. Auch diese geraten zwar im Zuge ihres Wachstums unter den Zwang, ihre Leistungen zu standardisieren und die Arbeitsprozesse zu technisieren – Geldautomaten und das „Mcdonaldistische Produktionsmodell" (Voswinkel 2000) sind charakteristische Beispiele dafür. Aber die Dynamik der Tertiarisierung lässt sich dadurch nicht aufhalten.

Dienstleistungsarbeit ist Arbeit für heterogene Zwecke mit heterogenen Mitteln, die widersprüchlichen Effizienzkriterien unterliegt. Sie bezieht sich nicht nur auf den Konsum, sondern erfüllt in wachsendem Ausmaß auch Funktionen der Produktion selbst. Ihre Gemeinsamkeiten lassen sich nicht positiv, sondern nur negativ, als „Wesenlosigkeit" (Berger/Offe 1984: 272) bestimmen. Sie lässt sich deshalb schwer in Form großindustrieller Bürokratien organisieren, sondern verlangt nach kleinen Organisationseinheiten. Vor diesem Hintergrund erklärt es sich auch, dass der in der älteren Industriesoziologie postulierte und auch durch empirische Untersuchungen (Stockmann 1987) belegte säkulare Trend zu einem Wachstum der durchschnittlichen Betriebsgrößen in der Wirtschaft sich nach etwa 1970 nicht länger fortgesetzt, sondern sich teilweise sogar in sein Gegenteil verkehrt hat (Sengenberger 1987: 284, Bögenhold 1996). Auch der Anteil der Selbstständigen an den Erwerbstätigen geht nicht länger zurück, sondern scheint seit den achtziger Jahren in vielen Ländern sogar wieder leicht zuzunehmen. Unter den „neuen" Selbstständigen befindet sich freilich auch eine wachsende Zahl von Ein-Personen-Unternehmen und prekärer bzw. nur zum Schein selbstständiger Existenzen (Buch 1999, Reindl 2000, Bögenhold/Leicht 2000, Evers/Wijmans 2000). Das Wachstum der Dienstleistungen wirkt sich auch auf die Struktur der abhängigen Beschäftigungsverhältnisse aus: Die relative Bedeutung von temporärer und Teilzeitbeschäftigung ist in nahezu allen Industrieländern seit den siebziger Jahren deutlich gestiegen – eine Entwicklung, die nicht nur den Frauenanteil unter den Beschäftigten steigen lässt, sondern auch die Systeme sozialer Sicherung unterhöhlt (ILO 1996: 26, Altvater/Mahnkopf 1996: 294f.).

2.2.2 Tertiarisierung auf der Ebene der Unternehmen

Der dargestellte Zusammenhang lässt sich auch im Hinblick auf die Tertiarisierung der Unternehmen, gerade der des industriellen Sektors, aufzeigen. Auch hier wiederum finden sich bereits bei Fourastié die entscheidenden Beobachtungen. Er wies darauf hin, dass für die ausführenden Funktionen in der Fertigung immer weniger Arbeitskräfte erforderlich seien, während „umso mehr zur Vorbereitung, Planung, Beobachtung, Forschung, kurz *zum Denken* benötigt werden, und ... diese geistige Arbeit für das Laufen der Maschine absolut unerlässlich sein wird" (Fourastié 1954: 277). Die wissenschaftliche Arbeitsorganisation und die Mechanisierung der Fertigung reduzieren den Bedarf nach Arbeit nicht nur. Es wird zugleich auch zusätzliches Personal gebraucht, das die atomisierten Arbeitsvorgänge in der Werkstatt re-synthetisiert, das heißt: plant, vorbereitet, steuert und kontrolliert. Je mehr die Arbeitsprozesse der Fertigung arbeitsteilig ausdifferenziert und zeitökonomisch durchkalkuliert werden, desto aufwendiger wird die Abstimmung mit den Anforderungen einer komplexen und unsicheren Umwelt. So kommt es gerade *aufgrund* der Rationalisierung der Fertigung zu dem unaufhaltsamen Wachstum der Stäbe, Büros und produktionsbezogenen Dienstleistungen und mit ihnen dem der Gruppe der Angestellten. Der Schwerpunkt der Wertschöpfung verschiebt sich immer mehr von der direkten Produktion zur Entwicklung und dem Entwurf einerseits, den Serviceabteilungen (Montage, Kundendienst, Installation, Reparatur) andererseits. Der Produktionsprozess nimmt einen immer stärker „immateriellen" Charakter an (Hack 1987, Bögenhold 1996: 64f.).

Ulrike Berger hat diese Zusammenhänge bereits zu Beginn der achtziger Jahre untersucht (U. Berger 1984, U. Berger/Offe 1984). Sie greift auf frühere Überlegungen von Lutz sowie den von Knight eingeführten Begriff der „Ungewissheit" zurück. Dienstleistungsarbeit ist ihrer These zufolge im

Kern „Gewährleistungsarbeit": Arbeit, die kontingente Umweltbedingungen bewältigen und damit das effiziente Funktionieren der produktiven Kernprozesse der Wirtschaft gewährleisten soll. Der immer stärker wachsende Bedarf nach diesem Typus von Arbeit ergibt sich nach Berger aus einem durch die Entfaltung der Massenproduktion selbst hervorgerufenen „Rationalisierungsdilemma". Auf der einen Seite hat die immer konsequentere zeitökonomische Rationalisierung der Fertigung die Fähigkeit der produktiven Subsysteme, mit nicht programmgemäßen Situationen und Anforderungen umzugehen, drastisch herabgesetzt. Sie hat zwar ihre Produktivität erhöht, ihre Flexibilität und Anpassungsfähigkeit jedoch stark eingeschränkt. Auf der anderen Seite aber ist die Ungewissheit und Komplexität der Umwelt gestiegen. Nicht nur werden die Kundenwünsche immer anspruchsvoller und differenzierter, der Wettbewerb auf den Produktmärkten intensiver. Auch auf der Seite der Faktormärkte haben die Unternehmen es mit einem immer komplexeren Angebot von Vorleistungen und Technologien zu tun, darüber hinaus wachsen die Aufgaben der Qualifizierung, der Personalpolitik, der Werbung, der Öffentlichkeitsarbeit. Das Merkmal aller dieser Anforderungen ist „Ungewissheit"; sie lassen sich nur schwer oder gar nicht im Rahmen zweckrationaler Programme antizipieren und bearbeiten. Denn Ungewissheit herrscht sowohl auf der Seite des „inputs" als auch auf der des „outputs". Weder die Leistungsziele sind eindeutig operationalisierbar und quantifizierbar, noch lassen sich die Anforderungen und die nötigen Ressourcen exakt kalkulieren. Auf dieses Dilemma reagieren die Unternehmen, indem sie Unsicherheit weitgehend aus den operativen Kernprozessen zu „verdrängen" (U. Berger 1984: 71) suchen und ihre Bearbeitung in ausdifferenzierten Subsystemen konzentrieren – den Stäben und Verwaltungen. Daraus erklärt sich das Wachstum sowie die immer stärkere funktionale Differenzierung der industriellen Dienstleistungsarbeit und zugleich die Schwierigkeit, diese Arbeit ihrerseits nach den konventionellen, für die Fertigung entwickelten Prinzipien des scientific management zu reorganisieren. Auch der Einsatz computergestützter Informationstechniken kann, wie Berger auf der Basis empirischer Fallstudien zeigte, an dieser Sachlage grundsätzlich nichts ändern. Gerade um die Rentabilität ihres formal rationalisierten produktiven Kerns zu sichern, waren die Unternehmen gezwungen, diesen mit einem ständig wachsenden Mantel nur noch 'indirekt' produktiver und nur noch 'lückenhaft rational' strukturierter Dienstleistungen zu umgeben. „Das ausdifferenzierte Dienstleistungssystem zahlt" – so fasst Berger ihre These zusammen – „die relative Sicherheit und die damit verbundene formale Rationalität sowie hohe Organisierbarkeit und Technisierbarkeit des Fertigungssystems mit hoher Unsicherheit und – gemessen am zweckrationalen Modell – 'lückenhafter' Rationalität" (U. Berger 1984: 88).

Nun hatte das Wachstum der Dienstleistungsbereiche freilich schon in den siebziger Jahren erhebliche Größenordnungen erreicht und zu Kostensteigerungen geführt, die es selbst zu einer Bedrohung für die Rentabilität der Unternehmen werden ließen. Die Unternehmensleitungen versuchten zunächst, die Wirtschaftlichkeit der Dienstleistungsbereiche durch verstärkten Einsatz moderner EDV-Technologien, durch die Anwendung speziell auf die Verwaltung zugeschnittener Rationalisierungsprogramme wie der „Gemeinkosten-Wertanalyse" oder auch durch lineare Personalkürzungen oder Kostensenkungen zu steigern. Alle diese Maßnahmen erwiesen sich jedoch, wie Berger zeigte, als nur als begrenzt hilfreich: Sie wurden in ihrer Wirkung entweder durch den hinhaltenden Widerstand der betroffenen Akteure unterlaufen oder erwiesen sich durch ihre negativen Effekte auf der Leistungsseite als kontraproduktiv.

Es war genau dieser Konflikt, der neben anderen, noch zu betrachtenden Ursachen den späteren (von U. Berger noch nicht gesehenen) Kurswechsel industrieller Rationalisierung zu Beginn der neunziger Jahre bewirken sollte. Bei der „schlanken Produktion" handelte sich es in der Tat um einen Bruch in der Logik bisheriger Rationalisierungsprozesse, denn ihr Grundgedanke war ja: Die Unsicherheiten des Marktes nicht mehr länger von der Fertigung fern zu halten, sie durch spezialisierte Subsysteme aufzufangen und kleinzuarbeiten, sondern die Fertigung direkt mit ihnen zu konfrontieren. Die „indirekten" Funktionen der Planung, Arbeitsvorbereitung, Instandhaltung, Qualitätskontrolle wurden nun teils aus den Stäben in die operativen Systeme zurückverlagert (operative Dezentralisierung), teils an autonome Einheiten nach außen vergeben (strategische Dezentralisierung; vgl. Faust et al. 1999). Gleichzeitig nutzte man die Computertechnik zur systembezogenen Rationalisierung von Arbeitsabläufen über die funktionalen Demarkationslinien der überkommenen bürokratisch-tayloristischen Organisationsstrukturen hinweg. Dadurch wurde es möglich, die Organisation „marktgesteuert" in profit- und cost-centers zu dezentralisieren, ohne auf Kontrolle und Transparenz der operativen Prozesse verzichten zu müssen (Sauer/Döhl 1997, Funder 1999: 16).

Für die Beschäftigten bedeuten diese Veränderungen nicht nur mehr Eigenverantwortung, sondern vor allem auch neue Belastungen und mehr Unsicherheit. Personal wird reduziert und an Fremdfirmen übertragen, die bisherigen hierarchisch organisierten Karrieresysteme werden abgebaut, Bezahlung und Beschäftigung werden direkter als bisher vom Markterfolg abhängig gemacht.

2.2.3 Tertiarisierung im industriellen Arbeitsprozess

Trotz aller Expansion der industriellen Dienstleistungsstäbe ist es freilich schon unter dem Regime der fordistischen Massenproduktion niemals vollständig gelungen, Unsicherheit und störende Einflüsse vom produktiven Kern der Fertigung fern zu halten. Auch er funktionierte trotz aller Routinisierung und Standardisierung keineswegs immer programmgemäß und nie automatisch. Das bedeutet, dass es eine dritte, verborgene Dimension der Tertiarisierung gibt, die von der Industriesoziologie zwar vielfach untersucht, aber gleichwohl nicht als solche erkannt und bezeichnet wurde: Die Tertiarisierung der Produktionsarbeit selbst. Gerade diejenigen industriesoziologischen Studien, die sich auf eine gründliche Beobachtung der Arbeitsprozesse „vor Ort" konzentriert haben, kulminierten immer wieder in einer These: Die Leistung von Industriearbeit besteht nicht darin, den formalen Anforderungen der organisatorisch und technisch rationalisierten Produktionsabläufe nur zu *genügen*. Sie besteht vielmehr darin, ihr Funktionieren in einer durch Kontingenzen und Störungen vielfältiger Art bestimmten realen Situation *zu gewährleisten*. Dies geschieht nicht nur durch bloß programmgerechtes Handeln, sondern gerade durch intelligente *Abweichungen* von den vorgeschriebenen Abläufen. Der „Dienst nach Vorschrift" stellt gerade in der Produktion eine effektive Form der Sabotage dar. Nicht erst in der automatisierten Produktion, sondern schon auf niedrigeren Mechanisierungsstufen hat die Produktionsarbeit immer schon die Eigenschaften von „Gewährleistungsarbeit". So, wie die Rationalitätslücken des Systems der Massenproduktion auf der Ebene der Gesamtwirtschaft durch die expandierenden Dienstleistungsindustrien und auf der der Organisationen durch das Wachstum der Angestelltenarbeit kompensiert werden, besteht auch im unmittelbaren Produktionsprozess die eigentliche Aufgabe der Arbeiter darin, das wirkliche Funktionieren des Betrieb nicht dank, sondern *trotz* der Genauigkeit der Planungen des Managements sicherzustellen.

Die Arbeiter haben es, wie Thomas (1964: 43f.) geschildert hat, täglich mit Situationen zu tun, die in den Planungen nicht vorgesehen sind: Werkzeuge sind nicht griffbereit, Bohrer und Stähle brechen ab. Ein Profileinstich lässt sich nicht so machen, wie der Kalkulator vorschreibt, was ihm aber „abstrakt" nicht nachgewiesen werden kann. Der Dreher kann sich erst vom Verdacht der Schuld frei machen, nachdem die Untauglichkeit des von dem Kalkulator vorgeschriebenen Verfahrens praktisch demonstriert wurde (a.a.O.: 10/11). Die spezifischen Belastungen, der „Stress" der Industriearbeit resultieren aus diesem Zwang, den programm- und zeitgerechten Ablauf der Prozesse mit seinen realen Bedingungen in Einklang bringen zu müssen. Die eigentliche Leistung der Arbeiter besteht „darin, das Nicht-Funktionieren der Organisation umzuwandeln in Funktionieren; die nicht berücksichtigten Faktoren in die Zeitplanung hineinzupressen." (Thomas 1964: 43/44). Im Unterschied zu den Angestellten wird den Arbeitern diese Vermittlungsleistung freilich nicht formal als Aufgabe übertragen, sondern nur als informelle Zusatzleistung faktisch abverlangt. Was in der Akkordbemessung berücksichtigt wird, ist immer nur die vorgeschriebene Leistung. Die für die Gewährleistung des Prozesses aber gleichwohl ständig notwendige Zusatzarbeit dagegen geht zu Lasten des Arbeiters. Das vielzitierte „Bremsen" , die informelle Leistungszurückhaltung ist deshalb keineswegs nur durch die Selbstschutzbedürfnisse der Arbeiter motiviert, sondern auch durch die im Rahmen der rationalen Schemata der Kalkulatoren und Techniker nicht erfassbaren situativen Anforderungen.

Auch in der operativen Fertigung wird somit Unsicherheit nicht wirklich ausgeschaltet, sondern nur „verdrängt". Thomas spricht von einer „Übermacht der Situation", die zentrale Aspekte der Leistung der Arbeiter der öffentlichen Wahrnehmung entzieht und im Verborgenen hält.

Die Automatisierung der Fertigungsprozesse hat nun den paradoxen Effekt, die Bedeutung gerade der verborgenen, nicht rationalisierten Leistungsanteile zu steigern, die der formalisierten Leistungskomponenten jedoch zu reduzieren. Sie wirkt damit auf ungewollte Weise subversiv, sie unterhöhlt, wie Bahrdt bereits 1959 feststellte, das hierarchisch-bürokratische Kontrollsystem der großindustriellen Fertigung (Bahrdt 1968). Die Fähigkeit der unteren Vorgesetzten und der Stäbe, die betrieblichen Abläufe bürokratisch zu steuern, nimmt ab. Die faktische Sachkompetenz konzentriert sich immer mehr bei den Belegschaften und gerät in Konflikt mit der formalen Entscheidungskompetenz der Vorgesetzten. Nolens volens muss das Management daher ungesteuerten Arbeitshandlungen und Kooperationsbeziehungen der operativen Belegschaften immer breiteren Raum lassen. Dieses Dilemma erklärt sich daraus, dass diejenigen Funktionen der Arbeit, die sich in den rationalisierten Schemata der Arbeitsvorbereiter und Ingenieure abbilden lassen, früher oder später der vollständigen technischen Objektivierung anheim fallen. Die lebendige Arbeit wird insoweit durch die potentiell immer schnellere, präziser und ausdauernder funktionierende Technik verdrängt. Was übrig bleibt, sind die komplexen, nicht algorithmisierbaren und damit auch technisch nicht objektivierbaren Arbeitsleistungen. Und je konsequenter das Management die Vergegenständlichung der Arbeit durch immer komplexere Technologien vorantreibt, desto idiosynkratischer werden auch die technisch nicht beherrschbaren „Restfunktionen", desto mehr wächst die Inkompetenz der Stäbe und der Vorgesetzten. So folgt die Entwicklung des Produktionswissens keineswegs, wie die orthodox-marxistische Industriesoziologie zu unterstellen pflegte, nur einer Logik fortschreitender Objektivierung und Entfremdung. Die Objektivierung erzeugt vielmehr im Gegenzug auch immer neues Erfahrungswissen (Malsch 1987). Der Hydra des Erfahrungswissens der Arbeiter, der das wissenschaftliche Management einen Kopf abschlägt, wachsen alsbald mehrere neue Köpfe nach.

Es war nur eine Frage der Zeit, bis auch das Management zur Erkenntnis der Aussichtslosigkeit dieser Sisyphusarbeit gelangen musste. Genau hierin lag die von Kern/Schumann (1984), aber auch von Brödner (1985) und vielen anderen herausgearbeitete Bedeutung der „neuen Produktionskonzepte". Mit ihrer Diagnose wollten die Autoren nicht etwa das Faktum der fortdauernden Verbreitung tayloristischen Arbeitsformen und niedrig qualifizierter Restarbeiten auch in hochautomatisierten Bereichen der Industrie und der gesamten

Wirtschaft leugnen. Die Kernaussage lautet vielmehr, dass es gerade die mit den modernen EDV-Techniken verknüpften beträchtlichen Rationalisierungspotentiale der industriellen Produktion sind, die das Management dazu veranlassen, die bisher verfolgte Utopie einer vollständigen technologischen Aneignung des Erfahrungswissens der Arbeiter aufzugeben. Zumindest die qualifizierten Arbeiter der automatisierten Bereiche werden nun den Angestellten insofern gleichgestellt, als ihre „Gewährleistungsarbeit" (Springer 1987) nicht mehr länger nur im Untergrund toleriert wird, sondern explizit anerkannt und eingebunden werden soll: „Im ganzheitlicheren Aufgabenzuschnitt liegen keine Gefahren, sondern Chancen; Qualifikationen und fachliche Souveränität auch der Arbeiter sind Produktivkräfte, die es verstärkt zu nutzen gilt." (Kern/Schumann 1984, 19). Selbstgesteuerte Arbeitsformen wie Gruppenarbeit und Fertigungsinseln gelten jetzt nicht länger mehr nur als die schädlichen Folgen des Taylorismus linderndes „Humanisierungs"mittel, sondern werden als Vehikel der umfassenden Nutzung der Arbeitskraft entdeckt. Auch die subjektiven und kreativen Potentiale der Arbeit sollen bewusst in den Dienst der Firma gestellt werden. Der „Faktor Mensch" wird nun ausdrücklich als „primäre Unternehmensressource" (Picot et al. 1996) anerkannt. Das bedeutet nicht etwa den Verzicht auf das Streben nach Rationalisierung, nach Senkung der Arbeitskosten und auch nicht auf die Bemühungen um Aneignung des Wissens der Arbeiter durch das Management. Aber der Kampf darum wird nicht mehr länger mit primär organisations- und ingenieurtechnischen Mitteln geführt, sondern mit denen der Arbeitspolitik, der Organisationspsychologie, der Ausbildungspolitik (Lüde 1996; Moldaschl/Schulz-Wild 1994; Springer 1999)).

Die Unverträglichkeit taylorischer Arbeitsformen mit den Erfordernissen automatisierter Produktionssysteme ist durch ältere und neuere Untersuchungen immer wieder belegt worden. So hatten Mickler et al. bereits 1976 argumentiert, dass die Arbeit in kapitalintensiven Industrien mit hochmechanisierter oder automatisierter Produktionstechnik sich der arbeitsorganisatorischen Umgestaltung im Sinne des scientific management in der Regel entziehe. Der hier geltende Primat der Ökonomie des konstanten Kapitals verlange vielmehr flexible Arbeitsformen mit hohem Dispositionsspielraum der operativen Belegschaften (Mickler et al. 1976: 272). Böhle untersuchte Arbeitsprozesse in hochautomatisierten Industrien (Stahl, Chemie, Nahrungsmittel, Mineralöl, Energieversorgung) und zeigte die zentrale Bedeutung „subjektivierenden Arbeitshandelns" für die technische Beherrschung der Produktionssysteme auf. Für den Anlagenfahrer genügt es nicht, die Anzeigen auf den Monitoren und Schalttafeln im Auge zu behalten und bei Abweichungen von den Normalwerten in der vorgeschriebenen Weise einzugreifen. Störungen kann er nur dann rechtzeitig erkennen, Gefahren nur dann abwehren, wenn er ein „Gefühl" für die Anlage entwickelt, wenn er „sieht", was in dem System vorgeht, wenn er sich bei Interventionen nicht nur auf die Vorschriften, sondern auch auf seine Erfahrung und Intuition verlässt (Böhle/Rose 1992, Böhle 1994). In die gleiche Richtung der Unvermeidlichkeit der Anerkennung der professionellen Kompetenzen der Automationsarbeit weisen auch die Befunde der neueren Göttinger Untersuchungen (Schumann et al. 1994). Die „Ironie der Automation" (Bainbridge 1987) liegt darin, dass die qualitativen, gewährleistenden Funktionen der Arbeit – negativ formuliert: ihr Schadenspotential – umso mehr an Gewicht gewinnen, je mehr ihr Einsatz quantitativ reduziert wird.

Für die Rationalisierungsgewinner unter den Arbeitern scheinen die Konsequenzen dieser Entwicklung per saldo positiv zu sein. Die Kehrseite ist aber der drastische Abbau der Arbeitsplätze für an- und ungelernte Arbeiter. Die Barrieren zwischen den geschützten und den ungeschützten Bereichen des Arbeitsmarktes werden noch höher, die Unsicherheit in den ungeschützten Bereichen nimmt weiter zu.

2.3 Technik, Arbeit und Gesellschaft

Die Diskussion über die Natur der Technik und des technischen Fortschritts, die in der Nachkriegszeit noch im Kreis der Industriesoziologie geführt wurde, hat sich längst aus diesem Rahmen gelöst. Eine eigenständige Soziologie der Technik ist entstanden, die sich in sehr viel systematischerer Weise als die Industriesoziologie um die Entwicklung eines genuin soziologischen Technikbegriffs bemüht. Diese Debatte ist bis heute durch unabgeschlossene Kontroversen geprägt. Auf der einen Seite finden sich Autoren wie Linde und Joerges, die in der Tradition Webers den sachlichen Charakter technischer Artefakte betonen und den darin begründeten spezifischen Zwangscharakter der Technik für eine soziologische Deutung erschließen wollen. Auf der anderen plädieren Rammert (1993, 2000), Heintz (1993), Marz (1997) und andere Autoren nachdrücklich für einen konstruktivistischen Technikbegriff, der die symbolischen Eigenschaften technischer Artefakte gegenüber ihrer Stofflichkeit in den Vordergrund rückt und so auch dem immateriellen Charakter der modernen Informationstechniken besser gerecht werden kann. Wir halten uns im Folgenden an die von Rammert und Heintz entwickelte Argumentationslinie, weil sie am besten geeignet ist, die Quintessenz auch unserer Überlegungen zur Tertiarisierung und Technisierung zu formulieren.

Technisierung ist danach als ein Prozess zu verstehen, „bei dem Abläufe aus ihrem ursprünglichen Kontext herausgelöst, in ihre Bestandteile zerlegt und anschließend neu zusammengesetzt, d.h. gemäß einer Vorschrift in eine schematische Abfolge gebracht werden." (Heintz 1993: 251). Das Technische wird hier rein formal als Regelhaftigkeit, als Algorithmus definiert, wobei die von dem Mathematiker Alan Turing konstruierte „Papiermaschine" (Heintz 1993: 79f.) als Vorbild dient. Das Material, in dem der Algorithmus implementiert wird, ist von sekundärer Bedeutung, es kann aus elektrischen Schaltkreisen, chemischen Reaktionen oder auch mechanischen Maschinen bestehen, es kann sogar auch sozialer Art sein. So stellen formale Organisationen oder auch das Revueprogramm der „Tiller-Girls" in der Sicht von Heintz eine Form der Technisierung des Sozialen dar. Dennoch ergibt sich daraus für sie keine Gleichsetzung von Mensch und Maschine. Der Unterschied zwischen beiden liegt aber, wie Heintz argumentiert, nicht in der Differenz zwischen dem „sachlichen" Charakter der Technik und der „subjektiven" Natur des Menschen. Sie liegt vielmehr darin, dass menschliches Handeln sich niemals auf die bloße Befolgung einer Regel reduzieren lässt, sondern *situativ* orientiert ist. Technisierung findet, wie sie mit Bezug auf die interpretative Soziologie Lucy A. Suchmans argumentiert, immer in einem lebensweltlichen Handlungskontext statt: „Handeln ist immer *'situated action'*, sowohl was den *Verlauf* einer Handlung wie auch ihre *Interpretation* anbelangt. Wenn wir handeln, folgen wir in der Regel nicht einem detaillierten Plan, sondern reagieren auf die konkreten Umstände der Situation, die wir niemals vollständig zu antizipieren vermögen" (Heintz 1993: 287).

Aus Heintz' Überlegungen zu den Grenzen maschineller Intelligenz folgt freilich, dass auch aus konstruktivistischer Sicht Technik nicht so indifferent gegenüber ihren Gegenständen sein kann, wie die Argumentation der Autorin zunächst vermuten ließ. Denn technisieren lassen sich immer nur Ausschnitte des Sozialen, niemals aber „das Soziale" schlechthin. Technisierung stellt vielmehr selbst eine Form sozialen Handelns dar; sie ist gleichsam eine Fortsetzung sozialen Handelns mit anderen Mitteln: Einzelne Handlungsketten oder kommunikative Abläufe werden in einem Algorithmus abgebildet und dieser dann auf ein „Material" – Metall, Kunststoff, elektronische Schaltkreise usw. – übertragen. All dies findet aber stets in einem durch soziale Institutionen, Akteure und deren Interessen bestimmten Rahmen statt. Neue Technologien, auch die der „Künstlichen Intelligenz", verschieben zwar die Schnittstellen zwischen Technik und Gesellschaft, können aber nicht die Notwendigkeit von Schnittstellen selbst beseitigen. Der soziale Kontext bildet einen immer offenen Horizont; er ist als Ganzer nie in den Griff zu bekommen und entzieht sich der Technisierung.

Hier berühren sich die Überlegungen von Rammert und Heintz mit dem, was wir über das Phänomen der Tertiarisierung und die gewährleistende Rolle von Arbeit ausgeführt haben. Arbeit – so können wir unseren Gedanken mit Bezug auf den konstruktivistischen Technikbegriff reformulieren – stellt die Verbindung zwischen technisierten Systemen und ihrem gesellschaftlichen Kontext her, sie ist die Schnittstelle zwischen beiden. Ihre Leistungen lassen sich daher niemals vollständig in einem Algorithmus abbilden. Mit jedem Technisierungsschritt werden zwar einzelne Arbeitsfunktionen objektiviert, zugleich aber immer auch neue geschaffen, denn auch die neue Technik muss praktisch gewährleistet, in den gesellschaftlichen Kontext eingefügt werden. Neues technisches Wissen erzeugt daher immer auch neues Erfahrungswissen, dessen Träger nicht der Computer, sondern nur die lebendige Arbeit sein kann.

Arbeit ist nicht nur programmgerechtes Verhalten, sondern Handeln, das auf die reflexive Bewältigung einer Situation orientiert ist. Sie lässt sich nicht programmieren, sondern setzt sich selbst ihre Ziele[2]. Soweit diese Zie-

---

2 Eine genauere Begründung dieser Auffassung kann bei Joas' (1992) durch die pragmatistische Tradition (Dewey, Mead) inspirierter Theorie der „Kreativität" des Handelns ansetzen. Für Joas ist Kreativität ein „überwölbendes" Charakteristikum des

le von den Erwartungen der sozialen Umwelt her vorgegeben sind, kann der Arbeitende sich nur im Rahmen eines Prozesses sozialer Interaktion selbst *qualifizieren.* Konkrete Arbeitsvollzüge gehen niemals in der bloßen Befolgung eines vorgegebenen Programms auf, sondern enthalten stets einen „Überschuss" in Gestalt intelligenter, durch die Situation gebotener Abweichungen von dem Programm. Arbeit ist nicht nur Wissen, sondern auch „Können". Sie enthält „implizites Wissen" (M. Polanyi 1966), das sich nicht formal darstellen, sondern nur praktisch demonstrieren lässt. Selbst einfache Tätigkeiten sind nur in Grenzfällen völlig standardisiert. Organisierung, Mechanisierung und Technisierung haben deshalb nicht den Effekt der Subsumtion des Arbeiters unter die Technik, sondern den einer immer neuen Differenzierung von technisierbaren und impliziten, nicht technisierbaren Arbeitsleistungen. Man könnte von einem „Gresham'schen Gesetz" der Technisierung sprechen: So, wie nach dem Gresham'schen Gesetz die „guten" Münzen aus der Zirkulation verschwinden, die schlechten aber weiter umlaufen, führt die Technisierung zum Verschwinden der „guten", formalisierbaren Arbeitsfunktionen, während die „schlechten", nicht formalisierbaren Leistungen bleiben und sogar neu entstehen. Dieses „Gresham'sche Gesetz" liegt, wie wir zu zeigen versuchten, dem Phänomen der Tertiarisierung zugrunde.

Die Unersetzlichkeit der lebendigen Arbeit ist insbesondere in drei Leistungen begründet:

- in ihrem Beitrag zur Gewährleistung von Prozessen, d.h. in ihrer oben analysierten Fähigkeit, Unsicherheit, Störungen, situative Kontingenzen zu bewältigen;
- in ihrer Fähigkeit zur Kooperation. Kooperation ist mehr als bloße Aggregation individueller Leistungen. Sie ist Selbstorganisation, die ein im Vergleich zur Einzelarbeit nicht nur quantitativ, sondern qualitativ höheres Leistungsniveau ermöglicht;
- in ihrem kreativen Potential. Genuin Neues lässt sich nur durch Arbeit, nicht durch Maschinen oder Computer schaffen, so sehr man die Letzteren auch als Hilfsmittel benötigt.

Arbeit als Einheit von Können und Wissen ist eine „Ressource", auf die die modernen Hochtechnologieindustrien genau deshalb in besonderer Weise angewiesen sind, *weil* sie die Objektivierung des Wissens auf die Spitze getrieben haben. Die heute so einflussreichen Theoretiker der „Wissensgesellschaft" oder der „Wissensarbeit", die diesen Sachverhalt erst jetzt entdecken, verkennen jedoch, dass das Können der Handwerker, mechanischen

---

Handelns jenseits der in den gängigen soziologischen Handlungstheorien betonten Orientierung an Normen oder Zielen. Handeln reagiert auf die Herausforderung von „Situationen" , und erst indem es diese Herausforderung zu bewältigen versucht, konkretisieren sich sowohl die Ziele des Handelns als auch das Selbstbild des Akteurs (vgl. auch Beckert 2000).

„Künstler", Arbeiter, Techniker und Ingenieure ungeachtet aller Verwissenschaftlichung der industriellen Produktion von Anfang an ihre Voraussetzung war (Wengenroth 1997). Die Arbeit, die den modernen Kapitalismus schuf, ist schon immer „Wissensarbeit" gewesen.

Daraus ergeben sich jene Charakteristika des Arbeitsverhältnisses, die zentrales Thema der Industriesoziologie sind. Auch Industriearbeiter, selbst ungelernte, sind nicht bloße Rädchen im Getriebe, sondern kontrollieren, in allerdings unterschiedlichem Grade, „Unsicherheit". Damit sind sie in der Lage, „Games" (Burawoy 1979) an ihrem Arbeitsplatz zu inszenieren, strategisch zu handeln und der Macht des Managements ungeachtet aller Asymmetrie eine wie immer begrenzte Gegenmacht (im Sinne der von Crozier/Friedberg 1979 geprägten Begrifflichkeit) entgegenzusetzen. Das Management kann über die Arbeit nicht in gleicher Weise verfügen wie über die sachlichen Produktionsfaktoren. Es muss kommunizieren, verhandeln, sich auf das Arbeitsverhältnis als soziale Institution einlassen. Der Herrschaftscharakter des Arbeitsverhältnisses ist nicht eliminierbar. Aus dem gleichen Grund ist auch der Arbeitsmarkt niemals ein bloßer „Markt" wie der für sachliche Produkte und Produktionsfaktoren. Er ist vielmehr durch „Rigiditäten" und Segmentierungen geprägt, in denen sich die sozialen Austauschprozesse zwischen Kapital und Arbeit kristallieren und die zugleich eine unentbehrliche Voraussetzung für die kooperativen Leistungen der Arbeiter bilden. Kurzum: Die Differenzen zwischen Technik, Markt und Arbeit bilden den zentralen Ansatzpunkt für die spezifischen Fragestellungen der Industriesoziologie.

Man könnte sich dennoch mit Schmiede (1996) fragen, ob die Entwicklung der modernen Informationstechniken nicht zu einer Überprüfung dieser Prämissen zwingt. Denn der Computer ist ja in der Tat die „universale Maschine" (a.a.O.: 35), die den formalen, immateriellen Charakter der Technik als Algorithmus gleichsam auf den Begriff bringt. Er besitzt, wie es scheint, eine fast unbegrenzte Kapazität, nicht nur mechanische Arbeitsvorgänge, sondern auch symbolgestützte Kommunikationsprozesse technisch abzubilden. Er setzt nicht nur den mit der Erfindung von Schrift und Buchdruck begonnenen Prozess der Objektivierung der Sprache fort, sondern erlaubt es darüber hinaus, sprachgestützte Interaktionen zu simulieren. Damit scheint der Computer aber die oben betonte Differenz zwischen technischem Funktionssystem und sozialem Kontext einzuebnen. Droht der 'Imperialismus der instrumentellen Vernunft' (Weizenbaum) hier nicht doch zu triumphieren? Bewahrheitet sich hier nicht am Ende doch die schon von Horkheimer und Adorno in ihrer „Dialektik der Aufklärung" formulierte düstere Prognose einer „verwalteten Welt", die nichts anderes mehr kennt als die Perspektive aktueller oder potentieller technischer Verfügung?

Schon Habermas (1981) hatte freilich gezeigt, dass diese Sichtweise auf einer verkürzten Konzeptualisierung des Sozialen beruht. Sie vernachlässigt insbesondere die auf George Herbert Mead zurückgehenden Einsichten in den „kreativen" Charakter menschlicher Sozialität (Joas 1992). Das Soziale bildet, wie wir unter Rückgriff auf die Begrifflichkeit Meads nun präzisieren müssen, ja nicht einfach nur einen unbestimmten „Kontext" technischer Objektivierung. Es ist seinerseits vielmehr durch eine *innere* Differenz zwischen objektiviertem und nicht objektiviertem Sinn charakterisiert, die Mead mit seiner bekannten Unterscheidung von „I" und „Me" gefasst hatte. Gesellschaft ist nicht einfach das Ensemble der mit dem Ausdruck „Me" bezeichneten objektivierten Sinnformen, ebenso wenig reduziert sich das Individuum auf bloß biologische Spontaneität und Triebhaftigkeit („I"). Beide konstituieren sich vielmehr durch ihr Wechselspiel, die Wechselbeziehung von „Handlung und Struktur", wie bekanntlich Giddens den entsprechenden Gedanken formuliert hat.

Gesellschaftliche Institutionen stellen zwar objektivierte Strukturen dar. Sie sind aber dennoch keine objektiven Realitäten wie Berge oder Flüsse, sondern müssen ständig durch das historische Handeln lebendiger Individuen reproduziert oder auch revolutioniert werden. Umgekehrt bedarf das I der Sozialisation durch die Interaktion mit signifikanten und generalisierten Anderen, um zu einem Individuum zu werden.

Es kann hier nicht um eine nähere Darstellung der bekannten Theorien von Habermas, Mead und Giddens gehen. In unserem Zusammenhang genügt der Hinweis auf Meads Unterscheidung von I and Me, um die Grenzen der Technisierung des Sozialen in den Blick zu rücken. Das I, die Kreativität des individuellen Organismus, ist der Technisierung offensichtlich unzugänglich. Das Gleiche gilt aber auch für das Me, die objektivierten Sinnstrukturen, soweit sie auf eine situationsbezogene Interpretation durch das I angewiesen sind. Technisiert werden kann das Me folglich nur dort, wo es *aus sich selbst heraus bereits zu einer formelhaften Struktur geronnen ist.* Das trifft schon für den Bereich der Organisationen nur teilweise zu. So kann die Kommunikation in und zwischen Organisationen dort, wo sie sich auf regelgebundene Wissenstransformationen beschränkt (z.B. in der Lagerverwaltung oder der Lohnbuchhaltung), zwar ohne weiteres informationstechnisch simuliert werden, wie die Praxis seit langem beweist. Soweit Organisationen es nur mit derartigem algorithmisiertem Wissen zu tun haben, erscheint ihre Auflösung in nur noch informationstechnisch koordinierte Systeme und Netzwerke durchaus denkbar. Genau dadurch aber werden ihre Schnittstellen zur sozialen Umwelt in ganz neuer Weise akut. Organisationen, vor allem jene, die anspruchsvollere Dienstleistungen anbieten, kommen mit algorithmischem Wissen allein nicht aus. Sie benötigen vielmehr „professionelles" Wissen im weitesten Sinne, das heißt: Die Aufgabe besteht nicht mehr darin, Wissen nur regelgebunden zu prozessieren, sondern es *auf einen Fall zu beziehen* – und das heißt niemals, es nur anzuwenden, sondern auch den Fall selbst zu seinem Recht kommen zu lassen. Bereits hier stößt die Technisierung von Kommunikation auf eine Barriere. Erst recht gilt dies für die eigentlichen Institutionen, wie Recht, Staat oder Familie.

Die Forschung beschäftigt sich schon seit längerer Zeit mit diesen Fragen (Rammert Hrsg. 1995). Unter der Bezeichnung „VKI" (Verteilte Künstliche Intelligenz) hat sich ein zwischen Soziologie und Informatik angesiedelter interdisziplinärer Forschungszweig entwickelt, der die monologischen Prämissen der traditionellen KI-Forschung überwindet (Malsch Hrsg. 1998). Unter Rückgriff auf soziologische Konzepte wie doppelte Kontingenz, Interaktion, Vertrauen wird hier der Versuch gemacht, soziale Welten informationstechnisch zu simulieren. In der Erfahrung, dass dies (bislang zumindest) nur um den Preis beträchtlicher Verkürzungen gelingt, liegen zweifellos wichtige Erkenntnischancen für die Soziologie. Bachmann fasst die Argumente gegen die informationstechnische Simulation institutioneller Strukturen wie folgt zusammen: „Erstens sind Institutionen niemals nur systemextern generiert und steuerbar, auch wenn sie den jeweiligen Agenten bisweilen als 'soziale Tatsachen' (Durkheim) begegnen. Zweitens funktionieren sie auf nicht-deterministische Weise und werden deshalb nicht zwangsweise aktualisiert; und drittens entfalten sie ihre für das Handeln der Individuen relevante Bedeutung erst in Relation zu deren Interessen sowie den situativen settings, in denen diese miteinander interagieren" (Bachmann 1998: 229/230).

Wie Heintz argumentiert, wäre es allenfalls denkbar, dass die Informationstechniken in die soziale Definitionspraxis der Benutzer selbst eingehen und der Computer somit zu einer „Ideologie" (im Sinne von Habermas 1968) wird. Interessierte Bemühungen um solche *endogene* Technisierung sozialen Handelns sind in der Tat heute in vielen Feldern zu beobachten, man denke nur an Experimente wie „virtuelles Lernen" oder den sog. „intelligenten Haushalt". Sollten solche Ideologisierungsversuche zum Erfolg führen, so könnte in das in der Tat zu einer Aushöhlung von Institutionen führen und sie für die definitive Technisierung reif machen. Die Gesellschaft würde dann am Ende zu einem zwar perfekt ausgetüftelten, aber zugleich formelhaft erstarrten Apparat gerinnen. Bis dahin ist es aber zweifellos noch ein weiter Weg – und schuld wäre auch dann nicht die Technik, sondern nur die Gesellschaft selbst.

Unsere vorläufige Schlussfolgerung lautet damit, dass auch das weitere Vordringen der modernen Informationstechniken an dem Wirken des oben genannten „Gresham'schen Gesetzes" der Technisierung prinzipiell nichts ändern wird. Zu erwarten ist also weder eine „Subsumtion" , noch eine radikale Freisetzung der Arbeit durch Technik, wie sie noch immer von manchen Autoren (Rifkin 1995, Schmiede 1996) prophezeit wird. Weiterhin ist vielmehr damit zu rechnen, dass Arbeitsfunktionen informationstechnisch simuliert, unterstützt und schließlich substituiert werden und zugleich neue Arbeitsfelder entstehen. Aufgrund des immensen algorithmischen Potentials der modernen Informationstechniken zeichnet sich allerdings deutlicher denn je jene Tendenz ab, die bereits Baethge/Oberbeck (1986) in ihrer Untersuchung der Angestelltenarbeit beobachtet haben: Der Einsatz von Arbeit konzentriert sich auf flexible und kreative Aufgaben und auf die niemals völlig programmierbaren persönlichen und kundenbezogenen Dienstleistungen.[3] Die für herkömmliche Arbeitsplätze charakteristische *Mischung* aus regelgebundenen Elementen einerseits, situativen, kommunikativen und innovativen Anforderungen andererseits wird immer schärfer zugunsten der Letzteren aufgelöst. „Work is becoming more complex rather than more routinized" – so fassen auch Frenkel et al. (1999) die zentrale These ihrer Untersuchung von Dienstleistungs-, Verkaufs- und Expertentätigkeiten zusammen. Arbeitsmarktexperten sagen voraus, dass der Anteil qualifizierter Tätigkeiten weiter auf Kosten von Hilfstätigkeiten und einfachen Arbeiten zunehmen wird (Weidig et al. 1999), wobei zugleich die herstellenden Tätigkeiten und einfachen Dienstleistungen zugunsten der „reflexiven" (also: forschenden, leitenden, beratenden, qualifizierenden, betreuenden, publizierenden) Dienstleistungen zurücktreten (Dostal/Reinberg 1999).

In dem skizzierten Prozess der Entmischung regelgebundener Funktionen von situativen und kreativen Aufgaben dürfte der Hauptgrund dafür liegen, dass Informationsarbeit sich weder bürokratisch organisieren, noch umfassend technisch kontrollieren lässt. Letztlich wird nur für die genuin kreativen Funktionen Arbeit noch gebraucht; wer nicht permanent lernt, kann bald überflüssig werden. Aus Kreativität als freier menschlicher Tätigkeit wird so ein immer nachdrücklicherer *Zwang* zur Kreativität, wie Sennett ihn in seinem bekannten Buch über den „flexiblen Menschen" (Sennett 1998) beschrieben hat. Das Hauptproblem der Arbeit ist heute nicht mehr tayloristische Fremdsteuerung und die Gefahr einer „verwalteten Welt", wie sie die ältere industriesoziologische Technikkritik betonte. Arbeit wird nicht länger verwaltet, sie muss sich selbst verwalten und vermarkten. Das ändert zwar an ihrer faktischen Abhängigkeit von Kapitalgebern und Kunden nichts, aber diese Abhängigkeit wird zunehmend in der Form des „Marktes" und nicht mehr der der Hierarchie inszeniert. Unternehmen werden zerlegt und dezentralisiert, und selbst die internen Kooperationsbeziehungen werden als Verhältnisse von „Kunden" und Lieferanten" arrangiert. Auch wenn reguläre abhängige Erwerbsarbeit noch immer die dominante Form der Beschäftigung bildet, nimmt die Zahl der tatsächlich oder nur zum Schein „selbstständigen" Existenzen ebenso zu wie die marginaler und flexibler Beschäftigungsverhältnisse. In den qualifizierten Berufen fühlen sich viele Beschäftigte durch Zeitdruck und eine nicht beherrschbare Komplexität der Aufgaben überfordert.

Es tut sich hier keineswegs nur, wie von manchen Autoren suggeriert wird, eine schöne neue Arbeitswelt auf, die den Menschen die Chance bietet, sich selbst zu finden und aus verkrusteten Rollenmustern auszubrechen. Nicht zu übersehen ist auch das Problem der Überlastung, das Gefühle der Hilflo-

---

3 „Die Ausdifferenzierung und Perfektionierung von Informationsverarbeitungs- und Kommunikationstechnologien fordert als Pendant eine intensivere Nutzung des qualifizierten menschlichen Arbeitsvermögens und erhöhte kommunikative Anstrengungen für den nicht computerisierten Teil geschäftlicher Vorgänge" (Baethge/Oberbeck 1986: S. 291).

sigkeit erzeugt und instrumentalistische oder zynische Reaktionen begünstigt. Eine wichtige Frage wäre, ob wir es nicht auch hier mit „Entfremdung" zu tun haben – einer Entfremdung freilich nicht durch technologische Subsumtion des Individuums, sondern aus dem gegenteiligen Grund der Konfrontation mit einem Übermaß an Unsicherheit. Zu fragen wäre, ob nicht die Merkmale von Entfremdung, die Blauner (1964: 32) im Blick auf die taylorisierte Arbeit formuliert hatte, nämlich Machtlosigkeit, Sinnlosigkeit, Isolierung und Selbstentfremdung, in einem modifizierten Sinn auch auf die moderne Figur des „Arbeitskraft-Unternehmers" zutreffen. Paradoxerweise kann, wie Moldaschl/Sauer (2000) und Bröckling (2000) gezeigt haben, gerade Autonomie eine Form der „Herrschaft" sein – freilich eine konsequent verinnerlichte Herrschaft, die die inneren Freiräume des Individuums beseitigt und daher gar nicht mehr als solche erkennbar ist. Sie geht in einer universalisierten Marktlogik auf, die das Individuum einem konsequenten „Selbstmanagement" überantwortet. Diese These wird noch ausführlicher Diskussion bedürfen.

Ein tieferliegendes Problem ist in den bisherigen Überlegungen noch völlig unberücksichtigt geblieben: Woher rührt der Zwang des wirtschaftlichen Wachstums, der Druck, immer neue, idiosynkratische Arbeitsaufgaben an der Stelle der technologisch substituierten alten zu erfinden? Er ist – so wird unsere These lauten – keineswegs in der menschlichen Natur und auch nicht in der Technik selbst begründet, sondern in einem Dritten: dem Nexus von Geld und Arbeit. Dass Technisierung eine permanente Dynamik der Tertiarisierung zur Folge hat und nicht etwa, wie es die marxistischen Utopien prophezeiten, eine Verringerung der gesellschaftlich notwendigen Arbeit, ist ohne Berücksichtigung der Koppelung von Arbeits- und Geldvermögen nicht zu erklären. Die nähere Diskussion der angeschnittenen Fragen wird also durchaus wieder zu Marx zurückführen – freilich nicht zur marxistischen Politökonomie der Industriesoziologie.

2.4 Die Aufgaben der Industriesoziologie

Wollte man die Aufgabe der Industriesoziologie in einem Satz zusammenfassen, so müsste er lauten: Es geht der Industriesoziologie darum, den Kauf und Verkauf der Arbeitskraft sowie ihren Einsatz in Betrieben als einen sozialen Prozess zu analysieren. Soziologische Analysen haben es mit dem Problem der Kontingenz des Sozialen zu tun. Als „sozialen Prozess" bezeichnen wir eine Konstellation, in der es interdependenten Akteuren um die Bewältigung dieses Problems geht: Wie kommt trotz der Freiheit Egos *wie* Alters (und weiterer Akteure) ein Minimum an Ordnung und wechselseitiger Erwartbarkeit des Handelns zustande? Aufgrund des komplexen Charakters der modernen Informationsarbeit stellt sich dieses Problem heute gerade in der Industrie und in der gesamten Wirtschaft in zugespitzter Form: Arbeit lässt sich weniger denn je „einseitig", d.h. bürokratisch oder technisch kommandieren und steuern. Zu klären, wieweit das Problem sozialer Kontingenz gleichwohl gelöst wird oder gelöst werden kann, ist die Hauptaufgabe der Industriesoziologie.

Damit ist aber noch nichts über den *spezifischen* Sinn einer soziologischen Analyse der Industriearbeit ausgesagt. Ist das, womit es der Betriebswirt, der Arbeitsrechtler, der Organisationspsychologe zu tun haben, nicht ebenfalls soziales Handeln im Betrieb bzw. in der Industrie? Es trifft zu, dass es auch andere Wissenschaften gibt, die sich mit sozialem Handeln beschäftigen. Sie tun dies jedoch in einer je spezialisierten, in ausdifferenzierten Dienstleistungsmärkten oder Subsystemen der Organisation lokalisierten Perspektive und bekommen daher auch das Problem sozialer Kontingenz nur in einer spezifischen Weise in den Blick. Juristen arbeiten in der Rechtsabteilung, Betriebswirte im Rechnungswesen und im Controlling; beide operieren mit einem festen Kanon von Regeln und Wissen zur Lösung ihrer Probleme. Für Soziologinnen und Soziologen ist dagegen keine bestimmte Abteilung vorgesehen, auch nicht die Personalabteilung, die eher eine Domäne der Psychologen und Juristen ist. Nahezu alle Funktionen, alle Probleme in einer Organisation können für sie zum Thema werden. Die Spezialität der Soziologie ist ihre Nicht-Spezialisiertheit. Sie weist dem in der betrieblichen Praxis tätigen Soziologen die Rolle des „Generalisten" zu, der Handlungsverkettungen über funktional ausdifferenzierte Subsysteme hinweg untersucht.

In dieser Rolle liegen Nachteile und Gefahren, aber auch Chancen. Auf der einen Seite gerät der Industriesoziologe leicht in die Verlegenheit, zwischen allen Stühlen zu sitzen: Von allem versteht er etwas, nichts versteht er jedoch richtig. Das verhindert die Institutionalisierung der Industriesoziologie, die Etablierung eines eigenen Arbeitsmarktes und exklusiv für die Absolventen des Faches vorgesehener betrieblicher Positionen, mit entsprechend negativen Auswirkungen auf die individuellen Arbeitsmarktchancen. Auf der anderen Seite ist der Industriesoziologe jedoch auch in der Lage, Probleme und Zusammenhänge zu erkennen, die sich dem funktional spezialisierten Blick der anderen Disziplinen entziehen. Er kann so ungeplante Nebenfolgen von Planungen und Aktionen der Spezialisten entdecken und zu ihrer Entschärfung beitragen. In der heutigen Situation immer rascheren organisatorischen Wandels und sich auflösender Grenzen von Organisationen und Subsystemen in Organisationen dürfte diese Qualifikation nicht ohne Bedeutung sein.

Was für die Institutionalisierung der Tätigkeit gilt, gilt auch für den Grad der Formalisierung der analytischen Perspektive. Betriebswirte und Juristen gehen jeweils von einem bestimmten, präzise umrissenen Modell sozialen Handelns aus: Die Betriebswirtschaftslehre hat es mit rationalem Handeln von Wirtschaftssubjekten auf der Basis von Kosten-Ertragsrechnungen zu tun, die Rechtswissenschaft mit normativ geregelten Beziehungen, Rechten und Pflichten zwischen Rechtssubjekten. Für die Industriesoziologie ist dagegen erst einmal die Offenheit für unterschiedliche Modelle sozialen Handelns charakteristisch. Sie spiegelt darin die Situation der allgemeinen Soziologie wieder, die sich bis heute nicht auf ein gemeinsames Leitmodell von Sozialität hat einigen können. Gesellschaft kann als nomische Ordnung, als Kommunikation, als funktionale Einheit, als symbolisch gestützte Interaktion, aber auch als emergentes Ergebnis individueller Handlungen verstanden werden (Esser 1993: 321f.). Die Soziologie ist seit Durkheim zwar mit dem Anspruch aufgetreten, Gesellschaft als eine objektive Realität „sui generis" zu analysieren. Aber Durkheims auf Werte, moralische Normen und Institutionen orientierter Blick verfehlt, wie die Kritik vielfach bemängelt hat, die Wirklichkeit der modernen Gesellschaft. Luhmann hat daher versucht, die Eigenständigkeit der Gesellschaft nicht mehr mit dem Begriff der Institution, sondern mit dem der Kommunikation zu fassen. Kommunikation wird hierbei als prozessuale, selbstreferenzielle Einheit von Mitteilung, Information und Verstehen definiert. Sie ist für Luhmann eine „genuin soziale Operation" (Luhmann 1998: 81), die zwar die Mitwirkung menschlicher Individuen voraussetzt, aber dennoch keinem einzelnen Individuum zugerechnet werden kann. Mit diesem Ansatz vermeidet Luhmann zwar die in den Theorien Durkheims und auch Parsons' angelegte Tendenz zur Hypostasierung des Gesellschaftlichen. Aber genau dadurch wird, wie Luhmann selbst in aller Klarheit zeigt, zugleich die Frage nach dem „Gegenstand" der Soziologie unbeantwortbar. Denn was der Soziologe tut, nämlich die Gesellschaft beobachten, ist ja selbst bereits ein Akt der Kommunikation. Das für alle nomologischen Wissenschaften geltende Schema von Erkenntnissubjekt und -objekt, von Theorie und Gegenstand ist auf die Soziologie nicht im strengen Sinn anwendbar, da die Soziologie mit ihren Operationen von vorn herein in ihren Gegenstand involviert ist. Die Gesellschaft lässt sich nicht von „außen" beobachten, denn sie ist selbst das umfassendste Sozialsystem und der Inbegriff aller möglichen Kommunikationen. Sie lässt sich nur als „Totalität" angemessen beschreiben – dies war bereits die freilich aus einer ganz anderen intellektuellen Tradition heraus begründete Position Adornos (Institut für Sozialforschung 1956: 22f.) gewesen.

Die Soziologie hat im Gegensatz zu den anderen sozial-, wirtschafts- und rechtswissenschaftlichen Disziplinen keinen exklusiven Gegenstand. Sie ist deshalb auch nicht in der Lage, ihr Wissen über die Gesellschaft in Form nomologisch-deduktiver, von besonderen zu allgemeinen Sätzen aufsteigender Theorien zu formulieren. Das Projekt einer Theorie „der" Gesellschaft, die ja eine Theorie nicht nur der gegenwärtigen, sondern auch aller vergangenen und zukünftigen Gesellschaften sein müsste, ist ein unerfüllbarer Wunschtraum. Die Soziologie sollte nicht versuchen wollen, sich über die Geschichte zu stellen. Sie sollte auch ihr Verhältnis zur Gesellschaft, wie Luhmann (1998: 22) zu Recht mahnt, nicht als ein belehrendes begreifen. Sie ist vielmehr dort gefragt, wo die Gesellschaft *sich selbst zum Problem wird*, wo sie mit den institutionalisierten Verfahren der Konfliktlösung nicht mehr zurechtkommt. Die Aufgabe der Soziologie kann dann darin bestehen, das Problem in alternativen Begriffen zu reformulieren und auf ihrer Grundlage neue, für die Akteure aufgrund ihrer 'Betriebsblindheit' nicht unmittelbar sichtbare Handlungsmöglichkeiten aufzuzeigen. Die Gesellschaft mag z.B. Aufklärung darüber erwarten, warum die Scheidungsraten, die Jugenddelinquenz zunehmen, oder warum Ungelernte keine Arbeitsplätze mehr finden. Solche Fragen wird man schlechterdings nicht beantworten können, ohne das Handeln von Individuen in einer bestimmten historischen Situation in Rechnung zu stellen. Die soziologische Theorie allein mag zwar mit Luhmann ohne Rekurs auf „psychische Systeme" auskommen können oder sogar müssen. Aber gerade dann, wenn die Soziologie ihr Verhältnis zur Gesellschaft nicht als belehrendes verstehen will, wird sie sich mit Theorie allein nicht begnügen dürfen. Sie sollte nicht klüger sein wollen als die Geschichte selbst und sich bewusst auf den historischen Kontext einlassen, dessen Moment sie immer schon ist.

Daraus ergeben sich Konsequenzen auch für die Aufgabenbestimmung der Industriesoziologie. Industriesoziologie ist gewiss etwas anderes als Industriegeschichte und industrielle Sozialgeschichte. Sie vergleicht, verallgemeinert, entwickelt Modelle und versucht, auf der Basis dieser Modelle alternative Handlungsoptionen, oder sogar Prognosen zu formulieren. Aber sie tut gut daran, es bei Theorien „mittlerer Reichweite" im Sinne Mertons zu belassen. Denn die Modelle der Industriesoziologie, so komplex sie auch immer sein mögen, sind immer nur im Rahmen eines bestimmten historischen Kontexts gültig, dessen Kontinuität problematisch ist und immer neu geprüft werden muss. Es geht nicht darum, wie Jürgen Kocka es formuliert, „ein allgemeines Gesetz im Sinne einer Weltformel zu suchen. Vielmehr handelt es sich um einen Begriff, der nicht losgelöst von den Formen seiner Existenz zu formulieren ist." (Kocka 1986: 24). Dieser historisch gebundene Charakter industriesoziologischer Theoriebildung ist in zwei Umständen begründet:

Zum einen hat die Industriesoziologie wie die Soziologie überhaupt es nicht nur mit objektiven Gegenständen zu tun, sondern mit individuellen und kollektiven Akteuren. Diese verfügen über eben diejenige Fähigkeit, die der Forscher für sich reklamiert, selbst: nämlich die Welt und sich selbst zu beobachten und Theorien darüber zu entwickeln. Das Problem der doppelten Kontingenz, das das Thema der Soziologie bildet, macht sich auch in ihrem Verhältnis zu ihrem eigenen Gegenstand geltend. Soziales Handeln ist mehr als nur „Handlung" im Luhmann'schen Sinne: Es ist kreativ, historisch, erzeugt eine immer neue Gegenwart und ist daher nie abschließend beobachtbar (zur näheren Begründung dieser Auffassung vgl. Joas 1992). Es lässt sich daher nicht zureichend aus seiner Funktion für die Selbstbeobachtung der Gesellschaft heraus (Luhmann 1984: 225f.) beschreiben und erklären. Die Industriesoziologie kann sich nicht auf objektivierende Beobachtung abgeschlossener Handlungen beschränken, sondern muss sich im Weber'schen Sinn darum bemühen, „verstehend" zu erklären. Sie ist deshalb auf den Dialog mit den Akteuren ihres Untersuchungsfeldes angewiesen. Ihre Diagnosen und Theorien stehen, ob sie es will oder nicht, in einem Konkurrenzverhältnis mit den Beobachtungen der Praktiker.

Das impliziert einen oft heiklen Balanceakt zwischen den Gefahren der *Propaganda* und der *Arroganz*. Die Industriesoziologe darf sich die Perspektiven der Handelnden nicht einfach zu Eigen machen, sie darf nicht zum bloßen Sprachrohr der Manager oder der Gewerkschaften werden – das wäre die Gefahr der Propaganda. Ihr geht es darum, latente, also den Akteuren selbst nicht oder nur unvollständig bewusste Funktionen, Zusammenhänge, Widersprüche des Handelns sichtbar zu machen oder auch auf unbeabsichtigte Handlungsfolgen aufmerksam zu machen, kurz: den Akteuren ihre eigene Gesellschaftlichkeit vor Augen zu führen. Die Industriesoziologie darf sich andererseits aber über die Perspektiven der Handelnden nicht einfach in objektivierender Einstellung hinwegsetzen – das wäre die Gefahr der Arroganz. Industriesoziologische Theorien sind keineswegs schon deshalb intelligenter als das, was Arbeiter, Gewerkschafter oder Manager zu sagen haben, weil sie mit dem Anspruch der Wissenschaft präsentiert werden. Ob sie es sind, wird sich erst erweisen müssen und ist einer nie abgeschlossenen Prüfung durch die Praxis unterworfen. Das für das nomologische Wissenschaftsverständnis zentrale Postulat der strengen Unabhängigkeit von Theorie und Empirie, von Forschungssubjekt und -objekt kann daher für die Industriesoziologie nicht gelten. Die Industriesoziologie bezieht ihre Interpretationen aus der Praxis und wirkt mit ihren Theorien ihrerseits auf die Praxis zurück, wenn auch keineswegs immer in der beabsichtigten Weise.[4]

Der genannte Balanceakt stellt hohe Anforderungen an die Methodenkompetenz des Forschers. Qualitative, interpretierende, Verfahren, in die „Tiefe" gehende Fallstudien sind wichtig, weil nur sie die Sinnstrukturen des Feldes selbst sichtbar machen können. Aber sie dürfen nicht zu einem „mimetischen" Verhalten des Forschers dem Feld gegenüber führen, das das Selbstbild der Befragten lediglich reproduziert. Die theoriegeleitete Formulierung von Hypothesen und ihre Überprüfung mit Hilfe der objektivierenden Verfahren der empirischen Sozialforschung stellt ein wichtiges Korrektiv gegen diese Gefahr dar. Auch die Auswertung von Statistiken, sowie die eigene Erhebung und Analyse quantitativer Daten kann dabei wichtige Aufschlüsse vermitteln. Isoliert angewandt, können diese Verfahren freilich der Gefahr der Arroganz Vorschub leisten. Nur durch eine dem Fall und der Fragestellung gemäße Kombination der beiden Zugänge wird sich die Gratwanderung zwischen Propaganda und Arroganz meistern lassen.

Der andere Grund für den historisch gebundenen Charakter industriesoziologischer Theorien ist, dass sie es mit einer sich historisch verändernden Realität zu tun haben. Die gesellschaftliche Wirklichkeit verändert sich, wie

---

4 Als Beispiele sei nur an die Doktrinen der „informellen Gruppen" oder der „neuen Produktionskonzepte" erinnert.

bereits Hegel betont hatte, nicht nur in Raum und Zeit, sondern in ihrer kategorialen Verfassung selbst. Sie formiert sich durch wirtschaftliche, politische, soziale, kulturelle „Revolutionen". Diese Revolutionen machen das etablierte Wissen der Soziologie immer wieder obsolet; man denke nur an die oben erwähnten „Paradigmenwechsel" industrieller Rationalisierung oder an das Schicksal der Theorien „sozialistischer" Planung nach dem Zusammenbruch des sozialistischen Systems. Der Versuch, nomologische Theorien der Industriearbeit zu entwickeln, scheitert folglich nicht nur an subjektiven Grenzen unseres Erkenntnisvermögens. Er ist auch von der Natur des Gegenstandes selbst her zum Scheitern verurteilt, der sich als historischer Gegenstand nicht in definitive Kategorisierungen pressen lässt. Dass etwa die Kritik am „technischen Determinismus" heute zu einem Gemeinplatz in der Industriesoziologie geworden ist, hängt nicht nur mit einem Erkenntnisfortschritt der Soziologie zusammen (wir sind heute nicht unbedingt klüger als Popitz/Bahrdt oder Schelsky), sondern auch mit den Entwicklungen der Informationstechnik seit den siebziger Jahren selbst. Die Industriesoziologie hat es mit einem „moving target" zu tun; Bewegung herrscht nicht nur auf der Seite der Erkenntnis, sondern auch auf der des Gegenstandes. Gewiss lassen sich soziologische und industriesoziologische Modelle so abstrakt formulieren, dass sie jede mögliche (genauer: heute möglich erscheinende) Bewegung des Gegenstandes abdecken. Aber damit setzen sie sich dem Vorwurf der Irrelevanz aus, der Gefahr, nur noch akademische Girlanden zu produzieren.

Die Industriesoziologie hat folglich nicht eine feststehende, sondern eine historisch variable Aufgabe. Sie kann weniger als andere Disziplinen dem internen Bedürfnis nach Systematisierung und kumulativer Perfektionierung ihres Wissens folgen. Sie muss, ohne dem Zeitgeist zu verfallen, ein historisches Gespür dafür entwickeln, wo und wofür sie gefragt ist und diesen Aufgaben mit methodischer Sorgfalt nachgehen. Die Industriesoziologie, wie die Soziologie überhaupt, wird auch heute – darin ist Haller (1999) zuzustimmen – am besten fahren, wenn sie sich in der Tradition Max Webers als „Wirklichkeitswissenschaft" versteht. Über viele Jahrzehnte hinweg war es das Problem der Einfügung der menschlichen Arbeit in rationalisierte Produktionssysteme und deren geplante wie ungeplante soziale Folgen, die die entscheidenden Impulse für die industriesoziologische Forschung lieferten. Diese Konstellation ist heute jedoch aus mehreren Gründen nicht länger gegeben. Im Zuge der Entwicklung der modernen Informationstechniken ist die Vielfalt technisch-organisatorischer Lösungsmöglichkeiten erheblich gestiegen. Es gibt keinen von den Ingenieuren und Arbeitswissenschaftlern eindeutig empfohlenen „one best way" mehr, an dem die betriebliche Arbeitspolitik sich als objektiver Sachgesetzlichkeit orientieren könnte. Die Aufgabe der Industriesoziologie kann sich deshalb nicht länger darauf reduzieren, Wege zur optimalen Eingliederung der menschlichen Arbeit in ingenieurtechnisch gestaltete Abläufe zu finden. Je mehr der sozial konstruierte Charakter von Technik und Organisation selbst in den Blick tritt, desto mehr wird er zu einer „politischen" Frage und damit in ganz anderer Weise als früher auch zu einem Aufgabenfeld der Soziologie. Auch der Begriff der „Rationalisierung" selbst verliert damit seine frühere Eindeutigkeit im Sinne quantitativer Leistungs- und Produktivitätssteigerung. Er wird mehrdeutig, vieldimensional und liefert keine klare Anweisungen mehr dafür, wie die Unternehmen schwarze Zahlen schreiben und rote vermeiden können (Deutschmann 1996b).

Schließlich hat das gestiegene Gewicht der gewährleistenden und innovativen Aufgaben der Arbeit auch die Subjektivität der Arbeitenden noch stärker als früher in das Zentrum des Produktivitätsinteresses der Wirtschaft gerückt. „Organizational Symbolism" (Alvesson/Berg 1992) als Anspruch einer Steuerung von Kommunikation und „Kultur" in Unternehmen durch das Management spielt damit eine immer wichtigere Rolle. Auch hier ist neben der Psychologie auch die Soziologie gefragt. Sie steht dabei freilich nicht selten auch vor der Aufgabe, den Auftraggebern die Unerfüllbarkeit ihrer Erwartungen klarzumachen. Unerfüllbar ist vor allem die unter den Verfechtern „vergemeinschaftender Personalpolitik" (Krell 1993) verbreitete Vorstellung, Einstellungen, Motive, Werthaltungen der Beschäftigten könnten gleichsam im direkten Durchgriff durch das Management geformt werden. Wieweit sich in der vielzitierten „Subjektivierung" der Arbeit wirkliche Motive der Subjekte geltend machen und wieweit im Gegenteil nicht eher von Versuchen der Indoktrinierung und Vereinnahmung durch die Organisation gesprochen werden müßte, ist zweifellos eine zentrale aktuelle Frage der Industriesoziologie, bei der nicht zuletzt die Unabhängigkeit ihres Urteilsvermögens auf dem Spiel steht.

Das bereits erwähnte Ansteigen der Nachfrage nach (auch) soziologischer Organisationsberatung erklärt sich aus der skizzierten Entwicklung. Die Industriesoziologie wird sich dieser Einbeziehung in beraterische Aufgaben nicht entziehen können. Aber ihr spezifisches Erkenntnispotential wird sie nur dann entfalten und der Gefahr der „Propaganda" nur dann entgehen können, wenn sie innere Distanz zu den Akteuren und Auftraggebern wahrt und klar zwischen Erkenntnis- und Beratungszielen trennt. Schon in ihrer Sprache sollte sie sich sorgfältig darum bemühen, den Beraterjargon zu vermeiden. Die Fähigkeit zur Distanz ist wiederum in der zu theoriegeleiteter Selbstreflexion begründet. Die Industriesoziologie darf den gesamtgesellschaftlichen Bezug ihrer Themen und Problemstellungen nicht aus den Augen verlieren. Nur der Blick über die Organisationsgrenzen hinaus ermöglicht es ihr, die Triebkräfte wie die Folgewirkungen des betrieblichen Geschehens voll zu erfassen. Nur wenn sie sich bemüht, die Perspektive der Gesellschaft einzunehmen, kann sie ein Korrektiv gegen die natürliche Neigung der ökonomischen Akteure bilden, die gesellschaftliche Umwelt als bloßen Resonanzboden ihrer Interessen zu behandeln.

3. Theoretisch-historische Grundlagen

3.1 Kapital und Arbeit

3.1.1 Geld und Kapital

Wie jede wissenschaftliche Disziplin braucht die Industriesoziologie ihre Leitbegriffe. Der Begriff des Kapitalismus, der diese Funktion lange Zeit erfüllte, hat seit dem Niedergang des „sozialistischen Lagers" und der Konjunktur des Marxismus in der Soziologie seine einstige Popularität eingebüßt. Statt vom Kapitalismus spricht man lieber mit Offe und Dahrendorf von der „Arbeitsgesellschaft", mit Beck, Giddens und Lash von „reflexiver Modernisierung" , oder mit Luhmann und Willke von „funktionaler Differenzierung", um nur die am meisten verbreiteten Konzepte zu nennen. Wir machen von keinem dieser Angebote Gebrauch, sondern halten an dem traditionellen Leitbegriff fest, was im Folgenden zu begründen ist.

Die Marx'sche Theorie des Kapitalismus fährt fort, ein Stein des Anstoßes zu sein – für die akademische Wirtschaftstheorie wie für die Soziologie. An den Begriff des Kapitalismus selbst hat man sich zwar seit langem gewöhnt. „Die moderne Industrietechnik beruht auf der Verwendung eines großen Einsatzes von Kapital. Dieser Kapitaleinsatz nimmt vielfach die Form spezialisierter Maschinenparks, auf Massenproduktion eingestellter Betriebe und erheblicher Lagerbestände an Halb- und Fertigwaren an. Unsere Wirtschaft führt deswegen den Namen 'Kapitalismus', weil dieses Kapital oder 'Vermögen' in erster Linie das Privateigentum eines einzelnen Wirtschaftssubjektes darstellt – des so genannten Kapitalisten", heißt es z.B. bei Paul A. Samuelson (1964: 66). Anders als Samuelson versteht Marx unter Kapital freilich nicht nur die physischen Produktionsmittel, Halb- und Fertigwaren. Kapital ist für ihn vielmehr Geldvermögen, das dazu bestimmt ist, durch den Ankauf und Einsatz von Arbeitskräften und Produktionsmitteln einen Gewinn zu erzielen (Marx 1968: 161f.). Es nimmt somit *sowohl* die Form von Finanz- als auch von Sach- und Humankapital an. Kapital ist selbstreferenziell rückgekoppeltes Geld, sich selbst verwertender Wert, wobei der Wertbegriff die prozessuale Einheit der in der Formel G-W-G' zum Ausdruck gebrachten Transformation bezeichnet.

Die Differenz zwischen Marx und der akademischen Wirtschaftstheorie liegt zunächst in der Theorie des Geldes. Für die Wirtschaftstheorie neoklassischer, aber auch keynesianischer Provenienz bleibt Geld ein funktionales Zwischenglied einer auf die Befriedigung menschlicher Bedürfnisse als ihren vermeintlich natürlichen Endzweck gerichteten „Marktwirtschaft". Kern der ökonomischen Theorie ist das Paradigma des Realtausches, die Vorstellung also, die moderne Wirtschaft funktioniere im Prinzip so, als ob nur Güter gegen Güter getauscht würden. Man kann hier von einer „naturalistischen" Sicht der Wirtschaft sprechen, die von der Produktion, dem Austausch und dem Konsum von Gütern als evidenten, vermeintlich „letzten" Realitäten ausgeht. Geld erscheint in einer solchen Perspektive als bloßer „Geldschleier", der den Inhalt der wirtschaftlichen Allokationsprozesse letztlich nicht berührt. Es ist zwar unentbehrlich, um die Transaktionskosten des Tausches zu verringern und komplexere Formen der Arbeitsteilung zu ermöglichen. Aber es tritt von vorn herein nur in einer funktionalen Perspektive in den Blick: als ein Medium, das den als selbstverständliche Gegebenheit unterstellten Realtausch zu vermitteln hat.

Die neoklassische und die monetaristische Schule nehmen an, dass dies grundsätzlich problemlos geschehen kann, sofern nur gewisse institutionelle Voraussetzungen der Geldpolitik erfüllt sind. Die keynesianische Schule dagegen macht auf die in der Rolle des Geldes als Wertspeicher begründete Eigendynamik der Finanzmärkte aufmerksam und leitet daraus die Möglichkeit von Ungleichgewichten zwischen realen und monetären Anpassungsprozessen ab. Auch wenn das Geld hier als potentieller Störfaktor des gesamtwirtschaftlichen Gleichgewichts gesehen wird, wird dennoch an dem naturalistischen Grundverständnis des Wirtschaftens festgehalten: „Consumption – to repeat the obvious – is the sole end and object of all economic activity", heißt es bei Keynes (1973: 104).

Sowohl die neoklassische wie die keynesianische Sicht des Geldes bleiben technisch verkürzt. Beide wissen daher gar nicht, „was Geld ist" (Riese 1995: 45). Weil die Frage nach dem genus proximum des Geldes überflüssig erscheint, wird sie gar nicht mehr gestellt (Backhaus 2000). Aber das Problem selbst verschwindet damit keineswegs.

Die schon für die klassischen Ökonomie des späten 18. und 19. Jahrhunderts charakteristische Fixierung auf die Vorstellung des Realtauschs, wie sie sprichwörtlich in dem berühmten „Say'schen Theorem" zum Ausdruck kam, war es, die in den Augen von Marx den „ideologischen" Charakter der bürgerlichen Wirtschaftstheorie ausmachte. Er sah darin einen Dogmatismus des gesunden Menschenverstandes am Werk. Dass mit Geld Güter gekauft werden und dass Geld selbst als Tauschmittel für den Kauf von Gütern begehrt ist, scheinen zwar unbezweifelbare Wahrheiten des Alltagslebens zu sein. Wer Geld ausgibt, möchte dafür etwas haben, und um etwas haben zu können, braucht er Geld. Aber, so mokiert sich Marx: Mit der gleichen Evidenz, die in diesen Beobachtungen steckt, lässt sich auch behaupten, dass die Sonne sich um die Erde drehe. In Wahrheit verhält es sich, darauf besteht er, genau umgekehrt: Nicht das Geld dreht sich um die Güter, sondern die Güter drehen sich um das Geld. Denn ein „Tauschmittel", das wie ein „Sesam-öffne-Dich" den Schlüssel zur individuellen Aneignung des materiellen Reichtums und darüber hinaus für soziale Macht und die Kontrolle der Zeit bildet, kann nicht bloß jenes harmlose „Mittel" sein, als das es die akademische Wirtschaftstheorie wahrnimmt. Es wird vielmehr – und hier erhält Marx Unterstützung von dem aus einer ganz anderen intellektuellen Tradition kommenden Georg Simmel (1989) – ganz unwillkürlich selbst zur „Mitte", zu dem Endzweck, um den sich alles wirtschaftliche Handeln dreht und in den es zurückläuft. Der Markttausch von Gütern gegen Geld ist nur ein funktionales Zwischenspiel in einem Prozess, der mit dem Geld beginnt und in es zurückführt. Marx fasst diesen Prozess in der Formel G-W-W-G'; Simmel spricht vom Geld als „substanzgewordener Relativität" (Simmel 1989: 134).

Auch die vielzitierten „Bedürfnisse", die die Nationalökonomie einfach als natürliches Faktum behandelt, sind ja, so wird Veblen (1953) nach Marx argumentieren, alles andere als nur das. Sie richten sich primär nicht auf materielle, sondern auf symbolische Objekte, die den pekuniären Status der Wirtschaftssubjekte und ihre Fähigkeit zu sozialer Distinktion signalisieren sollen, und das heißt: Sie leiten sich ihrerseits aus dem Geld ab und beziehen sich auf es in einem nicht nur instrumentellen Sinn.[1] Die in der modernen Konsumforschung entwickelten Analysen der symbolischen und imaginären Funktionen des Konsums (Stihler 1998) knüpfen an diesem Gedanken an.

Mit diesen Thesen wird die Tauschmitteltheorie des Geldes keineswegs schlicht für falsch erklärt. Aber sie ist in fataler Weise verkürzt, sie sieht den Wald vor lauter Bäumen nicht. Denn die Kaufkrafteigenschaft des Geldes erweist sich nur als die Embryonalform eines im Geld angelegten, sehr viel umfassenderen Machtpotentials, das sich dem naturalistisch fixierten Blick der akademischen Ökonomie entzieht. Marx fasst dieses Potential mit dem Begriff des „Kapitals", Simmel mit dem des „Vermögens". Als „Kapital" oder „Vermögen" wird Geld aber zu einem Thema, das sich in den akademischen Fachdisziplinen nicht nur der „Ökonomie", sondern auch der „Soziologie" nicht länger verorten lässt. Denn was das Kapital in Gang setzt, ist eben nicht länger nur „Ökonomie" im konventionellen, harmlosen Sinn der Befriedigung menschlicher Bedürfnisse im Rahmen des Hauses – das „ganze Haus" hatte der Kapitalismus ja gerade zerstört –, sondern ein die gesamte Gesellschaft beständig und mit unbekanntem Ziel umwälzender Prozess. Seine Analyse steht quer zu der in der ersten Hälfte des 20. Jahrhunderts entstandenen akademischen Grenzziehung zwischen den beiden

---

1 Veblen hat in seinen Analysen einen großen Teil der Erkenntnisse jener deutschen Autoren vorweggenommen, die neunzig Jahre später mit Schlagworten wie „Erlebnisgesellschaft" , „Individualisierung", „Lebensstile" u.a. von sich reden machen sollten (Schulze, Beck, Hradil, Lüdtke, Berger). Freilich ist bei diesen Autoren merkwürdigerweise vom Geld fast nie die Rede. Sie fallen insoweit hinter Veblen zurück, als sie das verfehlen, was gerade die Pointe der Veblen'schen Untersuchungen ausmacht: Die Funktionen des Konsums für die Symbolisierung pekuniären Reichtums.

Fächern. Darin ist die bis heute nicht aufgelöste Rätselhaftigkeit und Anstößigkeit der Marx'schen Perspektive begründet (Deutschmann 1999).

In der Ära des modernen Kapitalismus vermittelt Geld den Zugriff auf die gesamte Welt der käuflichen Güter und Dienstleistungen, und zwar sowohl auf die Güter selbst, als auch auf die Voraussetzungen zu ihrer Herstellung: Boden, Arbeit, Produktionsmittel. Es wird, wie Simmel (1989: 254f.) ausführt, zum Vehikel grenzenloser Verlängerung der wirtschaftlichen Zweck-Mittel-Reihen. Das bedeutet, dass Geld nicht nur auf die aktuell vorhandenen, sondern indirekt auch auf die durch den Einsatz der verfügbaren Produktionsmittel und Arbeitskräfte *herstellbaren* Güter zugreift. Es überbrückt die Differenz zwischen der Welt der realen und der der imaginären Güter. Entgegen den geläufigen ökonomischen Vorstellungen besteht das Gegenüber des Geldes am Markt nicht allein in der Gesamtheit der vorhandenen, sondern der vorhandenen plus der mit den gegebenen Mitteln herstell*baren* Waren.

Geld bietet aber nicht nur so gut wie unbegrenzte sachliche Zugriffsmöglichkeiten, sondern erlaubt es auch, mit der Option des Zugriffs selbst reflexiv umzugehen. Der Handlungsraum, den es erschließt, bezieht sich nicht nur auf die Sachdimension der Welt (so, wie es etwa bei Lebensmittelmarken oder den „Währungen" der sozialistischen Länder der Fall war), sondern auch auf die Sozialdimension – und das ist, wie Heinsohn/Steiger (1996) zu Recht betonen, etwas gänzlich Anderes. Geld verkörpert über seine Rolle als Tauschmittel hinaus ein generalisiertes und quantifiziertes *Eigentumsrecht*, das eine komplementär generalisierte Verschuldung Dritter einschließt. Dank seiner Geldform kann Eigentum unabhängig von seiner materialen Nutzung belastet oder verpfändet werden.[2] Indem Geld es dem Einzelnen ermöglicht, seine Ansprüche an die Leistungen anderer in gegenständlicher Form – gleichsam „in der Tasche" – mit sich herumzutragen, wird das Individuum aus persönlichen Bindungen und Verpflichtungen befreit. Die Abhängigkeit der Individuen voneinander wird dadurch zwar nicht aufgehoben, aber sie nimmt nun eine anonyme, sachliche Form an und ermöglicht genau dadurch die Emanzipation des Einzelnen. Sie gewinnt die Gestalt von „Verträgen", d.h. auf der Basis des freien Willens der Beteiligten geschlossener und durch die Rechtsordnung kodifizierter Vereinbarungen. Geld wird zum Unterpfand der „individuellen Freiheit" (Simmel): mitten in der Gesellschaft kann das Individuum sich selbst finden. Erst durch das Geld konstituiert es sich als autonomes wirtschaftliches und soziales Subjekt. An der Stelle vorgefundener Bindungen eröffnet sich

---

2 Heinsohn/Steiger (1996) machen umgekehrt den Versuch, das Geld seinerseits aus den Operationen der Belastung und Verpfändung des Eigentums zu erklären. Aber diese Argumentation ist zirkulär, denn die Operationen der Belastung und Verpfändung setzen ja ihrerseits die durch das Geld begründete Generalisierung des Eigentumsbegriffs - Simmel (1989: 413) hatte vom Geld als „höherer Potenz des allgemeinen Eigentumsbegriffs" gesprochen - bereits voraus.

ihm eine unabsehbare Fülle neuer sozialer Möglichkeiten – und natürlich auch deren Kehrseite: Schulden.

Damit nicht genug: Geld ist auch Träger *zeitlicher und räumlicher Optionen*. Zeit ist Geld und Geld ist gespeicherte Zeit – und das ist wiederum etwas gänzlich anderes. Mittels des Kreditform des Geldes können Möglichkeiten, die sich sonst erst später ergeben würden, schon jetzt wahrgenommen werden, oder umgekehrt jetzt verfügbare Optionen für die Zukunft offen gehalten werden (die Funktion des Geldes als Wertspeicher). Geldvermögen macht seinem Eigentümer auch die zeitliche Dimension seinen Daseins verfügbar. Einerseits gewährt es Sicherheit, andererseits zwingt es die Akteure nicht nur zu verstärkter Aufmerksamkeit für die Gegenwart, sondern auch zu einer immer weiter reichenden Antizipation der Zukunft und steigert so das „Tempo" des sozialen Lebens (Simmel 1989: 696f.). Und zu guter Letzt erweitert es auch die räumliche Reichweite sozialer Handlungsketten. Sein Vermögen macht den Geldeigentümer von lokalen Ressourcen unabhängig und öffnet ihm die ganze Welt als Feld seiner Operationen. So wird „das Entfernteste näher, um den Preis, die Distanz zum Näheren zu erweitern." (Simmel 1989: 663).

Als Kapital oder Vermögen erweitert Geld mithin die Freiheitsgrade des Individuums in allen Dimensionen seines Verhältnisses zur Welt und vereinigt diese Potentiale in einem einzigen Medium. Geldvermögen beherrscht die Welt der Sachen, die soziale Welt, die Zeit, den Raum – es ist das „Können schlechthin" (Simmel 1989: 276). Es versetzt alle aktuellen Weltbezüge des Individuums in die Perspektive des „Als-ob", des Vergleichs mit anderen Möglichkeiten. Die „Knappheit", die Geld repräsentiert, ist, ganz im Gegensatz zur systemtheoretischen Auffassung (Luhmann 1988a, Baecker 1988), keineswegs nur die der Güter, sondern auch die sozialer Macht, sowie die von Raum und Zeit. Es ist die Begrenztheit menschlicher Existenz schlechthin, die in allen ihren Dimensionen eine mitlaufende Markierung durch das Geld erhält. Geld, so formuliert es Castoriadis (1984: 246), denotiert nichts, konnotiert aber fast alles. So erfüllt Geld im sozialen System genau jene Funktion, die Luhmann eigentlich der Religion zugedacht hatte: Nämlich das Unbestimmbare bestimmbar zu machen.

Als Vermögen hat Geld im Gegensatz zur konventionellen ökonomischen Meinung einen inneren, nicht nur äußeren Wert. Es wird, ganz unabhängig von seiner jeweiligen institutionellen Verfassung als Nominal- oder Metallgeld, um seiner selbst willen begehrt. Denn was es seinem Eigentümer bietet, ist nicht nur die Option auf dieses oder jenes Gut, sondern eine Option höherer Ordnung. „Individuelle Freiheit" – das ist etwas ganz anderes als nur der „Nutzen" von Äpfeln oder Birnen! Der Reiche wirkt, wie Simmel erläutert, „nicht nur durch das, was er tut, sondern auch durch das, was er tun könnte: weit über das hinaus, was er nun wirklich mit seinem Einkommen beschafft, und was andere davon profitieren, wird das Vermögen von einem Umkreis zahlloser Verwendungsmöglichkeiten umgeben, wie von einem Astralleib ..." (Simmel 1989: 276). Dieses „Superadditum des Reichtums" (Simmel) verleiht dem Vermögenden soziale Macht. Weil er immer auch andere Optionen hat, muss man ihn ganz besonders hofieren, damit er sein Geld hier und nicht woanders lässt.

In den Genuss der Vermögenseigenschaft des Geldes kommt freilich nur der, der es hat und dem es über die Grenze des Subsistenznotwendigen hinaus zur Verfügung steht. Der Arme dagegen ist mit ihrem Gegenpart konfrontiert: der Schuld. Dem „Können schlechthin" korrespondiert notwendig die Verschuldung, aus der der Vermögenslose sich nur durch Arbeit befreien kann. Für den Armen verwandelt sich Geld, wie Marx und im Anschluss an ihn Ganßmann (1996) und Reddy (1987) betont haben, aus einem Unterpfand der Freiheit in ein Vehikel des Arbeitszwangs. Die disziplinierende Macht des Geldes wirkt umso unerbittlicher, als es kein fremder Herr, sondern nur die körperliche Bedürfnisnatur des Armen selbst ist, die ihn zum Gelderwerb durch Arbeit antreibt. Von ihr kann sich nur befreien, wer Geld über die Erfordernisse der physischen Reproduktion hinaus besitzt. Je mehr dies der Fall ist, desto mehr kommt er in den Genuss des inneren Geldnutzens: der Freiheit, zu wählen, zuzugreifen und sein Ich auszuleben.

Das für gewöhnliche Güter geltende ökonomische Gesetz des mit steigender Menge sinkenden Grenznutzens trifft auf das Geld nicht zu; der Bedarf nach Geld ist unbegrenzt. Armut ist deshalb weit mehr als eine nur „materielle" Benachteiligung, eine Ungleichheit in der Verteilung des Reichtums. Der Reiche ist dem Armen nicht nur quantitativ hinsichtlich der Menge der verfügbaren Güter, sondern qualitativ überlegen: der eine ist frei, der andere ist abhängig. Simmel spricht von der im Geldvermögen angelegten Wahlfreiheit auch von einem „Superadditum", einer Art Zugabe des Geldreichtums. Die Gesellschaft ist deshalb nicht nur ein großer Marktplatz, wie es in der Sicht der ökonomischen Theorie scheint. Der grundlegende, aber gesellschaftlich schwer kommunizierbare Tatbestand ist vielmehr, dass „money ... means utterly different things to different people." (Reddy 1987: 32). Nicht der Tausch, sondern die stummen Zwänge von Abhängigkeit und Verschuldung prägen die gesellschaftlichen Verhältnisse: das ist es, was Marx und auch Weber mit ihrem Begriff der sozialen „Klasse" meinten.

Sowenig, wie der „Nutzen" des Geldes sich auf seine Kaufkrafteigenschaft reduziert, sowenig stellt es ein bloßes Wertzeichen oder „symbolisches" Medium dar. Wäre es tatsächlich nur ein Zeichen, wie die neoklassische Ökonomie, aber auch schon Knapps „staatliche Theorie" des Geldes behaupten, so könnte es ebenso wenig privat angeeignet werden wie die Sprache. Auch seine Vermögenseigenschaft könnte dann nicht privat zur Verfügung stehen. Aus dem gleichen Grund müssen auch jene soziologischen Theorien, die Geld allein von seinen „kommunikativen" Funktionen her zu begreifen suchen (Parsons, Luhmann, Baecker), als verkürzt betrachtet werden. Vielmehr ist das Geld, wie Smelt (1980) wieder betont hat, *sowohl* Wertzeichen *als auch* Wertobjekt. Die relativistische Sicht bildet nicht die ganze Wirklichkeit des Geldes ab. Sie ignoriert die Simmel'sche (und auch bereits Marx'sche) Erkenntnis, dass Geld nicht nur Wert „ist", sondern auch

Wert „hat" (Flotow 1995). Geld ist durch die gleiche Paradoxie charakterisiert, wie sie auch religiösen Chiffren innewohnt: Es *ist* das, was es symbolisiert. Auf der einen Seite hat es die Eigenschaften einer Sprache und verweist es auf eine unbestimmbare Menge vorhandener oder herzustellender Waren, die diese Verweisung in ihren Preisen reflektieren und beglaubigen. Auf der anderen Seite wird es im Gegensatz zur Sprache nicht mitgeteilt, sondern übertragen. Es ist selbst Reichtum und wird in genau fixierten Quantitäten auf Bankkonten und Wertpapierdepots gelagert. Es steht immer nur in einer bestimmten Summe zur Verfügung und muss, wie die gängige Formel lautet, „knapp" gehalten werden. Das aber läuft auf die Forderung hinaus, es ungeachtet seines Verweisungscharakters stets so zu behandeln, *als ob* es eine ausgedehnte Substanz wäre – ganz gleichgültig, ob es sich um metallgedecktes oder durch eine Zentralbank geschaffenes Geld handelt.

Die Frage des Geldmaterials ist unter dem Gesichtspunkt der Technik des Knapphaltens zwar zweifellos wichtig, aber sie ist keineswegs von grundsätzlicher Bedeutung. Würde das Geld nicht stets „wie ein Ding" behandelt, könnte es seine Funktion als Träger von Eigentumsrechten nicht erfüllen. Dann könnte es auch den Unterschied zwischen Reich und Arm nicht geben.

Die der Doppelnatur des Geldes als Wertsymbol und Wertgegenstand innewohnende Paradoxie lässt sich mit analytischen Mitteln nicht auflösen. Der im Geld angelegte Anspruch auf absoluten Reichtum kann nur praktisch eingelöst werden – indem es ausgegeben wird. Wird es nicht irgendwann ausgegeben, erzeugt es keine Schuld, so zerfällt es in bloßes Metall, Papier oder löst sich gar in Nichts auf. Es aber für ordinäre, bloß nützliche Güter auszugeben, hieße Perlen vor die Säue werfen, die Vermögenseigenschaft des Geldes würde vernichtet. Es muss so ausgegeben werden, dass es zurückfließt – und zwar nicht nur einfach, sondern *vermehrt* zurückfließt, denn sonst wäre die ganze Operation ebenso sinnlos gewiesen wie die Hortung. Geldvermögen ist per definitione immer zu wenig da, so wie umgekehrt die durch es begründete Schuld niemals definitiv getilgt werden kann. Der Widerspruch, der im Geld steckt, nämlich einerseits auf einen unabschließbaren Horizont gesellschaftlicher Reichtümer zu verweisen, auf der anderen Seite aber immer nur in einer bestimmten Summe zur Verfügung zu stehen – einer Summe von etwas Undefinierbaren –, lässt sich nur dynamisch überwinden: durch den beständigen, auf Wachstum hin orientierten Wechsel zwischen Geld- und Warenform, das heißt durch seine Kapitaleigenschaft. Kapital muss bei Strafe der Krise wachsen: dies ist das „Bewegungsgesetz" des Kapitalismus, das Marx mit seiner Formel G-W-W-G' bezeichnet.

Ein Mittel, das einen so unermesslichen Möglichkeitsraum erschließt, wie das Geld, wächst damit unvermeidlich über seinen Mittelcharakter hinaus und wird zur höchsten Präferenz für sich selbst. So, wie Gott nur noch sich selbst wollen kann, kann auch das Geld als der „Gott der Waren" (Marx) keinen höheren Zweck haben, als seinerseits Geld und mehr Geld zu machen. Nicht zufällig drängen sich hier die Parallelen zur Theologie und Religion auf, auf die auch Simmel immer wieder hinweist. Simmel (1989: 305, 307) zitiert Hans Sachs („Geld ist auf Erden der irdische Gott") und Nikolaus v. Kues mit seinem Gedanken von Gott als der „coincidentia oppositorum". Wie Gott der letzte Ruhepunkt des Seins ist, in dem alle Gegensätze der Welt ihr Gemeinsames finden, finden die Dinge im Geld ihr Zentrum, aus dem sie hervorgehen und dem sie wieder zustreben. Und so wie Gott allein im Glauben begründet ist, findet das Geld seinen Grund allein im „Vertrauen" des Publikums: Jeder vertraut darauf, dass auch die anderen vertrauen, aber der Gegenstand des gemeinsamen Vertrauens ist nicht beobachtbar. Auch staatliche Garantien können, genau wie religiöse Institutionen und Rituale, nur eine Pseudo-Gegenständlichkeit des Geldes inszenieren und dadurch dem Vertrauen der Akteure eine psychologische Stütze bieten. Sie können es aber niemals ersetzen.

Was macht das Geld so wertvoll, dass es schlechterdings keinen höheren Zweck mehr kennt, als sich selbst? Wie lässt sich der in der Form des Geldvermögens selbst und keineswegs nur in einem bloß psychologischen Profitmotiv begründete Imperativ des Kapitalwachstums erfüllen? Der Schlüssel zur Beantwortung beider Fragen liegt, wie wir im Folgenden argumentieren werden, in dem historisch durch die von Karl Polanyi so genannte „Great Transformation" hergestellten Nexus von Geld und Arbeit: Erst durch die Möglichkeit, mit Geld nicht mehr nur Güter und Dienste, sondern Arbeitskraft und darüber hinaus Boden sowie die anderen sachlichen Voraussetzungen der Produktion zu kaufen, kann Geld auf Reichtum schlechthin zugreifen und damit im vollen Sinn zu Kapital werden. Geld verwandelt sich in Kapital durch die Universalisierung des Geldnexus, die am Ende zur vollständigen „Freisetzung" der Arbeit von allem sachlichen Eigentum führt. Arbeit ist eine „Ressource" mit kreativen und damit der Unendlichkeit des Geldes kongenialen Eigenschaften. Nur das Arbeitsvermögen kann letztlich den im Geldvermögen angelegten Anspruch auf absoluten Reichtum einlösen. Umgekehrt wird Arbeit erst durch ihren Bezug auf das Geldvermögen zur Arbeit „sans phrase" – zum Inbegriff der Kreativität des Menschen. In der Herstellung dieses Nexus ist das für den industriellen Kapitalismus charakteristische und historisch völlig singuläre Wirtschaftswachstum des 19. und 20. Jahrhunderts[3] begründet. Wie er geschichtlich entstanden ist, ist eine zentrale Frage nicht nur der Industriesoziologie, sondern auch der Gesellschaftstheorie.

---

3 Im Zeitraum zwischen 1500 und 1820 verdreifachte sich das Weltsozialprodukt; in der nur halb so langen Zeit zwischen 1820 und 1992 vervierzigfachte es sich (Lang 2000: 24).

3.1.2   Die „große Transformation"

Wohl kaum eine Abstraktion der Wirtschaftswissenschaften ist von der historischen Realität weiter entfernt, als die neoklassische Vorstellung vom „neutralen Geld". Es lässt sich kaum eine historische Gesellschaft nennen, in der Geld wirklich nichts anderes gewesen wäre als ein dem Gütererwerb gewidmetes Tauschmittel. Tatsächlich wurde es immer auch um seiner selbst willen begehrt. Es war Objekt der Begierde und des Bereicherungstriebes, es diente als symbolisches Darstellungsmittel von Macht und Prestige. „Die 'auri sacra fames' ist so alt wie die uns bekannte Geschichte der Menschheit", stellt Weber (1920: 48) fest. Die historischen Ursprünge des Geldes liegen, wie Laum und Gerloff gezeigt haben, entgegen der auf Adam Smith zurückgehenden gängigen Meinung nicht im Austausch, sondern im zeremoniellen und kultischen Gabenverkehr. Ihre Tauschmittelfunktion im zwischenmenschlichen Verkehr konnten Gold, Silber und Kupfer nur gewinnen, weil sie ursprünglich Objekte höherer religiöser und sozialer Dignität gewesen waren – Tauschmittel zwischen Menschen und Göttern. Von den nordischen Völkern sind Loblieder auf die edlen Metalle überliefert, die „jedem Gefühl von Anständigkeit widerstreben" (Gerloff 1952: 45). Auch das Christentum konnte mit seiner ethischen Verurteilung des „Mammon" daran faktisch wenig ändern. Berüchtigt war der Goldhunger der Kirche, der Kaiser und Könige des späten Mittelalters, der auch das Hauptmotiv der Entdeckungsreisen Kolumbus' und Vasca da Gamas bildete: „Denn im späten Mittelalter wird beinahe alles in Geld bewertet: Länder, ein gefangen genommener König, selbst das Heilige Römische Reich, das die Fugger für Karl V kauften; sogar die Erlösung im kommenden Leben." (Buchan 1999: 91).

Daraus mit Luhmann zu schließen, es habe sich im späten Mittelalter um eine Gesellschaft gehandelt, „wo man für Geld so gut wie alles kaufen kann" (Luhmann 1988a, 239), schießt dennoch weit über das Ziel hinaus. Die Entwicklung des Fernhandels, die Entdeckungsreisen und kolonialen Eroberungen des 15. und 16. Jahrhunderts hatten zwar den Markt für Luxusgüter, orientalische und fernöstliche Spezialitäten expandieren lassen und damit zugleich die Geldgier des Adels und der Kirche angefacht. Der größte Teil der ländlichen wie der städtischen Bevölkerung litt unter den hohen Steuer- und Ablagelasten, lebte aber in Westeuropa bis in das 18., in Mittel- und Osteuropa noch bis weit in das 19. Jahrhundert hinein unter Verhältnissen, die durch die Geldwirtschaft faktisch noch wenig und nur indirekt berührt waren. Nicht nur auf dem Lande, sondern auch in den zahlreichen mittleren und kleinen Ackerstädten, teilweise sogar noch in Großstädten wie Paris wurde der größte Teil der zum Lebensunterhalt erforderlichen Güter noch durch Eigenproduktion der Bevölkerung hergestellt. Nur die Überschüsse wurden auf den lokalen Märkten oder über den Fernhandel verkauft. Dieser Handel blieb aber trotz seines Wachstums in seinem relativen Umfang bescheiden. Die Kaufleute orientierten sich in ihrem Geschäftsgebaren nicht an kapitalistischen Prinzipien, die Konkurrenz war verpönt. Maßgeblich blieben vielmehr die Maximen des „ehrenhaften Erwerbs", der Bedarfsdeckung und der Tradition (Sombart 1928: 36f., 630/31). Die merkantilistische Wirtschaftspolitik bemühte sich zwar, die protektionistischen Widerstände der Städte und lokalen Fürstentümer zu brechen, die Barrieren zwischen dem lokalen und dem überregionalen Handel zu beseitigen und so die Entwicklung nationaler Märkte zu fördern. Aber auch hier konnte von freien, durch die Logik von Konkurrenz und Profit beherrschten Märkten noch nicht die Rede sein. Es änderten sich nur die Methoden der Regulierung: An die Stelle lokaler Bräuche und Traditionen trat das dichte Netz der von den zentralistischen Bürokraten verfügten Gesetze und Verordnungen (K. Polanyi 1978: 105).

Zu betonen ist mit Polanyi aber vor allem: So sehr die merkantilistische Politik das Zusammenwachsen der nationalen Gütermärkte förderte, so strikt wandte sie sich gegen die Kommerzialisierung von Arbeit und Boden. Dort, wo sich – wie im Zuge der britischen Einhegungen im 16. Jahrhundert – bereits Ansätze einer solchen Kommerzialisierung entwickelt hatten, wurden sie nach Kräften eingedämmt.

„Handwerkergilden und Feudalprivilegien wurden in Frankreich erst 1790 abgeschafft; das Handwerkerstatut wurde in England erst 1813/14 und das elisabethanische Armenrechtsgesetz im Jahre 1834 aufgehoben. In beiden Ländern stand die Errichtung eines freien Arbeitsmarktes bis zum letzten Jahrzehnt des 18. Jahrhunderts überhaupt nicht zur Diskussion, und der Gedanke einer Selbstregelung des wirtschaftlichen Lebens lag jenseits der Vorstellungskraft der Zeit. Der Merkantilist befasste sich mit der Entwicklung der wirtschaftlichen Ressourcen des Landes, einschließlich der Vollbeschäftigung durch Handel und Geschäft; die traditionelle Organisation von Boden und Arbeit nahm er als gegeben hin." (K. Polanyi ebd.: 105) Die strikte Kontrolle der Grundherren einerseits, der Zünfte und Gilden andererseits über die Verwendung des Bodens und den Einsatz der Arbeitskräfte blieb in den meisten Ländern Europas bis zum Ende des 18. Jahrhunderts erhalten. Sieht man von wenigen Regionen (Großbritannien, Niederlande, Flandern) ab, so wurde der ständische Charakter der Gesellschaft durch den Eingriff der Obrigkeit im 18. Jahrhundert sogar noch gestärkt (Ogilvie 2000, Mikl-Horke 1999: 428f.).

Bis zum Ende des 18. Jahrhunderts hatte zwar das Angebot an Konsumgütern, Luxus- und Kolonialwaren beachtlich zugenommen, so dass es in England sogar schon zu einer ersten „Konsumrevolution" (Mikl-Horke 1999, Stihler 1998: 19f.) kam. Aber dennoch konnte man selbst in England und Frankreich noch bei weitem nicht „alles" kaufen. Nur Produkte und Dienstleitungen, vielleicht auch „Freunde, Frauen, Seelenheil und politischer Einfluss" (Luhmann) waren in den Geldnexus einbezogen, nicht aber die Voraussetzungen der Produktion: Arbeit, Boden und Produktionsmittel. Lohnarbeit gab es nur in einem eng begrenzten Kreis von Gewerben (Bergbau, Bauwirtschaft, landwirtschaftliche Saisonarbeit) und sie behielt vielfach, so insbesondere auch in den protoindustriellen Gewerben, den Charakter einer Nebentätigkeit der landwirtschaftlichen Bevölkerung. Ihre eigentliche Domäne war das Militär: Soldaten, „Söldner" waren die bedeutendste Gattung von Lohnarbeitern, und auch der „Unternehmer" war ursprünglich niemand anderes als der für die Anwerbung der Söldner zuständige, im Auftrag des Königs tätige „entrepreneur" (Martinelli 1994). Der größte Teil der zivilen gesellschaftlichen Arbeitskraft dagegen blieb an die Scholle einerseits, das Zunftsystem andererseits gebunden und war nicht käuflich. Weil es noch kaum einen Markt für Arbeitskräfte gab, konnte es auch keinen für Produktionsmittel geben. Auch sie wurden zu einem erheblichen Teil selbst hergestellt und in den Handwerkerfamilien vererbt. Schließlich war auch der Boden ungeachtet der Privatisierung der Kirchengüter im 16. Jahrhundert noch jahrhundertelang alles andere als eine frei käufliche Ware. Die Liberalisierung des Bodenrechts setzte sich in Frankreich erst mit den napoleonischen Reformen, in Preußen und Großbritannien in den ersten Dekaden des 19. Jahrhunderts durch (K. Polanyi 1978: 246).

Der Kern der „Great Transformation" (K. Polanyi) des 19. Jahrhunderts bestand in der Universalisierung des Geldnexus durch sein Übergreifen von den Produkten auf die Produktionsvoraussetzungen. Es entstanden Märkte nicht mehr nur für Produkte und Dienstleistungen, sondern auch für Arbeitskräfte, Produktionsmittel und Boden. Geld war damit nicht mehr länger nur ein Mittel der Aneignung des vorhandenen Reichtums, sondern kontrollierte auch seine Entstehung. Dies war, wie Polanyi mit Recht betont, gleichbedeutend mit einer gesellschaftlichen, nicht nur wirtschaftlichen Umwälzung: Sie bedeutete „nicht weniger als die Behandlung der Gesellschaft als Anhängsel des Marktes. Die Wirtschaft ist nicht mehr in die sozialen Beziehungen eingebettet, sondern die sozialen Beziehungen sind in das Wirtschaftssystem eingebettet" (K. Polanyi 1978: 88/89).

Polanyis Darstellung ist freilich nicht ganz präzise, denn genau genommen war es ja nicht in erster Linie „der Markt", der verallgemeinert wurde, sondern das Geld. Den „Markt" kann es, wie Polanyi entgegenzuhalten ist, auch in einer kapitalistischen Gesellschaft nicht im Singular geben, sondern nur im Plural: Märkte sind immer Märkte für spezifische Produkte, auf denen Käufer und Verkäufer nach bestimmten sozialen Regeln miteinander in Kontakt treten. Sie sind technisch, sozial, institutionell gegeneinander abgegrenzt: Wer Anzüge schneidert und verkauft, kann nicht einfach auf den Markt für Lastkraftwagen überwechseln, auch wenn dies ökonomisch vorteilhaft wäre. Universell, das heißt potentiell uneingeschränkt zwischen verschiedenen Märkten beweglich ist allein das Geld, und es war diese Universalität des Geldes, die durch die „Great Transformation" praktisch hergestellt wurde. Erst jetzt wurde das Geld wirklich zum „absoluten Mittel", nämlich zum Kapital, das nicht nur frei zwischen allen Märkten zirkuliert, sondern auch die Produktion kontrolliert und daher keinen anderen letzten Zweck mehr kennen kann als sich selbst. Durch diese selbstreferenzielle Schließung des Geldnexus konnte die kapitalistische Wirtschaft sich aus dem traditionalen Prinzip der Bedarfsdeckung lösen und zu jenem formal, nicht aber material rationalen Handlungszusammenhang werden, als den sie Max Weber charakterisierte:

„‚Geld' ist keine harmlose ‚Anweisung auf unbestimmte Nutzleistungen', welche man ohne grundsätzliche Ausschaltung des durch Kampf von Menschen mit Menschen geprägten Charakters der Preise beliebig umgestalten könnte, sondern primär: Kampfmittel und Kampfpreis, Rechnungsmittel aber nur in der Form des quantitativen Schätzungsausdrucks von Interessen*kampf*chancen . ... In Verbindung mit der – im Fall voller Marktfreiheit – absoluten Indifferenz gerade der formal vollkommenen Rationalität der Kapitalrechnung gegen alle, wie immer geartenen, *materialen* Postulate begründen diese im Wesen der Geldrechnung liegenden Umstände die prinzipielle *Schranke* ihrer Rationalität. Diese ist eben rein *formalen* Charakters. Formale und materiale (gleichviel an welchem Wertmaßstab orientierte) Rationalität fallen unter allen Umständen *prinzipiell* auseinander, mögen sie auch in noch so zahlreichen Einzelfällen ... empirisch zusammentreffen." (Weber 1972: 58/59).

Die gesellschaftliche Transformation, die hier stattfand, wird mit dem systemtheoretischen Konzept „funktionaler Differenzierung" der Wirtschaft (Luhmann 1988a) nicht angemessen erfasst. Denn was das Geld im Zuge seiner Universalisierung nun „codierte", waren ja gerade nicht mehr länger nur „knappe Güter", sondern auch Boden und Arbeit, kurzum: alle Voraussetzungen der Reproduktion des menschlichen Lebens. Was sich durchsetzte, war keine Differenzierung, sondern im Gegenteil eine Entdifferenzierung des Geldgebrauchs. Erst dank der Herauslösung des Geldes aus allen überlieferten sozialen Einbettungen konnte die moderne Gesellschaft als ein autonomes, nicht länger durch Politik, Tradition und Religion beherrschtes Gebilde entstehen. Die funktionale Differenzierung der Gesellschaft, die ja – hier ist nur an Luhmanns eigene Argumente (1988a: 322) zu erinnern – direkt oder indirekt stets den durch das „künstliche" Motivationsmittel Geld gesteuerten organisierten Einsatz von Arbeit voraussetzt, wurde ihrerseits erst auf dem Boden der Universalisierung des Geldnexus möglich. Auch Politik, Kunst, Wissenschaft, Recht, Familie müssen ungeachtet der Eigenständigkeit ihrer Wertordnungen finanziert werden und erhalten ihren spezifisch modernen Charakter durch genau diesen Sachverhalt[4]. Die seit den

---

4 Es gehörte freilich zur besonderen Problematik der deutschen Eliten, sich diesen Sachverhalt nicht eingestehen zu wollen. Geld wurde im wilhelminischen Deutschland ähnlich tabuisiert wie Sexualität: „Das Leben im kaiserlichen Deutschland war gesäubert und ‚sauber'. Pekuniäre oder erotische Leidenschaft fand Ausdruck in dunklen Phrasen, hochgezogenen Augenbrauen, andeutenden Gesten oder Doppeldeutigkeiten. Offenes Eingeständnis jeglicher Art von Begierde hätte gegen die Natur dieser Gesellschaft und ihre Auffassung von Zivilisation verstoßen. In Kunst und Literatur, im Alltag der oberen Klassen fand eine systematische Verklärung der Wirklichkeit statt. Fontane hatte dafür das Wort ‚Verniedlichung'. Es ist merkwürdig, dass die bedeutendsten Entlarver dieser falschen Gefühlsduselei Juden waren: Heine, Marx, Freud. Es wäre einfältig, den Zusammenhang zwischen den Leistungen und Aspirationen dieser Gesellschaft und der Verleugnung, wenn auch nur verbalen Verleugnung, ihrer Begierden nicht sehen zu wollen" - so schildert Fritz Stern die Situation (Stern 1988: 326/327). Bis zu einem gewissen Grad dürfte die Tabuisierung des Geldes in modernen Gesellschaften unvermeidlich sein. Politiker mögen faktisch

bürgerlichen Revolutionen Platz greifende Vorstellung, die Gesellschaft sei in autonome politische, ökonomische, soziale und religiöse Sphären differenziert, gründet sich, wie Reddy (1987) mit Recht anmerkt, auf die liberale Illusion, dass Geld keine Macht verkörpere. Das in Kapital verwandelte Geld war nicht bloß ein sozial differenzierendes „Kommunikationsmedium" neben anderen im Sinne der Systemtheorie, sondern die Basis moderner funktionaler Differenzierung selbst.

Diese Transformationsleistung vollbrachte das Geld freilich nicht aufgrund einer ihm innewohnenden Eigenlogik, sondern deshalb, weil es selbst zum zentralen Fluchtpunkt gesellschaftlicher Ideen, Projektionen, Phantasien geworden war. Es handelte sich folglich nicht nur, wie Polanyi es darstellt, um eine „Katastrophe", die schicksalhaft über die Gesellschaft hereinbrach. Vielmehr musste die „market culture", wie wiederum Reddy (1984) herausgearbeitet hat, zunächst als Idee in den Köpfen der gesellschaftlichen Gruppen und Akteure Gestalt annehmen, ehe sie – dann freilich mit vielfachen ungeplanten Konsequenzen – zur Wirklichkeit werden konnte. Der Strom lateinamerikanischen Silbers nach Europa, die Ansammlung von Geldvermögen in den Händen des Adels und der großen Handelsgesellschaften im 16. Jahrhundert, die Veränderungen des Weltbildes durch den Aufstieg der experimentell orientierten Naturwissenschaften, die Entstehung einer eigentumslosen Armutsbevölkerung durch die Einhegungen und das Bauernlegen, die Säkularisierungen der Kirchengüter und die Überbesetzung des städtischen Handwerks – all das waren zwar wichtige und notwendige, aber in keinem einzelnen Fall auch zureichende Voraussetzungen für die Entstehung des Kapitalismus. Die sozialen und kulturellen Möglichkeiten, die in der sich entwickelnden Geldwirtschaft angelegt waren, mussten sich erst zu greifbaren, handlungsorientierenden Zukunftsentwürfen verdichten, bevor sie zu einer geschichtlichen Kraft werden konnten.

Weil das Geld aufgrund seiner Vermögenseigenschaft alles andere als ein bloß „materielles" Artefakt darstellt, weil es auch ein symbolisches Konstrukt ist, das Phantasien und Imaginationen weckt, stellt die traditionelle Kontroverse zwischen „materialistischen" und „kulturellen" Erklärungen des Kapitalismus von vorn herein einen Irrweg dar. Gesellschaften – das ist der an Durkheims Religionssoziologie anschließende Grundgedanke der Theorie der „Zivilisationen" (Arnason 1988, 1997, Eisenstadt 1986, Castoriadis 1984), aber auch der Wissenssoziologie Berger/Luckmanns (1969), dem wir hier folgen – konstruieren ihre Institutionen im Blick auf einen Horizont kosmologischer Welt- und Selbstbilder. Institutionen stellen danach keine „letzten" sozialen Realitäten dar, sondern stehen immer in einem

---

nicht für, sondern „von" der Politik leben, Wissenschaftler in ihrer Tätigkeit vor allem eine Verdienstquelle sehen - es muss immer die Fiktion aufrechterhalten werden, dass es in der Politik um nichts anderes als um kollektiv bindende Entscheidungen und in der Wissenschaft um Wahrheit gehe. Die soziologische Theorie freilich sollte sich darum bemühen, solchen Fiktionen nicht einfach aufzusitzen.

Spannungsverhältnis mit den transzendentalen Projektionen, die sie repräsentieren. Weil die Weltbilder eine sinnhafte Begründung der Institutionen liefern, sie zugleich aber transzendieren, enthalten sie stets auch ein Potential zur Kritik und Transformation der notwendigerweise „unvollkommenen" Institutionen. So sehr beide aufeinander verweisen, so konfliktträchtig ist ihr Verhältnis.

Bei den Institutionen begründenden Weltbildern muss es sich indessen – dies halten wir den Verfechtern der Zivilisationstheorie entgegen – keineswegs nur um religiöse Ideen im konventionellen Sinn handeln. Wenn etwa Castoriadis den kreativen, durch Imaginationen erzeugten Charakter menschlicher Institutionen betont, so ist ihm zweifellos zuzustimmen. Was er freilich wie so viele andere Autoren bei seiner Polemik gegen den Marx'schen „Ökonomismus" übersieht, ist die imaginäre Dimension des Geldes selbst. In dem Maße, wie Geld über seine Funktion als Tauschmittel hinauswächst und im Zuge der „großen Transformation" zu Kapital und Vermögen wird, erweist es sich selbst als Träger einer Utopie, die den scheinbar leeren Platz des „heiligen Kosmos" in der modernen Gesellschaft (Luckmann 1991) füllen kann – einer freilich nicht länger auf das Jenseits, sondern auf die rastlose Transformation des Diesseits gerichteten Utopie. Wie wir an anderer Stelle (Deutschmann 1999) ausführlich gezeigt haben, hat die im Geldvermögen angelegte Verweisung auf absoluten Reichtum den Charakter einer diesseitsgewendeten religiösen Verheißung. Geldvermögen lässt die Welt unter dem Blickwinkel grenzenloser Verfügung und Gestaltung durch das Individuum erscheinen. Das Privateigentum als zentrale Institution der modernen Gesellschaft und die um es herum arrangierten sekundären Institutionen wären ohne den immanenten Bezug auf diese Verheißung nicht denkbar. Auch die moderne Gesellschaft ist ein Projekt, das auf Imaginationen, keineswegs nur auf ökonomischen „Gesetzmäßigkeiten" im Sinn von Marx beruht. Es kann nur dann ins Leben treten, wenn es gelingt, die Utopie des absoluten Reichtums in konkreten, an die lebensweltlichen Traditionen anknüpfenden Institutionen und Identitäten zu verdichten und damit ihre Paradoxien unsichtbar zu machen. So können die Akteure sie sich zu Eigen machen, ungeachtet des unauflöslichen Spannungsverhältnisses zwischen den Institutionen und dem ihnen zugrunde liegenden „radikal Imaginären" (Castoriadis).

Es ist bekannt, dass die in den Salons des 18. Jahrhunderts entstehende bürgerliche Öffentlichkeit mit ihren Ideen der Aufklärung, des Fortschritts, der natürlichen Menschenrechte ein Laboratorium für die Erzeugung von Entwürfen solcher Institutionen und Identitäten darstellte. Die Modelle der zivilisierten, vernünftigen, bürgerlichen Gesellschaft wurden hier zuerst entwickelt (Habermas 1962). Aber auch die Identität des Unternehmers im engeren Sinne musste zunächst kulturell antizipiert und legitimiert werden, bevor sie im praktischen Leben wirksam werden konnte. Die schon gegen Ende des 18. Jahrhunderts in den bürgerlichen Eliten um sich greifende

Marktrhetorik war von den noch ständisch geprägten sozialökonomischen Realitäten weit entfernt. Erst allmählich drang sie, wie Reddy (1987) am Beispiel der französischen Entwicklung zeigt, in das praktische Bewusstsein der Akteure ein und erzeugte damit so etwas wie „Marktwirtschaft" und „Unternehmertum". In Großbritannien entstanden die ersten Leitbilder des Unternehmertums aus der Verbindung der Wissenschaft mit dem gesunden Menschenverstand der gewerblichen Praxis. Vor allem in den Midlands und in Nordengland hatten sich während des 18. Jahrhunderts parawissenschaftliche Gesellschaften gebildet, in denen sich – ohne direkte Mitwirkung der Universitäten – technisch-wissenschaftlich interessierte Handwerker, Kaufleute und Gewerbetreibende sammelten: „Man tauschte in diesen Gesellschaften Informationen über wissenschaftliche Erkenntnisse in Naturwissenschaft und Technik aus, betrieb eigene Forschungen und unterhielt geschäftliche Verbindungen. Auch befassten sich diese Gesellschaften mit praktisch-technischen Problemen ihrer Gemeinden, wie etwa im Fall der Stadt Birmingham (Spitäler, Straßenbau, Nahrungsversorgung)" (Mikl-Horke 1999: 379). James Watt und Richard Arkwright entstammten diesem Milieu; sie waren autodidaktisch gebildete Handwerker-Techniker, die profunde technische Kenntnisse und praktisches Geschick mit unternehmerischem Geschäftssinn verbanden und so zu Protagonisten der industriellen Revolution werden konnten (Dobb 1970: 269, Ullrich 1979: 126f.). Als „Allround"-Unternehmer waren sie darauf bedacht, ihr Wissen für praktische Verbesserungen des Produktionsprozesses zu nutzen, ohne jemals den kommerziellen Erfolg aus dem Auge zu verlieren. Die Ablehnung von Müßiggang und Selbstgenügsamkeit verband sich bei ihnen mit nüchternem Realitätssinn und einer praktisch orientierten Ethik von Wohlstandsmehrung und technischem Fortschritt.

Auch die Religion spielte als Vehikel der Transformation ursprünglich ständischer in unternehmerische Leitbilder eine zentrale Rolle: Aus dem Blickwinkel der traditionalen, auf eine eher gemächliche Arbeits- und Lebensart festgelegten Wirtschaftsgesinnung konnte, wie Max Weber (1920: 60) betonte, kaum etwas „perverser" erscheinen als eine Ethik des Gewinnens als Selbstzweck. Es war, wie Webers bekannte These lautet, die religiöse Dogmatik des asketischen Protestantismus – Calvinismus, Pietismus, Methodismus und Baptismus – die eine solche Ethik gerade in ihrer Irrationalität akzeptabel und nachvollziehbar machte. An die umfangreiche Diskussion zu dieser These sei hier erinnert (z.B. Seyfarth/Sprondel Hrsg.: 1973; Schluchter: 1988).

Die Transformation des Geldes in Kapital konnte nur in dem Maße Platz greifen, wie die institutionelle Übersetzung der im Geldvermögen angelegten Utopie mit der Konstruktion der Figur des Unternehmers gelang. Das Gleiche gilt für den Gegenpart des Kapitals, die Arbeit.

Die Universalisierung des Geldnexus, sein Übergreifen von den Produkten auf die Produktionsvoraussetzungen setzte, wie Marx in dem berühmten 24. Kapitel des „Kapitals" über die „ursprüngliche Akkumulation" gezeigt hat, historisch die gewaltsame Enteignung der im 15. Jahrhundert noch zu einem großen Teil aus relativ unabhängigen Pächtern bestehenden bäuerlichen Bevölkerung voraus. Die schönen Visionen von einer freien Gesellschaft vernünftig kommunizierender und tauschender Privateigentümer sahen über die gewaltsam hergestellte Eigentumslosigkeit des überwiegenden Teils der Gesellschaft großzügig hinweg, beziehungsweise stützten sich auf die Fiktion, die pure Verfügung über die eigene Arbeitskraft als „Eigentum" zu definieren. Aus der Sicht der Betroffenen musste sich die Realisierung dieser Visionen in der Tat zunächst als eine soziale Katastrophe, als eine unbegreifliche, einseitige Aufkündigung der traditionellen paternalistischen Fürsorgepflichten durch die Besitzenden darstellen. Bereits die Reformation hatte den gleichen Effekt gehabt, denn mit ihrem Kampf gegen die Werkheiligkeit schnitt sie die wichtigste Motivquelle der bisherigen Liebestätigkeit ab. Die neuen Kirchen waren aufgrund ihrer „Anerkennung der Arbeit als des eigentlichen Gottesdienstes" (Haussherr 1955: 107) nicht mehr bereit, die traditionellen Fürsorgepflichten den Armen gegenüber zu erfüllen und kasernierten sie in Arbeitshäusern und Erziehungsanstalten. Und doch musste es gelingen, auch diese Katastrophe sozial zu bewältigen, sie als eigenes, selbstgewähltes Schicksal umzuinterpretieren, sollte der Kapitalismus eine Zukunft haben. Auch die Arbeitskraft wurde nicht einfach „freigesetzt", sondern musste kulturell erst erfunden und konstruiert werden, was beispielsweise in Großbritannien in ganz anderer Weise geschah als in Deutschland (Biernacki 1995).[5]

Kapitalismus bedeutet nicht einfach die Käuflichkeit der Arbeitskraft. Arbeitskräfte, nämlich Sklaven, kaufen konnte man bereits im antiken Griechenland und in einem, wenn auch deutlich geringeren Maß, auch in Rom (einen Überblick gibt van der Ven 1972, Bd. 1: 48f.). Der Kapitalismus ist eine Eigentümergesellschaft, die allen ihren Mitgliedern die Freiheit der Person garantiert. Sie muss deshalb auch in Bezug auf die objektiv Eigentumslosen die soziale Fiktion einer Trennung von unveräußerlicher Person und veräußerlichem Eigentum konstruieren. Der Arbeiter im Kapitalismus ist nicht Sklave, sondern freier Lohnarbeiter, der über seine Arbeitskraft als sein Eigentum verfügt. Im Gegensatz zum Sklaven muss er damit die gleiche reflexive Haltung, die die Eigentümergesellschaft allen ihren Mitgliedern abverlangt, auch sich selbst gegenüber einnehmen. Obwohl seine Person und seine Ware faktisch nicht voneinander zu trennen sind, muss er sich selbst so behandeln und von anderen so behandelt werden, als ob er eine verkäufliche Ware wäre. In diesem Sinne wird der Lohnarbeiter keineswegs erst heute zum „Arbeitskraft-Unternehmer", wie Voß/Pongratz (1998) meinen; seine Rolle ist vielmehr von Anfang an so definiert.

---

5 Näheres dazu in Kap. 5.3.1.1

Der abstrakte Begriff der „Arbeit" war in den mittelalterlichen und antiken Gesellschaften mit ihren stets konkreten, sachlich und sozial eingebetteten Arbeitsverhältnissen noch unbekannt.[6] Es ist die kapitalistische Eigentümergesellschaft, die „Arbeit" schlechthin der Vermarktung zugänglich macht und damit die Kategorie der Arbeit überhaupt erst in die Welt setzt. Erst damit kann sie ihre für die Moderne charakteristische empathische Bedeutung gewinnen. Die „Arbeitsgesellschaft" (Arendt, Dahrendorf) ist nur der Reflex der Universalisierung des Geldnexus durch den Kapitalismus. Über den Kunstgriff der Konstruktion der „Ware Arbeitskraft" schafft das Kapital sich die Möglichkeit, Arbeit nicht nur von außen her zu kommandieren, sondern den Arbeiter selbst direkt in den Geldnexus einzubeziehen: *Er* ist es letztlich, der daran interessiert sein muss, sich optimal zu verkaufen. Nur so wird es möglich, das Eigeninteresse und den Leistungswillen des Arbeiters zu wecken, die den Vorzug der Lohnarbeit gegenüber der wenig produktiven Sklavenarbeit ausmachen. Und nur indem das Kapital die in der Arbeit angelegten kreativen wie zerstörerischen Potentiale mobilisiert, kann es selbst seine „Vermögens"eigenschaft im vollen Sinn erweisen. Ungeachtet aller Machtasymmetrien ist nicht nur der Arbeiter auf das Kapital angewiesen, sondern auch das Kapital auf die Arbeit. Nur wenn auch die Arbeiter sich die ihnen zugedachte wertschöpfende Rolle zu Eigen machen, kann das Geld jenen schlechterdings unüberholbaren Eigenwert gewinnen, der es zum Kapital macht.

Die Konstruktion der Ware Arbeitskraft ist und bleibt freilich eine Fiktion, mit der die Betroffenen sich nicht umstandslos identifizieren können. Menschen sind ungeachtet der von Foucault und Elias beschriebenen Disziplinierungsmechanismen der modernen Zivilisation zu einem konsequent instrumentellen Verhalten ihrem eigenen Körper gegenüber nicht fähig (vgl. auch Joas 1992: 245f.). Sie können ihre Person nur sehr begrenzt als Mittel strategischer Nutzung von Marktchancen einsetzen. Sie existieren in Gestalt nicht nur eines, sondern zweier Geschlechter, sind sterblich und müssen immer wieder Kinder in die Welt setzen. Sie haben eine individuelle Lebensgeschichte und zyklisch wiederkehrende Regenerationsbedürfnisse, über die sie nicht verfügen können. Weder werden sie zum Zweck ihres eigenen Verkaufs auf dem Arbeitsmarkt in die Welt gesetzt, noch können sie ihre Ware einfach vom Markt zurückziehen, wenn sich der Verkauf nicht mehr „lohnt". Das Angebot an Arbeitskräften wird entgegen den Marktregeln nicht sinken, wenn die Löhne niedrig sind – im Gegenteil. Überdies ist, wer nur seine Arbeitskraft zu verkaufen hat, auch als Person an die Be-

---

6   „Neither Greek nor Latin evolved terms to express 'the general notion of 'labor'' for the sake of an economic output. Is this the cause for wonder? The ancient world also lacked an extensive, unified market in 'formally free' wage labor. Could not the absence of such a market have deprived the ancients of an historical requisite for the concept of labor to emerge as an underlying source of value in popular and scholary reflections?" (Biernacki 1995: 214).

wegungen ihres Umsatzes gebunden. Anders als der Händler kann er ihrer Veräußerung nicht ruhig zuschauen, sondern ist leibhaftig, räumlich, zeitlich, sozial in sie involviert.

Ein eigentlicher „Markt" für Arbeitskräfte kann deshalb, wie bereits Lujo Brentano (1893) betonte, nur dort entstehen, wo die Person des Arbeitenden in gewisser Weise gegen den Arbeitsmarkt abgeschirmt und geschützt ist. Das reflexive Verhalten zur eigenen Arbeitskraft, das der moderne Arbeitsmarkt den Individuen abverlangt, setzte deshalb historisch zunächst die Fortexistenz traditioneller sozialer Absicherungen in Form kleinen Grundbesitzes und der Familiensubsidiarität voraus. Ein großer Teil des frühindustriellen Proletariats bestand aus Tagelöhnern, Hand- und Heimarbeitern, Manufaktur- und Fabrikarbeitern, die ihren Lebensunterhalt nicht allein durch Lohnarbeit verdienten, sondern daneben auch über landwirtschaftlichen Klein- und Kleinstbesitz verfügten (Kocka 1990: 82). In Japan rekrutierte das Proletariat sich in den ersten Phasen der Industrialisierung vielfach aus Töchtern von Bauern und Samurai, die durch die Familienväter an die Industrie „vermietet" wurden (Lenz 1984). Sobald diese sozialen Sicherungen fortfallen, werden öffentliche, institutionelle Vorkehrungen zum Schutz der Person des Arbeitenden gegen die Risiken des Arbeitsmarktes unverzichtbar. Eine solche „De-Kommodizifierung" der Arbeitskraft (Esping-Andersen 1990) hat sich in unterschiedlichem Grad in den Varianten des „Wohlfahrtsstaates" in allen kapitalistischen Ländern durchgesetzt. Der moderne Arbeitsmarkt kann nur dort entstehen, wo nicht nur individuelle und politische Rechte, sondern auch „soziale" Bürgerrechte im Sinne Th. Marshalls gewährleistet werden.

Eine weitere Besonderheit des Arbeitsvertrages liegt darin, dass er nicht als einfacher Tausch von Ware gegen Geld vollzogen werden kann. Der Verfügungsanspruch, den der Käufer der Arbeitskraft erwirbt, muss in einem separaten Akt eingelöst werden, der nicht wiederum im Rahmen des Marktes erfolgen kann. Was den Unternehmer interessiert, ist nicht allein die Leistung der einzelnen Arbeitskraft, sondern die aus dem organisierten Einsatz von Arbeit erwachsende kollektive Produktivität. Unternehmen und Organisationen sind Gebilde, die die über den Arbeitsmarkt disponibel gemachte Arbeitskraft willkürlich neu kombinieren und daher in ganz anderer Weise als der Markt institutionell und sozial gestaltet werden müssen. Sie dienen dem Zweck der Einlösung des Arbeitsvertrages und tragen damit zwangsläufig Herrschaftscharakter. Auch unter diesem Gesichtspunkt bedeutet der Kapitalismus nicht einfach nur „Markt", sondern immer ebenso „Organisation" (Türk 1995). Über die Form der Organisation gewinnt der Kapitaleigentümer den Zugriff nicht nur auf die individuelle Arbeitskraft, sondern auf das kooperative Potential der Arbeit, das, wie schon Marx (1968: 341f.) feststellte, mehr ist als nur die Summe der einzelnen Arbeitsvermögen. Die Organisation bereitet den Boden für die rationale Teilung der Arbeit und die darauf begründeten Produktivitätsgewinne. Letztere bildet ihrerseits die Basis der *Technisierung*, der Übertragung der organisatorisch zergliederten Arbeitsfunktionen auf Maschinen und Automaten, mit der die „große Industrie" (Marx) ins Leben tritt.

Die durch Arbeitsvertrag ermöglichten Prozesse der Organisierung und Technisierung haben die Produktivität der gesellschaftlichen Arbeit in einem im Vergleich zu vormodernen Epochen unvorstellbaren Ausmaß gesteigert. Sie haben die Arbeit dennoch nicht auf eine bloße Restgröße, auf ein „lebendiges Anhängsel" (Marx 1968: 445) der Maschine reduziert. Die Arbeit erfüllt, wie wir bereits hervorgehoben haben, gewährleistende Funktionen, die gerade mit wachsender Kapitalintensität des Produktionssystems an Bedeutung gewinnen. Sie ist kreativ, insofern sie neue Produkte und Produktionsmittel erfindet und herstellt, und zugleich zerstörerisch. Hier zeigen sich die Grenzen des Herrschaftsmittels „Organisation" und der ihr zugrunde liegenden Institution des Arbeitsvertrages. Der Arbeiter muss zwar seine formalen Vertragspflichten erfüllen, aber das zwingt ihn noch lange nicht, auch tatsächlich sein Möglichstes zu geben. In der sozialen Konstruktion der menschlichen Arbeitskraft als Ware ist das Problem der letztlichen Unbestimmbarkeit des Arbeitsvertrages angelegt.

Nicht nur die Kontrolle der tatsächlichen Arbeitsleistung, sondern auch die Festlegung der Norm des zu Leistenden selbst bleibt ein Thema von Auseinandersetzungen, Verhandlungen und kulturellen Definitionen. Sie lässt sich nicht durch einseitige Maßnahmen des Unternehmers oder des Managements sicherstellen, sondern erfordert faktisch stets einen gewissen Grad loyaler Mitwirkung der Arbeitenden selbst. Die Unbestimmtheitslücke des Arbeitsvertrages lässt sich mit den Methoden technischer oder bürokratischer Kontrolle allein nicht schließen. Was eine „angemessene" Arbeitsleistung ist, muss vielmehr immer wieder neu durch Verhandlungen geklärt werden.

Soll das notwendige Zusatzengagement der Beschäftigten regelmäßig und dauerhaft mobilisiert werden, sind Gegenleistungen in Form von „Status" (Streeck 1988) erforderlich. Die Leistungsbereitschaft der Belegschaften bedarf einer institutionellen Form der Anerkennung, die über den unmittelbaren Nexus von Lohn und Leistung hinausgeht. Diese kann je nach gesellschaftlichem und kulturellem Kontext ganz unterschiedliche Formen annehmen, die in den folgenden Kapiteln ausführlich zu diskutieren sein werden: Sie reichen von der betrieblichen Arbeits- und Sozialpolitik, der „betrieblichen Sozialordnung" (H. Kotthoff) im weitesten Sinne bis hin zu den überbetrieblichen Institutionen des Berufs, der industriellen Arbeitsbeziehungen, des Sozialstaates.

Welche Wege hier auch immer eingeschlagen werden: Der Erfolg des Versuches, den Arbeiter nicht nur als Sklaven oder Lasttier auszubeuten, sondern das in der menschlichen Arbeitskraft angelegte kreative Potential über den Arbeitsvertrag zu mobilisieren, kann niemals garantiert werden. Einverständnis und Kooperation lassen sich nicht allein technisch oder bürokratisch herstellen, sondern erfordern institutionell verankerte Formen der Kommunikation und Kooperation zwischen Kapital und Arbeit. Sie bleiben aber auch dann nur vorläufig und prekär, denn die Ansprüche des Kapitals an die Arbeit sind ihrer Natur nach „maßlos" im Marx'schen Sinn: Sie sind unendlich und gehen stets über das hinaus, was die Arbeiter auch bei größter Kooperationsbereitschaft zugestehen können. Der kapitalistische Einsatz von Arbeit kann nur den Sinn haben, ein größtmögliches Potential an schöpferischer Zerstörung zu möglichst geringen Kosten freizusetzen. Der ideale Arbeiter ist der Arbeitskraft-Unternehmer, der zugleich von der Luft leben kann. Der wirkliche Arbeiter dagegen darf sich nicht instrumentalisieren lassen. Männer wie Frauen müssen auf ihre Gesundheit und die Begrenztheit ihres Lebens achten, sie müssen essen, sich kleiden, wohnen, Kinder großziehen. Das menschliche Leben selbst lässt sich nicht kapitalisieren; Geburt, Leben und Tod des einzelnen Menschen sind einzigartige Vorgänge, die sich dem Schema linearen Fortschritts und Wachstums nicht subsumieren lassen. Dieser grundlegende Konflikt prägt das kapitalistische Arbeitsverhältnis; er kann abgemildert, verschoben, parzelliert, auf verschiedene soziale Arenen verteilt, aber nicht aufgehoben werden.

Es bedurfte einer langen Geschichte sozialer Kämpfe, um die ursprünglichen, spontanen und gewaltsamen Formen der Austragung des Konflikts zwischen Kapital und Arbeit in institutionalisierte Bahnen zu lenken. Das Verhalten der europäischen und amerikanischen Unternehmerschaft des 19. Jahrhunderts war teils durch traditionalen Paternalismus, teils durch rücksichtslose liberale Ellenbogenpolitik und kurzfristige Profitmaximierung bestimmt. Auf der anderen Seite behielten weite Teile der Arbeiterschaft bis in das zwanzigste Jahrhundert hinein die in der älteren Literatur (Brentano 1893, Weber 1920: 49) immer wieder beschriebene „traditionale" Einstellung bei: Sie betrachteten Lohnarbeit als notgedrungen akzeptiertes Mittel zur Erhaltung ihrer herkömmlichen Lebensweise. Lohnanreize konnten die Arbeiter unter den Prämissen dieser Mentalität nicht zu einer Steigerung der Leistung bewegen, im Gegenteil führen sie zu einer Verringerung ihrer Anstrengungen. Der „Schlendrian", die Unpünktlichkeit, der Alkoholismus, die Fluktuation, die Unstetigkeit des Erwerbsverhaltens der erschöpften und schlecht genährten Arbeiter und Arbeiterinnen waren notorisch; der Arbeitsrhythmus blieb trotz aller disziplinarischer Eingriffe gemächlich (Deutschmann 1985: 76f., 1990). Von der Existenz eines „Arbeitsmarktes" im Sinne der ökonomischen Modelle konnte unter diesen Bedingungen in der Tat kaum die Rede sein. In der Zeit der industriellen Revolution neigten viele Unternehmer dazu, auf diese traditionalistische Mentalität der Arbeiter mit einer Ausdehnung der Arbeitszeiten und/oder einer Senkung der Löhne zu antworten – eine Politik, die freilich nur einen Teufelskreis weiterer Verstärkung des traditionalistischen Syndroms auslöste.

Wenn sich dennoch bereits im letzten Drittel des 19. Jahrhunderts in Großbritannien, um die Jahrhundertwende aber auch in Deutschland, die Anzeichen für eine Überwindung der konservativen Mentalität der Arbeiter mehrten, so hatte paradoxerweise die sich entwickelnde Gewerkschaftsbewegung daran einen wichtigen Anteil. Denn die reflektierende und kalkulierende Einstellung der eigenen Arbeitskraft gegenüber, die in der sozialen Konstruktion des Lohnarbeiters angelegt war, setzte erst einmal eine Besinnung auf die eigenen Interessen voraus, für die der Kampf der Gewerkschaftsbewegung und der Sozialdemokratie einen geeigneten kollektiven Rahmen bot. Es waren gerade die organisierten und interessenbewussten Arbeiter, die für den Achtstundentag und andere soziale Verbesserungen kämpften – aber zugleich auch einen bis dahin unbekannten Arbeitswillen an den Tag legten (Deutschmann 1985: 172f.). Die Gewerkschaftsbewegung organisierte jene dynamische, auf stetige Verbesserung der Löhne und Arbeitsbedingungen gerichtete Anspruchshaltung, die den traditionalen „Schlendrian" ablöste. Die Entstehung des modernen Sozialstaats und die des Arbeitsmarktes bedingen einander. Der Arbeiter kann mit seiner Arbeitskraft nur dann marktgerecht umgehen, wenn es durch gewerkschaftliche Selbsthilfe und politischen Druck gelingt, eine elementare marktunabhängige Sicherung der Existenz seiner Person durchzusetzen. Eine weitere wichtige Voraussetzung der Integration der Arbeiterschaft in den Kapitalismus stellte die Verbreitung des im Biedermeier entstandenen Ideals der bürgerlichen Kleinfamilie auch unter den Lohnabhängigen dar (Weber-Kellermann 1974). Die besser gestellten Facharbeiter konnten sich zunehmend eine wenigstens reduzierte Erwerbstätigkeit ihrer Frauen „leisten". Das entlastete sie von Reproduktionsaufgaben und erleichterte es ihnen, das kapitalistische Zeitregime zu internalisieren.

Hinter der scheinbaren Verschärfung der kollektiven Konflikte zwischen Kapital und Arbeit bahnte sich so eine latente Interessenkonvergenz an: Die Arbeiter kämpften, nach der bekannten Formulierung Edward Thompsons, nicht mehr „gegen", sondern „um" die Zeit und begannen, mit ihrer Arbeitskraft strategisch umzugehen. Im Tausch gegen die Durchsetzung ihrer sozialpolitischen Forderungen konnten sie dazu übergehen, ihre Arbeitskraft als „Humankapital" zu betrachten. Die Marktrhetorik wurde, wie Reddy (1984) am französischen Beispiel zeigt, am Ende durch die Arbeiter selbst übernommen und in eine Waffe gegen den unternehmerischen Paternalismus umfunktioniert. Auf diese Weise konnte es zu einer progressiven „Verinnerlichung" der Logik der Geldwirtschaft auch durch die Arbeiter kommen. Wie Ganßmann es formuliert: „Die ursprünglich nur Kapitalisten (und davor Schatzbildnern und Geizhälzen) eigene Sucht nach abstraktem Reichtum setzt sich auch bei der großen Mehrheit der abhängig Beschäftigten fest: Mehr Geld reicht als Anreiz, mehr zu arbeiten. Man muss nicht mehr durch Hunger und Not zur Arbeit gestoßen, man kann auch durch Aussicht auf mehr Einkommen gezogen werden. Entsprechend können die Lohnformen und Lohnbildungsverfahren umgestellt, schließlich die Löhne sogar als Nachfragekomponente entdeckt werden" (Ganßmann 1996: 279).

Vor diesem Hintergrund konnten die Unternehmer ihr traditionelles Desinteresse für die Details der Organisation des Arbeitsprozesses überprüfen und überwinden. Im 19. Jahrhundert hatte man sich mit den traditionellen, patriarchalischen oder auch despotischen Formen persönlicher Aufsicht begnügt. Dabei übte der Unternehmer die Kontrolle über den Arbeitsprozess meist gar nicht direkt aus, sondern überließ sie den Werkmeistern, die diese Aufgabe in der herkömmlichen Weise wahrnahmen. Taylors „wissenschaftliche Betriebsführung" war der erste systematische Versuch, mit dieser Praxis zu brechen und das Kontrollproblem modern und rational unter Einbindung des Geldinteresses der Arbeiter zu lösen – mit der ungeplanten Folge freilich, dass das Problem der Unbestimmtheit des Arbeitsvertrages in seinem ganzen Ausmaß sichtbar wurde. So wurde die wissenschaftliche Betriebsführung zur unfreiwilligen Geburtshelferin der Industriesoziologie.

3.2 Die Dynamik des Kapitalismus

3.2.1 Die Theorien von Marx und Schumpeter

Die Wissenschaften des 19. Jahrhunderts standen im Bann des naturwissenschaftlichen Objektivitätsideals. So musste auch die neu entstehende Soziologie, wollte sie Anerkennung finden, ihre Aussagen in nomologischer Form, als so genannte „Gesetze", präsentieren. Comte formulierte sein „Dreistadiengesetz", seine Gesetze gesellschaftlicher Statik und Dynamik. Spencer wandte die aus der Biologie gewonnenen Gesetzmäßigkeiten der Evolution auf die gesellschaftliche Entwicklung an. Durkheim fasste die Gesellschaft als ein durch Gesetzesaussagen zu beschreibendes System positiver Tatsachen auf (Tenbruck 1981). Auch Marx deklarierte seine Aussagen über die Dynamik des Kapitalismus als „Bewegungsgesetze" und erwies sich darin als ein Kind seiner Zeit. Mehrere dieser Aussagen, wie etwa die zur steigenden organischen Zusammensetzung oder zur Konzentration des Kapitals haben sich zwar selbst aus heutiger Sicht als erstaunlich zutreffend erwiesen. Aber um „Gesetze" handelt es sich dabei zweifellos ebenso wenig wie bei den Theoremen Durkheims, Spencers, Comtes und Saint Simons.

Eine Gesetzesaussage scheint sich freilich bis heute gegen alle Kritik behauptet zu haben: Die These der Notwendigkeit des wirtschaftlichen Wachstums moderner Gesellschaften. Dass das mit der „Great Transformation" einsetzende extreme wirtschaftliche Wachstum und die mit ihm verknüpften technischen und sozialen Umwälzungen in den industriell fortgeschrittenen Regionen der Welt während des 19. und 20. Jahrhunderts historisch völlig singuläre Phänomene darstellen, ist heute offensichtlich. Aber die Erklärung ist noch immer unsicher und höchst kontrovers. Das gilt auch für die von der neueren Property Rights-Theorie (Kasper/Streit 1998) vorgebrachte These, die gesellschaftliche Gewährleistung von „Eigentumsrechten" habe das Wachstum der modernen Wirtschaft ermöglicht. Auch dieser institutionentheoretische Ansatz wird der Komplexität des gesellschaftlichen Transformationsprozesses, den wir im letzten Kapitel behandelt haben, nicht gerecht. Entscheidend sind ja nicht die Eigentumsrechte im Sinne sozialer Garantie der exklusiven Nutzung privaten Besitzes durch den Eigentümer allein, sondern ihre durch die Geldform ermöglichte Generalisierung. Zu einem Motor wirtschaftlicher Dynamik können Eigentumsrechte nur in dem Maße werden, wie sie ihre aus der feudalen Gesellschaft überlieferte fixe Gestalt als Bodeneigentum verlieren und im Zuge der Kommodifizierung von Boden, Arbeit, Produktionsmitteln und Gütern die Form des Geldvermögens gewinnen. Kapitalistisches Eigentum ist nicht nur das Recht, die Früchte des eigenen Schrebergartens ungestört durch andere zu genießen, sondern das durch die Geldform konstituierte Recht *individuellen* Zugriffs auf *allgemeinen* Reichtum. Dies aber ist nichts anderes als die zentrale These bereits von Marx. Es verspricht daher mehr, mit Marx und Polanyi die um die Wende vom 18. zum 19. Jahrhundert eingeleitete selbstreferenzielle Schließung des Geldnexus zum Ausgangspunkt der Analyse zu machen.

Dass Kapital wachsen muss, ist zwar ebenfalls kein Gesetz. Sicher ist aber eines: Die kapitalistische Wirtschaft kann entweder nur wachsen, oder schrumpfen, sie kann nicht im Zustand eines statischen Gleichgewichts verharren. Die Akkumulation von Kapitalvermögen, nicht materiellen Reichtums bildet den Angelpunkt kapitalistischen Wirtschaftens. Es geht um das im Kapitalvermögen angelegte Zugriffs*potential* und die komplementär dazu entstehende Verschuldung, nicht um die Anhäufung von „Reichtum" im physischen Sinn. Die Nachfrage nach physischen Gütern muss zwar auch befriedigt werden, aber das ist nur ein sekundärer Effekt, nur ein funktionales Zwischenspiel im Prozess der Verwertung des Kapitals. Geld *ist* nicht schon Kapital, sondern muss es erst noch *werden*. Es muss ausgegeben werden und Schulden erzeugen, denn andernfalls verlöre es seine Vermögenseigenschaft gleichfalls – es erstarrte zum Schatz oder löste sich gar in Nichts auf. Es muss aber so ausgegeben werden, dass es zurückfließt, was wiederum nur heißen kann: *vermehrt* zurückfließt. Mangelt es an Gewinnaussichten, so empfiehlt es sich, zu warten. Dann wächst die Wirtschaft nicht nur nicht, sie schrumpft. Das aber sucht die Gesellschaft wegen der Geldabhängigkeit aller ihrer Subsysteme um nahezu jeden Preis zu vermeiden. So ist Wachstum zwar nicht ihr „Gesetz", wohl aber ihr oberster Imperativ.

Wie kann Kapital wachsen? Wiederum kann die auf die Vorstellung des Gleichgewichts orientierte neoklassische Analyse keine Antwort bieten, denn im Gleichgewicht kann es, wie bereits Walras feststellte, keinen Profit geben. Auch die Keynes'sche Theorie hilft nicht viel weiter. Sie bietet zwar eine Erklärung des Zinses, nicht aber des Profits als Überschuss über den Zins. Sie kann damit vielleicht erklären, wie Investoren die Zinsforderungen ihrer Kreditgeber erfüllen können, nicht aber, wie es zum Wachstum des gesellschaftlichen Kapitals kommt. Das Gleiche gilt – auf den ersten

Blick zumindest – auch für die Marx'sche Analyse. Marx erklärt das Wachstum des Kapitals aus dem Mehrwert, der Differenz zwischen dem Wert der Arbeitskraft und dem von ihr selbst neu zugesetzten Wert, wobei Werte als Quanta gesellschaftlich notwendiger Arbeitszeit gefasst werden. Die bloße Zeitdifferenz zwischen notwendiger und neu zugesetzter Arbeit bietet aber ebenfalls keine befriedigende Erklärung des Kapitalprofits. Zeitökonomie ist gewiss eine wichtige Dimension der Verwertung des Kapitals, aber nur eine unter anderen. Der Zugriff des Kapitals auf die sachliche und soziale Kreativität der Arbeit ist nicht weniger wichtig als der rein zeitliche. Der „intelligente" Arbeiter bringt dem Kapital letztlich mehr ein als der bloß schnelle oder ausdauernde. Diese durch das Kapital angestrebte „Rundumnutzung" der Arbeitskraft aber entzieht sich letztlich jeder quantitativen Bestimmung und Messung.

Es ist zwar das natürliche Bestreben des Kapitals, den Lohn niedrig zu halten, die Arbeitszeit dagegen auszudehnen und die Produktivität und Intensität der Arbeit zu steigern. Auch das kann, muss aber keineswegs die Rentabilität des Kapitals sicherstellen. Wenn das Unternehmen am Markt vorbeiproduziert, nützt auch die denkbar höchste Ausbeutungsrate nichts. Marx setzt in seiner Argumentation immer schon voraus, dass es sich bei der geleisteten Arbeit auch um „gesellschaftlich notwendige", eine Marktnachfrage befriedigende Arbeit handelt – aber genau in deren Bestimmung liegt in einer dynamischen Wirtschaft das Problem. Nicht nur muss es sich um nützliche Arbeit handeln, nicht nur muss eine zahlungsfähige Nachfrage nach ihren Produkten bestehen, sondern diese zahlungsfähige Nachfrage muss überdies permanent wachsen, um die Verwertung des Kapitals sicherzustellen. Wie kommt es zu diesem Wachstum? Eben durch die Verwertung des Kapitals – so lautet die von Rosa Luxemburg mit Recht als zirkulär kritisierte Antwort von Marx (zur ausführlichen Kritik an Marx vgl. Deutschmann 1999: 95f.).

Die einflussreichsten Ansätze zur Erklärung des Kapitalgewinns und der mit ihm verknüpften Wirtschaftsdynamik liefern nach wie vor Schumpeter (1952) und Knight (1921). Schumpeter stellt die Aktivitäten des Unternehmers als Initiator wirtschaftlicher Dynamik in den Mittelpunkt seiner Analyse. Seine Mission ist es, mit Hilfe zusätzlichen Kredits „neue Kombinationen", nämlich: neue Produkte, effizientere Produktionstechniken und Organisationsmethoden durchzusetzen, neue Bezugsquellen, Konsumentenkreise und Absatzmärkte zu erschließen. Das Ergebnis ist, dass die Wirtschaft aus den Bahnen der „Statik" herausgeworfen wird.

Der Unternehmer handelt gerade nicht, wie die orthodoxe Theorie annimmt, unter Bedingungen perfekter Information, sondern von Unsicherheit. Unsicherheit wiederum ist, wie neben Schumpeter vor allem Knight betont hat, die Grundlage des Unternehmergewinns. Gelingt es dem Unternehmer, seine Kosten durch Anwendung neuer Produktions- oder Organisationstechniken zu senken, oder auch durch neue Produkte eine höhere Nachfrage auf sich zu lenken, so verschafft ihm das ein temporäres Monopol, auf dem der Unternehmergewinn und mit ihm das Wachstum der Wirtschaft beruht. Der Unternehmergewinn wird als eine Prämie auf die wirtschaftliche Führungsleistung des Unternehmers, und *nur* auf sie, nicht etwa auch auf die Leistungen der Arbeiter begriffen: „Der Unternehmergewinn als besondere und selbstständige Werterscheinung ist im innersten Kern an die Führerrolle in der Wirtschaft geknüpft." (Schumpeter 1952: 228). Diese Prämie steht freilich auf unsicherem Grund, denn auch die Konkurrenten sind nicht träge und bemühen sich, die Neuerung nachzuahmen. Je mehr sich aber eine neue Kombination verallgemeinert, desto mehr schmilzt auch der auf ihr beruhende Gewinn dahin; die Wirtschaft droht, in die rein reproduktive Bahn der Statik zurückzufallen. So befindet sich die Unternehmerschaft als Kollektiv auf einer beständigen Flucht vor sich selbst. Nur wenn es ihr gelingt, immer neue Innovationen hervorzubringen, lässt sich der Unternehmergewinn und das Wachstum der Wirtschaft auf Dauer stellen.

Der Unternehmer ist der „Revolutionär der Wirtschaft" (Schumpeter 1952: 130), der sich in seinem Handeln gerade nicht durch die aktuellen Signale des Marktes leiten lässt, sondern durch seinen Instinkt für noch nicht sichtbare, erst zu aktualisierende wirtschaftliche Möglichkeiten und Bedürfnisse. Er ist nicht bloß der „arbitrageur", als den ihn die neoklassische Theorie beschreibt, er ist auch kein Hedonist oder Utilitarist. Er braucht vielmehr, den „Traum, ein privates Reich zu gründen", den Willen, zu kämpfen und zu siegen (Schumpeter 1952: 138).

Was Schumpeter nicht sieht: Der Unternehmer mag zwar ein „Revolutionär" sein, aber er ist dennoch keineswegs ein Umstürzler oder Chaot. Innovation ist niemals eine rein individuelle Leistung, sondern ein sozialer Prozess, der in geeigneter Weise kommuniziert werden muss. Der Unternehmer kann seine Mission nur erfüllen, wenn es ihm gelingt, Koalitionen zu schmieden und seine soziale Umwelt – technische Erfinder und Experten, Finanziers ebenso wie Arbeiter, potentielle Kunden und Nutzer – für seine Ziele zu mobilisieren. Was er tut, ist, dem *im Geldvermögen angelegten Wachstumsimperativ eine praktische Gestalt zu geben*, und so erfüllt er ungeachtet des umwälzenden Charakters seines Tuns eine durchaus wichtige gesellschaftliche „Funktion" – eine Funktion freilich, die sich nicht in der Erfüllung institutionalisierter Normen erschöpft, sondern „charismatische" Elemente im Sinne Webers enthält. Geld ist nicht schon Vermögen, sondern muss seine Vermögenseigenschaft erst beweisen, indem es sich verwertet. Das geschieht aber weder von allein, noch lässt es sich mit rein technischen Mitteln bewerkstelligen. Es muss eine soziale Figur geben, die die Verwertung des Kapitals praktisch ins Werk setzt, die Mittel und Wege für sie aufzeigt, die notwendigen Ressourcen beschafft und die Menschen dafür mobilisiert – den Unternehmer. Seine Mission ist es, die Unendlichkeit der durch das Geldvermögen angezeigten Möglichkeiten auf ein durch soziales Handeln zu bewältigendes Format zu bringen[7]. Wie kann es ihm gelingen, die neuen Kombinationen nicht nur zu erfinden, sondern sie auch zu realisieren und am Markt durchzusetzen?

Die wichtigste Voraussetzung ist: Er muss Arbeit einsetzen. Der Arbeitsvertrag ist, wie schon betont, keine technische, sondern eine kommunikati-

---

7 Unter diesem Blickwinkel fallen die Analogien zwischen Schumpeters Unternehmer und den Typen des Zauberers und des Priesters in der Weber'schen Religionssoziologie ins Auge; vgl. Deutschmann 1999: 121.

ve Beziehung, die doppelte Kontingenz auf beiden Seiten einschließt. Arbeit ist keine von außen her zu programmierende Maschine, sondern ein „Produktionsfaktor" mit, neben seiner Fähigkeit zu Streik und Sabotage, genuin kreativen Eigenschaften. Nur durch Arbeit lassen sich bestehende technologische Routinen durchbrechen, nur durch Arbeit lässt sich genuin Neues schaffen, mit anderen Worten: Nur durch den Einsatz von Arbeit entsteht überhaupt erst jene Unruhe und Unsicherheit der Umwelt, die das Bewährungsfeld des Unternehmers bildet.

Schumpeters Analyse ist auf die Führerrolle des Unternehmers fixiert. Er sieht nur die große Idee des Unternehmers, nicht die tausend kleinen der Ingenieure, Produktionsarbeiter, Marketing-Spezialisten, Anwender, die die Innovation erst zu einem ökonomischen Erfolg machen und ohne die der Unternehmer hilflos wäre. Schumpeters Argumentation, auch bei neuen Kombinationen sei der Beitrag der Arbeiter genau wie der der sachlichen Produktionsfaktoren zu den alten Konditionen zu bewerten (Schumpeter 1952: 226/227), unterschlägt die Differenz zwischen dem programmgebundenen Funktionieren der Maschinen und der Kreativität der Arbeit. Der Unternehmer ist sehr viel stärker von seinen Arbeitern abhängig, als Schumpeter meint.

An dieser Stelle führt die Ergänzung von Schumpeters Gedankengang zu einer unerwarteten Rehabilitierung der Marx'schen Theorie, freilich in einem anderen als dem von Marx selbst gedachten Sinn. Die bloße Tatsache zeitlicher Verausgabung durchschnittlich produktiver Arbeitskraft reicht gewiss nicht hin, um einen Wertschöpfungsbeitrag der Arbeit zu begründen. Arbeit muss vielmehr kreativ, schöpferisch zerstörend eingesetzt werden, um die Verwertung des Kapitals sicherzustellen. Zugleich – und darin liegt der richtige Kern von Marx' Argument – ist *nur* Arbeit (die der Beschäftigten freilich wie die des tätigen Unternehmers) wertschöpfend, denn allein sie ist kreativ, nicht die sachlichen Produktionsmittel. Nur sie ist in der Lage, gegebene Strukturen zu transformieren und so einen Mehrwert zu erzeugen. Das heißt aber zugleich, dass ihr Beitrag weder zeitlich, noch in anderer Weise quantitativ bestimmbar ist: Es gibt immer mehr Variablen als Gleichungen. Marx erkannte nicht, dass genau in diesem Tatbestand die eigentliche Rechtfertigung für seine eigene Position liegt: nämlich Arbeit als „Substanz" des Wertes zu betrachten. Er hätte von daher seine Übernahme der quantitativen Arbeitswerttheorie Smiths und Ricardos problematisieren müssen. Wert ist nur deshalb und insoweit Wert, als er *sich selbst* in einem gesellschaftlichen Prozess bestimmt und nicht durch exogene Strukturen determiniert ist. Eben weil sie sich auf die Kreativität gesellschaftlicher Arbeit stützt, folgt die Verwertung des Kapitals nicht einem „Wertgesetz", das durch einen wissenschaftlichen Beobachter nachvollzogen werden könnte. Der Wert ist vielmehr so unsichtbar und unerforschlich wie der Gott der protestantischen Ethik. Keine Planungsbehörde und auch keine wissenschaftliche Theorie, darin ist auch Friedrich v. Hayek Recht zu geben, wird ihn je erfassen können – sie müsste dazu intelligenter sein als die Summe der in die Bewegung des Kapitals investierten gesellschaftlichen Intelligenz selbst. Und dennoch bildet der Wert den letzten Horizont, auf den hin alle unternehmerischen Strategien und gesellschaftlichen Visionen entworfen werden. Die Frage nach dem unsichtbaren „Dritten" jenseits der manifesten Ware-Geld-Beziehungen, die Marx' Wertformanalyse antreibt, ist ungeachtet der Kurzschlüssigkeit seiner Antwort alles andere als bedeutungslos. Der Wert als prozessuale Einheit des Geldes ist die Religion der modernen Gesellschaft.

Der Hauptfehler von Schumpeters Analyse liegt darin, Innovation nur als eine individuelle Leistung des Unternehmers, nicht aber als sozialen Prozess zu analysieren. Schumpeter ignoriert das Problem der Unbestimmtheit des Arbeitsvertrages und die in dem Arbeitsverhältnis angelegte doppelte Kontingenz des Handelns. So wie Schumpeter die Rolle der Arbeit im innovativen Prozess unterschätzt, verkennt Marx umgekehrt die Bedeutung des Unternehmers, indem er ihn als bloßen Agenten scheinbar „objektiver" Gesetzmäßigkeiten der Kapitalakkumulation betrachtet. Die Verkürzungen und Stärken der Analysen von Schumpeter und Marx sind komplementär; das macht die Verknüpfung der beiden Ansätze vielversprechend (Deutschmann 1996a). Mit Hilfe dieser Verknüpfung lässt sich erklären, warum es zu der zentralen Stellung des Unternehmers in der modernen Gesellschaft kommt. Freilich ist die Frage noch immer nicht völlig geklärt, *wie* der Unternehmer seine Mission erfüllen kann. Innovation lässt sich weder voluntaristisch durch den Unternehmer kommandieren, noch lässt sie sich objektivistisch aus Bewegungsgesetzen des Kapitals ableiten. Wie kommt sie dann aber zustande?

Der Prozess technischer Neuerungen stützt sich – das ist die These der neueren soziologischen Technikgeneseforschung – auf soziale Institutionen und Kommunikationsmedien, die die für die Entwicklung neuer Kombinationen unentbehrlichen Kooperationsleistungen von Arbeitern und Unternehmern ermöglichen. Nicht nur die Arbeiter, sondern auch die anderen Akteure in der Umwelt, die Kreditgeber, technischen Erfinder und Ideengeber, Lieferanten, Händler, Kunden usw. müssen kooperieren. Auch hier kommt es nicht allein auf die individuelle „Führerschaft" des Unternehmers an, sondern auf seine Fähigkeit, seine Ideen zu kommunizieren und wirtschaftliche und politische Koalitionen zur Durchsetzung seiner Projekte zu schmieden. Nicht nur die Persönlichkeit des Unternehmers ist wichtig, sondern auch die gesellschaftliche Umwelt, die ihr erst den Resonanzboden liefert. Schließlich entstehen auch die Ideen des Unternehmers selbst nicht aus dem Nichts, sondern aus einer bestimmten gesellschaftlich-historischen Situation heraus, die er interpretiert, auf die hin er seine Produkte entwickelt. Der Erfolg des Unternehmers setzt nicht nur technische und wirtschaftliche Kenntnisse voraus, sondern vor allem auch die Fähigkeit, die den Markt bestimmenden gesellschaftlichen Entwicklungen zu beobachten und zu deuten. Innovation und Gewinn könnten, so viel ist richtig, bei vollkommener Information und Konkurrenz der wirtschaftlichen Akteure nicht zustande kommen, sondern beruhen auf dem temporären Monopol des Pionierunternehmers. Aber bei vollständiger Unsicherheit könnten sie ebenso wenig entstehen. Die Entwicklung einer innovativen Dynamik setzt vielmehr, wie Beckert (1997) betont, die Existenz sozialer Strukturen voraus, die ein Minimum an Erwartbarkeit des Verhaltens der Akteure füreinander gewährleisten und die Lösbarkeit des Problems der doppelten Kontingenz des Handelns sicherstellen.

3.2.2 Die soziale Struktur wissenschaftlich-technischer „Revolutionen"

Die Soziologie hat erst seit verhältnismäßig kurzer Zeit damit begonnen, die das kapitalistische Wachstum tragende Innovationsdynamik als sozial strukturierten Prozess zu analysieren. In der älteren Industriesoziologie (Gehlen, Freyer, Friedmann, Ellul, Schelsky, Popitz/Bahrdt) herrschte noch die heute als „deterministisch" kritisierte Auffassung des technischen Fortschritts als einer von außen auf die Wirtschaft einwirkenden Eigengesetzlichkeit vor. Die Dynamik der Technik wurde nicht soziologisch, sondern anthropologisch oder auch aus sachlich bedingten Notwendigkeiten der Effizienzsteigerung erklärt. So konzipierte Gehlen (1957) die technische Entwicklung als einen kompensatorischen Prozess des Organersatzes, der Organentlastung des „Mängelwesens Mensch". Schelsky (1965) andererseits erblickte in der Technik den Inbegriff der Selbsterzeugung des Menschen und leitete daraus ihren Charakter als einer theoretisch nicht einholbaren Sachgesetzlichkeit ab. Technik erscheint hier als ein gesellschaftlich neutrales Mittel zur Beherrschung der Natur durch den Menschen und zur Steigerung der Produktivkräfte. Ihre Entwicklung folgt einer überhistorischen Logik der „Effizienz".

Diese Sichtweise führt zu Stufentheorien des technischen Wandels, die die schrittweise Übertragung menschlicher Arbeitsfunktionen auf die Technik in den Mittelpunkt der Betrachtung stellen und meist in einem Dreiphasenschema kulminieren: Handwerkliche, mechanisierte und automatisierte Produktion; erste, zweite und dritte industrielle Revolution. Der technische Fortschritt erscheint in dieser Sichtweise als eine endogen in dem Wissenschaftssystem erzeugte Eigengesetzlichkeit. Es ist erst die Anwendung der durch ihn erzeugten neuen Produkte und Produktionsverfahren, die vielzitierten „Technikfolgen", die einen Bedarf nach soziologischer Analyse und Beratung entstehen lassen.

Noch heute, so kritisiert Andreas Knie, werde „die Darstellung zukünftiger Technologietrends auch weiterhin aus dem Verständnis heraus betrieben, Technik als ein im Kern von sozialen Aspekten weitgehend entkoppeltes Phänomen zu begreifen. Erst bei der Beschreibung von Umsetzungshürden und Realisierungsproblemen tauchen soziale Fragen wie Kapitalbereitstellung, strukturelle und kulturelle Verfasstheit von Unternehmen oder Forschungseinrichtungen sowie Probleme der Unsicherheit bei der Einschätzung der Marktakzeptanz auf" (Knie 1997: 227). Diese verkürzte Sichtweise zu überwinden, ist das Hauptanliegen der soziologischen Technikgeneseforschung. Unter Rückgriff auf sie formulieren wir folgende Thesen:

a) *Der konstruierte Charakter der Technik*: Technische Erfindungen sind nicht erst von ihren Ergebnissen und Folgen, sondern *von Anfang an* eine „soziale Konstruktion". Was sie sind und worin ihre Nutzungsmöglichkeiten bestehen, ergibt sich nicht allein aus ihren sachlichen Eigenschaften, sondern auch aus der Weise, wie sie sozial kommuniziert werden. Schon die ihnen zugrunde liegenden wissenschaftlichen Entdeckungen sind nicht Widerspiegelungen von Naturgesetzen, sondern werden im Labor „gemacht" (Knorr-Cetina 1984). Welche Entwicklungspotentiale einer Erfindung wahrgenommen und realisiert werden und welche nicht, hängt sowohl von den an der Technikentwicklung beteiligten Akteuren und Organisationen ab, als auch von der Struktur ihrer Beziehungen. Innovation hat, wie sich bei genauerem Hinsehen zeigt, über weite Strecken einen zufälligen, inkrementalen Charakter. Erfindungen folgen weder der Logik wissenschaftlichen Wissens allein, noch allein einem ökonomischen Kalkül der Arbeitsersparnis, sondern situativen Bedingungen und Interessenlagen der Akteure. Der primäre Impuls geht nicht selten von Disparitäten und Engpässen aus, die durch die vorherigen technischen Fortschritte selbst erst erzeugt wurden. Der Eindruck von Zielgerichtetheit und Folgerichtigkeit ergibt sich, ebenso wie der einer inhärent-sachlogischen Überlegenheit der am Ende erfolgreichen Lösung, immer erst aus der ex-post-Perspektive. „Rein" technische Zwänge sind zwar nicht völlig bedeutungslos, aber auf den konkreten Verlauf technischer Innovationsprozesse wirken sie, wie David F. Noble (1984) am Beispiel der Genese der NC-Technologie aufgezeigt hat, sehr viel weniger ein als soziale Konstellationen und situative Bedingungen.

b) *Die Strukturierung technischer Entwicklungen durch Leitbilder*: Die Form der Kommunikation technischer Neuerungen wird in der Technikgeneseforschung mit dem Begriff des „Leitbildes" (Mambrey et al. 1995, Dierkes et al. 1996) bzw. des technologischen „Paradigmas" (Dosi 1983) umschrieben. Dosi greift dabei bewusst auf das bekannte Kuhn'sche Modell der Strukturierung des wissenschaftlichen Erkenntnisfortschritts durch den Aufbau und Niedergang von „Paradigmen" zurück: „In broad analogy with the Kuhnian definition of a scientific paradigm we shall define a technological paradigm as a model and a pattern of *selected* principles derived from natural sciences and on *selected* material technologies" (Dosi 1983: 83). Leitbilder sind keine objektiven Realitäten, sondern Sinngebilde, an denen die Akteure selbst sich in ihrer Kommunikation orientieren. Ihr Auftauchen ist ein emergentes Ereignis, das trotz aller Versuche propagandistischer Beeinflussung nicht „gemacht" werden kann. Anfangs nur in Form vager Entwürfe präsent, verfestigen sie sich im Erfolgsfall und lenken die Entwicklung in eine bestimmte Richtung.

Sie verknüpfen die Beschreibung eines konkreten technischen Artefakts mit imaginär angereicherten Vorstellungen des „Wünschbaren" und „Machbaren". Leitbilder rücken bestimmte Verbesserungs- und Nutzungsmöglichkeiten einer gegebenen Technologie (wie z.B. Verbrennungsmotor, elektronische Schaltkreise, DNA-Analyse) in den Blick, während sie andere ausblenden und geben der Suche nach dem Neuen damit eine Richtung vor. Sie haben nicht nur kognitive, sondern auch motivierende Funktionen, indem sie Prozesse zielorientierter kollektiver Problemlösung in Gang setzen; sie legitimieren darüber hinaus die im Zuge dieser Kooperation unvermeidlich entstehenden Herrschaftsbeziehungen.

c) *Der Mythencharakter der Leitbilder*: Leitbilder vermitteln die Kommunikation innovativer Prozesse und stellen damit auch eine begrenzte Rationalität des Handelns der Beteiligten sicher. Sie selbst haben freilich keinerlei rationale Grundlage, weshalb sie auch als „Mythen" im Sinne Meyer/Rowans (1977) bezeichnet werden können. Wir selbst werden diesen Begriff im Folgenden benutzen, um den durch die Konstruktion von Leitbildern ausgelösten selbstreferenziellen Prozess zu kennzeichnen. Die soziale Resonanz, die Leitbilder in Mythen verwandelt (oder auch nicht), entwickelt sich nach dem Muster der „self fulfilling prophecy"; sie ist „autopoetischer" Natur im Sinne Luhmanns. Mythen erzeugen, wenn sie erfolgreich sind, ihre eigene Wirklichkeit, indem sie die für das innovative Projekt erforderlichen Investitionen und Ressourcen mobilisieren. Sie bewirken die selbstreferenzielle Schließung kommunikativer Prozesse, indem sie die Einheit von Information, Mitteilung und Verstehen gewährleisten und überdies Motive für die Annahme der übermittelten Selektion bereitstellen (Mambrey et al. 1995: 52, 54). Was sie von anderen Kommunikationsmedien unterscheidet, ist ihr funktional diffuser Charakter, der sie zu Katalysatoren der Kooperation zwischen heterogenen Subsystemen und Expertenkulturen werden lässt (Dierkes et al. 1996: 33f.). Das Konzept des Mythos – dies ist auch Tacke (2000: 121) entgegenzuhalten – steht quer und zugleich über dem der Organisation, denn es geht ja gerade darum, Lernprozesse über die Grenzen von Organisationen und Subsystemen in Organisationen hinweg zu ermöglichen. Mit Hilfe des Mythos-Konzepts lässt sich auch die Frage[8] beantworten, inwiefern Unternehmen mehr sind als bloß formale Organisationen, d.h. wie sie in der Lage sein können, ihre eigenen Entscheidungsprämissen zu reflektieren und sich auf innovative Entwicklungen einzulassen, ohne dabei in die Uferlosigkeit „totalen Lernens" zu verfallen. Erst dank des gemeinsamen Mythos kann sich die für innovative Prozesse unentbehrliche Zusammenarbeit von Experten und Akteuren aus *verschiedenen* Funktionsbereichen, Unternehmen, Branchen, wissenschaftlichen Disziplinen zu konkreten „Projekten" verdichten. Mythen können

---

8 Vgl. dazu auch Baecker (1993)

so die für ihren ökonomischen Erfolg so wichtige „soziale Einbettung" einer Erfindung (Halfmann 1997) gewährleisten. Die diffuse Ausstrahlungskraft von Mythen kann über den Kreis der Produzenten hinaus weit in die Gesellschaft hineinreichen. Das ist dort der Fall, wo nicht nur neue Produkte, sondern neue Lebensstile antizipiert werden, durch die die neuen Produkte ihre Rahmung und Funktion finden sollen (etwa: unbegrenzte Mobilität durch das Automobil, grenzenlose Information durch digitale Kommunikationsmedien). Auf diese Weise können auch Nutzer und Kunden erreicht und immer neue Konsumwellen stimuliert werden.

d) *Mythen sind auf verschiedenen Stufen des ökonomischen Prozesses wirksam:* Die durch die Kapitalform des Geldes induzierte imaginäre Anreicherung ökonomischen Handelns kommt in den Phasen der Produktion wie in der Konsumtion zum Tragen. Wir können unter diesem Gesichtspunkt *Technikmythen, Organisationsmythen und Konsummythen* unterscheiden. Technikmythen strukturieren innovative Prozesse im Bereich der sachlichen Produktionsmittel und Werkzeuge, Organisationsmythen geben den Veränderungen der Aufbau- und Ablauforganisation ihre Richtung. Auch die Dynamik der Konsumnachfrage muss durch den Aufbau von Projektionen, Imaginationen und „Ersatzbefriedigungen" (Scherhorn 1997: 177) in Gang gehalten werden. Konsummythen werden zielstrebig durch Werbung in Umlauf gebracht und sollen den Hunger der Konsumenten nach immer neuen Produkten und Dienstleistungen wecken. Hier wie überall gilt freilich, dass der Erfolg von Mythen ein emergentes Ereignis ist, das auch mit großem technischem Aufwand nicht einfach „gemacht" werden kann.

e) *Die Dynamik von Mythen*: Mythen sind symbolische Objektivierungen, die historisch entstehen und vergehen. Sie folgen einem Zyklus von Genese-Verbreitung-Institutionalisierung-Krise[9] (Deutschmann 1997, 1999: 147f.). Was diesen Zyklus in Bewegung setzt, ist nicht allein Wissen und rationales Kalkül, sondern der „Glaube" der Akteure, die Resonanz, die sie mit ihren Ideen in ihrer sozialen Umwelt finden. Darin weisen sie Ähnlichkeiten nicht nur mit politischen (Fligstein 1996), sondern auch mit religiösen Bewegungen auf. Wir beschreiben kurz die vier genannten Phasen:

- *Genese*: Das der Innovation zugrunde liegende Wissen wird durch einen Erfinder oder durch eine Gruppe von Forschern in einem industriellen Labor erzeugt und validiert. Rationale, gar ökonomische Handlungskalküle sind in dieser Phase weitgehend bedeutungslos. Der innovative Prozess ähnelt eher einem „Spiel", in dem Zufälle eine

---

9 Derartige Zyklus- oder Prozessmodelle der Genese, Verfestigung und Krise institutioneller Strukturen sind vor allem aus dem Kreis der „institutionalistischen" Schule der Organisationsforschung heraus entwickelt worden. Tolbert und Zucker (1996: 180f.) etwa charakterisieren die Phasen als „Innovation - Habitualization - Objectivation - Sedimentation". Vgl. auch die ähnlichen Ansätze bei Anderson/Tushman (1990), Beckert (1999) und Rammert (2000).

große Rolle spielen und die Akteure schrittweise nach dem Prinzip von Versuch und Irrtum vorgehen (Rammert 2000: 80).

- *Verbreitung*: Die Erfindung wird zur Anwendungsreife weiterentwickelt, veröffentlicht, vermarktet, materialisiert sich in einer wachsenden Zahl von Produkten. Die Anwendung ist als ein rekursiver Prozess zu verstehen, der immer wieder auch zu Modifikationen der ursprünglichen Erfindung und auch zu neuen Erfindungen führt (Asdonk et al. 1991, Rammert 2000). Die Verbreitung der Erfindung wird durch die Neigung der Akteure gefördert, als erfolgreich geltende Rezepte nachzuahmen, nicht selten sogar unabhängig von ihrem aktuellen Nutzen. DiMaggio/Powell (1983) sprechen von einem „mimetischen Isomorphismus", einem aus Unsicherheit geborenen Anlehnungsbedürfnis an die Umwelt. Auch Unternehmer sind im Gegensatz zu Schumpeters Sicht nicht immer Revolutionäre, sondern bewegen sich gern im Konvoi und handeln nur begrenzt rational. Es kommt deshalb für die Protagonisten der Erfindung zunächst vor allem darauf an, den Nimbus der Erfolgsträchtigkeit zu wecken. In dieser Phase pflegen Organisations- und Technikberater, Managementgurus und von ihnen publizierte Texte eine wichtige Rolle als Resonanzverstärker, „cognitive stabilizers" und Legitimatoren zu spielen (Furusten 1998: 160, vgl. auch Mazza 1998, Nohria/Eccles 1998, Faust 2000).

- *Institutionalisierung*: Setzt sich die neue Technologie am Markt durch, so kommt es zu Prozessen sozialer Schließung, die sie in das Stadium der „Stabilisierung" beziehungsweise „Institutionalisierung" führen: Der Mythos gewinnt nun den Charakter gesellschaftlichen Standardwissens. Er wird in Universitäten und Ausbildungsstätten gelehrt und lässt stabile, berechenbare Märkte entstehen. Erst jetzt entsteht die Chance „rationalen" Markthandelns in breiterem Umfang. Die Erfindung kristallisiert sich nicht mehr länger nur in Produkten, sondern auch in Sach- und Humankapitalinvestititionen, die auf die Ökonomisierung der Fertigung zielen.

- *Krise*: Die Folge der Verallgemeinerung und Institutionalisierung ist, dass der Mythos seine ursprüngliche innovative Aura verliert. Er kann keine Aufbruchsstimmung mehr erzeugen und ist damit immer weniger in der Lage, wirtschaftliches Wachstum zu stimulieren. Mit dem Anwachsen der Investitionen in die Realisierung des Leitbildes entsteht ein Verriegelungseffekt („lock-in"), der die Nutzung anderer Optionen immer mehr ausschließt, damit aber nur die ursprüngliche Selektivität des Leitbildes selbst sichtbar macht. Es entsteht jetzt jener Zustand, der in der Sprache der Ökonomie als „Sklerose" bezeichnet wird. Arbeit wird nicht mehr schöpferisch-zerstörend, sondern nur noch reproduktiv eingesetzt. Sie mag zwar unvermindert „effizient" sein. Aber sie produziert – in Marx'scher Terminologie – keinen Mehrwert mehr, sondern nur noch gegenständlichen Reichtum. Die

Rationalität und die Profitabilität der Wirtschaft sind, so zeigt sich hier, keineswegs nur zwei Seiten ein und derselben Medaille, sondern treten im Stadium der Institutionalisierung eines Mythos in einen zunehmenden Gegensatz zueinander. Dies muss über kurz oder lang die Krise des alten Leitbildes heraufbeschwören und die Suche nach neuen Lösungen begünstigen.

So wird der Niedergang des alten Mythos zum Ausgangspunkt eines neuen Zyklus, der den alten indessen nicht einfach wiederholt. Er entwertet zwar die vorhandenen technisch-organisatorischen Investitionen und das mit ihnen verknüpfte Wissen und Können, entwickelt sie aber zugleich in neuer Weise weiter. Der neue Zyklus setzt an den „blinden Flecken", der impliziten Selektivität des alten Paradigmas an und macht sie zum Gegenstand der Reflexion. Damit entsteht ein Potential für Innovationen, die sich ihrerseits in neuen Leitbildern verdichten – und so weiter.

Dierkes et al. (1996: 55f.) haben die Bewegungsform von Leitbildern an drei Beispielen untersucht: Dieselmotor, Schreibmaschine und Telephon. Sie unterscheiden in der Karriere dieser Technologien vier Phasen: „Generation, selection, consolidation and economization" (ebd.: 75). Durch das Leitbild wird nicht nur, wie sie zeigen, die „Identität" einer Technologie über ihren Entwicklungsprozess hinweg konstituiert, sondern es ist gleichzeitig auch gemeinsamer Referenzpunkt der oft gänzlich heterogen zusammengesetzten Koalitionen der beteiligten Erfinder, Entwickler, Unternehmer und Finanziers. In den verschiedenen Entwicklungsphasen entstehen ganz unterschiedliche Koalitionen, die in aller Regel erst nach längeren Versuchen und Umwegen zum Erfolg führen. Die Phase der „generation" ist durch das Zustandekommen der Basiserfindung definiert. Bereits auf dieser Stufe ist keineswegs das individuelle Genie des Erfinders allein entscheidend. Rudolf Diesel etwa wäre ohne die Arbeiten der Vorläufer (Carnot, Barsanti, Matteuci), ohne die parallelen Experimente Daimlers und Maybachs und ohne das in den Vorlesungen v. Lindes erworbene Wissen kaum zur Erfindung des Einspritzmotors fähig gewesen. Bis ein Prototyp des Motors auf einer Konferenz des VDI im Jahr 1897 gezeigt werden und erste Pläne für eine Serienfertigung stationärer Dieselmotoren entwickelt werden konnten, musste ein weitaus komplexeres Netzwerk unter Einschluss renommierter Ingenieurwissenschaftler und dreier Maschinenbaufirmen (Krupp, MAN, Sulzer) geknüpft werden. Die Kooperationsbeziehungen hingen oft am seidenen Faden und führten nicht zuletzt nur deshalb zum Erfolg, weil Diesel selbst sich mit Unterstützung des Verlages Julius Springer zugleich um eine öffentlichkeitswirksame Publikation seiner Ideen bemühte. Gegen den Willen Diesels kam es dann zunächst zur „Konsolidierung" der neuen Technologie auf niedrigem Niveau: Die Firma brach die Experimente ab und beschloss, es bei der Produktion kleiner Serien einer stationären Maschine zu belassen. Erst Jahre später lebte unter dem Einfluss militärischer Interessen die Weiterentwicklung des Motors wieder auf. Es kam zur Verbreitung und schließlich zur „Institutionalisierung" des Dieselmotors: Vor dem ersten Weltkrieg wurden zunächst nur große Serien von Schiffsmotoren und stationären Antrieben gebaut; nach dem Krieg wurde auch die Entwicklung und Anwendung von Fahrzeugmotoren in breitem Maßstab vorangetrieben. Die Entwicklung des Dieselmotors und zugleich die der Elektromotoren besiegelte die Krise des Dampfantriebes als der traditionell vorherrschenden Technologie (die des Dieselmotors selbst ist bis heute freilich nicht in Sicht).

Ein gutes Beispiel für die Sukzession von Mythen im Bereich der Organisation stellt der Übergang von dem institutionalisierten Mythos der tayloristischen Massenproduktion zu dem neuen Mythos der „lean production" zu Beginn der 1990-er Jahre dar. Auch der Taylorismus selbst hatte seine Karriere als Mythos begonnen, nämlich mit der Verheißung einer „Effizienzrevolution" und damit schon gegen Ende der 1890-er Jahre in den amerikanischen Mittelschichten, bei Pfadfindern, Kirchen und Hausfrauen, ein wahres „Effizienzfieber" erzeugt (Kieser 1999: 84). Bei den Industriellen selbst stieß die Botschaft dagegen zunächst auf beträchtliche Widerstände. Erst nach dem ersten Weltkrieg fand sie in breitem Umfang in die industrielle Praxis Eingang. Die durch die tayloristische Rationalisierung bedingte Konzentration auf das Problem der Zeitökonomie der direkten Fertigung hatte freilich die ungeplanten Folgen der Hierarchisierung und Bürokratisierung, der Aufblähung der technischen Stäbe und des Verlusts an marktökonomischer Flexibilität. Diese „blinden Flecken" akkumulierten sich im Zuge der Institutionalisierung des tayloristischen Mythos in der zweiten Hälfte des 20. Jahrhunderts in teilweise dramatischer Weise. Die Zahl der Hierarchiestufen, die Zahl der Angestellten, der Umfang der technischen Stäbe und indirekt produktiven Abteilungen in den großen Industriekonzernen schienen unaufhaltsam zuzunehmen. Es war diese Problemlage, auf die das ursprünglich in Japan entwickelte und von Womack et al. (1991) unter der handlichen Formel „lean production" vermarktete „just-in-time"-Konzept eine Antwort anbot. Es legte den Finger genau auf die ungeplanten Konsequenzen des tayloristischen Mythos − Bürokratisierung, Inflexibilität, Zunahme der indirekten und fixen Kosten − und versprach Abhilfe gegen sie. So kam es zum Aufstieg eines neuen Mythos.

Die zyklische Bewegung der Mythen liefert eine wichtige Grundlage für die Erklärung der Entstehung und Entwicklung von Märkten. Entsprechend der jeweiligen Phase des Leitbildzyklus schwanken die Märkte zwischen Zuständen hoher Unsicherheit und Risiken, aber zugleich hoher Expansions- und Profitchancen einerseits − Phasen der Entstehung und Verbreitung − und Zuständen der Konsolidierung mit geringer Unsicherheit, aber zugleich auch geringeren und sinkenden Profitchancen andererseits – die Phasen der Institutionalisierung und Krise (vgl. auch Tolbert/Zucker 1996 und Beckert 1999).

f) *Mythen sind auf verschiedenen gesellschaftlichen Systemebenen wirksam:* Unternehmen entwickeln Leitbilder, um ihrem Produktionsprogramm ein unverwechselbares Profil zu geben und um die notwendige Synergie zwischen den verschiedenen Funktionsbereichen zu sichern – nicht selten freilich mit dem unbeabsichtigten Ergebnis, dass ein über eine längere „Erfolgsgeschichte" hinweg aufgebautes Leitbild sich verfestigt und dann blockierend wirkt, wie Buhr (1997) am Fall der Schreibmaschinenfirma Olympia gezeigt hat. Mythen strukturieren den innovativen Prozess aber auch auf den überbetrieblichen Ebenen der Branchen und Produktmärkte und schließlich der Gesellschaft insgesamt. Freeman und Perez (1988) unterscheiden unter den Gesichtspunkten der Ebene und der Reichweite der Leitbilder vier Typen von Innovationen:

- *Incremental innovations*: Es handelt sich hier um „kleine" Verbesserungen der Fertigungseffizienz, der Produktqualität u.a., die kontinuierlich in den Betrieben und den einzelnen Arbeitsprozessen stattfinden. Sie setzen keine systematische Forschung und Entwicklung voraus, sondern beruhen auf ad hoc-Ideen der direkt an den operativen Prozessen Beteiligten. Obwohl sie in ihrer Summe einen erheblichen Einfluss auf die betriebliche Produktivitätsentwicklung haben, wirken sich die einzelnen Innovationen kaum auf die Struktur der Organisation aus; vielfach werden sie informell auf der Ebene einzelner Abteilungen und Funktionsbereiche durchgesetzt.

- *Radical innovations*: Gemeint sind Erfindungen neuer Produkte, Werkstoffe oder Produktionstechniken, die vorherige Forschungs- und Entwicklungsaktivitäten voraussetzen; Freeman/Perez nennen als Beispiel die Erfindung des Nylon oder der „Pille". Sie treten daher im Gegensatz zu „incremental innovations" diskontinuierlich auf und verteilen sich ungleichmäßig über verschiedene Branchen. Dort, wo sie sich durchsetzen können, lösen sie nicht selten eine Kette weiterer Innovationen aus, die zu strukturellen Veränderungen auf Betriebs- und Branchenebene führen können.

- *Changes of 'technology system'*: Hier geht es um Erfindungen mit Systemcharakter, die radikale und inkrementale Innovationen kombinieren und zu Umwälzungen der Fertigungstechnologie in ganzen Branchen oder auch zur Entstehung gänzlich neuer Branchen führen. Charakteristischerweise gehen diese Innovationen auch mit der Entwicklung neuer Organisations- und Managementkonzepte einher. Als Beispiel können die Innovationen in der synthetischen Chemie in den 20-er und 30-Jahren gelten.

- *Changes in the 'techno-economic paradigm'*: Einige der Systemveränderungen sind von solcher Tragweite, dass sie die gesamte Wirtschaft und Gesellschaft erfassen. Sie lassen nicht nur neue Produkte,

Technologien und Industrien entstehen, sondern wirken sich auf die Struktur nahezu aller Wirtschaftszweige aus. Es geht hier nicht nur um die Umwälzung einzelner Leitbilder, sondern um die Entstehung eines neuen „meta-paradigm", das eine Vielzahl branchenspezifischer Entwicklungspotentiale einschließt. Der Zyklus dieser basalen Leitbilder ist aufs Engste mit den von Schumpeter und Kuznets so bezeichneten „langen Wellen" der wirtschaftlichen Entwicklung verknüpft. Die wirtschaftlichen „Revolutionen", die er bewirkt, sind, wie Freeman und Perez betonen, stets auch gesellschaftliche Umwälzungen. Das neue Paradigma bedeutet nicht nur eine einschneidende Veränderung des technisch-organisatorischen Standardwissens, sondern führt auch zu neuen Anforderungen an die Qualifizierung der Arbeitskräfte und das Bildungssystem, zu veränderten Arbeitsmarktstrukturen und neuen Konsumgewohnheiten. Es löst eine Welle neuartiger Investitionsprojekte, Neugründungen und Konzentrationsbewegungen von Unternehmen aus und macht Umgestaltungen der öffentlichen Infrastruktur notwendig.

In der kapitalistischen Entwicklung seit dem Ende des 18. Jahrhunderts sind nach Freeman/Perez fünf solcher technisch-ökonomischer Paradigmenwechsel zu unterscheiden:

- *Frühe Mechanisierung*: Diese Periode umfasst die erste industrielle Revolution und die nachfolgende Krise im Zeitraum von ca. 1770 bis 1830/40. Basiserfindung war die Dampfmaschine; führende Industriezweige waren die Baumwoll-, Textil-, Textilchemikalien- und Eisenindustrien, daneben auch die wassergetriebenen Töpfereien. Es kam bereits zu einem starken Wachstum des Maschinen- und Dampfmaschinenbaus. Die technisch-organisatorischen Durchbrüche dieser Periode bestanden in der Überwindung des traditionellen Verlagssystems mit seiner handwerklich geprägten Produktionsweise durch den Fabrikbetrieb, in der Mechanisierung der Energiequellen und in der Beseitigung der Abhängigkeit der Betriebe von der Wasser- und Windkraft. Typische Organisationsform war der kleine, persönlich geführte Fabrikbetrieb.

- *Epoche der Dampfmaschinen und Eisenbahnen*: Die Phase zwischen 1840 und 1880/90, die vor allem durch die weitere Verbreitung der Dampfmaschinen und das Aufkommen der Eisenbahnen sowie der Eisenbahntechnik geprägt war. Das Wachstum der Industrie wurde in dieser Zeit vor allem durch den Bedarf der Eisenbahnen (Lokomotiven, Schienenbau, Eisenbahnausrüstung), aber auch den der Dampfschifffahrt und die Werkzeugmaschinenindustrie getragen. Daneben entwickelten sich die Stahlindustrie, die Herstellung synthetischer Farben, sowie die Gas- und Elektrizitätswirtschaft in raschem Tempo. Die technisch-organisatorischen Durchbrüche bestanden in der Erschließung der Märkte durch den Ausbau der Eisenbahnen, in der Entwicklung von Kapital-

und Aktiengesellschaften, sowie in der Entstehung großer Fabrikbetriebe mit Tausenden von Beschäftigten.

- *Epoche des Elektro- und Schwermaschinenbaus*: Die Phase zwischen 1890 und 1930/40, die durch grundlegende technische Neuerungen in der Elektroindustrie und dem Elektromaschinenbau, in der schweren Maschinenindustrie und in der chemischen Industrie geprägt war; auch kam es zu einem raschen Ausbau der Elektrizitätswirtschaft und -versorgung. Darüber hinaus begann in dieser Periode schon die Entwicklung des Telefons, des Radios, des Automobils sowie die Produktion von Kunststoffen. Die entscheidenden technisch-organisatorischen Durchbrüche bestanden in der Dezentralisierung der Antriebsquellen durch die Einführung von Elektro- und Dieselmotoren, die die Mechanisierung von Kleinbetrieben in großem Umfang möglich machte und zugleich mit einer beträchtlichen Senkung der Kapitalkosten verbunden war. Zu erwähnen sind auch die beträchtlichen Steigerungen der Produktivität dank elektrisch getriebener Kräne, schwerer Maschinen und Werkzeugmaschinen. Charakteristisch für die Entwicklung der Unternehmensstrukturen war die Bildung großer, vielfach eng mit Banken verknüpfter Konzerne und Trusts mit beträchtlicher Marktmacht. Mit ihnen entstand die moderne Unternehmensbürokratie mit ihren hierarchischen Abstufungen des oberen, mittleren und unteren Managements. Daneben gewannen öffentliche Unternehmen und die wirtschaftspolitischen Interventionen des Staates an Bedeutung.

- *Die Epoche der fordistischen Massenproduktion*: In dieser sich von 1930/40 bis zum Ende der siebziger Jahre erstreckenden Periode avancierten die Produktion von Automobilen für den zivilen und militärischen Bedarf, sowie die Flugzeug- und petrochemischen Industrien zu den führenden industriellen Sektoren. Daneben begann bereits die Entwicklung der Computertechnik, der Atomtechnik sowie der NC-Werkzeugmaschinenindustrie. Die zentralen technisch-organisatorischen Durchbrüche bestanden in der Entwicklung des Fließbandes und der Standardisierung der Arbeitsprozesse durch die Einführung der „wissenschaftlichen Arbeitsorganisation". Mit der Verbreitung des Automobils kam es zu einer beträchtlichen Verbesserung der Verkehrsinfrastruktur, die wiederum eine intensivere Erschließung der Märkte ermöglichte. Die Entwicklung der Unternehmensstrukturen war zum einen durch die weitere Konzentration der Unternehmensmacht infolge der Bildung multinationaler Konzerne, zum anderen durch Tendenzen der Divisionalisierung und Dezentralisierung geprägt. Die als „Technostruktur" bezeichnete Macht der Stäbe wurde zu einer charakteristischen Erscheinung.

- *Die Epoche der Informations- und Kommunikationstechnologien*: Diese bis in die Gegenwart reichende Phase wird durch die führende Rolle der Mikroelektronik und die elektronisch gestützten Kommunikationsmedien geprägt. Telekommunikation und Satellitentechnik, elektronisch gestützte Informationssysteme, Feinkeramik und Robotertechnik sind die wichtigsten Träger des wirtschaftlichen Wachstums. Die Biotechnik sowie die Weltraumtechnologien beginnen, sich zu entwickeln. Die technisch-organisatorischen Durchbrüche bestanden in der Überwindung der Rigiditäten der Massenproduktion durch flexible Fertigungssysteme und dezentralisierte Organisationsformen, die zugleich eine stärkere Integration von Entwicklung, Fertigung und Marketing ermöglichten. Großunternehmen nehmen ihre vertikal integrierte Struktur zurück, reduzieren ihre Hierarchiestufen, verlagern Kompetenzen nach unten und gliedern einen Teil ihrer Subsysteme als unabhängige Firmen aus; das „Netzwerk" wird zu einer immer wichtigeren Koordinationsform.

Der von Freeman und Perez ausgearbeitete Periodisierungsvorschlag kapitalistischer „Revolutionen" baut auf den bereits von Schumpeter, Kuznets und Kontradieff vorgelegten Analysen der langfristigen Dynamik technologischer Innovationen und ihrem Konzept der „langen Wellen" auf (vgl. dazu Mensch 1975). Von einem sehr viel ambitionierteren theoretischen Hintergrund her bemühen sich auch die Autoren der französischen „Regulationsschule" (Aglietta 1979, Boyer 1986, Lutz 1984, Mahnkopf Hrsg. 1988) darum, unterschiedliche historische „Akkumulationsregime" zu identifizieren und deren je spezifische, sowohl durch technisch-ökonomische als auch durch institutionelle Faktoren bestimmte „Regulationsweise" herauszuarbeiten. Akkumulationsregime werden hier freilich nicht in konsequenter Weise als emergente Ordnungen aufgefasst. Der Übergang von einem Regime zum anderen wird nicht historisch erklärt, sondern auf der Basis ökonomischer Unterkonsumptions- und Überakkumulationstheorien, die im Detail viele Fragen offen lassen (kritisch dazu: Hübner 1988). Ein Modell, das wie bei Freeman und Perez die historischen Prozesse der Genese, Institutionalisierung und Krise von Leitbildern in den Mittelpunkt stellt, dabei sich aber auf organisatorische Paradigmen und deren nationale Varianten konzentriert, haben Piore/ Sabel (1985) entwickelt. Ihre These ist, dass die industrielle Revolution das System handwerklicher Fertigung keineswegs sofort zerstört habe. Die handwerkliche Produktionsweise habe sich vielmehr über das ganze 19. Jahrhundert hinweg in zahlreichen regionalen und branchenspezifischen Varianten als außerordentlich lebensfähig gewesen. Erst zu Beginn des 20. Jahrhunderts habe die ideologische Sogwirkung des Beispiels der amerikanischen Industrie zum Sieg des Paradigmas der Massenproduktion geführt, freilich auch hier in national und regional ganz unterschiedlicher Weise. Die zweite, durch Krise der Massenproduktion und ihren Übergang zu einem neuen System „flexibler Spezialisierung" markierte „Wegscheide" beobachten Piore/Sabel in den siebziger Jahren. So ist auch organisatorisches Wissen dem gleichen Zyklus von Entstehung, Verbreitung, Institutionalisierung und Niedergang unterworfen, der sich bei technik-, produkt- und konsumbezogenen Leitbildern beobachten lässt (Deutschmann 1997). Auch Taylorismus und Fordismus waren eben nicht

Inkarnationen kapitalistischer „Logik" schlechthin, wie die Industriesoziologie lange Zeit glaubte, sondern nur Mythen, die heute ihren historischen Zenit überschritten haben.

Wir haben uns an das von Freeman und Perez vorgelegte Periodisierungsschema gehalten, weil es das Konzept des technologischen Paradigmas in der konsequentesten, aber zugleich differenziertesten Weise anwendet und damit am ehesten in der Lage ist, unterschiedliche Phänomene und Entwicklungstendenzen in einem gemeinsamen theoretischen Bezugsrahmen zu interpretieren. Er ist damit auch am besten geeignet, bestimmte allgemeine Charakteristika der kapitalistischen Dynamik zu beleuchten, die wir abschließend hervorheben wollen.

Zu betonen ist noch einmal der Kontrast zu traditionellen industriesoziologischen Entwicklungsmodellen. Industrielle Entwicklung ist nicht einfach „Rationalisierung", wie die Industriesoziologie im Gefolge Webers lange Zeit glaubte. Das Prinzip der Ökonomisierung und Einsparung von Arbeit, das in dieser Sichtweise die Logik technischer Innovationen bestimmt, stellt nur ein Ziel unter anderen dar. Was sich zeigt, ist nicht eine klare Hierarchie, sondern eine Pluralität von Zielen. Mit effizienteren Techniken entstehen immer auch neue Produkte und neue Konsummuster. Darüber hinaus entstehen im Zuge der kapitalistischen Entwicklung genuin neue Konsumbedürfnisse, oder es werden solche Bedürfnisse durch die gezielte Beeinflussung der Konsumenten durch Werbung und Medien geweckt (Galbraith 1968, Scherhorn 1997); wir erinnern in diesem Zusammenhang auch nochmals an die oben vorgestellte Theorie Baudrillards.

So substituiert das Automobil nicht einfach die Transportleistungen der Pferdefuhrwerke, sondern lässt neue Transportbedürfnisse und daran geknüpfte soziale Distinktionswünsche in einem früher ungeahnten Umfang entstehen. Innovation entwickelt sich sprunghaft und orientiert sich nicht an objektiven Gesetzmäßigkeiten, sondern an situativen Bedürfnissen, nicht selten gerade an den durch den innovativen Prozess selbst geschaffenen Engpässen und Flaschenhälsen. So hatte der durch die Mechanisierung der Weberei zu Beginn des 19. Jahrhunderts sprunghaft gestiegene Ausstoß an Textilien einen dramatischen Engpass in der Bleicherei und Färberei geschaffen, der dann den Anstoß für die industrielle Produktion von Soda und die Entwicklung der synthetischen Chemie lieferte (Landes 1973: 110f.). Erst die Verbreitung der Dampfmaschine als Antriebstechnik ließ den Bedarf nach einer auch für Kleinbetriebe geeigneten mobilen Energiequelle entstehen, der dann durch den Elektromotor gedeckt wurde.

Sofern eine Regelmäßigkeit in diesen Phänomenen erkennbar ist, dann ist es die, dass Innovationen an den „blinden Flecken" der etablierten Mythen anzusetzen pflegen. Mythen sind, wie betont, stets selektiv: Sie nehmen einen Horizont zu realisierender Möglichkeiten ins Visier und blenden andere aus. In dem Maße, wie sich das inhärente Entwicklungspotential eines Mythos durch den Fortschritt der an ihm orientierten innovativen Aktivitäten erschöpft, müssen die Grenzen des Mythos selbst, seine blinden Flecken zutage treten. Dies kann der Punkt sein, an dem es zum Umschlag von inkrementaler zu systembezogener oder gar paradigmatischer Innovation kommt. Der Zyklus der Mythen stellt keine einfache Kreisbewegung dar; die Entwicklung beginnt nicht jedes Mal wieder von vorn. Treffender könnte vielmehr von einer Spirale gesprochen werden. Der neue Zyklus setzt die im Rahmen des alten Zyklus vergegenständlichten Wissensbestände nicht einfach außer Kraft, sondern entwickelt sie in einer neuen, reflexiv gewendeten Perspektive weiter. So kommt z.B. die „schlanke Produktion" ohne das Wissen der Arbeitsstudienfachleute nicht aus, nutzt es aber im Sinne eines neuen, durch die operativen Belegschaften selbst organisierten Taylorismus (Springer 1999). Aber auch sie offenbart schließlich ihre blinden Flecken – und so weiter.

Über die Zyklen hinweg zeichnet sich schließlich die historische Tendenz einer zunehmenden Vergesellschaftung der innovativen Aktivitäten ab; die Spirale der Mythen rotiert also gleichsam in einem immer größeren gesellschaftlichen Maßstab. Konnten in der Zeit der industriellen Revolution Innovationen noch im Rahmen persönlicher Kontakte zwischen Erfindern und Unternehmern entstehen, so machte die Verwissenschaftlichung der Produktion immer umfassendere, differenziertere und stärker institutionalisierte Formen der Kooperation zwischen Wissenschaft und Industrie nötig (Rammert 1993, 80f., Hack 1987). Bereits seit etwa 1890 entstanden die großindustriellen Forschungslabors in der Chemie- und Elektroindustrie, nach dem Zweiten Weltkrieg schließlich entwickelten sich die „wissenschaftlich-industriellen Komplexe", in denen sich die industrielle Forschung mit staatlich geförderten und koordinierten Großprojekten (vor allem in der Rüstung) verband. Immer mehr Akteure und Subsysteme wurden einbezogen; jede Stufe zeichnete sich gegenüber den früheren durch ein höheres Niveau von Integration und selbstreflexiver Koordination aus. In der Gegenwart schließlich lässt sich, folgt man Rammerts neueren Analysen, die Herausbildung von „Innovationsnetzwerken" als neuer, Akteure und Projekte über nationalstaatliche Grenzen hinweg koordinierender Organisationsform beobachten (Rammert 1997). Der innovative Prozess löst sich aus dem Kontext des Nationalstaates; die Mythenspirale wird zu einem globalen Phänomen.

Es geht in der kapitalistischen Dynamik nicht allein darum, ein gegebenes Produktionssystem immer effizienter zu gestalten, sondern um einen Prozess kontinuierlicher Kreation von Technologien, Produkten und darauf zugeschnittener Bedürfnisse. Prozesse laufen schneller, aber zugleich kommt auch etwas anderes heraus, und zugleich wechselt die Zusammensetzung des Arbeitspersonals und der Kundschaft. Nicht nur die Produktion ist der Schauplatz dieser Dynamik, sondern auch der Konsum. Die Techniken der Werbung, der Produktinnovation, der psychologischen Stimulierung immer neuer Moden und Bedürfnisse haben nicht weniger zur Entwicklung des Kapitalismus beigetragen als die produktions- und organisationstechnischen Erfindungen.

Die Kommerzialisierung des Konsums setzte in Großbritannien bereits im 18 Jahrhundert ein und führte dort zu einer Dynamisierung der überkommenen ständischen Kleiderordnungen und Lebensstile (Stihler 1997). Der Gebrauchswert der Güter wurde zunehmend durch ihren „Erlebniswert" überlagert. Die wachsenden Geldeinkommen der Mittelschichten weckten nicht nur das Bedürfnis nach sozialer Distinktion, sondern auch Phantasien und den Wunsch nach „Erlebnissen". Konsumgüter befriedigen nicht nur begrenzte „materielle" Bedürfnisse, sondern versprechen die Erfüllung von Sehnsüchten nach Erfolg, Schönheit, Gesellligkeit, Glück usw. – Sehnsüchte, die ihrer Natur nach unerfüllbar sind und daher nach jedem Kauf von Gütern immer neue Wünsche wecken. Die Funktion von Marketing und Werbung ist es, diese Wünsche durch Konstruktion von Leitbildern und Lebensstilen in gewinnträchtige Bahnen zu lenken. Die Werbung setzt den „Produkten Symbolgehalte auf" und suggeriert „die Möglichkeit persönlicher Problemlösung durch den Kauf von Gütern". Folge dieser Entwicklung sind „die zwangsläufig zur Enttäuschung führenden überhöhten Erwartungen, sodass sich die Defizitbekämpfung über Konsum als Pseudo-Therapie entpupp(t)." (Stihler 1998: 237/38)

Die Triebkraft kapitalistischer Dynamik ist nicht nur „Rationalisierung", sondern die zutiefst irrationale Faszination der Menschen durch die Utopie des Geldes. Mythen sind keine willkürlichen Konstruktionen, sondern erfüllen die Funktion, die Unendlichkeit der im Geldvermögen und in dem durch es mobilisierten gesellschaftlichen Arbeitsvermögen angelegten Möglichkeiten auf ein durch soziale Praxis zu bewältigendes Format zu bringen. Sowenig wie der Gläubige die direkte Präsenz Gottes aushalten kann, sondern der Vermittlung durch Propheten, Priester und Heilige Schriften bedarf, kann der nur mit begrenzter Rationalität ausgestattete und mit menschlichen Schwächen geschlagene reale ökonomische Akteur (Unternehmer, Konsument etc.) die Utopie des Geldes im direkten Zugriff, ohne vermittelnde und richtungweisende Mythen bewältigen. Anders als traditionell religiöse Mythen können kapitalistische Mythen keine zeitlose Geltung beanspruchen, sondern vollziehen eine historische Bewegung immer neuen Aufstiegs und Untergangs. Die Entwicklung des Kapitalismus wird nicht durch objektive „Gesetzmäßigkeiten" regiert, sondern durch die Prozesse der Konstruktion und Dekonstruktion von Mythen. Die säkularisierte Religion des Kapitalismus kennt keine feste Grenze mehr zwischen Diesseits und Jenseits; die Grenze tritt nur noch als immer neu zu Überschreitendes, als nie abschließbare „Aufgabe" in den Blick.

Der Kapitalismus ist, wie Landes (1973: 15) feststellt, ein „faustisches" Projekt, das die göttliche Schöpferkraft auf die Erde holt und sich in der immer neuen Überwindung der irdischen Grenzen des Menschen bewähren muss. Weil das kapitalistische Projekt selbst von religiöser Qualität ist[10], kann es, wie Weber zu Recht betonte, ohne zusätzliche religiöse Antriebskräfte auskommen, nachdem es einmal ins Werk gesetzt ist. Was die Ethik des asketischen Protestantismus nur als Signal der Erlösung betrachtete, wird nun zur Substanz der Botschaft selbst. Das Christentum der Reformationszeit, so hatte es Walter Benjamin (1991: 102) in seinem berühmten

---

10 Zur näheren Begründung dieser These vgl. Deutschmann (1999)

Fragment über „Kapitalismus als Religion" formuliert, „hat nicht das Aufkommen des Kapitalismus begünstigt, es hat sich in Kapitalismus verwandelt." Er beruft sich auf Nietzsche und seine Philosophie des „Übermen-
schen", der, indem er sich von falschen religiösen und moralischen Selbst-
objektivierungen befreit, nur eine neue Religion der ständigen Selbstüber-
schreitung des Menschen in die Welt setzt.

Diese neue Religion hat, wie alle Religionen, die Eigenschaften einer Totalität, die sich der wissenschaftlichen Beobachtung entzieht. Sie bestimmt
vielmehr ihrerseits die Formen und Perspektiven ihrer eigenen Beobachtung: So, wie nur der Gläubige weiß, was Glauben ist, lebt das Geld nur
von dem objektiv grundlosen „Vertrauen" der Akteure, das durch institutionelle „Garantien" psychologisch gestützt, aber nie ersetzt werden kann.
Geld ist durch die gleiche Paradoxie charakterisiert, die Religionen schon
immer kennzeichnete: Es *ist*, was es bedeutet. Diese neue Religion mit einer objektiven „Theorie" erklären zu wollen, käme der Quadratur des Krei-
ses gleich. Die Theorie kann nur die Versuche der Akteure beobachten,
durch Konstruktion von Mythen und Leitbildern ein Minimum an sozialer
Ordnung zu erzeugen. Der Zyklus der Entstehung, Institutionalisierung und
Krise dieser Leitbilder macht die Paradoxien des Geldes für die Akteure
unsichtbar und transformiert sie so in eine durch Handeln zu bewältigende
Form. Die Aufgabe der Soziologie kann nur in der Rekonstruktion dieser
emergenten Ordnungen bestehen, nicht in der Subsumtion der Phänomene
unter eine „Theorie".

4. Das Arbeitsverhältnis

4.1 Das Transformationsproblem

Obwohl die Diskussion über den Klassenbegriff in der heutigen Soziologie fortdauert (Giddens 1973, Elster 1985, Luhmann 1985, Wright 1985, Hall ed. 1997) neigen die meisten Autoren dazu, ihn in seiner von Marx geprägten Fassung für obsolet zu erklären. Ein „Klassenbewusstsein" der Arbeiterschaft – so wird argumentiert – lasse sich heute nicht mehr feststellen, und die hochgradig differenzierte Sozialstruktur der modernen Gesellschaft lasse sich mit dem simplen dichotomen Schema des Marx'schen Klassenbegriffs nicht angemessen abbilden. Auch als politischer Kampfbegriff habe der Klassenbegriff heute jede Bedeutung verloren und eigne sich nicht länger als Basis einer Gesellschaftskritik: „Heute ist evident, dass keine der drängenden Großprobleme unserer Gesellschaft durch Klassenkampf und durch Auflösung des Gegensatzes von Kapital und Arbeit gelöst werden könnte" (Luhmann 1985: 152). Diejenigen Autoren, die – wie Hall und Wright – dennoch an dem Klassenbegriff festhalten, verwenden ihn in einem nicht länger an Marx, sondern vor allem an Weber anschließenden Sinn.

Dass der Unterschied zwischen denjenigen, die von den Zinsen ihres Vermögens leben können und denjenigen, die (direkt oder indirekt) auf den Arbeitsmarkt als Subsistenzquelle angewiesen sind, nur einen Teil der Varianz sozialer Ungleichheit in der heutigen Gesellschaft erklären kann, wird niemand leugnen wollen. Aber den Marx'schen Klassenbegriff, wie dies viele der heutigen Kritiker tun, von vorn herein nur an seinem Beitrag zur Erklärung kollektiven Handelns und sozialen Bewusstseins zu messen (und ihn nach diesem Kriterium zu verwerfen), heißt, ihn entscheidend zu verkürzen. Klassenverhältnisse werden nach Marx in erster Linie nicht über Sprache, sondern über Geld kommuniziert und sind daher mit völliger Freiheit des Denkens und Sprechens vereinbar. Die „Klasse an sich" existiert daher für Marx durchaus unabhängig davon, ob sie auch zu einer „Klasse für sich" wird, d.h. von den empirischen Formen des Klassenbewusstseins. In einer durch den Geldnexus konstituierten Eigentümergesellschaft ist die Differenz zwischen den Besitzern und Nichtbesitzern von Kapital *für sich allein* ein elementarer Tatbestand sozialer Ungleichheit, unabhängig davon, wie er sprachlich artikuliert und in kollektives Handeln übersetzt wird. Auch in der Gegenwart ist er keineswegs bedeutungslos geworden.

Geld – dies war unser Ausgangspunkt – ist nicht nur Tauschmittel, sondern Vermögen. Dem Vermögen als universelles „Können" korrespondiert eine komplementär universale „Schuld" auf der Seite derjenigen, die nicht über Vermögen verfügen. Das Klassenverhältnis ist damit gerade kein Verhältnis der „Herrschaft" im Weber'schen Sinne, insofern es keine institutionalisierte Form sozialer Autorität darstellt[1], sondern eine faktische Machtasymmetrie, die mit der Institution des Privateigentums immer schon gegeben ist. Es besteht nicht nur in einer Ungleichheit der Verteilung wirtschaftlicher Güter. Die in der Vermögenseigenschaft des Geldes angelegte Machtasymmetrie – Simmels „Superadditum des Reichtums" – zeichnet sich vielmehr durch ihren diffusen Charakter aus, der sich mit den gängigen soziologischen Schematisierungen von „politischer", „ökonomischer" und „sozialer" Macht nicht fassen lässt. Geldmacht ist soziologisch „amorph" (Weber), aber dennoch alles andere als bloß ein Phantasiegebilde. In seiner Kapitaleigenschaft transportiert Geld nicht nur Verfügungschancen über Sacheigentum, sondern auch Macht. Entscheidend ist, dass man es hat, nicht, wer man ist. Weil die Soziologie das Phänomen des Geldvermögens aus den Augen verloren hat, verfügt sie auch über keine Begriffe mehr, um die aus ihm resultierende Macht zu bezeichnen. Aber dadurch wird das Phänomen selbst keineswegs gegenstandslos.

Die Macht des Kapitalvermögens erstreckt sich nicht nur über den Arbeitsmarkt, sondern tritt überall dort auf, wo ausgeprägte Asymmetrien des Vermögensbesitzes Schuldverhältnisse begründen. Man muss sich um die Gunst des Vermögensbesitzers bemühen, damit er sein Geld gerade hier und nicht woanders lässt. Das gilt für Zulieferbetriebe, die um ihre Kontrakte mit mächtigen Abnehmern bangen, für Gemeinden oder Staaten, die um Investoren, politische Parteien, die um Spender, Künstler und Wissenschaftler, die um Mäzene werben. Der Arbeitsmarkt ist freilich derjenige soziale Ort, an dem das Besitzgefälle und damit die Vermögensmacht am ausgeprägtesten in Erscheinung treten. Der Kapitalinvestor verfügt, nicht erst in der heutigen „globalisierten" Wirtschaft, über ein breites Spektrum von Wahlmöglichkeiten in der Sach- sowie in der Sozial- und Zeitdimension: Standorte, Zeitpunkte der Investition, Kooperationspartner, Branchen stehen zu seiner Disposition. Der einzelne Arbeiter dagegen kann im Normalfall kaum warten und wählen. Er ist nicht nur existentiell von dem Verkauf seiner ganz spezifischen Ware abhängig, sondern auch körperlich in ihren Umsatz involviert. Das Gefälle im Ausmaß der Kontrolle von Unsicherheit könnte – so scheint es – nicht größer sein.

Allerdings wird der Vermögensbesitzer mit seiner Arbeitsmarktmacht *allein* auch nicht recht froh. Denn was er gegen die Zahlung von Lohn er-

---

1 Klassenbeziehungen als Autoritätsbeziehungen zu deuten, wie Dahrendorf es tat, heißt, den Begriff der Klasse gründlich missverstehen. Eigentum, nicht bürokratische Herrschaft ist die Basis des Klassenverhältnisses, wie Parkin (1979) mit Recht betont hat.

wirbt, ist ja nur das Recht, über die Arbeitskraft innerhalb gewisser Grenzen zu verfügen. Er kauft die Katze im Sack, denn der Gebrauchswert der Arbeitskraft liegt noch nicht fertig vor, sondern muss erst aktualisiert werden. Hier stoßen wir auf das viel diskutierte (March/Simon 1958, Baldamus 1967, Simon 1976) Problem der Unvollständigkeit des Arbeitsvertrages.

Gewiss enthält der Arbeitsvertrag Festlegungen über die erwartete Art und Dauer der Arbeit. Aber kein Arbeitsvertrag kann so genau spezifiziert werden, dass sämtliche Arbeitsleistungen im Vorhinein bis ins letzte Detail festgelegt werden. Der Unternehmer erwartet eine sachlich und zeitlich flexible Einsatzbereitschaft des Arbeiters, ohne die das Funktionieren des Arbeitsprozesses nicht gewährleistet werden könnte. Der so genannte „Dienst nach Vorschrift" zeigt, welche Folgen eintreten, wenn diese Bereitschaft entzogen wird. Es geht dem Unternehmer nicht nur um die Aneignung der aus der Kooperation der Arbeiter erwachsenden Produktivitätsgewinne, sondern auch um die Mobilisierung individueller Kreativität für innovative Prozesse. Nur wegen der situativen Flexibilität und kreativen Intelligenz der lebendigen Arbeit lohnt es sich letztlich für ihn, Arbeitskräfte zu kaufen und nicht Maschinen oder fertige Produkte. Daraus ergibt sich das Problem der Kontrolle: Wegen der Offenheit des Arbeitsvertrages ist es für den Unternehmer nicht immer leicht, sich zu vergewissern, ob die verlangten Arbeitsleistungen auch tatsächlich erbracht werden. Er wird versuchen, den Arbeitsprozess zu überwachen oder zumindest das Ergebnis genau zu erfassen. Aber damit schlägt er allzu oft nur den Sack und meint den Esel. Denn häufig ist ja nicht die Erfassung der faktischen Arbeitsleistung, sondern die Festlegung der Norm des zu Leistenden selbst das eigentliche Problem. Je komplexer und qualifizierter die geforderte Arbeit, desto mehr ist der Unternehmer auf eine loyale Selbstkontrolle der Beschäftigten angewiesen, die sich nicht in formalen Anweisungen fassen lässt.

Die neoklassische Ökonomie eskamotiert dieses Problem, indem sie die Bereitschaft des Arbeiters zur Erfüllung des Arbeitsvertrages als selbstverständlich voraussetzt. Aber genau dies ist unter der Prämisse rationalen Handelns höchst problematisch (Brandes/Weise 1999). Welches rationale Motiv sollte der Arbeiter denn haben, die Unbestimmtheitslücke des Arbeitsvertrages loyal zu interpretieren, statt im Interesse seiner Gesundheit nur nach Vorschrift zu arbeiten? Auch die mikroökonomische Analyse kommt an dieser Stelle nicht umhin, die Existenz und Funktion besonderer sozialer Gebilde anzuerkennen, die das Problem der Mobilisierung und Kontrolle von Arbeitsleistung lösen sollen: der Organisationen. Die Einlösung der mit dem Arbeitsvertrag geschaffenen Leistungsverpflichtung geschieht nicht am Markt, sondern im Rahmen von Organisationen und Unternehmen. Organisationen und Unternehmen sind soziale Gebilde, die das Verhalten der Arbeitskräfte in dem von dem Unternehmer gewünschten Sinn steuern und kontrollieren sollen, in denen folglich „Macht" ausgeübt wird. Diese Übersetzung von Arbeitsmarktmacht in organisatorische Macht aber ist ein alles andere als einfacher und widerspruchsfreier Vorgang.

Die Frage: „Warum arbeiten die Arbeiter" (J. Berger 1995) ist vor allem deshalb so schwer zu beantworten, weil die Mobilisierung der Potentiale lebendiger Arbeit stets ein Minimum „freiwilliger" Leistungsbereitschaft der Arbeitenden voraussetzt. Die Arbeitskraft kann, wie Johannes Berger und Claus Offe mit Recht betont haben, niemals „vollständig" in den Besitz ihres Käufers übergehen: „Der Arbeiter muss auch arbeiten *wollen*; das Grundproblem jeder betrieblichen Organisation der Arbeit besteht demgemäß darin, den Arbeiter als Subjekt der Arbeitskraft zu dieser Mitwirkung zu veranlassen" (J. Berger/Offe 1984: 92). Der Wille zur Arbeit selbst kann weder Gegenstand des Arbeitsvertrages sein, noch durch disziplinarische Maßnahmen des Arbeitgebers erzwungen werden, denn dies würde die Freiheit der Person des Arbeitnehmers und mit ihr den Charakter des Arbeitsverhältnisses als Vertrag zwischen freien Rechtssubjekten negieren. Das Arbeitsverhältnis ist ungeachtet der Machtasymmetrie zwischen Kapital und Arbeit ein Verhältnis doppelter Kontingenz. Nur dank der Mobilisierung der spezifischen Potentiale freier Arbeit aber kann der Kapitalismus reüssieren; nur so kann es gelingen, die Wirtschaft aus den Bahnen der Statik herauszureißen und das Kapital zu mehren.

Die nicht formalisierbaren und daher letztlich „freiwilligen" Leistungen der Arbeit, auf die es hier ankommt, lassen sich mit drei Begriffen umschreiben: *Gewährleistung, Kooperation und Innovation.*[2] Mit Gewährleistung ist gemeint, dass die Beschäftigten Aufgaben „intelligent", situationsgerecht und nicht nur formal wahrnehmen sollen. Sie sollen nicht nur Anweisungen ausführen, sondern das praktische Funktionieren eines Prozesses unter kontingenten, auch durch noch so perfekte betriebliche Planung nicht voraussehbaren Bedingungen sicherstellen. Auch Kooperation ist eine letztlich freiwillige Leistung. Sie ist ein Kollektivgut, das nur unter der Voraussetzung einer Selbstbeschränkung der beteiligten Akteure, der Arbeiter untereinander wie der Arbeiter mit den Vorgesetzten und Unternehmern, bei der Verfolgung ihrer individuellen Interessen zustande kommen kann. Der wirtschaftliche Erfolg des Unternehmens hängt von der Bereitschaft der Beschäftigten ab, sowohl miteinander als auch mit den Vorgesetzten und der Unternehmensführung zusammenzuarbeiten, d.h. sich gegenseitig zu helfen, Kenntnisse zu vermitteln, Anweisungen der Vorgesetzten loyal auszuführen (Brandes/Weise 1999). Schließlich ist auch Innovation ein freiwilliger Beitrag. Kreative Leistungen bei der Entwicklung neuer Produkte oder Techniken sind definitionsgemäß etwas, was sich nicht in formalen Vorschriften oder technischen Anweisungen kodifizieren lässt. Sie bedeuten gerade einen „Überschuss" über Regeln und Vorschriften und lassen sich

---

2 Wir knüpfen hier teilweise an die von Beckert (1997) formulierten Unterscheidungen an.

folglich weder „kommandieren", noch durch technische Arrangements erzwingen.

Wie ist das Zustandekommen dieser Leistungen und Beiträge zu erklären? Die Erklärungsversuche lassen sich zunächst in zwei Kategorien gruppieren: Individualistische bzw. „rational choice"-theoretische einerseits, organisationstheoretische andererseits. Setzt man den Rahmen des Machtungleichgewichts am Arbeitsmarkt voraus, so ist – wir haben es schon angedeutet – rasch erkennbar, dass individualistische Erklärungsansätze nicht weit führen können. Für gewährleistende ebenso wie für innovative Beiträge gilt: Warum sollte der einzelne Arbeiter mehr als das Nötigste tun, wenn er das Recht auf den finanziellen Ertrag aus seiner Leistung und Kreativität von vorn herein per Arbeitsvertrag an den Unternehmer abgetreten hat und wenn er mit ihr – vor allem wenn sie zur Rationalisierung des Arbeitsprozesses beiträgt – leicht seinen eigenen Arbeitsplatz gefährdet? Individuelle Beteiligungs- und Anreizsysteme können, wie etwa die Praxis des betrieblichen Vorschlagswesens (KVP) zeigt, durch taktisches Verhalten der Arbeiter unterlaufen und instrumentalisiert werden (Moldaschl 1997); Misstrauen und eskalierende Machtspiele sind die Folge. Ebenso wenig lässt sich Kooperation durch individuelle Anreize motivieren. Der betriebliche Einsatz der Arbeit kann, wenn er „effizient" im Sinne der Mobilisierung des kooperativen Potentials der Arbeit sein soll, gerade nicht „marktförmig" erfolgen. Ein allein auf dem Prinzip individueller Konkurrenz basierendes Regime von Lohn und Leistung müsste die Transaktionskosten der betrieblichen Organisation der Arbeit (jedenfalls dort, wo die Einzelleistungen technisch oder organisatorisch gekoppelt sind) in unvertretbare Höhen treiben. Lebt die Macht des Kapitalisten am Arbeitsmarkt von der Konkurrenz der Arbeiter, so muss er im Rahmen der Organisation im Gegenteil Wert auf Kooperation legen. Unter den Bedingungen des Machtungleichgewichts zwischen den Klassen am Arbeitsmarkt können die Arbeiter jedoch kein Interesse an funktionaler Kooperation haben – weder mit den Vorgesetzten noch untereinander. Die rationale Antwort auf eine Situation kollektiver Unterlegenheit, wie die Arbeiter sie in dem Klassenverhältnis vorfinden, kann vielmehr nur in der Taktik des „Bremsens" bestehen, der schon von Taylor (1917) beschriebenen und beklagten kollektiven Leistungszurückhaltung. Auch „Vertrauen" im Sinne der spieltheoretischen Modellierung durch Axelrod (1984) kann unter den Bedingungen des Machtungleichgewichts am Arbeitsmarkt nicht zustande kommen. Die schwächere Seite, d.h. die Arbeiter, würde nichts investieren, da sie stets befürchten müsste, dass die andere Seite den Ertrag aus der Kooperation allein kassiert und „defektiert".

Wir werden die individualistischen Erklärungsansätze daher zunächst beiseite lassen und uns den organisationstheoretischen zuwenden. Auch hier lässt sich, wie wir im Folgenden ausführlicher aufzeigen wollen, eine lange Kette letztlich erfolgloser Versuche konstatieren: Sie reicht von Marx über die „klassischen" Organisationstheorien Webers, Fayols, die vielfältigen

Ansätze zur Kritik der klassischen Konzeption bis zu heutigen „adhocracy" und „Netzwerk"-Ansätzen. Das Dilemma ist immer wieder das Gleiche: Gewährleistende Beiträge, Kooperation, Kreativität lassen sich weder bürokratisch, noch technisch, noch durch psychologische Indoktrinierung erzwingen. Sie lassen sich manchmal dort mobilisieren, wo die unternehmerische Herrschaft über ihren bloß bürokratischen Charakter hinaus entweder „paternalistische" oder „charismatische" Züge (im Sinne Webers) annimmt, wo es ihr, mit anderen Worten, gelingt, über den rein kontraktuellen Charakter des Arbeitsverhältnisses hinaus den ganzen Menschen einzubinden. Durch die Geschichte des Kapitalismus zieht sich eine lange Tradition von Bemühungen der Unternehmen, das Arbeitsverhältnis als ein Verhältnis der „Betriebsgemeinschaft" (Krell 1993) zu inszenieren. Aber der Erfolg derartiger Inszenierungen basiert auf sehr spezifischen gesellschaftlich-historischen Voraussetzungen. Er konnte sich dort einstellen, wo die Unternehmen bei der Ausgestaltung ihrer internen Herrschaftsformen noch bruchlos auf intakte oder absichtsvoll neuinszenierte ständische, paternalistische, obrigkeitsstaatliche Autoritätsmuster der gesellschaftlichen Umwelt zurückgreifen konnten. Diese Muster haben jedoch im Zuge der Demokratisierung und Zivilisierung der Gesellschaft stark an Legitimität verloren. Das durch den Zerfall traditionaler Autoritätsmuster entstandene Vakuum versuchen Berater und Organisationsexperten heute durch die Erfindung künstlicher Symbolismen – die Stichworte lauten hier: „Organisationskultur", „Organisationsentwicklung", „Human Ressource Management" etc. – zu füllen. Ob diese Botschaften halten, was sie versprechen, ist freilich die Frage.

Kooperative Arbeitsbeziehungen setzen – so wird unsere These lauten – unter modernen Voraussetzungen etwas ganz anderes voraus, nämlich institutionell gesicherte „Anerkennung". Sie können nur im Rahmen institutioneller Strukturen entstehen, die die vorgegebene fundamentale Machtasymmetrie am Arbeitsmarkt mindestens teilweise neutralisieren und dem einzelnen Beschäftigten Anerkennung über seinen formalen Status als individuelles Rechtssubjekt hinaus sichern. Die Macht, die dem Unternehmer in der ersten Phase der Arbeitsmarkttransaktion (dem Kauf der Arbeitskraft) zukommt, wird er in ihrem zweiten Akt (der Einlösung des Leistungsanspruches) gerade in seinem eigenen wohlverstandenen Interesse ein gutes Stück weit zurücknehmen müssen. Diese Überlegung öffnet den Blick auf die Entstehung und Entwicklung jener Institutionen, die den zentralen Gegenstand der Industriesoziologie bilden: berufliche und betriebliche Arbeitsmärkte, industrielle Beziehungen, soziale Sicherungssysteme auf betrieblicher und überbetrieblicher Ebene. Ihre Analyse wird das Thema der weiteren Abschnitte dieses Kapitels bilden.

Der Grundgedanke der folgenden Betrachtungen ist, dass das Transformationsproblem nur dort angemessen analysiert werden kann, wo *beide* Arenen und Phasen der Transformation und ihr wechselseitiger Zusammenhang im

Auge behalten werden: Die Arena des Arbeitsmarktes *wie* die der Organisation, die Phase des Verkaufs der Arbeitskraft *wie* die der Einlösung ihrer Leistungsverpflichtung. Nur in einer solchen Perspektive nämlich tritt jenes dem Transformationsproblem zugrunde liegende Dilemma ganz in den Blick, das Castoriadis wie folgt formuliert: „Der Kapitalismus kann nur dort funktionieren, wenn er ständig die im eigentlichen Sinne *menschliche* Tätigkeit der ihm unterworfenen Subjekte in Anspruch nimmt, während er zur gleichen Zeit versucht, diese Tätigkeit auf ein Mindestmaß herabzudrücken" (Castoriadis 1984: 31). Dieses Dilemma, die organisatorischen und institutionellen Formen seiner Bewältigung, seine geplanten und ungeplanten sozialen Folgen, bilden ein Schlüsselthema der Organisations- und Industriesoziologie.

4.2 Macht, Kontrolle und Herrschaft

4.2.1 Organisationsmacht als formale Kontrolle: Marx, Weber und die „klassische Theorie"

Unter Organisationsmacht versteht man herkömmlicherweise die formale, mit den Mitteln von Technik und Bürokratie operierende Kontrolle des Managements über den Arbeitsprozess. Zunächst ist nochmals auf die Grundfrage einzugehen: Was ist Macht? Mit dem Begriff der Macht verknüpfen wir die Vorstellung *sozialer Asymmetrie* in der Beziehung zwischen zwei Akteuren A und B, wobei es sich um Personen, aber auch um Gruppen oder Organisationen handeln kann. A übt Macht über B aus, wenn Ressourcen oder Handlungsrechte zwischen beiden ungleich verteilt sind, so dass A als der Überlegene die Chance erhält, das Verhalten des anderen durch positive oder negative Sanktionen zu kontrollieren. Das setzt eine soziale Interdependenz derart voraus, dass A an den im Besitz von B befindlichen Ressourcen interessiert ist und umgekehrt, die Wertschätzung und/oder der Besitz der Ressourcen aber asymmetrisch verteilt sind: Die Mittel, über die A verfügt sind wichtiger für B als umgekehrt die von B für A (Coleman 1991: 170f., Küpper/Felsch 1999: 18f.). Daraus folgt ihr *Zwangscharakter*: B folgt A nicht aus freien Stücken, sondern er trifft seine Entscheidung unter Bedingungen, die mehr oder weniger einseitig durch A diktiert werden. Der Zwang kann die unterschiedlichsten Formen und Grade annehmen; er kann von der Drohung mit offener Gewalt bis hin zu subtiler Manipulation reichen. Wie Lukes (1974: 23) betont, kann Macht gerade dann ihre höchste Wirksamkeit erreichen, wenn sie sich nicht nur auf das Verhalten des anderen, sondern auch auf seine Gedanken und Wünsche erstreckt und sie in manipulativer Weise beeinflusst. Macht wird hier unkenntlich, nimmt einen diffusen und anonymen Charakter an. Bei dem nur auf äußere Gewaltandrohung gestützten Machtverhältnis handelt es sich um den gegenteiligen Grenzfall. Ein Minimum von mindestens äußerlich freiwilliger Zustimmung und Folgebereitschaft ist für Machtbeziehungen im Unterschied zu reiner Gewalt unverzichtbar; B muss also aus irgendeinem Grund „mitspielen" (Ullrich 1979: 153). Damit ist weiter gesagt, dass Macht nicht ein Merkmal einer konkreten Person oder sozialen Einheit ist, sondern eine *soziale Beziehung* bezeichnet (Haller 1999: 405). Wir unterscheiden ferner Macht nach ihrer *sozialen Reichweite*: Sie kann sachlich und/oder sozial spezifiziert oder auch diffus sein.

Die Unterscheidung von Motiven der Folgebereitschaft steht im Zentrum der Machtanalyse Max Webers. Macht ist gemäß seiner berühmten Definition „jede Chance, innerhalb einer sozialen Beziehung den eigenen Willen auch gegen Widerstand durchzusetzen, gleichviel, worauf diese Chance beruht." (Weber 1972: 28). Diese Definition erscheint zunächst trivial und Weber selbst hält sie auch für nicht besonders brauchbar, weil sie „soziologisch amorph" und auf eine unüberschaubare Vielzahl von Phänomenen, vom Arbeitsmarkt bis hin zu gesellschaftlichen Beziehungen in Salons, anwendbar sei. Für aussagefähiger hält er dagegen die Unterscheidung zweier Typen von Herrschaft: „Einerseits Herrschaft qua Interessenkonstellation (insbesondere kraft monopolistischer Lage), und andererseits die Herrschaft qua Autorität (Befehlsgewalt und Gehorsamspflicht)" (Weber 1972: 542).

Der „reinste Typus" der Ersteren ist nach Weber die monopolistische Herrschaft auf dem Markt, der Letzteren die hausväterliche, amtliche oder fürstliche Gewalt. Während im ersten Fall der Herrscher in der Lage ist, den Handlungskontext des Beherrschten so zu bestimmen, dass dieser seinem Willen trotz formaler Freiheit des Handelns faktisch folgt, beruht die Folgebereitschaft im zweiten Fall auf einer im Einverständnis der Beherrschten wurzelnden Gehorsamspflicht, die der Legitimation durch Institutionen, Traditionen oder auch „Charisma" bedarf. Das Handeln läuft dann, wie Weber weiter ausführt, so ab, „als ob die Beherrschten den Inhalt des Befehls, um seiner selbst willen, zur Maxime ihres Gehorsams gemacht hätten" (Weber 1972: 544). Weber schränkt den Begriff der „Herrschaft" schließlich (die Terminologie ist nicht immer klar) auf die zuletzt genannte Konstellation ein, während er bei marktbedingt asymmetrischen Interessenkonstellationen von „Macht" spricht (ebd.). In der empirischen Wirklichkeit lassen sich Macht und Herrschaft, wie Weber betont, häufig nicht genau gegeneinander abgrenzen. Es gibt nicht nur viele Zwischenformen, sondern Macht kann auch in Herrschaft übergehen und umgekehrt. Individuen, die zunächst nur Macht durch ihren Monopolbesitz von Geldvermögen, Boden oder anderen Ressourcen ausüben, streben nicht selten auch nach förmlicher, exklusiver Ehre und Befehlsgewalt und damit nach Herrschaft. Auf der anderen Seite pflegen Herrschaftsträger daran interessiert zu sein, auch ihren Besitz als Machtquelle zu mehren. Für Weber bleibt dennoch die begriffliche Unterscheidung von Macht und Herrschaft der Ausgangspunkt der empirischen Untersuchung.

Die Weber'schen Definitionen haben viele Diskussionen ausgelöst und werfen in der Tat Probleme auf. Wir werden uns dennoch im Folgenden an sie halten, anstatt, wie Luhmann (1988b) es im Gefolge von Parsons vorgeschlagen hat, die Begriffe Macht und Herrschaft in einem einheitlichen Begriff von Macht als „Kommunikationsmedium" zusammenzuziehen. Der Ausgangspunkt unserer Überlegungen war ja, dass Macht nicht nur über

Sprache, sondern auch über Geld kommuniziert werden kann. Nur über diese Unterscheidung tritt das zu untersuchende Problem der Transformation von Arbeitsmarkt- in Organisationsmacht überhaupt in den Blick. Sie wird nur durch die Weber'sche Begrifflichkeit, nicht durch die Luhmann'sche aufgenommen. Die Macht des Kapitalisten am Arbeitsmarkt wirkt „stumm", d.h. im Prinzip allein aufgrund der durch die faktische Verteilung von Geldvermögen bedingte Interessenkonstellation. Im Rahmen von Organisationen dagegen muss Macht in eine auf Sprache gestützte Form, das heißt in Herrschaft transformiert werden. Hierbei sind wiederum verschiedene Formen zu unterscheiden: Zum einen handelt es sich um formale Autorität, die mittels bürokratischer und technischer Kontrolle der Arbeitsprozesse durch den Unternehmer bzw. das Management ausgeübt wird. Ihre Legitimationsbasis ist der Arbeitsvertrag, mit dem der Arbeitnehmer seine Organisationsmitgliedschaft und seine generalisierte Zustimmung zu den mit ihr verbundenen Verpflichtungen (Luhmann 1964) bekundet. Soweit sie sich in die Form technischer oder organisatorischer „Sachzwänge" kleidet, nähert sie sich freilich dem Charakter bloßer Macht an. Zum anderen wird es um die später zu behandelnden traditionalen und charismatischen Formen unternehmerischer Herrschaft gehen.

Die Auffassung, dass das Transformationsproblem durch die Umsetzung der Arbeitsmarktmacht des Kapitalisten in formale Autorität und mediatisierte Macht im Rahmen von Organisationen gelöst wird, gehörte lange Zeit zu den am wenigsten bezweifelten Grundsätzen der Industrie- und Organisationssoziologie. Sie geht ursprünglich auf Karl Marx zurück und wurde durch die „klassischen" Konzepte formaler Organisation ergänzt. Auch unter neueren Autoren ist sie noch immer einflussreich. Neomarxistische Theoretiker wie Harry Braverman und Stephen Wood sind hier ebenso zu nennen wie die Verfechter des „Instrumentalismus"-Theorems (Etzioni, Goldthorpe/Lockwood), aber auch Luhmann mit seiner systemfunktionalistischen Deutung formaler Organisation.

Der Arbeitsmarkt ist für Marx wie später auch für Weber der Modellfall einer Asymmetrie gesellschaftlicher Macht. Indem der Arbeiter dem Kapitalisten seine Arbeitskraft gegen Lohn anbietet, unterwirft er sich einem ungleichen Austausch. Das Motiv, sich auf diesen Austausch einzulassen, liegt in seiner faktischen Abhängigkeit von der Klasse der Kapitalisten. Diese verfügt über Geldvermögen und kontrolliert die Produktionsmittel, sowie alle Ressourcen, auf die der Arbeiter zur Sicherung seines Lebensunterhalts angewiesen ist. Mit der Entlassungsdrohung hat der Kapitalist einen wirksamen Hebel in der Hand, um den Arbeiter zur Mehrleistung über die dem Lohn äquivalente Arbeitsmenge hinaus zu zwingen[3]. Die Unterordnung der Arbeit unter den Kapitalisten hat zwar insofern den Anschein von

---

3 Siehe auch die neomarxistische Reformulierung dieses Arguments bei Bowles/Gintis (1993).

Legitimität, als das Arbeitsverhältnis formal auf dem mit Zustimmung des Arbeiters abgeschlossenen Arbeitsvertrag beruht. Aber Marx lässt keinen Zweifel daran, dass nicht die Ideologie des äquivalenten Tausches, sondern die Drohung des Verhungerns das entscheidende Motiv für den Arbeiter bildet, seine Arbeitskraft zu verkaufen: Das Klassenverhältnis ist kein Verhältnis der Herrschaft, sondern eines der Macht.

Aber solange das Kapital die Arbeit nur über den Arbeitsmarkt kontrolliert, bleibt seine Macht, wie Marx sagt, nur „formell" (Marx 1969: 45). Der Kapitalist kann den Arbeiter mittels seiner Arbeitsmarktmacht zwar zwingen, seine Arbeitskraft zur Verfügung zu stellen. Solange jedoch der Produktionsprozess selbst noch handwerklichen oder manufakturmäßigen Charakter hat, kann es dem Unternehmer kaum gelingen, die Beschäftigten zu disziplinierter und intensiver Arbeit anzuhalten: „Da das Handwerksgeschick die Grundlage der Manufaktur bleibt und der in ihr funktionierende Gesamtmechanismus kein von den Arbeitern selbst unabhängiges Skelett besitzt, ringt das Kapital beständig mit der Insubordination der Arbeiter" (Marx 1968, 389). Marx stößt hier auf das Problem der Unvollständigkeit des Arbeitsvertrages. Wie wird es nach seiner Auffassung gelöst?

Um den Widerstand und Schlendrian der Arbeiter zu überwinden, muss der Kapitalist danach streben, den Produktionsprozess selbst nicht nur juristisch, sondern auch technisch und organisatorisch unter seine Kontrolle zu bekommen. Die betriebliche Leistungspolitik wird damit zu einem Kampffeld zwischen Kapital und Arbeit, auf dem die Arbeiterschaft immer stärker in die Defensive gedrängt wird. Bei dieser Überwindung des Widerstandes der Arbeiterschaft unterscheidet Marx zwei Phasen:

- In der Phase der Manufaktur werden die Arbeiter zunächst unter dem Dach einer gemeinsamen Produktionsstätte zusammengefasst; Marx spricht von der „heterogenen Manufaktur". In einem zweiten Schritt werden die Arbeitsprozesse selbst in aufeinander abgestimmte Teiloperationen zerlegt („organische Manufaktur"). Bereits durch diese Reorganisation entstehen Produktivitätsgewinne. Dank der Teilung der Arbeit kann die Disziplin und Intensität der Leistung, wie Marx hervorhebt (1968: 365), im Vergleich zur handwerklichen Einzelarbeit beachtlich gesteigert werden. In der Manufakturperiode stößt die weitere Rationalisierung der Fertigung jedoch rasch auf die erwähnten Grenzen. Solange das handwerkliche Geschick und die Körperkraft der Arbeiter die Basis des Produktionsprozesses bildet, kann der Unternehmer den Mehrwert nur durch Verlängerung des Arbeitstages steigern. Aber diese Produktion „absoluten" Mehrwerts läuft letztlich nur auf Raubbau an der Arbeitskraft hinaus, mit dem die Verwertung des Kapitals sich nicht sicherstellen lässt.
- In der Phase der „großen" Industrie erhält die Kooperation der Arbeiter eine objektive, technische Grundlage in Gestalt des Maschinensystems.

Die Mechanisierung der Werkzeuge und Energiequellen, die Integration beider zu einem „gegliederten System von Arbeitsmaschinen, die ihre Bewegung nur vermittelst der Transmissionsmaschinerie von einem zentralen Automaten empfangen" (Marx 1968: 402), schließlich die Mechanisierung der Maschinenherstellung selbst sind für Marx Schritte zur direkten, „reellen" Subsumtion der Arbeit unter das Kapital im Produktionsprozess. Die Mechanisierung der Produktion zwingt dem Arbeiter den maschinell bestimmten Produktionsrhythmus auf. Sie ermöglicht eine Steigerung der Produktivität und eine Intensivierung der Arbeit (Marx 1968: 433f.), die in den Augen von Marx den entscheidenden Hebel darstellt, um die Ausbeutungsrate zu erhöhen und die Verwertung des Kapitals auf eine sichere Grundlage zu stellen. Marx setzt einen höheren Ausstoß je Zeiteinheit mit einer höheren Mehrwertrate gleich, ohne die Problematik dieser Gleichsetzung zu sehen und zu diskutieren. Die großindustrielle Technik ist für ihn nicht nur bloße Produktivkraft, sondern auch soziales Disziplinierungsmittel. Sie ist ein „toter Mechanismus" unabhängig von den Arbeitern, dem sie als „lebendige Anhängsel einverleibt" werden (Marx 1968: 445).

Das Transformationsproblem wird nicht, wie es oft heißt, durch „Teilung von geistiger und körperlicher Arbeit", sondern durch Differenzierung der Geistigkeit und Körperlichkeit der Arbeit selbst gelöst. Die Einheit von kreativen und mechanisch-repetitiven Leistungen wird aufgehoben. Mit der Mechanisierung erwirbt das Kapital, wie Marx unterstellt, die Kontrolle über die „geistigen Potenzen" des Produktionsprozesses. Die kreativen, dispositiven und darüber hinaus ein großer Teil der kooperativen Leistungen der Arbeit werden einer besonderen, privilegierten Schicht von Meistern, Aufsehern und „Industrieunteroffizieren" (Marx 1968: 447) übertragen. Die Mehrzahl der Arbeiter wird dagegen auf den Status angelernter, austauschbarer und damit auch leicht beherrschbarer Massenarbeiter herabgedrückt; Frauen und Kinder verdrängen die männlichen Facharbeiter. Die disziplinierenden Wirkungen des Fabriksystems werden zusätzlich durch technisch bedingte Freisetzungen und das dadurch ausgelöste Wachstum der „industriellen Reservearmee" gesteigert. Marx lässt keinen Zweifel an seiner Auffassung, dass es sich bei der Technisierung der Produktion um einen „objektiven", der Arbeiterschaft von außen aufgezwungenen Prozess handelt. Den Widerstand der Arbeiter gegen die Maschine nimmt er durchaus zur Kenntnis, hält ihn jedoch für aussichtslos.

Welchen Anlass sollen aber die in ein „selbstbewusstes Zubehör einer Teilmaschine" (Marx 1968: 508) verwandelten Arbeiter haben, mehr als nur unbedingt nötig zu kooperieren? Marx' Antwort auf diese Frage ist zwiespältig. Auf der einen Seite erklärt er die Frage selbst für überflüssig, da der automatisierte Produktionsprozess der großen Industrie weitgehend unabhängig von der subjektiven Arbeitsmotivation der Beschäftigten ablaufe: „Die Kooperation der Lohnarbeiter ist ferner bloße Wirkung des Kapitals, das sie gleichzeitig anwendet. Der Zusammenhang ihrer Funktionen und ihre Einheit als produktiver Gesamtkörper liegt außer ihnen, im Kapital, das sie zusammenbringt und zusammenhält" (Marx 1968: 351). Hier entwirft Marx die Vorstellung einer mediatisierten, anonym und motivlos funktionierenden Herrschaft, die den Unterschied zwischen Herrschern und Beherrschten nivelliert und somit selbst gar nicht mehr als Herrschaft erkennbar ist, sondern den Charakter reiner Macht annimmt. Dem entspricht sein Verständnis der Akkumulation des Kapitals als eines auf quantitative Effizienzsteigerung gerichteten Prozesses, dessen mechanischer Charakter sich mit fortschreitender technologischer Subsumtion der Arbeit unter das Kapital immer deutlicher herausbildet. Auf der anderen Seite erklärt Marx den „Despotismus" der kapitalistischen Leitung für eine in der „Natur" direkt vergesellschafteter Produktion begründete Notwendigkeit (S. 350). Das Merkmal der Fabrikarbeit ist ja, dass sie nicht über den Markt, sondern planmäßig koordiniert wird; „planmäßig" aber bedeutet für Marx: hierarchisch.

Die Erkenntnis, dass Kapitalismus nicht nur Markt, sondern auch Hierarchie bedeutet, geht auf Marx, nicht etwa erst auf Oliver E. Williamson zurück. Freilich begründet Marx die hierarchische Organisation der Fabrik nicht allein, wie Williamson, mit sachlichen Effizienzgesichtspunkten. Marx verleiht ihr darüber hinaus eine geschichtsphilosophische Weihe als Keimform der zukünftigen sozialistischen Produktionsweise.

Wenn die planmäßige Form der Arbeitsteilung schon im Rahmen der Fabrik nicht nur praktikabel, sondern unvermeidlich sei, so hält Marx den bürgerlichen Apologeten der Marktwirtschaft entgegen (Marx 1968, 377), dann könne es keinen vernünftigen Einwand gegen eine Übertragung dieser Form auf die ganze Gesellschaft geben. Je mehr die Einzelarbeit dem Rhythmus der Maschine unterworfen wird, je machtloser der Arbeiter als Individuum wird, desto unabweisbarer wird die Notwendigkeit kollektiver Gegenwehr, die schließlich zur Überwindung der kapitalistischen Produktionsweise führt. Marx' Theorie kapitalistischer Entwicklung konzentriert sich auf den Nachweis, dass die kapitalistischen „Gesetzmäßigkeiten" der steigenden Kapitalintensität, sowie Konzentration und Zentralisation des Kapitals in der Tat auf nichts anderes hinauslaufen als auf die fortschreitende Substitution des Marktes durch die Planwirtschaft weniger monopolistischer Großunternehmen (Marx 1968: 650f.). Dann werde es, wie im Anschluss an Marx auch Engels, Hilferding und Lenin betonten, nur noch ein kleiner Schritt bis zur Übernahme der „Kommandohöhen" der gesellschaftlichen Produktion durch den Sozialismus sein.

Die Kontrolle des Kapitalisten über den Produktionsprozess ist bei Marx eine anonyme, mediatisierte Herrschaft, die sich in die Form der „Sachzwänge" technischer Standardisierung kleidet und damit nicht länger Herrschaft ist, sondern Macht. Gleichzeitig aber verleiht ihr Marx mit seiner

Theorie eine geschichtsphilosophische Rechtfertigung, indem er die Sach-logik kapitalistischer Technisierung zur Geburtshelferin der zukünftigen sozialistischen Produktionsweise erklärt. Der Einfluss dieser Denkfigur nicht nur auf die Industriesoziologie und Organisationstheorie, sondern auch auf die Gesellschaftstheorie ist kaum zu überschätzen. Er reicht weit über das im engeren Sinne „marxistische" Lager hinaus und ist weitgehend unabhängig von der Zustimmung zu Marx' sozialistischen Zielen. Es würde an dieser Stelle zu weit führen, ihre Wirkungsgeschichte im Einzelnen nachzuzeichnen; eine Skizze der wichtigsten Entwicklungslinien muss ge-nügen:

- Für die revolutionären Strömungen des Marxismus bildet Marx' Theorie der reellen Subsumtion der Arbeit den Ausgangspunkt für politische Programme und geschichtstheoretische Spekulationen. Die geschichts-theoretische Interpretation des Fabrikbetriebes als Keimform der sozia-listischen Produktionsweise führt hier zu einer bemerkenswerten Gleich-gültigkeit gegenüber seinen repressiven Seiten. So mechanisch und des-potisch, wie schon der Kapitalismus in der Marx'schen Sicht mit seinen Arbeitern umging, verfährt auch das sozialistische Management. In der bürokratischen Industrialisierungspolitik des sowjetischen Kommunis-mus und emphatischen Propagierung von Taylorismus und Managerherr-schaft durch Lenin (Lenin 1947: 375) werden die praktischen Folgen dieser Haltung sichtbar. Die heutige „Transformationsforschung" (R. Schmidt Hrsg. 1993, Lutz et al. Hrsg. 1996, Dittrich 1997) arbeitet die Folgen der jahrzehntelangen Herrschaft dieses Systems nach seinem Zu-sammenbruch auf.

- Die gleiche Indifferenz zeigt sich aber auch in den Spekulationen Lu-kacs', Sohn-Rethels und anderer „westlicher" Marxisten, die allgemeine Standardisierung und Mechanisierung des Arbeitsprozesses werde die individuellen Bewusstseinsunterschiede im Proletariat derart nivellieren, dass der Umschlag in revolutionäre Kollektivität unvermeidlich sei. Wie aber soll eine Arbeiterschaft, die sich auf ein bloßes Anhängsel des Ma-schinensystems hat reduzieren lassen und teilweise nur noch aus „Kin-dern und halben Idioten" (Marx) besteht, in der Lage sein, eine neue Ge-sellschaft zu begründen? Nicht nur wird dieses Denken der komplexen, keineswegs nur mechanischen, sondern kreativen Natur kapitalistischer Entwicklung, zu der die Arbeiter selbst einen zentralen Beitrag leisten, nicht gerecht. Auch seine totalitären Züge sind nicht zu übersehen. Un-verkennbar lebt die apokalyptisch zugespitzte Darstellung der allgemei-nen Degradierung und Unterordnung der Arbeit unter das Kapital aus ih-rer impliziten Rechtfertigungsfunktion für den absoluten Führungsan-spruch der Theoretiker.

- Diejenigen Intellektuellen, denen das Vertrauen in den revolutionären Umschlag fehlt oder abhanden gekommen ist, entwickeln eine Haltung eines heroischen geschichtsphilosophischen Pessimismus, die negative

Vision einer unentrinnbaren Macht der „Apparate", wie sie vor allem von den Theoretikern der „Frankfurter Schule" artikuliert worden ist. Marx' Denkfigur der reellen Subsumtion der Arbeit unter das Kapital wird bei Horkheimer und Adorno (1987) als Äußerungsform einer sehr viel umfassenderen und die gesamte Entwicklung der westlichen Zivilisation bestimmenden Logik identifizierender Vernunft umgedeutet und zugleich konsequent von allen positiven geschichtsphilosophischen Konnotationen bereinigt. Was am Ende der Entwicklung der großen Industrie steht, ist nicht der Sozialismus, sondern ein Universum technischer „Herrschaft". Der Zwang, den die Menschen der Natur antun, unterjocht sie am Ende selbst. Der bereits bei Marx angelegte Begriff einer mediatisierten Macht wird von Horkheimer und Adorno, ebenso wie später auch von Marcuse und Foucault, aufgenommen und radikalisiert (Honneth 1985).

- Die Wirkung des Konzepts einer mediatisierten Macht reicht schließlich weit über die marxistische Tradition hinaus. Es kann, wie sich in den Warnungen Gehlens und Freyers vor einer Zerstörung von Kultur und Persönlichkeit durch die Technik zeigt, auch für eine konservative Gesellschaftskritik nutzbar gemacht werden. Wiederum andere Akzente setzt Schelskys affirmative Deutung der Mediatisierung der Macht durch Technik: Indem Machtbeziehungen sich in Sachbeziehungen verwandeln, läuft – so sieht es Schelsky (1965: 439f.) – die Kritik der Macht wie die der Technik ins Leere, sie wird einfach gegenstandslos. Im technischen Zeitalter verliert die Technik ihren Instrumentcharakter. Indem sie die sozialen Beziehungen durchdringt und überformt, nivelliert sie auch den Unterschied zwischen Herrschenden und Beherrschten. Die Sachkompetenz tritt an die Stelle der persönlichen Befehlsgewalt. Der Begriff einer mediatisierten Macht prägt schließlich auch den systemtheoretischen Ansatz Luhmanns. Macht erscheint ihm als ein symbolisch gestütztes Kommunikationsmedium, das die Übertragung sozial ungleicher Selektionschancen in komplexen Gesellschaften steuert. Auch Luhmann betont die Rolle der Technisierung für die Ausdifferenzierung von Macht (Luhmann 1988b: 70f.).

- Marx' These der Unvermeidlichkeit der Konzentration, Zentralisation, Bürokratisierung des Kapitals hat auch die nichtmarxistische Theorie der industriellen Entwicklung stark beeinflusst. Ihre zentralen Gedanken finden sich auch bei Gottl-Ottlilienfeld, Schumpeter, Berle und Means, Galbraith und Chandler. Freilich wird die Macht der Großindustrie hier überwiegend nicht als Vorstufe des Sozialismus betrachtet, sondern als eine neue Entwicklungsphase des Kapitalismus, die nicht mehr durch die Logik der Marktkonkurrenz, sondern durch die rationaler Verwaltung, sowie die Prinzipien der „economies of scale and scope" (Chandler 1977) bestimmt wird. Sie wird Begriffen wie „Managerherrschaft"

(Burnham), „New industrial state" (Galbraith) oder „Managerial Capitalism" (Chandler) bezeichnet.

Marx hatte in der Technisierung den entscheidenden Faktor der Standardisierung des Arbeitsprozesses gesehen. Formale Kontrolle bedeutet für ihn: Kontrolle der Arbeitsvollzüge durch die im industriellen Maschinensystem objektivierten Funktionen und Abläufe. Ihren sinnfälligsten Ausdruck sollte dieses Prinzip später in der Ford'schen Erfindung des Fließbandes erhalten, weshalb sich die Bezeichnung „Fordismus" oder „Massenproduktion" einbürgerte (zu dieser weiteren Entwicklung und zum Begriff des „Fordismus" vgl. Braverman 1977: 144f., Aglietta 1979). Dass die umfassende Kontrolle der operativen Arbeit freilich nicht allein durch die Maschine gewährleistet wird, sondern darüber hinaus systematischer organisatorischer Maßnahmen bedarf, wurde – ungeachtet der Einsichten schon von Smith und Babbage in die Rationalisierungseffekte der Arbeitsteilung – erst nach Marx deutlich gesehen. Die Erkenntnisse der daran beteiligten Autoren werden üblicherweise unter dem Etikett „klassische Organisationstheorie" (Schreyögg 1998, 31f.) zusammengefasst. „Organisierung" bedeutet hier: Arbeitsprozesse analytisch in ihre kleinsten, so weit wie möglich standardisierbaren Elemente zu zerlegen, um sie dann nach dem Kriterium möglichst hoher Leistung pro Zeiteinheit zu resynthetisieren. Es geht dabei sowohl um die prozessualen Aspekte, die so genannte „Ablauforganisation" (Taylor, Gibreth, Gantt), als auch um die relativ dauerhaften, strukturellen Aspekte, die „Aufbauorganisation" (Weber, Fayol, Gulick, Urwick).

Wie für Marx liegt für Taylor die Lösung des Transformationsproblems in der Teilung der Arbeit in eine kreative und eine repetitive Komponente. Er wendet diese Lösung freilich nicht technisch, sondern organisatorisch im Sinne der Ziehung einer Grenze zwischen Büro und Produktion, Leitung und Ausführung. Formalisierung des Wissens der Arbeiter, Trennung von Leitung, Planung und Ausführung, das Pensumprinzip und das der sorgfältigen Auslese und Anpassung der Arbeiter waren die Leitsätze der Taylor'schen Lehre. Auch Taylor verstand sich nicht als reiner Theoretiker, sondern verkündete ein Programm praktischer industrieller Rationalisierung, mit dem er – nach anfänglich zögernder Rezeption – einen breiten Kreis von Unterstützern und „Jüngern" gewann und schließlich beispiellose Erfolge erzielen konnte. Die Theorie schuf sich, wiederum wie bei Marx, ihre eigene Wirklichkeit.

Die entsprechende Botschaft, freilich auf die Aufbauorganisation bezogen, ist in Webers Idealtypus „bürokratischer Herrschaft" enthalten. Weber wollte mit den von ihm angeführten Strukturprinzipien bürokratischer Organisationen – Formalisierung der Kompetenzen und der Kompetenzverteilung, der Amtshierarchie, Schrift- und Büroförmigkeit, Fachschulung, Geldentlohnung und Vollzeittätigkeit der Angestellten und Beamten, sowie der Regelgebundenheit der Amtsführung – kein Abbild real existierender

Bürokratien zeichnen. Seine Aussage ist vielmehr: *Wenn* eine Organisation diesem Muster entspricht, dann ist sie maximal effizient (Mayntz 1968). Weber begründete seine These von der besonderen Leistungsfähigkeit bürokratischer Organisation insbesondere mit ihrer gänzlich unpersönlichen, maschinenähnlichen Funktionsweise (Weber 1972: 561). Das Leitbild der preußischen Staatsbürokratie, die damals auch für private Unternehmen das Muster effizienter Arbeitsorganisation bildete, stand dennoch bei ihm unverkennbar im Hintergrund. So erklärte es sich auch, dass Weber den Unterschieden zwischen öffentlichen Bürokratien und privaten Unternehmen kaum Aufmerksamkeit schenkte; dies sollte ein zentraler Ansatzpunkt der späteren Kritik werden. Fayol und Urwick waren weitere wichtige Vertreter der klassischen Position. Sie stellten die Grundsätze der Einheit der Leitung und Auftragserteilung, der Zentralisierung und der Hierarchie in den Mittelpunkt ihrer Theorie rationaler Administration.

Menschliche Arbeit ist stets gesellschaftliche Arbeit; sie ist weder rein kreativ, noch rein repetitiv, sondern enthält stets geistige und körperliche, kreative und repetitive Elemente in individuell freilich unterschiedlichen Mischungen. Die klassische Lösung des Transformationsproblems – nicht nur die der klassischen Organisationstheorie, sondern bereits die Marx'sche – beruht auf der Fiktion einer Aufspaltung des Arbeitsprozesses in reine Kreativität und „Geistigkeit" einerseits, reine Regelgebundenheit und „Körperlichkeit" andererseits. Diese Fiktion leitet die Gestaltung technischer Systeme wie die der Aufbau- und Ablaufstruktur von Organisationen. Auf der einen Seite wird die operative Arbeit der technischen Kontrolle durch die Maschinerie unterworfen und organisatorisch in die rationalisierten Aufbau-, Ablaufstrukturen und Anreizsysteme eingepasst. Auf der anderen Seite wird die planende und kreative Arbeit im Management und eigens dafür eingerichteten Stäben und Büros konzentriert. Sie wird zum Monopol einer sozial herausgehobenen und dem kapitalistischen Unternehmenszweck verpflichteten Schicht von Experten und Führungskräften.

4.2.2 Die akademische Kritik der klassischen Position

Taylors Botschaft des scientific management hatte in der Praxis keineswegs sofort Erfolg. So emsig der Prophet und seine Jünger sich um die Verbreitung bemühten: Resonanz fanden sie zunächst kaum in den Unternehmen, sondern nur in den fortschrittsbewegten akademischen Mittelschichten. Dort griff ein wahres „Effizienz-Fieber" um sich: „Kirchen gründeten Komittees für kirchliche Effektivität, die Pfadfinder richteten Effektivitätskurse ein, der Außenminister gab einen Effektivitätsempfang für das Diplomatische Korps, New York veranstaltete eine Effektivitätsveranstaltung mit Taylor als Hauptredner und in Kursen wurde Hausfrauen beigebracht, den Haushalt effizient zu führen" (Kieser 1999: 84). Von der Seite der Unternehmer und der Gewerkschaften dagegen gab es beträchtliche Widerstände.

Die Unternehmer scheuten den beträchtlichen Aufwand für die Reorganisation, die Aufblähung der technischen Stäbe und den drohenden Verlust der Macht der Führungskräfte; die amerikanischen Gewerkschaften leisteten massiven Widerstand gegen das Taylor-System und die mit ihm verknüpfte Intensivierung der Arbeit. Einen Umschwung leiteten die patriotischen Appelle zur Effizienzsteigerung während des ersten Weltkrieges ein. Erst Fords System der Fließbandproduktion verhalf freilich dem Mythos der rationalisierten Massenproduktion in den USA endgültig zum Durchbruch, und mit Hilfe seiner Politik der hohen Löhne konnte Ford auch die Gewerkschaften auf seine Seite ziehen (Braverman 1977: 118).

Auch wenn der Sieg der Massenproduktion, wie Piore/Sabel (1985) gezeigt haben, in Europa weniger radikal war als in den USA und keineswegs die gesamte Industrie „taylorisiert" wurde, bedeutete er doch, dass die in vielen Branchen fortbestehenden handwerklichen oder facharbeitergestützten Produktionsformen in den Geruch der Mangelhaftigkeit gerieten. Die Attraktivität der neuen Botschaft war daraus zu erklären, dass sie geeignet war, eine Vielzahl heterogener gesellschaftlicher Interessen gleichzeitig zu bedienen. Sie versprach nicht nur den Unternehmen eine Fülle neuer profitabler Investitionsgelegenheiten, sondern bot sich auch als „Formel sozialen Friedens" (v. Freyberg 1989: 308) an, indem sie eine Lösung der sozialen und politischen Konflikte durch technischen Fortschritt und Massenwohlstand in Aussicht stellte. Auch bei den Gewerkschaften und in der Öffentlichkeit fand sie ungeachtet anfänglicher Kritik schließlich positive Resonanz. Sie verband die Wissenschaft mit der industriellen Produktion und legte so den Grund für den Aufstieg ganzer Berufsgruppen, wie technischen Angestellten, Ingenieuren, Technikern, Arbeitsstudien-Fachleuten, Managern (Noble 1977); speziell in Deutschland steigerte sie das Ansehen der technischen Wissenschaften gegenüber den hier traditionell höher geschätzten Geisteswissenschaften. Sie ging schließlich in den Kanon der Ingenieur-, Arbeits- und Organisationswissenschaften ein und führte zur Einrichtung eigener arbeitswissenschaftlicher Ausbildungsgänge. Auch in Deutschland strahlte der Mythos der wissenschaftlichen Arbeitsorganisation weit in das Alltagsleben hinein aus; Kieser (1999, S. 90) nennt das Beispiel der „Frankfurter Küche" mit ihrer genauen Berechnung jeder einzelnen Bewegung und der exakt kalkulierten Anordnung von Spülbecken und Abtropfgestell.

Die von den Hawthorne-Studien ausgehende Kritik an den demotivierenden Wirkungen tayloristischer Arbeitsorganisation stellte vor diesem Hintergrund zunächst nur eine akademische „Anomalie" dar. Trotz des Aufsehens, das die Hawthorne-Forscher erzielten, hatte sie in der industriellen Praxis bis auf weiteres außer einem verstärkten Interesse des Managements für die Probleme der „human relations" bzw. des „Betriebsklimas", wie der entsprechende deutsche Begriff lautete (Friedeburg 1963), kaum Folgen. Wichtiger war, dass sie den Anstoß zur Entwicklung einer eigenständigen akademischen Organisationsforschung und Organisationssoziologie gab, die die Aussagen der klassischen Theorie systematisch auf ihre analytische Konsistenz, ihren logischen Status und ihre empirische Tragfähigkeit hin überprüfte. Der Human Resources-Ansatz (Argyris), der entscheidungstheoretische Ansatz Simons, die strukturalistischen Organisationsanalysen Halls und der Aston-Gruppe, die kontingenztheoretische Schule (Burns/Stalker, Lawrence, Lorsch) waren Früchte dieser Weiterentwicklungen. Es kann hier nicht um eine genauere Darstellung dieser Analysen und Positionen gehen (einen Überblick geben z.B. Scott 1986 und Schreyögg 1998). Wir beschränken uns auf eine kurze Wiedergabe zentraler kritischer Argumente, soweit sie für das von uns betrachtete Transformationsproblem von Bedeutung sind.

- Ein neuralgischer Punkt der klassischen Konzeption ist, dass sie das Transformationsproblem nicht wirklich löst, sondern nur verschiebt. Mit den operativen Produktionstätigkeiten wird zwar ein Subsystem ausgegrenzt, das sich scheinbar leicht überwachen, steuern, kontrollieren lässt. Die Folge ist jedoch nur, dass das Transformationsproblem an anderer Stelle neu entsteht, nämlich in der immer tiefer gestaffelten Kontrolllinie des Managements und den ihr zugeordneten technischen Stäben. Die planenden, vorbereitenden und überwachenden Tätigkeiten der Vorgesetzten und Experten sind dem Kapital nicht in prästabilisierter Harmonie verbunden, sondern bedürfen ihrerseits der Kontrolle. Diese Kontrolle kann, je mehr die Stäbe expandieren und die Zahl der Hierarchieebenen zunimmt, nicht länger durch den Unternehmer oder seine Geschäftsführer persönlich ausgeübt werden. Auch „geistige", planende, vorbereitende, steuernde Arbeit kann zwar durchaus taylorisiert werden. Aber das bedeutet keine wirkliche Lösung des Problems, sondern läuft auf einen regressus ad infinitum hinaus. Wie die Kontrolle der Kontrolleure selbst sicherzustellen ist: darauf hat die klassische Theorie keine Antwort.
- Auch im Bereich der ausführenden Arbeit selbst gelingt die Lösung des Transformationsproblems nur höchst unvollkommen. Der Haupteinwand lautete hier, dass die klassische Theorie normative Gestaltungsprizipien und faktische Funktionsbedingungen des Arbeitsprozesses unzulässigerweise identifiziere. Die mit den Hawthorne-Studien einsetzende empirische Forschung zeigte, dass eine rationale Gestaltung der Ablauforganisation nicht genügt, um eine effiziente Kooperation der Arbeiter auch faktisch sicherzustellen. Die Produktivität der Arbeit hängt vielmehr in erheblichem Umfang auch von emotionalen und sozialen Faktoren ab, von der Befriedigung des Bedürfnisses der Arbeiter nach Anerkennung, von informellen Gruppenbeziehungen, Freundschaften und Feindschaften. Die Motivation der Beschäftigten spielt eine eigenständige, nicht auf die Konformität mit den von der formalen Organisation gesetzten Anreizen und Sanktionen reduzierbare Rolle. Kurz: Das Problem der doppelten Kontingenz des Handelns lässt sich auch durch Technisierung und formale Organisation nicht eliminieren; Phänomene wie Bummeln oder

Bremsen lassen sich letztlich nicht wirksam unterdrücken. Kooperation lässt sich, wie Chester I. Barnard betonte, nicht befehlen, sondern erfordert eine „freiwillige Folgebereitschaft" der Arbeiter und die immer neue Herstellung eines Gleichgewichts von Anreizen und Beiträgen – ein Gedanke, auf dem auch die von Herbert A. Simon (1976) begründete und durch Cyert und March (1963) weiterentwickelte verhaltenswissenschaftliche Organisations- und Entscheidungsforschung aufbaut.

- Die Theorie rationaler Organisation setzt voraus, dass die Ziele der Organisation eindeutig spezifiziert sind, sowie dass den Zielen ebenfalls vollständig spezifizierte Teilziele und Mittel zu deren Verwirklichung zugeordnet werden können. Diese Annahme ist wenig realistisch. In aller Regel sind die Organisationsziele weder präzise bestimmt, noch unveränderlich vorgegeben; sie müssen faktisch vielmehr durch „politische" Aushandlungsprozesse und Koalitionsbildungen in der Organisation (Cyert/March 1963) immer wieder neu festgelegt werden. Ebenso wenig ist die Organisation in der Lage, das Verhalten der Mitarbeiter auf den untergeordneten Hierarchieebenen lückenlos durch formale Regeln vorzuschreiben. Was sie vorgeben kann, sind lediglich „Entscheidungsprämissen", die die Unsicherheit des Handelns in Organisationen so weit reduzieren, dass eine „begrenzte Rationalität" individuellen Entscheidens möglich wird (Simon 1976).

- Selbst wenn eine vollständige Spezifikation der Ziele und rationale Allokation der Mittel möglich wäre, wäre sie in den meisten Fällen auch gar nicht wünschenswert. Die Effizienzeigenschaften der rationalen „Maschinenbürokratie" (Mintzberg 1979) sind vielmehr auf einen ganz bestimmten Markttypus, nämlich den der Massenproduktion, zugeschnitten und können nur in der damit bezeichneten, keineswegs verallgemeinerbaren Umweltkonstellation zum Tragen kommen. Dort, wo die Marktnachfrage sich rasch verändert, wo komplexe und innovative Produkte und Dienstleistungen gefragt sind, versagt das bürokratische Organisationsmodell. Hier erweisen sich netzwerkförmige, dezentralisierte und wenig formalisierte Strukturen als überlegen. An diesen Überlegungen knüpfen die Kontingenztheorien und der System-Umwelt-Ansatz an.

Die Kritik tayloristischer und bürokratischer Organisationsstrukturen blickt gerade in der akademischen Organisationsforschung auf eine lange Tradition zurück. Die Bedeutung unterschiedlicher Unternehmensumwelten für die Organisationsgestaltung wurde bereits früh erkannt, und auch die Entdeckung der menschlichen Arbeit als „primäre Unternehmensressource" (Picot et al. 1996) ist keineswegs erst eine Frucht des Zeitalters der Informationstechniken; erinnert sei nur an die bekannten Konzepte Herzbergs, McGregors, Argyris' und das mit ihnen verknüpfte Programm einer „Integration" von Individuum und Organisation. Richtig ist freilich, dass diese Konzepte lange Zeit kaum eine Chance hatten, sich gegen den in der industriellen Praxis fest etablierten tayloristisch-fordistischen Mythos (dessen akademischer Reflex die klassische Organisationslehre war) Gehör zu verschaffen. In der Bundesrepublik kam zwar 1974 ein mit beachtlichen finanziellen Mitteln (z.T. über 100 Mill. DM jährlich) gefördertes staatliches Forschungsprogramm zur „Humanisierung des Arbeitslebens" zustande, in dessen Rahmen auch Experimente zu menschengerechter Arbeitsgestaltung in der Automobilmontage, in der Bekleidungsindustrie und anderen Industrien durchgeführt wurden (Friedrich Ebert-Stiftung 1982). In der betrieblichen Praxis stellten die hier entwickelten Modelle jedoch lange Zeit einen Fremdkörper dar. Es blieb bei dem vertrauten Nebeneinander von technikzentrierter bzw. tayloristischer Rationalisierung einerseits und nur rhetorischen Bekenntnissen zu menschenorientierter Personalführung andererseits, die ihren „faint, but discernible odour of stinking fish" (Anthony) nicht abstreifen konnten. Das rechtfertigte zweifellos die Distanz der mit der betrieblichen Empirie besser vertrauten Industriesoziologie zur Organisationsforschung.

Unterstützt wurde diese Skepsis ironischerweise auch durch die systemfunktionale Reinterpretation der Theorie formaler Organisation, mit der Luhmann (1964, 1968) sich in den sechziger Jahren einen Namen machte. Nicht zu Unrecht hatte Luhmann nicht nur den klassischen Ansätzen, sondern auch den motivationsorientierten Konzepten eine Vernachlässigung der System-Umwelt-Differenz vorgeworfen: Organisationen definieren sich durch Mitgliedschaftsregeln und die dadurch konstituierte *Differenz* gegen die Persönlichkeit der Mitglieder. Es kann deshalb, wie Luhmann betont, nicht Aufgabe von Organisationen sein, die Selbstentfaltungsbedürfnisse von Personen zu befriedigen. Um sie für die Zwecke der Organisation dienstbar zu machen, müssen die Motive der Mitglieder vielmehr über das Medium Geld in den internen Code der Organisation übersetzt werden. Mit Hilfe des Geldmediums koppeln Organisationen sich von den natürlichen Bedürfnissen von Personen ab und erzeugen eine generalisierte Folgebereitschaft der Mitglieder für ihre Ziele. Organisationen, so lautete Luhmanns in eine funktionale Reinterpretation der klassischen Theorie mündende These, konstituieren sich durch monetär motivierte Entscheidungen zur Übernahme der Mitgliedschaftsrolle und der mit ihr verknüpften Verpflichtung auf die Programme und Ziele der Organisation. Sie reduzieren so Komplexität und gewinnen operative Autonomie gegen ihre Umwelt. Alle Bemühungen der Organisation um Weckung einer zusätzlichen Leistungsmotivation der Mitglieder müssen vor dem Hintergrund dieses grundlegenden Sachverhalts gesehen werden. Auch in den späteren Formulierungen seiner Position hielt Luhmann an der Linie dieser Argumentation fest, übersetzte sie aber in die Begrifflichkeit der inzwischen entwickelten Theorie autopoetischer Kommunikationssysteme. Organisationen sind danach als Systeme definiert, die „Entscheidungen aus Entscheidungen" (Luhmann 1998: 830, Luhmann 2000) produzieren.

Luhmanns Kritik an der Kurzschlüssigkeit der Integrationskonzepte Argyris' oder McGregors war zweifellos berechtigt. Sein wie bei Max Weber vor allem durch Erfahrungen aus der staatlichen Bürokratie inspiriertes systemtheoretisches Modell war und ist dennoch nicht geeignet, die von der Kritik an der klassischen Organisationslehre aufgeworfenen Fragen befriedigend zu beantworten. Es entkräftet nicht den Befund, dass der in den Lohn-Leistungs-Nexus eingebaute Opportunismus der Organisationsmitglieder sich mit den Mitteln formaler Organisation allein nicht wirksam unterdrücken lässt. Luhmann verkennt, dass in Organisationen nicht nur entschieden, sondern auch gehandelt und gearbeitet werden muss. Er überschätzt daher die Reichweite der Steuerungsmedien Geld und Macht und unterschätzt den Konsensbedarf insbesondere moderner Unternehmen (Matthies 1999). Auch bleibt die Frage nach der differencia specifica zwischen formalen Organisationen und Wirtschaftsunternehmen bei Luhmann letztlich unbeantwortet. Sie wird bis heute diskutiert (Kirsch/zu Knyphausen 1991, Baecker 1993).

Unternehmen können sich nicht darauf beschränken, den Markt zu beobachten und auf Veränderungen der Nachfrage bloß zu reagieren. Sie können nur durch *aktive* Anpassung überleben, indem sie neue Kombinationen durchsetzen, neue Märkte erschließen und auf die Umwelt entsprechend einwirken. Dies aber setzt Entscheidungen voraus, die gerade nicht durch die geltenden Strukturen gedeckt sind, sondern sie in Frage stellen. Gefordert sind dabei nicht nur das Management, sondern die Organisationsmitglieder auf allen Ebenen. Luhmanns Modell gibt keine klare Antwort darauf, wie solche innovativen Prozesse zustande kommen können. Um sie in Gang zu setzen, sind Unternehmen, wie Baecker argumentiert hat, darauf angewiesen, genau jene Ungewissheit in die Organisation wiedereinzuführen, „auf deren Absorption die Funktionsfähigkeit der Organisation bisher angewiesen war" (Baecker 1993: 15). Entscheidend ist ihre Fähigkeit, über die bloße Beobachtung der Umwelt hinaus die Selektivität ihrer eigenen Programme, Strategien und Strukturen zu überprüfen und zu ändern. Das Management muss sich auf beiden Seiten der „Form" des Unternehmens zugleich befinden, das Organisieren des Organisierens organisieren, wie auch Luhmann (2000: 302f.) einräumt. Nicht nur die Führungskräfte, sondern auch die Mitarbeiter sollen sich in die Rolle eines Beobachters des eigenen Unternehmens hineinversetzen, und das heißt: sie müssen in der Lage sein, formale Vorgaben nicht unbefragt als Entscheidungsprämissen hinzunehmen, sondern reflexiv mit ihnen umzugehen. Damit aber wird fraglich, wieweit Unternehmen überhaupt noch als operativ geschlossene Systeme im Sinn der Systemtheorie beschrieben werden können.

Eine Organisation, die nur noch lernt und sich selbst dabei beobachtet, kann nicht mehr entscheiden und strukturieren, ihre Grenzen zur Umwelt lösen sich auf. „Die Vorstellung indessen, dass eine Organisation sämtliche Erwartungen im Sinne des Lernens programmieren kann und soll ('chronically unfrozen'), ist irreführend", betont Schreyögg (1998: 558). Die Lernfähigkeit von Unternehmen beruht auf Lernunfähigkeit – so weit ist der systemtheoretischen Position zuzustimmen. Diese Lernunfähigkeit können Unternehmen freilich – dies ist der plausible Gedanke der neo-institutionalistischen Schule (Meyer/Rowan 1977, Scott 1995, Tolbert/Zucker 1996) –

nicht allein aus sich selbst heraus erzeugen. Sie benötigen dabei vielmehr Entlastung durch Leitbilder und Vorbilder aus der Umwelt, an die sie sich im Sinne eines „mimetischen Isomorphismus" (DiMaggio/Powell 1983, Alvarez ed. 1998) anlehnen können. Auch formale Strukturen beruhen auf solchen „rationalisierten Mythen" , wie die bekannte These Meyer/Rowans lautete. Und es könnte sein, dass der Schein einer operativen Autonomie formaler Organisation nur deshalb entstehen konnte, weil es in der Vergangenheit den gesellschaftlich fest institutionalisierten und von allen Akteuren fraglos akzeptierten Mythos des wissenschaftlichen Managements gab.

Diese Zeit näherte sich freilich schon in den siebziger Jahren ihrem Ende. Mit dem Niedergang des Taylorismus ist ein Orientierungsvakuum entstanden, das eine immer weiter ausgreifende Selbstbespiegelung der Unternehmen erzwingt. Damit geraten die Unternehmen auch sichtbar in Abhängigkeit von einer externen Instanz: dem Berater. Das außerordentliche Wachstum der Consulting-Industrie seit dem Ende der siebziger Jahre könnte so zu erklären sein (Faust 2000). Vor diesem Hintergrund wird es jedenfalls zweifelhafter denn je, ob Unternehmen sich noch als selbstreferenziell geschlossene Systeme im Sinne der Luhmann'schen Organisationstheorie charakterisieren lassen.[4]

4.2.3 Die industriesoziologische Kritik an Braverman und die Hinwendung zur „Arbeitspolitik"

Nach der Krise in der Mitte der siebziger Jahre stellte sich die Frage nach Alternativen zu dem herrschenden Modell der Massenproduktion auch in der industriellen Praxis immer dringlicher. Hinter dieser mit der beliebten Metapher „Ölschock" titulierten Krise verbarg sich ja nichts anderes als das „Umkippen" des tayloristisch-fordistischen Mythos aufgrund der jahrzehntelangen Akkumulation seiner ungeplanten Folgeprobleme. Die bürokratische Kopflastigkeit und technische Rigidität der Produktionsstrukturen gerieten ins Visier nicht länger nur theoretischer, sondern praktischer Kritik. Damit konnte auch die Industriesoziologie der Auseinandersetzung mit diesen Problemen nicht länger ausweichen.

Entscheidende Anstöße lieferte die anglo-amerikanische Labour Process Debate, die sich in der Auseinandersetzung mit dem neomarxistischen Ansatz Bravermans entfaltete. In der deutschen Industriesoziologie wurde sie in weiten Teilen zunächst nur nachvollzogen, bevor Kern/Schumann (1984)

---

4 Die Diskussion über die angesprochenen Fragen dauert an (Tacke 2000, Wimmer 1998). Wir erinnern in diesem Zusammenhang an unseren eigenen, partiell dem institutionalistischen Ansatz folgenden Lösungsvorschlag, der auf dem Gedanken der Kommunikation von Innovationen durch technische, organisatorische und konsumbezogene Mythen aufbaut (Kap. 3.2.2 und Deutschmann 1997). Danach wäre es der Zyklus der Mythen, der Unternehmen jenen externen Rückhalt bietet, der sie zur Selbstbeobachtung und kognitiv strukturierter wie sozial koordinierter Innovation befähigt.

mit ihrer Diagnose der „neuen Produktionskonzepte" eigene Akzente setzten. Die in den siebziger Jahren überall noch sehr einflussreichen neomarxistischen Positionen gerieten damit auf den Prüfstand (Thompson 1983, Hildebrandt/Seltz Hrsg. 1987). Ein großer Teil der Einwände gegen Bravermann (und damit indirekt auch gegen Marx) folgte den bereits durch die Organisationsforschung gewiesenen Bahnen. Ein Leitmotiv bildete die Forderung, das Managementhandeln nicht nur isoliert im Hinblick auf seine Orientierung auf den Arbeitsprozess, sondern auf das betriebliche System-Umwelt-Verhältnis zu analysieren. Weil nicht einfach nur „Effizienz", sondern Profit das letzte Hauptziel des Managements ist, sind Taylorismus oder Fordismus keineswegs die Inkarnation kapitalistischer Rationalität schlechthin, sondern stellen nur zwei Optionen in einem viel breiteren Spektrum möglicher Strategien des Managements dar.

Die „arbeitspolitische" Wende, in die die Kritik an Braverman mündete, kam besonders deutlich in Edwards' (1981) Reinterpretation der historischen Entwicklung des amerikanischen Kapitalismus zum Ausdruck. Im Gegensatz zu Braverman interpretierte Edwards den Übergang vom Konkurrenzkapitalismus des 19. Jahrhunderts zum modernen Monopolkapitalismus nicht als einen Prozess kontinuierlicher Entmachtung und Degradierung der Arbeit durch das auf immer höherer Stufe organisierte Kapital. Mit seinen technischen und organisatorischen Revolutionen betreibt das Kapital, so Edwards, vielmehr eine unfreiwillige „Sisyphusarbeit", durch die den Arbeitern im gleichen Maß, wie ihnen Macht entzogen wird, immer neue Machtquellen zufallen.

Jedes Kontrollsystem erzeugt aufgrund seiner inneren Widersprüche Gegenkräfte, die es unterhöhlen und schließlich ein neues System entstehen lassen. So wird die im Unternehmerkapitalismus des 19. Jahrhunderts dominierende „persönliche Kontrolle" durch ein System „hierarchischer Kontrolle" abgelöst. An seine Stelle tritt die „technischer Kontrolle" der fordistischen Massenproduktion, die sich aber ihrerseits als höchst verwundbar durch die kollektiven Aktionen der Arbeiter erweist. Sie wird daher ersetzt durch die „bürokratische Kontrolle" mit ihrem ausgeklügelten System differenzierter Belohnungen und moralischer Einbindung der Beschäftigten.

Weder Marx noch Braverman – so lautete die Kritik – geben eine befriedigende Antwort auf die Frage, wie die Arbeiter zu innovativen Beiträgen und intelligenten Interventionen veranlasst werden können – Interventionen, die sich nicht vorschreiben, nicht in die Form einer bürokratischen Anweisung oder eines technischen Algorithmus bringen lassen. Gerade auf diese Beiträge ist das Management jedoch bei wachsender Komplexität der Produktionstechnologie und steigendem Konkurrenz- und Innovationsdruck immer mehr angewiesen. Dadurch entstehen informelle Machtpotentiale der Belegschaften, die sich durch die technisch-organisatorischen Formalstrukturen nicht steuern lassen. Der Betrieb erweist sich als ein „umkämpftes Terrain", als Schauplatz einer prekären und immer wieder neu auszuhandelnden Balance von Macht und Gegenmacht. Auch die Inszenierung von

„Konsens" gehört, wie Burawoy (1979) in seiner einflussreichen Studie zeigte, zu diesem zwischen den Produktionsbelegschaften und dem Management ausgetragenen Spiel. Unter den Protagonisten der schon erwähnten „Labour Process Debate" waren es neben Burawoy und Edwards vor allem Littler (1982), Fox (1974) und Andrew Friedman (1977, 1987), die diese „arbeitspolitische" Sichtweise mit unterschiedlichen Akzenten vertreten haben; in Deutschland wurde sie insbesondere von einer von Frieder Naschold geleiteten Forschergruppe am Wissenschaftszentrum in Berlin aufgenommen und weiterentwickelt (Jürgens/Naschold Hrsg. 1985, Dörr 1991).

In den Mittelpunkt der Analyse treten damit die „Strategien", die die beiden Parteien in dem betrieblichen Machtspiel verfolgen. Besondere Aufmerksamkeit gilt dabei den Strategien des Managements. Mit dem Begriff „Strategie" wird keine vollständige Konsistenz und Geradlinigkeit der Aktionspläne unterstellt; gemeint ist ein eher schrittweises, zu situativer Selbstkorrektur fähiges, aber gleichwohl durch einen spezifischen „Richtungssinn" geleitetes Vorgehen (Sisson/Marginson 1995). Die Unternehmen folgen in ihrer Arbeitspolitik nicht einem „one best way", sondern verfügen stets über eine gewisse Wahlfreiheit. Bei dieser Wahl sind nicht nur die Bedingungen des Arbeitsprozesses zu berücksichtigen, sondern auch die Umweltbedingungen des Unternehmens, zu denen das Spektrum verfügbarer Technologien ebenso gehört, wie die Absatzmärkte, die rechtlichen und institutionellen Bedingungen. Ist die Wahl freilich einmal getroffen, so unterliegen die Entscheidungen des Managements dem Gebot der Kohärenz. Kurzfristige Wechsel zwischen verschiedenen Entscheidungslogiken führen in aller Regel zu erheblichen Schwierigkeiten.

Die auf den unmittelbaren Arbeitsprozess bezogenen Strategien des Managements können sich sowohl auf direkte Disziplinierung (Entlassung, Umsetzung), als auch indirekte, monetäre oder psychologische Sanktionen stützen. Nicht jedes Machtmittel eignet sich zur Lösung jedes Problems: Je komplexer die geforderte Leistung, desto indirekter in aller Regel auch die gebotenen Machtmittel. Der Einsatz jedes Machtmittels hat seine je spezifischen Voraussetzungen und Folgewirkungen, die bedacht werden müssen, das heißt, die Entscheidung über die gebotenen Machtmittel muss im Zusammenhang mit anderen Entscheidungen – insbesondere über die Technik, die Arbeitsorganisation, die Ausbildung – getroffen werden. Wie die Wahl ausfällt, wird zum Teil von den individuellen Bedingungen des einzelnen Betriebes, zum Teil von der Branche und dem institutionellen Kontext abhängen. Es lassen sich jedoch zwei alternative Strategiemuster erkennen, die Andrew Friedman (1977, 1987) mit den Begriffen „direkte Kontrolle" und „verantwortliche Autonomie" umschrieben hat.

Was in der klassischen Organisationstheorie als Inkarnation von Rationalität schlechthin erschien, wird nun von Friedman als eine mögliche „Strategie" unter anderen interpretiert: Die Strategie der „direkten Kontrolle". Sie zielt darauf, das Problem der Unvollständigkeit des Arbeitsvertrages mit technischen und organisatorischen Mitteln zu minimieren, verzichtet damit andererseits aber auch auf den Vorteil der Verfügbarkeit. Das Management versucht, „das Maß der Verantwortlichkeit jedes Einzelnen durch strenge Überwachung zu reduzieren. Man bestimmt im Voraus und bis ins kleinste Detail die spezifischen Aufgaben, die einzelne Arbeiter zu erledigen haben."(Friedman 1987: 100). Die Hauptinstrumente sind die organisatorische Standardisierung des Arbeitsprozesses (Taylorismus) und die technische Mechanisierung. Das Prinzip dieser Strategie ist es, den Arbeitsablauf so zu arrangieren, dass eine maximale Kontrollierbarkeit der Leistung jedes Arbeiters gewährleistet ist. Die Arbeiter werden „letztlich so behandelt, als ob sie Maschinen seien, in der Annahme, dass sie durch finanzielle Anreize oder durch strenge Überwachung dazu gebracht werden können, die Kontrolle über das, was sie den größten Teil ihres Tages tun, aufzugeben." (ebd.). Die Vorteile dieser Strategie für das Management liegen in niedrigen Löhnen, Qualifikations- und Anlernkosten, in der leichten Ersetzbarkeit der Arbeiter sowie in der relativen Transparenz der betrieblichen Leistungspolitik im operativen Bereich. Das Unternehmen kann damit seine Arbeitsmarktmacht relativ unverkürzt zur Geltung bringen. Aber mit diesen Vorteilen handelt es sich auch Probleme ein, nämlich die der geringen Motivation der Arbeitskräfte, der mangelnden Flexibilität des Arbeitseinsatzes, der Notwendigkeit eines aufwendigen bürokratischen Kontrollapparates. Die Strategie der direkten Kontrolle taugt daher im Grunde nur für den Bereich der Massenproduktion.

Die alternative Strategie bezeichnet Friedman als die der „verantwortlichen Autonomie". Mit ihr „versuchen Manager, die positive Eigenschaft des Arbeitsvermögens, seine Formbarkeit zu akzentuieren. Man überträgt den Arbeitern Verantwortung, einen bestimmten Status und einfache Überwachungsfunktionen; man bemüht sich um ihre Loyalität gegenüber dem Betrieb, indem man zum Beispiel die Wut gegen Konkurrenzfirmen schürt, außergewöhnliche Sportgelegenheiten bietet oder zum Beispiel die Kooperation mit Gewerkschaftsführern pflegt." (Friedman 1987: 100). Verantwortliche Autonomie bedeutet den bewussten Verzicht des Managements darauf, den Produktionsprozess im Sinne maximaler Kontrolle auszugestalten. Die Offenheit des Arbeitsvertrages wird nicht negativ, als Risikofaktor, sondern positiv gesehen. Arbeitsorganisation und Technik lassen den Beschäftigten einen Spielraum zur eigenverantwortlichen Bewältigung ihrer Aufgaben, ihre Qualifizierung wird gefördert. Damit macht das Management sich ein gutes Stück weit von dem guten Willen der Beschäftigten abhängig. Statt auf Arbeitsmarktmacht muss es auf Überzeugungsarbeit und Vertrauen setzen. Es muss für die Bereitschaft der Arbeiter, die ihnen zugestandenen Spielräume verantwortlich zu nutzen, eine ganze Reihe von Zugeständnissen machen. Sie können in einem hohen Lohnniveau, hohen Lohnnebenkosten und Sozialleistungen, dem Verzicht auf kurzfristige Beschäftigungsanpassungen und einem kooperativen Stil bei der Bewältigung betrieblicher Konflikte bestehen. Aber diesen greifbaren Kosten stehen auch Vorteile für das Management gegenüber: Die Kontrollkosten werden reduziert, die Fähigkeit zur Anpassung an Marktveränderungen und zur Entwicklung neuer Produktionsverfahren wird gesteigert. Das kann die Unternehmen befähigen, komplexe und sich verändernde Marktlagen besser zu bewältigen und sich in unsicheren Umweltbedingungen zu behaupten.

Mit den beiden skizzierten Strategietypen, die später auch in der Debatte über die Entwicklung der Computerarbeit eine wichtige Rolle spielten (Trautwein-Kalms 1995: 81f.), möchte Friedman nur die möglichen Grundrichtungen betrieblicher Arbeitspolitik des Managements bezeichnen. In der Realität sind Übergänge und Zwischenformen zu beobachten. Die beiden Strategien können auch im gleichen Unternehmen auf verschiedene Abteilungen und Beschäftigtengruppen angewendet werden. Der traditionelle Statusunterschied zwischen Arbeitern und Angestellten lässt sich zu einem großen Teil daraus erklären, dass die Ersteren eher nach dem Modell der direkten Kontrolle, Letztere nach dem der verantwortlichen Autonomie behandelt werden.

Macht setzt stets Gegenmacht voraus. Jede Strategie des Managements muss – dies war der andere zentrale Gedanke der Labour Process Debate – auch die Gegenstrategien der Arbeitnehmer berücksichtigen. Bei den Strategien der Arbeitnehmerseite ist zu unterscheiden zwischen solchen, die sich auf den betrieblichen und überbetrieblichen Arbeitsmarkt beziehen und die auf dem Feld der betrieblichen Leistungspolitik ansetzen.

Gegenmachtstrategien am Arbeitsmarkt zielen darauf, das Angebot an Arbeitskräften in Relation zur Nachfrage so knapp wie möglich zu halten. Angebotsorientierte Gegenmachtstrategien setzen auf die Verknappung der Zahl der am Arbeitsmarkt bereitstehenden Arbeitskräfte und die kollektive Kontrolle der Konditionen (Löhne, Arbeitsbedingungen), unter denen Arbeitskraft angeboten wird. Eine solche Kontrolle des Arbeitskräfteangebots kann alle Arbeitnehmer oder nur bestimmte Gruppen von Arbeitnehmern einbeziehen. Zur ersten Variante sind auch gewerkschaftliche Politiken zu zählen, die auf das angebotene Arbeitsvolumen Einfluss nehmen, wie die Verkürzung der Arbeitszeiten. Die Reduktion der täglichen, wöchentlichen oder jährlichen Arbeitsdauer oder auch die der Lebensarbeitszeit (durch frühere Verrentung oder Verlängerung der Ausbildungszeiten) führen zu einer Verringerung des je Beschäftigten angebotenen Arbeitsvolumens und können damit auch die Arbeitsmarktposition der Beschäftigten stärken. Eine gruppenspezifische Kontrolle des Arbeitskräfteangebots liegt dann vor, wenn der Zugang zu bestimmten Arbeitplätzen einem eingeschränkten Kreis von Bewerbern vorbehalten wird. Das kann zu „sozialer Schließung" (Kreckel 1997 im Anschluss an Max Weber) oder auch zur „Segmentierung" von Arbeitsmärkten[5] führen, wenn die Selektivität des Zugangs auch durch die Arbeitgeber anerkannt wird. Ihre Wirkung besteht darin, die Austauschbarkeit der Arbeitskräfte, ihre Konkurrenz so einzuschränken, dass eine starke Verhandlungsposition dem Arbeitgeber gegenüber gesichert bleibt.

Gegenmacht richtet sich aber nicht nur auf die Kontrolle des Arbeitsmarktes, sondern setzt auch an der betrieblichen Leistungspolitik an. Sie zielt dann darauf, die Offenheit des Arbeitsvertrages im Interesse der abhängig Beschäftigten zu nutzen. Eine Form kollektiver Leistungsrestriktion bilden Besetzungsregeln für Arbeitsplätze und Überstundenbegrenzungen, die ein Ausufern der sachlichen und zeitlichen Flexibilität des Arbeitseinsatzes verhindern sollen. Zu erwähnen ist auch das Phänomen der informellen Leistungsrestriktion im Betrieb („Bremsen"): Die Arbeiter versuchen, durch bewusst langsames Arbeiten für sie günstige Vorgabezeiten bei der Bemessung des Leistungslohns zu erreichen. In hoch technisierten Produktionssystemen, in denen der einzelne Arbeiter keinen Einfluss auf das Arbeitstempo mehr ausüben kann, kann sich die Unzufriedenheit der Arbeiter in Nachlässigkeiten, Qualitätsmängeln und technischen Störungen niederschlagen; auch Fehlzeiten und häufiger individueller Arbeitsplatzwechsel können als eine Form der Gegenwehr interpretiert werden.

---

5 Auf die Phänomene der Segmentierung des Arbeitsmarktes und die industriellen Arbeitsbeziehungen wird in Kap. 4.3 genauer eingegangen.

Auf dem Feld der betrieblichen Leistungspolitik zeigen sich wie auf dem des Arbeitsmarktes deutliche Unterschiede in dem Grad der kollektiven Handlungsfähigkeit zwischen verschiedenen Gruppen von abhängig Beschäftigten: Auf der einen Seite finden sich Gruppen, (z.B. Facharbeiter oder hoch qualifizierte Experten), denen es gelingt, die eigene Arbeitskraft und Kooperationsbereitschaft zu einem „knappen" und gefragten Gut zu machen. Je erfolgreicher sie ihre professionellen Kompetenzen verteidigen, desto eher sind sie auch in der Lage, mit der Unternehmerseite auf der Basis des Prinzips „verantwortlicher Autonomie" zu verhandeln. Im Fall anderer Beschäftigtengruppen – ungelernte Arbeiter/innen, Teilzeitarbeitskräfte, Angestellte mit einfachen Tätigkeiten – ist die Situation häufig durch Atomisierung und Konkurrenz geprägt. Ihre Arbeitsbedingungen, ihr Arbeitsrhythmus sind fremdbestimmt und werden ihnen durch technische und organisatorische Abläufe aufgezwungen. Sie sind damit einer Situation der „direkten Kontrolle" unterworfen; die Machtasymmetrie im betrieblichen Leistungskonflikt ist deutlich stärker ausgeprägt. Verantwortliche Autonomie und direkte Kontrolle als Grundtypen der Arbeitsorganisation sind so zu einem wichtigen Teil durch Form und Ausmaß der von den Arbeitnehmern ausgeübten Gegenmacht geprägt. Die Strategie der „verantwortlichen Autonomie" korreliert im Allgemeinen mit einem hohen Grad der Segmentierung des Arbeitsmarktes (betrieblich oder beruflich) und einem hohen Grad individueller oder kollektiver betrieblicher Leistungskontrolle und Arbeitsautonomie der abhängig Beschäftigten. Umgekehrt entspricht die Strategie der direkten Kontrolle in aller Regel einer atomistischen und konkurrenzbestimmten Struktur des Arbeitsmarktes und der betrieblichen Leistungspolitik.

4.2.4 Mikropolitische „Spiele" und Netzwerke

In der Labour Process Debate hatte die dyadische Machtbeziehung zwischen den beiden kollektiven Akteuren Arbeit und Kapital im Mittelpunkt gestanden. Die mikropolitischen Ansätze in der Organisationsforschung differenzieren dieses noch relativ einfache Modell durch Berücksichtigung multipler Akteure und Akteurskonstellationen innerhalb wie außerhalb von Organisationen. Vor allem Cyert und March (1963) mit ihrer Koalitionstheorie der Macht, sowie Crozier (1963), Crozier/Friedberg (1979), Mintzberg (1983) und Ortmann (1995) sind hier zu nennen; einen aktuellen Überblick geben Küpper/Felsch (1999). Diese Autoren bemühen sich um eine systematische Analyse der Determinanten des Kräftespiels individueller und kollektiver Akteure und versuchen, verallgemeinernde Aussagen dazu zu formulieren.

Nach Crozier/Friedberg wird das Machtpotential von Individuen und Gruppen zum einen durch die Undurchschaubarkeit und Komplexität der Funktion bestimmt, die jemand ausübt. Wer nur standardisierte, für jedermann transparente und leicht erlernbare Funktionen wahrnimmt, hat keine Macht, seine Tätigkeit ist leicht kontrollierbar, er ist jederzeit ersetzbar und umgekehrt: Je komplexer und undurchschaubarer eine Funktion, desto weniger leicht ist derjenige, der sie ausübt, zu kontrollieren und zu ersetzen, desto mehr mindestens potentielle Macht übt er aus. Entscheidungen müssen mit ihm ausgehandelt werden, anstatt sie einfach zu dekretieren. Die Komplexität einer Funktion lässt sich ihrerseits in vier Dimensionen abbilden: Sachwissen bzw. funktionale Spezialisierung, Kontrolle relevanter Umweltbeziehungen, Kontrolle wichtiger Informationen und Informationskanäle, schließlich Kontrolle, die sich aus allgemeinen organisatorischen Regelungen ergibt (Crozier/Friedberg 1979: 50). Die andere entscheidende Variable neben der Komplexität der Funktion ist ihre Bedeutung für das „Überleben", den ökonomischen Erfolg der Organisation. Wer nur für die Kantine zuständig ist, hat weniger Macht als der, der die Beziehung zu den Kunden unterhält oder für das Funktionieren des technischen „Kerns" verantwortlich ist. Wie Crozier und Friedberg es formulieren: „Die Macht, die Handlungsfähigkeit der Individuen und Gruppen in einer Organisation ist letzten Endes abhängig von der Kontrolle, die sie über eine die Leistungsfähigkeit der Organisation beeinflussende Ungewissheitszone ausüben können, sowie von der Wichtigkeit und Relevanz dieser Ungewissheitszone im Vergleich mit all den anderen, die ebenfalls diese Leistungsfähigkeit bedingen. Je entscheidender also die von diesem Individuum oder von einer Gruppe kontrollierte Ungewissheitszone für den Erfolg der Organisation ist, desto mehr Macht können diese ausüben." (Crozier/Friedberg 1979: 47).

Formale Organisationen werden hier nicht länger als Systeme betrachtet, die das Verhalten der Mitglieder steuern, sondern als Strukturen und Regeln, die Spielräume für „Spiele" vorgeben. Sie „umschreiben Bereiche, in denen das Handeln eher programmierbar ist als in anderen, und setzen mehr oder weniger leicht programmierbare Verfahren ein. Dadurch schaffen und umschreiben sie *organisatorische Ungewissheitszonen,* um die herum Machtbeziehungen entstehen." (Crozier/Friedberg 1979: 47). Die verschiedenen Machtquellen verändern sich unter dem Einfluss der technischen und ökonomischen Entwicklung. War z.B. früher der „technische Kern" für den Erfolg des Unternehmens entscheidend, so kann es heute die Marketingabteilung sein. Aber auch das betriebspolitische Kräftespiel selbst hat einen Einfluss auf die Machtverteilung. Jede Gruppe versucht, ihre Macht zu steigern, indem sie ihre Funktion in einer möglichst komplexen und für Außenstehende undurchschaubaren Weise auszugestalten versucht. Das gelingt natürlich den höheren Angestellten und Managern strukturell leichter als den Produktionsarbeitern, die überdies aufgrund ihrer hierarchischen Stellung auch die für den ökonomischen Erfolg entscheidenden Außenbeziehungen kontrollieren. Insofern bleiben die betrieblichen Machtbeziehungen auch bei Crozier/Friedberg asymmetrisch. Aber auch die ausführenden Arbeiter können ein erhebliches Maß an informeller Macht ausüben, der das

Management bei allen Entscheidungen Rechnung zu tragen hat. Sie kann bis zur Ausbildung faktischer Parallelhierarchien mit entsprechender Konfusion der formalen Kontrollstrukturen gehen. Crozier (1963) beobachtete in einem der beiden von ihm untersuchten Unternehmen eine Situation, in der es für die Produktionsarbeiterinnen wichtiger war, sich mit den Instandhaltungsarbeitern (die ihnen formell gar nicht übergeordnet waren) gutzustellen, als mit ihren Vorgesetzten: Es war die Kooperationsbereitschaft der Letzteren, von denen der reibungslose Produktionsablauf und damit auch der Verdienst der Arbeiterinnen abhingen.

Die wohl am weitesten systematisierte Analyse von „Macht in und um Organisationen" hat Mintzberg (1983, 1991) vorgelegt. Mintzberg bemüht sich darum, den mikropolitischen Ansatz mit dem System-Umwelt-Ansatz zu verbinden. Deutlicher noch als bei Crozier/Friedberg leitet er die Machtverteilung zwischen den Akteuren nicht nur aus den organisationsinternen Beziehungen, sondern aus der System-Umwelt-Konfiguration ab. Er unterscheidet fünf organisationsinterne Subsysteme – das zentrale Management, die mittlere Linie, die technischen Stäbe, die unterstützenden Stäbe und den operativen Kern – sowie ebenfalls fünf verschiedene Formen der Steuerung: direkte Abstimmung, persönliche Weisung, Standardisierung von Prozessen, von Produkten und Qualifikationen. Je nach Größe, Alter und Umweltbezug der Organisation ergeben sich dann ganz unterschiedliche Machtverteilungen zwischen den einzelnen Subsystemen sowie Kombinationen von Steuerungsformen. Auf der Basis dieser Unterscheidungen gelangt Mintzberg zur Konstruktion von fünf empirischen Organisationstypen: Simple Structure, Maschinenbürokratie, Divisionalisierte Organisation, Professionelle Bürokratie und Adhocracy.

Mintzbergs Ansatz[6] zeigt den Zusammenhang zwischen zunehmender Komplexität und Dynamik der Umwelt einerseits und abnehmender „Strukturierung" und zugleich zunehmender „Politisierung" der Organisation in analytisch pointierter Weise auf. Kleine Organisationen mit einfachen Produkten und Technologien kommen mit den Mechanismus der direkten Abstimmung und der persönlichen Weisung aus (Simple Structure). Wächst die Größe des Marktes, die Komplexität der Technik und des Aufgabenumfeldes, so kommt es zunächst zur Standardisierung der Arbeitsprozesse (der Fall der Maschinenbürokratie). Bei weiter wachsender Komplexität und Dynamik der Umwelt stößt auch diese Option auf Grenzen. Es bleiben dann noch die Möglichkeiten der Standardisierung der Produkte (Divisionalisierte Organisation) und schließlich die der Qualifikationen (Professionelle Bürokratie). Was geschieht, wenn die Umwelt so komplex und veränderlich wird, dass alle Formen der Standardisierung versagen? Mintzberg gibt darauf eine auf den ersten Blick verblüffende Antwort: Es entsteht ein neuer

---

6 Für eine ausführlichere Diskussion vgl. Deutschmann 1990b; Küpper/Felsch 1999, S. 190f.

Organisationstypus, der auf das scheinbar „einfachste" Steuerungsmedium, die gegenseitige Abstimmung mittels persönlicher Kommunikation, zurückgreift. Mintzberg bezeichnet ihn mit dem von A. Toffler übernommenen Begriff der „Adhocracy".

Bei der Adhocracy handelt es sich um eine Konfiguration, die sich einerseits auf den Einsatz avancierter Techniken stützt, andererseits aber bei der Organisation der Arbeitsprozesse nicht nur auf Standardisierung, Formalisierung und hierarchische Steuerung weitgehend verzichtet, sondern auch auf eine strenge Trennung von strategischer und operativer Leitung. Bevorzugt wird ein informeller Kommunikationsstil und eine flexible Aufgabenverteilung, die die Mitglieder zu permanentem Lernen anhält. Temporär gebildete Projektteams sind die typische Form der Arbeitsorganisation, „peer group pressure" der wichtigste Disziplinierungsmechanismus. Charakteristisch für die Adhocracy sind auch eine hohe Qualifikation, eine ausgeprägte Leistungsorientierung der Beschäftigten und zugleich eine beträchtliche „Politisierung": Endlose Diskussionen, Rivalitäten, Interessenkonflikte und Führungskämpfe sind auf der Tagesordnung, was immer wieder auch die Gefahr der Rückentwicklung zur Bürokratie heraufbeschwört. Aber dies sei, wie Mintzberg betont, eben der Preis, der für die Innovationskraft der Adhocracy zu zahlen sei. Mintzbergs Adhocracy und die zahlreichen, in Anlehnung an Mintzberg entwickelten Konzepte „dezentralisierter" oder „post-bürokratischer" Organisationen (z.B. Heckscher ed. 1994) spielen in empirischen Analysen der computergestützten Informations- und Dienstleistungsarbeit heute eine zentrale Rolle (z.B. Frenkel et al. 1999: 28).

Die arbeitspolitische Kritik der klassischen Organisationstheorie mündet, so können wir festhalten, in eine immer weitergehende Kritik und Auflösung des Konzepts formaler Organisation. Ihr praktischer Hintergrund ist die auch in den traditionellen Industrien sich verbreitende Politik des Bürokratie- und Hierarchieabbaus, der Auslagerung von Betriebseinheiten und der Verflüssigung der Organisationsgrenzen; einen Überblick über diese Entwicklungen und ihre vielfältigen paradoxen Effekte geben Sauer/Döhl (1997). Eine noch über Mintzbergs „adhocracy" hinausgehende Relativierung des Organisationsbegriffs liegt in dem Konzept des „Netzwerks" vor. Dieses Konzept erlebt seit längerer Zeit nicht nur in der Organisationsforschung, sondern auch in der Industriesoziologie eine beachtliche Karriere und hat eine wachsende Zahl empirischer Studien angeregt (Sauer/Altmann 1989, Sydow 1993, Fischer/Gensior Hrsg. 1995, Weyer Hrsg. 2000).

Powell (1990) hat die Charakteristika von Netzwerken als einer Struktur eigener Art „zwischen Markt und Hierarchie" beschrieben. Netzwerke entwickeln sich danach zwischen wirtschaftlich selbstständigen Akteuren. Es geht nicht mehr, wie in Hierarchien und Organisationen, um die Einlösung der Leistungsverpflichtung eines Arbeitnehmers gegenüber einem Arbeitgeber, sondern um Austauschbeziehungen zwischen unternehmerisch selbstständigen Einheiten, die auf gegenseitiger Ressourcenabhängigkeit oder auch komplementären Ausstattungsvorteilen beruhen. Im Gegensatz zu reinen Marktbeziehungen sind sie auf mittlere und längere Sicht angelegt und nicht auf kurzfristigen Gewinn ausgerichtet; Reziprozität und Vertrauen spielen eine wichtige Rolle. Netzwerke sind flexibler als Hierarchien, aber verbindlicher als Märkte. Sie spielen in vielen Wirtschaftsbereichen eine zentrale Rolle – Powell nennt das Handwerk, das Baugewerbe, das Verlagswesen, die Filmindustrie und die Medien – und sie prägen das Gesicht von Wirtschaftsregionen (Grabher ed. 1993, Braczyk et al. eds. 1998).

Netzwerke werden heute zunehmend als „Patentrezept" einer flexiblen, auf den Austausch komplexer und innovativer Leistungen spezialisierten Organisation der Arbeit propagiert (z. B. Castells 1996). Dem unbefangenen Beobachter stellt sich dennoch die Frage, ob es sich bei dem Netzwerkmodell wirklich um eine Strukturform eigener Art oder nicht vielmehr um ein Hybridphänomen handelt. Wird hier nicht mit einer Zauberformel jongliert, die die Vereinbarkeit des Unvereinbaren – Autonomie und Abhängigkeit, Vertrauen und Macht – vorspiegeln soll? Dieser Verdacht liegt vor allem dort nahe, wo es sich bei den Netzwerkteilnehmern um Selbstständige ohne Mitarbeiter, um „Arbeitskraft-Unternehmer" oder Scheinselbstständige handelt. Das vertraute Verhältnis der Lohnabhängigkeit und seine Paradoxien werden hier auf besonders raffinierte Weise unkenntlich gemacht, indem die Abhängigkeitsbeziehung gleichsam internalisiert wird: Über selbstauferlegte Abhängigkeiten darf man sich ja nicht beschweren. Aber auch Unternehmensnetzwerke stellen nicht selten eine verkappte Form der Hierarchie dar, wie sich an den Zuliefernetzwerken und der just-in-time-Logistik der Automobilindustrie, den Subkontraktsystemen der Elektronikindustrie (Lüthje 2001), aber auch virtuellen Unternehmen zeigen ließe (Sauer/Döhl 1997). Nur dort, wo Netzwerke auf dem Austausch komplexer, gegenseitig kaum substituierbarer Dienstleistungen beruhen, dürften sie dem von Powell gezeichneten Idealtypus einer relativ egalitären Machtverteilung tatsächlich nahe kommen. Eine solche Struktur ist aber meist in hohem Maße auf die Unterstützung durch „dritte" Instanzen, wie Verbände, lokale und regionale Institutionen angewiesen. Das gilt für Fragen der Finanzierung ebenso wie solche der Qualifizierung, der technischen Beratung, der Konfliktlösung. Netzwerke als dritter, eigenständiger sozialer Strukturtypus – und nicht nur als Neuinszenierung traditioneller hierarchischer oder marktlicher Abhängigkeiten – bedürfen des Vertrauens. Vertrauen aber ist, wie unten (Kap. 4.3.1) ausführlich zu zeigen sein wird, nicht einfach ein Emergenzphänomen des Marktes, sondern bedarf der rechtlichen und institutionellen Rahmung. Gelänge es, diese Rahmung herzustellen, könnten Netzwerke in der Tat zu einer neuen, komplexeren Form sozialer Koordination avancieren (Teubner 2000). Wie weit und ob überhaupt dies heute gelingen kann, ist freilich offen.

4.2.5 Unternehmerische Herrschaft

Die Labour Process Debate sowie die mikropolitischen Ansätze haben ein zweifellos recht differenziertes Bild der betrieblichen Wirklichkeit gezeichnet. Auch sie geben jedoch ebenso wenig wie die klassischen Organisations- und Techniktheorien eine befriedigende Antwort auf das Transformationsproblem. Eine wichtige Frage bleibt offen: Wenn der Betrieb nicht nur Objekt einer homogenen Macht des Kapitals bzw. der Technik ist, sondern ein Kampfplatz zwischen heterogenen Machtgruppen und Interessen – wie ist dann Kooperation im Betrieb möglich? Wodurch wird jenes Minimum an Vertrauen und gegenseitiger Anerkennung in den betrieblichen Sozialbeziehungen hergestellt, das ungeachtet aller Machtspiele unentbehrlich bleibt? Wir kommen damit zu unserer Ausgangsfrage zurück: Reicht der Machtbegriff überhaupt aus, um die Struktur des Unternehmens zu erfassen? Sind Unternehmen nicht vielmehr auf ein Minimum an Konsens angewiesen, eine gemeinsame „Sozialordnung" (H. Kotthoff), aus der auch das Management seine Autorität ableitet? An dieser Stelle treten der Begriff der Herrschaft und die Legitimationsgründe unternehmerischer Herrschaft erneut ins Blickfeld.

Herrschaft ist eine asymmetrische soziale Austauschbeziehung, die im Unterschied zu bloßer Macht nicht nur auf ungleicher Kontrolle von Ressourcen, sondern auf Autorität, d.h. Anerkennung der Herrscher durch die Beherrschten, beruht. Sie impliziert nicht nur strukturelle und normative, sondern auch personale Elemente. Mit Kotthoff kann sie verstanden werden als „Praxis der Beziehungsarbeit von konkreten Personen, die sich kennen und wechselseitig um Anerkennung ringen." (Kotthoff 1994: 24). Dafür, dass Unternehmer nicht nur Macht, sondern auch Autorität ausüben wollen, sich also um die *Anerkennung* ihrer Beschäftigten bemühen und umgekehrt, mangelt es nicht an Evidenz. Der patriarchalische Unternehmer, der für seine Leute sorgt und dafür von ihnen Loyalität und Leistungsbereitschaft erwartet, findet sich keineswegs nur im 19. Jahrhundert, sondern auch heute noch in manchen Klein-und Mittelbetrieben (Kotthoff/Reindl 1990). Auch die vielfältigen Varianten „sozialer Betriebsführung", von den „Werkgemeinschafts" und „human relations"-Bewegungen der zwanziger Jahre bis hin zum heutigen Konzept der „Unternehmenskultur" sollen die Unpersönlichkeit bürokratischer Kontrolle in Großunternehmen kompensieren und erfüllen unverkennbar eine Surrogatfunktion für persönliche Herrschaft.

Persönliche Anerkennung und Loyalität spielen nicht nur auf der Ebene der obersten Unternehmensleitung, sondern auch auf den mittleren und unteren Führungsebenen eine wichtige Rolle. Die Meister, wie auch die mittleren und höheren Vorgesetzten können ihre Position nicht allein durch Macht ausfüllen, sondern nur durch fachliche und persönliche *Autorität*. Viele Konflikte im Betrieb entstehen dann, wenn Macht und Autorität auseinander fallen, wenn die formale Sanktionsgewalt und die faktische soziale Autorität und Kompetenz bei verschiedenen Personen liegen, die um Anerkennung rivalisieren.

In seiner Studie über amerikanische Manager hat Robert Jackall (1988) den Zusammenhang des sozialmoralischen Gebens und Nehmens in der hierarchischen Linie präzise geschildert. Die Kontrollstruktur der Unternehmen, so zeigt er, wird durch Begriffe wie Hierarchie oder Bürokratie nur ganz unzulänglich beschrieben. Was sie in Wahrheit zusammenhält, ist ein Gefüge personaler „patron-client-relationships" (a.a.O.: 19), in denen der Boss den Untergebenen Ressourcen beschafft und Protektion bietet und die Untergebenen ihm dafür Loyalität schulden, Informationen zutragen und ihn von Detailarbeit entlasten. Jackall bezeichnet diese Konstellation als „patrimonial bureaucracy".

Wie legitimiert sich die Herrschaft von Unternehmern, Managern und Vorgesetzten im Betrieb wie außerhalb des Betriebes? Auch hier kann man zunächst wieder bei Max Weber ansetzen. Weber unterscheidet bekanntlich drei Typen der Herrschaft: traditionale, charismatische und legale bzw. bürokratische. Den moderne kapitalistische Großbetrieb ordnet er dem Typus der „legalen Herrschaft mit bürokratischem Verwaltungsstab" zu. Die Herrschaft des Unternehmers rechtfertigt sich danach durch ihre Übereinstimmung mit den formal fixierten Kompetenzen und Regeln der Unternehmensorganisation, mit Arbeitsordnungen, Gesetzen und Arbeitsverträgen. Die Bürokratie ist in Webers Sicht nur ein rationales *Mittel* der Herrschaftsausübung, sie hat stets eine nicht rein bürokratische Spitze, nämlich den Unternehmer (im Gegensatz zum Manager) oder – im Fall der Staatsbürokratie – den politisch verantwortlichen Minister. Obwohl die bürokratische Spitze den Verwaltungsstab formal beherrscht, hat sie ihm gegenüber jedoch in der Praxis oft nur wenig zu sagen. Denn die Kontrolle über den Verwaltungsstab ist „dem Nicht-Fachmann nur begrenzt möglich, der Fach-Geheimrat ist dem Nichtfachmann als Minister auf die Dauer meist überlegen in der Durchsetzung seines Willens" (Weber 1972: 128/129). Die Herrschaft der Bürokratie legitimiert sich nicht über Werte, politische Ziele oder persönliches Charisma eines Herrschers, sondern durch formal korrekte Amtsführung. Sie ist, wie Weber sagt, Herrschaft „kraft Wissens", der keine Gesellschaft, auch eine sozialistische, nicht entrinnen kann.

Das sind aber Feststellungen, die sich in erster Linie auf die Staatsbürokratie beziehen. Webers Argumentation in Bezug auf die Unternehmensbürokratie ist sehr viel weniger klar. Weber traut nämlich dem kapitalistischen Unternehmer durchaus die Fähigkeit zu, der allgegenwärtigen Bürokratisierung der Gesellschaft Paroli zu bieten: „Überlegen ist der Bürokratie an Wissen, Fachwissen und Tatsachenkenntnis innerhalb seines Interessenbereichs regelmäßig nur: der private Erwerbsinteressent. Also: Der kapitalistische Unternehmer. Er ist die *einzige* wirklich gegen die Unentrinnbarkeit der bürokratischen Wissensherrschaft (mindestens: relativ) immune Instanz.

127

Alle anderen sind den Massenverbänden der bürokratischen Beherrschung unentrinnbar verfallen, genau wie der Herrschaft der sachlichen Präzisionsmaschinerie in der Massengüterbeschaffung." (Weber 1972: 129). Aber wenn der Unternehmer jenseits der bürokratischen Wissensherrschaft steht, worauf stützt sich dann seine Legitimation? Der Begriff der „legalen Herrschaft" beantwortet die Frage ganz offensichtlich nicht. Sie wird akut vor allem durch das von Weber nicht erörterte Problem der Unvollständigkeit des Arbeitsvertrages. Der Unternehmer erwartet im Gegensatz zum Behördenvorsteher von den abhängig Beschäftigten *mehr* als nur die korrekte Anwendung von Vorschriften. Mit welchem Recht kann der Unternehmer eine solche nicht formalisierte Folgebereitschaft erwarten?

Andere Autoren haben diese Lücke in Webers Konzept zu füllen versucht. So wirft Gouldner (1954) Weber vor, er habe mit dem Begriff der bürokratischen Herrschaft Amtsautorität (die unbedingten Gehorsam verlange) und Fachautorität miteinander vermengt. Entsprechend kommt er zur Unterscheidung zweier Typen industrieller Bürokratien: Der auf Fachwissen begründeten „repräsentativen" Bürokratie und der „disziplinären" Bürokratie, die auf autoritärer Befehlsgewalt begründet ist. Er illustriert beide Typen anhand einer Fallstudie über die Verwaltung und den Untertagebetrieb einer Gipsfabrik. Heinz Hartmann (1968) sucht das Problem durch die Unterscheidung wertrational begründeter „absoluter" und auf Expertenwissen begründeter „funktionaler Autorität" zu lösen.

In einer empirischen Analyse der Autoritätsstrukturen des deutschen Managements in den fünfziger Jahren kommt Hartmann zu dem Ergebnis, dass das Modell der funktionalen Autorität die Struktur des Managements in deutschen Unternehmen nicht angemessen wiedergeben könne: „Funktionale Autorität ist sowohl relativ als auch situationsgebunden und folglich schlecht geeignet, die absolute und dauerhafte Rangordnung hervorzubringen, die einer derartigen Struktur zu Eigen ist, wenn sie einen gewissen Grad von Dauer aufweist." (Hartmann 1968, 308). Das Konzept funktionaler Autorität kann nicht erklären, warum es in Unternehmen überhaupt eine Hierarchie, einen einheitlichen Befehlsweg mit klaren Verhältnissen der Über- und Unterordnung gibt. Denn Funktionszusammenhänge sind interdependent, situations- und problemabhängig und erlauben deshalb nicht die Ausbildung dauerhafter hierarchischer Strukturen. Professionalität und funktionales Expertentum seien zwar, so Hartmann, auch in deutschen Unternehmen durchaus vorhanden, aber nur auf den mittleren und unteren Ebenen. Was die Haltung der Unternehmer und oberen Manager und ihr Verhältnis zu ihren Untergebenen jedoch kennzeichne, sei nicht funktionale, sondern „kreditive", das heißt auf letzten Werten begründete Autorität. Drei solcher „letzter" Werte wurden von den von Hartmann befragten Unternehmern und Managern immer wieder zum Ausdruck gebracht: Die als Naturrecht begriffene Idee des Privateigentums, die Vorstellung einer besonderen „Berufung" des Unternehmers, sowie die Überzeugung, einer „Elite" anzugehören. Folgerichtig lehnten die von Hartmann befragten Führungskräfte es ab, als „Manager" bezeichnet zu werden. Sie insistierten auf dem Unterschied zwischen bloß verwaltender „Leitung" und wirklicher „Führung".

In den nicht rationalen und gegenüber den autoritären Traditionen des Kaiserreichs und der Nazizeit kaum modifizierten Grundlagen der Führungsstruktur westdeutscher Unternehmen in den fünfziger Jahren sieht Hartmann eine der wichtigsten Ursachen für den raschen wirtschaftlichen Wiederaufstieg Westdeutschlands nach dem Zweiten Weltkrieg. Gleichzeitig sieht er hier eine Überlegenheit der westdeutschen gegenüber der stärker funktional strukturierten amerikanischen Unternehmensorganisation, auch wenn er der Ansicht zuneigt, dass jede Unternehmensführung sich bis zu einem gewissen Grade auf „kreditive" Werte stützen müsse.

Wir stoßen bei Hartmann auf ein zentrales Paradoxon, das sich durch die Diskussion über die Legitimitätsgrundlagen unternehmerischer Herrschaft bis heute hindurchzieht. Es handelt sich um die These von einer systematischen „Ungleichzeitigkeit" von Effizienz und Ideologie des modernen Managements: Die Herrschaft des modernen Managements ist umso stabiler, ihre ökonomische und innovative Potenz umso größer, je mehr sie sich auf Restbestände *vormoderner* sozialer Normen und Ideologien stützen kann. Durch „Industriefeudalismus" oder auch charismatisches industrielles Führertum lässt sich die Unbestimmtheitslücke des Arbeitsvertrages schließen, lässt sich die durch die moderne kapitalintensive Technik und durch den wirtschaftlichen Innovationsprozess geforderte Loyalität und Kooperationsbereitschaft der Arbeitnehmer erhalten. Für diese These spricht auch, dass gerade Unternehmen in „verspäteten" Industrienationen wie Japan und Deutschland eine zielstrebige Reproduktion paternalistischer Sozialstrukturen durch betriebliche Sozialpolitik und Inszenierung von „Betriebsgemeinschaften" betrieben haben.

In Deutschland traf dies schon im letzten Drittel des 19. Jahrhunderts insbesondere für die großen montanindustriellen Unternehmen zu. Bei der betrieblichen Sozialpolitik handelte es sich, wie Kocka formuliert, um „bewusst geplante, verwaltungsmäßig exekutierte betriebliche Leistungen, die über das arbeitsvertraglich vereinbarte Minimum freiwillig hinausgingen und im Gegenzug eine das Vertragsminimum übersteigende Loyalität der Arbeiter gegenüber dem Unternehmen erwarteten." (Kocka 1990, 428). Die Sozialordnung japanischer Großunternehmen ist von Ouchi (1980) als „Clan" beschrieben worden. Mit diesem Begriff verbindet sich die These, dass gerade die für japanische Unternehmen charakteristische ganzheitliche Einbindung der Beschäftigten in den Sozialzusammenhang der Firma eine reibungslose Kooperation im Betrieb, personalpolitische Flexibilität und eine hohe Effizienz in innovativen Projekten ermögliche (vgl. auch Fürstenberg 1972, Deutschmann 1987, 1989a, Dore 1987, Koike 1988, Mikl-Horke 2000: 207f.).

Der freie Arbeitsvertrag mit seinen modernen Tugenden der individuellen Freiheit und Gleichheit herrscht – so scheint es hier – nur an der Oberfläche des Arbeitsmarktes. Sobald wir jedoch den Betrieb betreten, stoßen wir auf Verhältnisse von Gemeinschaft, Führer und Gefolgschaft. Hier liegt möglicherweise eine wichtigere Erklärung für den Erfolg des modernen Managements als in der Rationalität formaler Organisation.

Auf diesem Gedanken baut auch Alan Fox' (1974) Analyse der Krise der industriellen Beziehungen in Großbritannien in den siebziger Jahren auf.

Fox argumentiert unter Rekurs auf den Begriff der „organischen Solidarität" bei Durkheim, dass der freie Arbeitsvertrag niemals eine reibungslose Kooperation im Betrieb sicherstellen könne. Ohne eine moralische Verpflichtung des Arbeiters gegenüber dem Arbeitgeber bestehe immer die Gefahr des Abgleitens in eine instrumentalistische Interessenpolitik, die zu einem Teufelskreis wachsenden Misstrauens und schließlich zum Ruin der Wirtschaft führen müsse. In der Vergangenheit sei der Konsens zwischen Management und Arbeitern durch den stillschweigenden Fortbestand paternalistischer „Herr und Knecht"-Ideologien in der Industrie gewährleistet gewesen: „In the heyday of contract, the evolving modern law of employment was drawing heavily on the old master-servant law by incorporating the traditional subordination of the workman." (Fox 1974, 188). Die hierarchischen Autoritätsstrukturen im Betrieb können so lange intakt bleiben, wie auch die Gesellschaft noch durch paternalistische, ständische und obrigkeitsstaatliche Strukturen dominiert wird. Die Unternehmen greifen bei der Ausgestaltung ihrer internen Sozialbeziehungen nicht nur auf die Tradition, sondern bewusst oder unbewusst auch auf die von den Organisationsmitgliedern in ihrer vorberuflichen Sozialisation internalisierten Normen zurück. Manager, Vorgesetzte, Meister können ihren Führungsanspruch nicht allein aus ihrer bloß formalen Entscheidungskompetenz begründen, auch nicht allein aus ihrem Fachwissen, in dem sie den Untergebenen oft unterlegen sind. In einer noch durch ständische Traditionen beeinflussten Gesellschaft lehnen sie sich vielmehr an die etablierten Autoritätsmuster von Vätern, Staatsbeamten oder Offizieren an.[7] Jürgen Kocka (1969, 1981) hat am Beispiel der Firma Siemens herausgearbeitet, in welchem Ausmaß die Autoritätsstruktur deutscher Industrieunternehmen durch das Vorbild der preußischen Militär- und Staatsbürokratie geprägt war und dadurch den für sie charakteristischen „Überschuss" an hierarchischer Differenzierung

---

7 Zur Illustration sei nur die zeitgenössische Schilderung von Götz Briefs zitiert: „Es ist kein Zweifel, dass in Deutschland Kaserne und Volksschule soziale Kategorien geprägt haben, die dann in die Gestaltung der Betriebsbeziehungen hineinwirkten. Die militärisch geprägte Manneszucht erwies sich in dem deutschen industriellen Aufstieg als ein wertvolles Aktivum. Ein Rest und Abglanz feudaler und militärischer Herrschaftsanschauungen wurde in die Betriebsleitung auf dem Weg über das Reserveoffizierwesen, die akademische Ausbildung der Oberschichten und das Korporationswesen überführt. In der Leitung der industriellen Betriebe fanden und finden sich vielfach höhere militärische Chargen. Mehr und mehr wurde das deutsche Unternehmertum und die höheren Stäbe der Betriebsleitung von einem militärischen Pathos der Führung, der Distanzierung und des Befehls, dem schlechthin Gehorsam gebührt, verlockt. Es vollzog sich spürbar eine Formung der Betriebsleitung von der Spitze ihrer Hierarchie bis zum Werkmeister herunter durch das militärische Vorbild, und zwar um so widerstandsloser, je mehr zugewanderte, slawisch untermischte Bevölkerungsteile in die Arbeiterkontingente der Industriestädte einbezogen wurden. In vielen deutschen Betrieben wurde eine Abhängigkeit und Unterworfenheit von den Betriebsangehörigen verlangt, die über die sachlichen Anforderungen des Produktionsprozesses weit hinausreichte, und die Belegschaften als Betriebskontingente auch in ihrem bürgerlichen Leben anzusehen neigte" (Briefs 1959: 47).

entwickelte. Aber auch die aus der handwerklichen Tradition kommende Institution des Berufes und die in ihr vorgebildete Werkmeisterrolle war in Deutschland von großer Bedeutung. So erfährt der Betrieb beim Aufbau seiner internen Sozialordnung Entlastung durch die gesellschaftliche Umwelt.

Die Demokratisierung und Modernisierung der Gesellschaft unterhöhlt jedoch diesen Entlastungseffekt. Es kann nicht damit gerechnet werden, dass der Betrieb sich inmitten einer differenzierten, auf Individualismus und Demokratie hin orientierten Gesellschaft als Insel des Paternalismus erhalten lässt. Die zersetzenden Einflüsse der Gewerkschaften, der Politik, der Gesellschaft wirken auf die Organisation ein und untergraben die Autorität des Unternehmers. Dazu kommt die zunehmende Anonymität der internen Herrschaftsordnung aufgrund der Bürokratisierung der Unternehmen und der Taylorisierung der Arbeit, wie sie vor allem in der „Meisterkrise" (Jauch 1997) ihren Ausdruck findet. Sie leistet der Gefahr der Desintegration weiter Vorschub.

Eine ältere Studie, die den historischen Wandel unternehmerischer Ideologien über lange Zeiträume hinweg verfolgt, ist die von Reinhard Bendix (1956). Bendix befasst sich mit der Entwicklung in Großbritannien und den USA einerseits, Russland bzw. der Sowjetunion andererseits. Er zeigt zunächst am britischen Fall, wie der im 18. Jahrhundert noch dominierende traditionale Paternalismus durch einen ruppigen Sozialdarwinismus verdrängt wurde, der den Unternehmern die Legitimation gab, sich von den traditionellen Pflichten der Reichen gegenüber den Armen loszusagen; vor allem die Doktrinen von Malthus und Smiles waren hier von zentraler Bedeutung.

Bendix macht darauf aufmerksam, dass der Zerfall des Unternehmenspaternalismus vor allem auf seine Desavouierung durch die Unternehmer selbst zurückzuführen war: Im Namen der neuen Doktrin des Marktes kündigten sie ihre Fürsorglichkeit gegenüber ihren Arbeitern auf und verwiesen sie auf Fleiß, Sparsamkeit und Eigenverantwortung als einzigen Weg, dem Elend zu entkommen. Gleichwohl reklamierten sie für sich selbst eine ideologisch-moralische Erziehungsmission ihren Arbeitern gegenüber, wie Bendix am Beispiel Andrew Ures zeigt. Mit dieser inkonsistenten Haltung konnten die Unternehmer nur den Protest der Arbeiter provozieren. Das Aufkommen des Taylorismus steigerte die soziale und moralische Distanz zwischen Arbeitern und Unternehmern zusätzlich. So entstand ein Bedürfnis nach Ersatzideologien, das die „human relations"-Bewegung zu befriedigen suchte. Die Forderung nach „sozialen" und nicht nur „technischen" Führungsqualitäten der Vorgesetzten erhielt von nun an immer größeren Nachdruck – wenigstens in der Theorie, denn in der Praxis war den autoritären Umgangsformen vor allem der mittleren und unteren Vorgesetzten meist nur schwer beizukommen. Bendix beruft sich auf Barnard und seine These, dass betriebliche Herrschaft sich auf eine mindestens stillschweigende Zustimmung der Beherrschten stützen müsse. Besonderes Augenmerk galt schon vor dem Zweiten Weltkrieg der Gruppenarbeit als einer Arbeitsform, die geeignet sei, Vertrauen und Konsens im Betrieb zu fördern.

Bendix beschreibt eine langfristige Tendenz von offen autoritären zu subtileren, kommunikativ vermittelten Herrschaftsformen. Das Aufkommen der modernen „human relations" und „human resources"-Doktrinen sieht er als Versuch, die durch die Modernisierung der Gesellschaft verursachte Legitimitätslücke betrieblicher Herrschaft zu füllen.

4.2.6 „Organisationskultur" als Herrschaftsersatz?

Womit wir es zu tun haben – das ist die These von Fox und Bendix -, ist eine moralische Krise unternehmerischer Herrschaft, die in dem Maße akut wird, wie das moderne Vertragsdenken und die Ideen von Gleichheit und Demokratie auch in den Betrieb eindringen und die ständischen Grundlagen der Sozialordnung der Unternehmen unterhöhlen. Das Legitimitätsproblem tritt in verschiedenen Gesellschaften in unterschiedlicher Weise auf. Am wenigsten sichtbar ist es in den Ländern des „konfuzianischen" Kapitalismus (Japan, Südkorea, Taiwan), in denen paternalistische oder „clan"-ähnliche Strukturen der betrieblichen und gesellschaftlichen Sozialordnung sich bis heute erhalten haben, in Südkorea freilich nur unter beträchtlichen Spannungen (Chang 1999). Am akutesten zeigt es sich zweifellos in den angelsächsischen Ländern mit ihren historisch tief verankerten demokratischen und individualistischen Traditionen. Hier ist die Diskreditierung des traditionellen autoritären und zugleich fürsorglichen Paternalismus am deutlichsten, die Erosion unternehmerischer Herrschaft am offenkundigsten. An ihre Stelle tritt ein „instrumentelles" (Goldthorpe et al. 1968) Gegeneinander von Macht und Gegenmacht, wie es die britischen und amerikanischen Arbeitsbeziehungen (spätestens) seit den sechziger Jahren prägte.

Auch in der Bundesrepublik Deutschland ist seit den siebziger Jahren eine Erosion paternalistischer und autoritärer Führungsstrukturen in den Unternehmen festzustellen. Hermann Kotthoff (1994) stieß auf dieses Phänomen, als er seine in der Mitte der siebziger Jahre durchgeführte Untersuchung der Rolle der Betriebsräte in den gleichen Unternehmen fünfzehn Jahre später wiederholte. In nicht wenigen Betrieben, so stellte er fest, hatten regelrechte „Palastrevolutionen" stattgefunden, in deren Verlauf langjährig regierende Firmenpatriarchen zurücktraten und die ihnen treu ergebenen „Betriebsratsfürsten" abgewählt wurden. Oft standen diese Veränderungen im Zusammenhang mit einem Generationenwechsel bei der Unternehmensführung. Kotthoff beobachtete deutliche Veränderungen in den betrieblichen Arbeitsbeziehungen in Richtung einer Demontage autokratischer und paternalistischer Strukturen und eines zwar partnerschaftlichen, aber zugleich auch interessenbewussten Agierens der Betriebsräte. Er interpretiert die Kämpfe, die in vielen Betrieben stattfanden, als Ringen um eine kooperative Sozialordnung auf der Basis eines „vollwertigen Bürgerstatus" (1994: 317) der Beschäftigten und ihrer Vertretungen.

Die betriebswirtschaftliche Managementlehre versuchte, mit Konzepten wie „charismatische Führung", „Organisationskultur" und „Organisationsentwicklung" auf das immer lauter beklagte Problem der „inneren Kündigung" der Mitarbeiter zu antworten (Schein 1985, Dülfer Hrsg. 1991). Schrittmacher dieser Entwicklung waren amerikanische Bestseller-Autoren (Peters/Waterman, Deal/Kennedy) sowie die Japan-Mode der achtziger und frühen neunziger Jahre. Unternehmensberater entdeckten damals das „Modell" Japan und propagierten es als Patentrezept nicht nur für „schlanke" Arbeitsorganisation, sondern auch zur arbeitsmoralischen Aufrüstung in Europa und den USA (exemplarisch: Alston 1986). Auch wenn das „Modell Japan" inzwischen aus der Mode gekommen ist, hält die Suche nach neuen unternehmerischen Führungskonzepten, die die von der Erosion des Paternalismus hinterlassene ideologisch-moralische Lücke füllen sollen, an und nährt eine stetig wachsende Consulting-Industrie (Faust 2000). Die Kritik autoritär-bürokratischer Muster des Managementhandelns ist seither ein Gemeinplatz geworden. Die Pflege der „Humanressourcen" gilt als vordringliche Aufgabe des Managements (einen Überblick gibt Staehle 1990: 718f.). Zu diesem Zweck wird die „lernende Organisation" (Argyris/Schön 1978) propagiert; es wird das Leitbild des Vorgesetzten als sozial kompetenter „Kommunikator" gepredigt, oder es wird „charismatische Führerschaft" (kritisch dazu: Bryman 1992) eingefordert.

In der Praxis erweisen sich die genannten Formeln meist als nicht sonderlich hilfreich. Sie lösen das Dilemma des Vorgesetzten, zwar über Macht, nicht aber über Autorität zu verfügen, nicht, sondern bringen es nur zum Ausdruck. Die geforderten sozialen und psychologischen Qualifikationen sind nicht in gleicher Weise lernbar und objektivierbar wie fachliche Fertigkeiten und formale Kompetenzen und eignen sich daher nicht zur Begründung stabiler Formen von Autorität. Sieht man genauer hin, so bestehen sie meist aus Kombinationen gänzlich heterogener und auch psychologisch kaum vereinbarer Eigenschaften.

Der „gute" Vorgesetzte muss z.B. einfühlsam sein und zuhören können, aber zugleich Führungs- und Durchsetzungskraft beweisen. Er muss Zusammenhänge sehen und „Visionen" entwickeln, aber zugleich auf Details achten. Die Tugenden, die ihm abverlangt werden, erweisen sich, wie Scase/Goffee (1989: 63) mit Recht feststellen, als „nondefinable". Die Psychologisierung ihrer Führungsrolle versetzt die Führungskräfte in eine Situation auf Dauer gestellter „immaturity" (Sievers 1994: 198f.). Die über lange Jahre mit großem Aufwand betriebene Führungsstil-Forschung hat kaum greifbare Ergebnisse gebracht; aufgrund ihrer individualpsychologischen Blickrichtung vernachlässigt sie die Bedeutung sozialer Kontextfaktoren und emergenter Effekte (Kieser 1999a).

Die Unsicherheit, mit der der Vorgesetzte konfrontiert ist, wird noch dadurch verstärkt, dass viele Unternehmen im Zuge der marktgesteuerten Dezentralisierung ihrer Organisationsstrukturen von leistungs- zu ergebnisbezogenen Zielvereinbarungen übergehen. Die Umsatz- und Gewinnziele, die der Manager zu erreichen hat und von deren Erfüllung seine Karriere und seine Vergütung abhängt, sind zum großen Teil durch Faktoren bedingt, die sich seinem Einfluss entziehen und außerhalb seiner Kompetenz liegen. Gerade im mittleren Management klafft zwischen der offiziellen „Intrapreneur"-Rhetorik und den faktisch nach wie vor eng begrenzten Entscheidungsspielräumen oft eine beträchtliche Lücke (Walgenbach/Kieser 1995). Das klassische Dilemma des Auseinanderfallens von formaler Verantwortung und faktischer Kompetenz verschärft sich dadurch in einer für viele Führungskräfte schwer verkraftbaren Weise. Wiederum werden Berater eingeschaltet, um den Vorgesetzten bei der Bewältigung der sie zunehmend überfordernden Rollenkonflikte, Kommunikations- und Kompetenzprobleme beizustehen. Die Führungskräfte werden durch „coaching" und „personal-development"-Programme geschleust, in Psycho-Seminare geschickt und auf ihre kommunikativen Stärken und Schwächen hin durchleuchtet. Der Zweck vieler dieser Veranstaltungen scheint freilich nicht zu sein, den Teilnehmern die in ihrer Rolle liegenden Konflikte bewusst zu machen, sondern vielmehr, sie gegen ihre Erfahrung konsequent zu immunisieren.

Mit Hilfe fragwürdiger, nicht selten an Gehirnwäsche erinnernder psychologischer Techniken wird versucht, den Teilnehmern ein Bewusstsein subjektiver Allmacht und grenzenloser Belastbarkeit einzutrichtern (Schwerdtfeger 1998). So kommt es zu bizarren Erscheinungen: Gestandene Produktionsleiter, Entwicklungsingenieure, Marketing-Fachleute müssen über glühende Kohlen oder durch Glasscherben laufen, Ringelpietze veranstalten, gegenseitig sexuelle Erfahrungen beichten, an Gewaltmärschen teilnehmen. Man fragt sich, was skandalöser ist: Die hier betriebenen Formen der Indoktrinierung selbst oder die Bereitwilligkeit, mit der die Teilnehmer sich ihnen unterziehen.

Unter dem Einfluss der Beratungsindustrie werden darüber hinaus „Organisationskulturen" inszeniert und die Mitarbeiter entsprechend durch Betriebszeitungen, Schulungen, Embleme etc. indoktriniert (vgl. Wittel 1997). Sie sollen das Bild des Unternehmens nach außen hin profilieren und darüber hinaus vergemeinschaftende und motivierende Wirkungen nach innen erzeugen. Die kommerziellen Interessen der Berater spielen bei der Karriere der Unternehmenskultur-Konzepte eine nicht geringe Rolle: Es handelt sich um ein „Produkt", das nach allen Regeln der Kunst vermarktet wird (Alvesson/Berg 1992, Deutschmann 1993). Ob es freilich auch hält, was es verspricht, ist kaum überprüfbar und bis heute umstritten.

Der Anspruch der Organisationsentwickler und Personaltrainer, die Persönlichkeit der Mitarbeiter auf die Belange der Organisation hin zurechtzuformen, kollidiert mit den Realitäten einer funktional differenzierten Gesellschaft, in der, wie Neuberger (1994) mit Recht betont, Organisationen und Unternehmen keinen Zugriff auf den „ganzen Menschen" haben können[8]. Das Ansinnen, das Verhalten der Beschäftigten über die Inszenierung einer bestimmten „Kultur" des Unternehmens zu steuern, ignoriert die Differenzierungen zwischen Arbeitswelt, Familien- und Privatsphäre und die Plura-

---

8 Darin liegt, wie oben schon betont, die Berechtigung auch der Luhmann'schen Position.

lität der Rollensysteme, in die das Individuum einbezogen ist. Ignoriert wird auch die Tatsache, dass das Individuum bereits eine durch primäre und sekundäre Sozialisation erworbene soziale Identität verfügt, bevor es in die Firma eintritt. Das Individuum wird als unbeschriebenes Blatt behandelt, der Betrieb dagegen firmiert, ob ausgesprochen oder nicht, als „totale" Institution im Sinne Goffmans (1973). Die Organisationskultur-Programme sind ein „hegemoniales Instrument" (Wittel 1997): Sie zielen auf eine umfassende Indienstnahme der Subjektivität der Arbeitenden, indem sie ihr Denken und ihre Persönlichkeit zu homogenisieren suchen und die uneingeschränkte motivationale und zeitliche Verfügbarkeit der Mitarbeiter für die Firma zur Norm erheben. Es geht eben doch darum, der Firma den Zugriff auf die Fähigkeiten des ganzen Menschen zu öffnen und auch die privaten Lebenszusammenhänge der Beschäftigten in die Firma einzubinden.

Die gleiche Absicht wird mit der weit verbreiteten Methode der Zielvereinbarung („management by objectives") verfolgt. Die Beschäftigten und ihre Vorgesetzten werden oft dazu gebracht, Verantwortung für Marktergebnisse zu übernehmen, deren Erfüllung gar nicht in ihrer Macht steht. So soll ein Gefühl permanenten Ungenügens sich selbst und der übernommenen Aufgabe gegenüber entstehen; Schein (1988: 57) spricht von einer „subtle manipulation of guilt". Obwohl diese Kontrolltechniken taktisch unterlaufen werden können, sind sie dennoch mehr als nur „Sprachspiele". Sie zielen darauf, die Fremdkontrolle durch den Vorgesetzten in das Innere der Person zu verlagern und durch konsequentes, nach außen hin transparent gemachtes „Selbstmanagement" zu ersetzen. Die Subjektivierung und Personalisierung der betrieblichen Leistungspolitik geht Hand in Hand mit der Inszenierung organisationsinternen Marktdrucks durch die Dezentralisierung der Unternehmen. Die Marktmetapher wird auch auf die Beziehungen des Unternehmens zu seinen Beschäftigten angewandt: Der Mitarbeiter als „Intrapreneur" (Kühl 2000), das „fraktale" Unternehmen, das sich aus ineinander geschachtelten unternehmerischen Einheiten zusammensetzt (Warnecke 1992). Das Individuum firmiert am Ende als „Unternehmer" sogar seines eigenen Innenlebens. Der Markt als unerbittliche Kontrollinstanz lässt keine subjektiven Freiräume mehr zu und verwandelt sich in ein Foucault'sches „Panopticon" (Bröckling 2000). Was als „Befreiung" von äußeren, hierarchischen und bürokratischen Zwängen erscheint, erweist sich als umso umfassendere Vereinnahmung: „Das aufgewertete und 'befreite' Subjekt erbt im Zuge der Dezentralisierung gewissermaßen die Aufgabe der Instrumentalisierung seiner selbst. Mehr als bisher richtet es berufliche Ziele und lebensweltliche Bedürfnisse an den 'Erfordernissen' des Betriebes aus – nicht erzwungen, sondern freiwillig. Die Rücknahme der Fremdbestimmung in der Arbeit wird quasi zur Voraussetzung einer größeren Fremdbestimmung über den Sinn der Arbeit" (Moldaschl/Sauer 2000: 220).

Vor allem in den High-tech-Industrien nimmt der Zugriff der Firma auf den gesamten Lebenszusammenhang der Beschäftigten recht handfeste Formen an. Die Softwareindustrie ist berüchtigt für selbstauferlegten Leistungsdruck und lange, irreguläre Arbeitszeiten (Trautwein-Kalms 1995: 131f.). Vor allem Manager und hoch qualifizierte Experten führen unter dem Druck dezentralisierter unternehmerischer Verantwortung kaum noch ein Leben außerhalb der Firma (Baethge et al. 1995: 91f., Faust et al. 2000: 209f.). Der relativierende Einfluss außerbetrieblicher Normen und Verpflichtungen wird so tendenziell außer Kraft gesetzt. Auch in der industriellen Produktion führt die angeheizte Konkurrenz der Fertigungsteams um Rationalisierungsgewinne zu einem „Sozialklima enger wechselseitiger Kontrolle" (Moldaschl 1994: 142).

Dennoch gelingt die Vereinnahmung keineswegs bruchlos und ohne ungeplante Nebenwirkungen. Nicht alle Beschäftigten sind mit der Verwandlung der Firma in ein „surrogate home" so glücklich, wie Hochschild (1994) dies bei den von ihr befragten amerikanischen Angestellten – Männern wie Frauen – feststellte. Die Vereinnahmung der Person und des Privatlebens durch die Firma ist zwar, da sie als selbstauferlegt erfahren und inszeniert wird, schwer zu kritisieren. Ambivalente, resignierte, pessimistische, ironische, auch zynische Reaktionen sind jedoch weit verbreitet, zumal angesichts der fortbestehenden Kluft zwischen der offiziellen Partizipations- und Selbstverwirklichungsrhetorik und der faktischen Machtungleichheit im Betrieb (Kadritzke 1997, Faust et al. 2000)[9]. Viele Manager, Experten, Angestellte fühlen sich ausgebrannt und erschöpft, und im mittleren Alter nimmt die Angst, nicht mehr mithalten zu können, zu. Überdies setzt die Dezentralisierung der Organisationseinheiten nicht selten einen kontraproduktiven Partikularismus der Akteure frei, der dann durch gegenläufige Re-Zentralisierungsmaßnahmen der Konzernleitung wieder eingefangen werden muss

---

9 „Im Reorganisationsprozess" - so geben Faust et al. die Meinung eines in ihrer Untersuchung Befragten wieder - „würden die vom oberen Management hochgehaltenen Werte wie Offenheit und Ehrlichkeit mit Füßen getreten. Der Befragte sieht vor allem die hektische Betriebsamkeit, die organisatorische Unruhe und das dauernde Kampagnenwesen als Ursache der Belastungen der Beziehungen an. Besonders kritisch sieht er die vielfältigen zentral eingesteuerten Kampagnen und „Leitbildprozesse". Er berichtet von einem Kollegen: „Ach, sagt der, „dieses Leitbild, dieses Leitbild; ich bin ja vor etlichen Jahren aus der DDR gekommen, da war das genauso. Man stumpft irgendwann ab. Dann werden an jeder zweiten Hausecke angehangen 'Für den Sozialismus! Für den Sieg!' Jetzt alles dies, jetzt alles das; heute die Überschrift, morgen die Überschrift". In der Belegschaft, aber auch zum Teil unter Führungskräften der unteren und mittleren Ebenen, werde dies sehr skeptisch gesehen: „die verdrehen alle die Augen". Dennoch fördere der „Schlingerkurs" opportunistisches Verhalten. „Einige .. tragen das (Leitbild) wie ein Schild vor sich her und sagen: 'Jawohl, da müssen wir was dran machen' .. die drängeln sich in alle möglichen Workshops und Arbeitskreise rein, melden sich hier, melden sich da um sich selber in den Vordergrund zu schieben und interessant zu machen". Das Ganze werde zur „Farce" (Faust et al. 2000: 202/203).

(vgl. die bei Funder 1999 geschilderten Fallbeispiele). Der durch das Leitbild des „Intrapreneurs" stimulierte strukturelle Egoismus der Organisationsmitglieder lässt sich schwer mit der Forderung nach Identifikation mit übergreifenden Zielen und Werten der Firma vereinbaren, wie sie die „Organisationskultur"-Ideologien erheben.

Die scheinbar konträren Inszenierungen der „Organisationskultur" und des „internen Unternehmertums" verfolgen beide ein gemeinsames Ziel: Sie sollen den „Mitarbeiter" aus bürokratischer und hierarchischer Bevormundung befreien und so seine kreativen Energien freisetzen. Aber durch die Demontage bürokratisch-hierarchischer Strukturen wird die hinter ihnen stehende Asymmetrie der Macht keineswegs abgeschafft. Sie wird, wie in dem oben angesprochenen Fall der Netzwerkorganisation, lediglich unkenntlich gemacht und gewinnt damit einen anonymen, schwer zu greifenden Charakter. Die Folge ist, dass paradoxe Verhaltenserwartungen geweckt werden. Es entsteht ein anstrengender Zustand der Unsicherheit, des Lavierens und Experimentierens, der durch die Dauerpräsenz der Berater sowohl signalisiert als auch perpetuiert wird (Ernst/Kieser 1999). Nach wie vor wird ja in und zwischen Betrieben keineswegs nur konkurriert, es muss, sogar mehr denn je, auch kooperiert werden. Kühl charakterisiert die Situation treffend wie folgt: „Motto: Jeder sucht sich seinen eigenen Weg, aber wir sitzen alle in einem Boot. Einerseits sollen die Unternehmer im Unternehmen die Regelwerke verletzen, andererseits aber auch die vom Unternehmen vorgegebenen Strukturen achten. Motto: Tue was du willst, aber verletze ja nicht die geschriebenen und ungeschriebenen Gesetze" (Kühl 2000: 827).

Instruktiv ist die von Wittel (1997) vorgelegte Fallstudie über ein Unternehmen der Computerindustrie. Die von dem Management dieser Firma planvoll geschaffenen organisationsideologischen Sprachregelungen wurden zwar, wie Wittel zeigt, von den Beschäftigten im Allgemeinen bereitwillig aufgenommen und akzeptiert. Aber in der Praxis wurde das vergemeinschaftende Vokabular der Firmenideologie von den verschiedenen Beschäftigtengruppen – Manager, Ingenieure und Ingenieurinnen, Sekretärinnen – ganz unterschiedlich interpretiert und zur Legitimation ihrer gruppenspezifischen Interessen genutzt. Die daraus resultierenden Spannungen machten Klarstellungen des Managements über die „richtige" Linie nötig – mit dem Ergebnis von Frustration bei den durch diese Klarstellungen Benachteiligten. Die Differenz zwischen dem offiziell inszenierten Bild von Egalität und Offenheit und den faktisch fortbestehenden, aber nicht mehr als solche thematisierbaren hierarchischen Abhängigkeiten war vielen Beschäftigten deutlich bewusst. So entwickelte die Firmenideologie trotz ihrer indoktrinierenden und homogenisierenden Funktionen ein partielles „Eigenleben". Allzu aufdringliche Indoktrinierungsversuche der Firmenleitung führten zu Rückzugs- und Selbstschutzreaktionen oder auch zu offener Kritik.

Über einen anderen aufschlussreichen Fall haben McKinlay und Taylor (1996) berichtet. Es handelte sich um eine auf der „grünen Wiese" in Schottland gegründete Niederlassung einer amerikanischen Elektronikfirma. Im Zusammenhang mit einer in den achtziger Jahren geplanten neuen Marktoffensive verkündete das Management einen „radikalen" Wandel der Arbeitsorganisation: Hierarchische Kontrolle sollte abgeschafft und die steuernden und disziplinierenden Funktionen des Managements vollständig durch eine Selbstregulierung der operativen Teams ersetzt werden. Um die Arbeitsleistung jedes einzelnen Gruppenmitglieds zu überwachen, wurden die Teams zur Abhaltung regelmäßiger „peer reviews" verpflichtet: Jedes Gruppenmitglied hatte das Verhalten jedes anderen nach zehn formal festgelegten Kriterien zu bewerten. Die Beschäftigten machten auch hier zunächst bereitwillig mit, aber schon bald machte sich unter dem Druck der zunehmenden Anforderungen Streit und Misstrauen breit. Nach einer Weile gingen die Gruppenmitglieder stillschweigend dazu über, das System durch Vergabe stets gleicher Noten für alle zu unterlaufen. Das Management reagierte hierauf, indem es die Arbeitsleistung der Beschäftigten eigenmächtig nach einer hierarchischen Skala zu klassifizieren versuchte. Dadurch provozierte es einen offenen Arbeitskonflikt: Die Belegschaft warf der Unternehmensführung vor, das beschlossene Prinzip der Teamautonomie zu verletzen.

Die in vielen Management-Textbüchern propagierte Vorstellung einer „kulturellen" Steuerung des Verhaltens der Firmenmitglieder läuft, wie Ulrike Berger (1993) gezeigt hat, auf eine oft recht verkürzte Gleichsetzung von „Kultur" mit Indoktrination oder gar Manipulation hinaus. In einem soziologisch differenzierten Sinn ist Kultur als symbolische Ordnung der Wirklichkeit zu verstehen. Sie ist gerade kein „Instrument" des Managements oder irgendeines anderen Akteurs, sondern entsteht unwillkürlich durch die Geschichte des Unternehmens. Sie ist weder homogen, noch konsistent, sondern besteht aus einem Reservoir unterschiedlicher, nur lose gekoppelter Sinnsysteme, die kontextspezifisch aktualisiert werden. Daher kann auch der Anspruch einer „festen Koppelung" von Kultur und Handeln nicht aufrechterhalten werden. Kultur beeinflusst Handeln nicht im Sinne des Verhältnisses von Ursache und Wirkung, sondern ermöglicht Handeln gerade dadurch, dass sie Alternativen und Spielräume eröffnet.

Organisationskulturen lassen sich daher nicht von außen her installieren und auf den Unternehmenserfolg hin funktionalisieren. Sie sind zwar, darin ist Schreyögg (1998) zuzustimmen, gewiss kein „Naturschutzpark". Aber zielorientierte Veränderungen sind nur von „innen" heraus möglich. Das erfordert Geduld und vor allem Selbstreflexion der Beteiligten – Voraussetzungen, die in dem durch hierarchische Abhängigkeiten und Leistungsdruck geprägten Klima der Unternehmen nur selten gegeben sind. Die Debatten um „Organisationskultur" und „lernende" Organisationen signalisieren zweifellos den wachsenden Bedarf der Unternehmen nach Kommunikation und Diskurs. Aber, wie Matthies (1999) mit Recht feststellt: Aus dem Bedarf nach Diskurs allein entsteht noch nicht die Fähigkeit, ihn auch wirklich zu führen.

Die Schwierigkeiten, die Unternehmen heute bei der Definition ihrer kollektiven Identität haben, gehen – dies hatten Fox und Bendix gezeigt – nicht nur auf betriebliche, sondern auf gesellschaftliche Ursachen zurück. Der Versuch, dem durch die Demokratisierung der Gesellschaft bedingten Legitimitätsverlust unternehmerischer Herrschaft mit den Mitteln organisationskultureller Indoktrinierung abzuhelfen, stellt daher ein Kurieren an Symptomen dar. Die Tragfähigkeit der unternehmensinternen Arbeitsbeziehungen hängt zu einem wesentlichen Teil vielmehr von der Verfassung der überbetrieblichen Institutionensysteme des Arbeitsmarktes ab. Letzteren wollen wir uns nun zuwenden.

4.3 Die Institutionensysteme des Arbeitsmarktes

4.3.1 Kampf um Anerkennung

Gegen die Argumentation der vorangegangenen Kapitel könnte der Einwand erhoben werden, dass wir die Differenz der Begriffe Macht und Herrschaft überbetonen. Dass beide Konzepte sich durchaus miteinander verbinden lassen, ist die These einer umfangreichen Literatur, die sich durch den „Rational choice"-Ansatz und seine Varianten leiten lässt. Behauptet wird hier, dass nicht nur formale Organisationsmacht, sondern auch Verhältnisse von Herrschaft und Vertrauen sich als Resultate je spezifischer Konstellationen von rationalen Wahlhandlungen autonomer Individuen deuten lassen. Die transaktionskostentheoretische Deutung von Hierarchien und Netzwerken durch Williamson (1975, 1985) gehört ebenso dazu wie die spieltheoretische Modellierung von Vertrauen durch Axelrod (1984); zu nennen sind darüber hinaus die Property-Rights- und Principal-Agent-Ansätze aus der ökonomischen Theorie sowie Colemans Versuch, Herrschaft aus individuellen Wahlhandlungen zu erklären (Coleman 1991, Maurer 1999, Küpper/Felsch 1999).

Die Antwort auf diesen Einwand müsste zunächst lauten: Was durch die Rational choice-Ansätze ebenso wenig wie durch organisationstheoretische Konzepte erfasst werden kann, ist das, was wir oben mit Kotthoff als zentrales Moment von Herrschaft hervorgehoben haben: *Anerkennung*. Auch Vertrauen beruht nicht allein auf der faktischen Erfahrung, sondern auf der Erwartbarkeit kooperativer Reaktionen der Gegenseite und setzt daher ebenfalls Anerkennung voraus. Unterstellt werden in den Rational choice-Modellen immer schon voneinander unabhängige individuelle Akteure, die sich als Rechtspersonen, nicht nur als Mittel zur Erreichung ihrer wechselseitigen Ziele begegnen. Zur Darstellung dieses grundlegenden Sachverhalts fehlen den Rational choice-Ansätzen jedoch die begrifflichen Mittel. Sie bilden nicht die Unterscheidung zwischen dem Anderen als Person und seinen Handlungsmöglichkeiten ab, von der die Akteure in ihren Transaktionen immer ausgehen. Nur Letztere können Objekt rationaler Kalkulationen sein, nicht aber die wechselseitige Zuschreibung von Personalität, die vielmehr für die Identität und Handlungsfähigkeit der Akteure selbst konstitutiv ist. Die Theorie rationaler Wahlhandlungen kann daher nur die Transaktionen von Akteuren im Rahmen einer gegebenen Sozialordnung erklären, nicht jedoch die Konstitution dieser Ordnung selbst[10]. Rationales Handeln setzt eine gefestigte soziale Identität der Beteiligten voraus, die nur auf dem Boden eines elementaren Niveaus an *gegenseitiger* Respektierung der Würde und Integrität der Beteiligten erwachsen kann.

Axel Honneth (1992, 1996) hat, in Anknüpfung an Habermas, das von dem jungen Hegel entworfene Modell von Anerkennung mit Hilfe von Meads Theorie symbolgestützter Interaktion rekonstruiert. Danach übernimmt das Individuum die Haltung der anderen sich selbst gegenüber. Es kann sich selbst nur achten, wenn es signifikanten Anderen begegnet, die ihm diese Achtung entgegenbringen. Indem es sich mit dieser Haltung identifiziert, entwickelt es seine Identität . Es wächst in die Welt der generalisierten moralischen und rechtlichen Normen der Umwelt hinein und kann damit seinerseits andere anerkennen. Jeder und jede der Beteiligten muss anerkennen *und* anerkannt werden. Das setzt die Existenz dritter, intermediärer Strukturen voraus, die den Prozess der Übernahme der Haltung des Anderen vermitteln und sich zugleich in ihm weiterentwickeln. Honneth unterscheidet drei Formen von Anerkennung: Liebe bzw. Freundschaft, rechtliche Anerkennung und schließlich soziale Wertschätzung von individuellen Leistungen und Fähigkeiten. Wie wichtig Anerkennungsverhältnisse in der zweiten und dritten der von Honneth genannten Bedeutungen gerade im Rahmen des Arbeitsverhältnisses sind, wird auch in der Industriesoziologie erst in neuerer Zeit deutlich erkannt und diskutiert (Holtgrewe et al. Hrsg. 2000). „Auch wenn der primäre Zweck des Betriebes" – so formuliert es Kotthoff – „nicht Anerkennung, sondern Geldvermehrung ist, so ist er doch immer dann, wenn das Geldvermehren zu einer Dauerveranstaltung werden soll, auf Anerkennungsbeziehungen angewiesen, weil Dauer ohne Anerkennungspflicht nicht denkbar ist. Denn, wenn der Betrieb sich der Welt der Moral und der Anerkennung verschließt, hat er ein Kontrollproblem, das seinen Fortbestand unterminiert. Die Folgen wären nämlich Protest und die Aufkündigung von Engagement, Motivation und Mitarbeit und die Bildung einer Gegenkultur" (Kotthoff 2000, S. 34).

Anerkennungsverhältnisse setzen eine annähernd symmetrische Machtverteilung zwischen den Akteuren voraus. Wo die Verteilung der Ressourcen und Handlungsrechte stark ungleichgewichtig ist, können authentische An-

---

10 Dazu zuletzt auch Schmidt 2000

erkennungsbeziehungen nicht zustandekommen. Die Anerkennung der stärkeren durch die schwächere Seite wird dann zwangsläufig durch Motive der Anpassung und des Opportunismus infiltriert. Die stärkere Seite andererseits sitzt dem Schein der Authentizität des Verhaltens der anderen auf und klammert sich an ihn. Unter den Prämissen einer derart verzerrten Kommunikation kann das in Rational choice-Modellen anvisierte Positivsummenspiel rationaler Wahlhandlungen kaum zustandekommen. Angenommen wird daher in der Regel eine symmetrische oder allenfalls maßvoll asymmetrische Ausstattung der Akteure mit Ressourcen und Handlungsrechten. Was aber, wenn der eine Akteur über den Inbegriff aller Handlungsrechte, nämlich Kapitalvermögen verfügt, der andere aber nur über seine Arbeitskraft? Was, wenn die „exit"-option für den einen Tauschpartner mit so hohen Kosten verbunden ist, dass faktisch keine Alternative zur Fortsetzung des bestehenden Vertrages existiert? Unter solchen Voraussetzungen dürfte es kaum möglich sein, die natürliche Neigung der unterlegenen Vertragspartner zum Opportunismus mit dem Mittel der Hierarchie zu unterdrücken. Wie Granovetter (1985) mit Recht kritisiert, wird die Fähigkeit von Hierarchien, Kooperation und Folgebereitschaft zu mobilisieren, von Williamson nicht weniger überschätzt als bereits von den „klassischen" Organisationstheoretikern. Was die Entstehung von Vertrauen aufgrund reziproker „Tit-for-Tat"-Strategien in iterativen Spielen gemäß dem Modell Axelrods betrifft: Erfolgversprechend kann dieses Muster für beide Partner nur dann sein, wenn für jeden mit hinreichender Sicherheit ausgeschlossen ist, dass der andere sich verabschiedet und den Ertrag aus der Kooperation allein kassiert. Dies ist aber wiederum nur in Konstellationen mit annähernd symmetrischer Machtverteilung und entsprechend reziproken Abhängigkeitsbeziehungen, nicht aber bei ungleicher Macht der Fall. Und schließlich wäre es bei ungleicher Macht auch kaum denkbar, Herrschaftsfunktionen aufgrund freier individueller Entscheidungen an eine dritte Partei zu übertragen, wie es die Principal-Agent-Ansätze und das Modell Colemans vorsehen. Für die „Agents" wäre es dann unmöglich, den „Principal" an einer exzessiven Auslegung seiner Eigentumsrechte zu hindern und sich gegen das Risiko der Ausbeutung abzusichern. Umgekehrt wären auch die Kontroll- und Motivierungsprobleme des Principal unüberwindlich.

Auch aus der Perspektive individualistischer Ansätze erscheint damit eine Folgerung unabweisbar: In einer „reinen" Klassengesellschaft, in der Kapitaleigentümer Akteuren gegenüberstehen, die über nichts als ihre Arbeitskraft verfügen, ist es den Kapitaleigentümern unmöglich, diejenige Ressource zu mobilisieren, auf die sich gerade ihr Hauptinteresse richtet: die Produktivität und Kreativität lebendiger Arbeit. „Vertrauen" und „Kooperationsbereitschaft" auch und gerade im individualistischen Verständnis könnten in einer solchen Situation nicht entstehen. Abgerufen werden könnten allenfalls Arbeitsleistungen, die auch technisch oder organisatorisch hinreichend kontrollierbar sind. Dies aber sind Arbeitsfunktionen, die – wie wir oben argumentiert hatten – sich in einem Algorithmus abbilden lassen. Sie sind damit prinzipiell technisierbar und fallen über kurz oder lang der technischen Objektivierung anheim. Die Ironie des technischen Fortschritts liegt darin, dass er das relative Gewicht der standardisierbaren Arbeitsleistungen sinken, das der „freiwilligen" (Akerlof 1983) Überschussleistungen der Arbeiter dagegen steigen lässt. Dieser Effekt zeigt sich nicht erst heute, sondern auch schon in früheren Phasen der kapitalistischen Entwicklung; in der heutigen informationstechnisch geprägten Ökonomie erreicht er freilich seinen vorläufigen Höhepunkt. Was bleibt, sind die gewährleistenden, kooperativen, innovativen Arbeitsleistungen, die sich der ingenieurwissenschaftlichen Rekonstruktion und dem formalen Kontrollzugriff des Managements entziehen. Sie können letztlich nicht erzwungen, sondern nur „freiwillig" nach Maßgabe entsprechender Gegenleistungen der Unternehmerseite erbracht werden.

Die Gegenleistungen bestehen nicht nur in Lohn, sondern in „Status". Der Unternehmer, der die Kreativität und Kooperationsbereitschaft seiner Arbeiter mobilisieren will, ist in seinem wohlverstandenen Eigeninteresse gehalten, die Gegenmacht der Arbeitnehmerseite nicht nur hinzunehmen, sondern *institutionell anzuerkennen*. Das Honorar für die extrafunktionalen Leistungen der Arbeiter kann sich nicht auf „Effizienzlöhne" und natürlich auch nicht auf schöne Worte und betriebsgemeinschaftliche Rhetorik beschränken. Auch im Arbeitsverhältnis ist die Herr-Knecht-Dialektik wirksam und führt, wie bei Hegel, zu einer Bewegung des „Anerkennens". Nolens volens wird der Arbeitgeber einer Einschränkung der Machtasymmetrie zu seinen Ungunsten zustimmen müssen, die es auch den Arbeitern ermöglicht, als strategisch handelnde Akteure am Arbeitsmarkt aufzutreten. Das Principal-Agent-Problem stellt sich nun nicht nur in einseitiger Form, als Opportunismus des Arbeitgebers,[11] sondern doppelseitig: Auch die Agenten, nicht mehr nur der Prinzipal, können nun täuschen und betrügen. Ironischerweise muss sogar der Prinzipal selbst in gewisser Weise daran interessiert sein, sie in diese Lage zu versetzen. Denn nur, wenn das Abhängigkeitsverhältnis am Arbeitsmarkt nicht einseitig, sondern reziprok ist, kann es sich für die Arbeitnehmer überhaupt „lohnen", mehr als nur vorschriftsmäßige Leistungen für das Unternehmen zu erbringen und auch in die eigene Qualifizierung zu investieren. Erst auf der Basis institutionalisierter individueller und kollektiver Arbeitnehmerrechte kann sich ein stabiler „internal state" (Burawoy 1979: 109f.) entwickeln, der das notwendige Minimum an Vertrauen und Solidarität im Unternehmen ermöglicht.

Eine Konstellation des relativen Machtgleichgewichts kann sich zwar durchaus auch auf spontane und natürliche Weise ergeben: In Situationen allgemeinen Arbeitskräftemangels oder bei Arbeitern mit „monopolisti-

---

11 Merkwürdigerweise hat sich die Principal-Agent-Literatur, darauf weist Schreyögg (1998: 83) im Anschluss an Perrow hin, immer nur für den Opportunismus der Agenten, nicht aber für den des Prinzipals interessiert.

schen Qualifikationen" (Max Weber), deren Fähigkeiten so knapp und gefragt sind, dass sie sich in einer starken Verhandlungsposition befinden. Aber solche Konstellationen sind meist nicht von Dauer und können daher keine strukturbildenden Effekte haben. In der Regel dürfte die Korrektur der Machtasymmetrie nicht aufgrund spontaner Marktkräfte oder aufgrund eigener Einsicht der Unternehmerschaft[12] erfolgen. Sie kommt vielmehr erst unter dem Druck kollektiver, gewerkschaftlicher und politischer Kampfmaßnahmen der Arbeiterschaft und durch die sukzessive Intervention „dritter" Instanzen zustande. Darin liegt die Funktion intermediärer Verbände und Institutionen (Streeck/Schmitter 1985) sowie staatlicher Eingriffe und gesetzlicher Regelungen. Das unternehmerische Legitimationsproblem in der modernen Gesellschaft lässt sich nur gesellschaftlich, nicht allein betrieblich lösen. Mit dieser Überlegung lässt sich die Entwicklung die Asymmetrie der Arbeitsmarktmacht und den Warencharakter der Arbeitskraft einschränkender Institutionen erklären. Drei dieser Institutionensysteme sollen im Folgenden genauer betrachtet werden:

- Die durch Regeln für Eintritt, Qualifizierung und Mobilität der Arbeitskräfte bestimmte institutionelle Struktur von Ausbildung und Arbeitsmarkt. Ihre Funktion ist es, die mit einer spezifischen Qualifikation verknüpften gewährleistenden, kooperativen und innovativen Beiträge der Arbeiter anzuerkennen. Erst dadurch wird es beiden Parteien des Arbeitsvertrages möglich, in die Qualifikation der Arbeitskraft zu investieren und die Kosten und potentiellen Erträge solcher Investitionen abzuschätzen.

- Das System der industriellen Beziehungen mit seinen prozeduralen und substantiellen Regeln für die Festlegung der Leistungs- und Entlohnungsbedingungen. Es zielt darauf, eine ruinöse Konkurrenz der abhängig Beschäftigten zu verhindern und sie über ihre bloße Objektrolle am Arbeitsmarkt hinauszuheben. Zugleich wird eine *reziproke* Erwartungssicherheit hinsichtlich der Konditionen des Verkaufs der Arbeitskraft zwischen beiden Parteien am Arbeitsmarkt hergestellt.

- Betriebliche und überbetriebliche Systeme sozialer Sicherung, die dem einzelnen Arbeitnehmer Schutz gegen die Risiken des Arbeitslebens gewähren und den Warencharakter der Arbeitskraft begrenzen.

Die Leistung dieser Systeme besteht, nach dem bekannten Wort Theodor Geigers, in der „Institutionalisierung des Klassenkonflikts". Sie stellen, wie rudimentär auch immer, jene in „Rational choice"-Theorien immer schon

---

12 Diese sollte freilich nicht unterschätzt werden. Burkhard Lutz etwa weist darauf hin, dass die in den sechziger Jahren von vielen großen westdeutschen Unternehmen betriebene Politik der Stabilisierung interner Arbeitsmärkte auf deren eigene Entscheidungen zurückging und nicht etwa, wie von neoliberalen Deregulationisten behauptet, auf politisch-legislative Maßnahmen (Lutz 1998: 121). In der Zeit vor dem Ersten Weltkrieg ragt als Beispiel eines sozialpolitisch weitsichtigen Unternehmertums Ernst Abbe in Jena hervor.

unterstellte Reziprozität des Machtverhältnisses für den Arbeitsmarkt erst her. Sie begründen einen sozialen, arbeits- und tarifrechtlichen Status des einzelnen Arbeitnehmers, der ihn über sein Dasein als Spielball des Arbeitsmarktes heraushebt. Erst jetzt werden die abhängig Beschäftigten als Mitspieler anerkannt. Institutionelle Ordnungen des Arbeitsverhältnisses schaffen die *notwendige* Voraussetzung für Vertrauen und Kooperation in den Arbeitsbeziehungen moderner Gesellschaften, ohne ihr Zustandekommen freilich schon *zureichend* zu erklären. Dafür wäre nicht nur die institutionelle, sondern darüber hinaus die persönliche Form der Anerkennung notwendig, die aber in dem durch exzessive Konkurrenz und Abhängigkeit bestimmten Klima des kapitalistischen Betriebes nur schwer gedeihen kann (Holtgrewe et al. 2000). Institutionelle Ordnungen des Arbeitsverhältnisses haben sich in *allen* Industrieländern im Zuge ihrer kapitalistischen Entwicklung herausgebildet. Im Einzelnen sind sie je nach dem kollektiven Kräfteverhältnis zwischen den Arbeitsmarktparteien, nach nationaler und kultureller Tradition ganz unterschiedlich ausgestaltet. Ins Auge fällt vor allem die Differenz zwischen Systemen, in denen der Schwerpunkt der institutionellen Regelungen des Arbeitsverhältnisses auf Unternehmensebene angesiedelt ist, und solchen, in denen überbetriebliche Strukturen dominieren. Unter den heutigen Bedingungen beschleunigten Strukturwandels und einer raschen Internationalisierung der Wirtschaft geraten die nationalen Institutionensysteme des Arbeitsmarktes unter einen wachsenden Vergleichs- und Veränderungsdruck, der allerdings keineswegs notwendig, wie manchmal behauptet, zu einer Nivellierung und Angleichung führen muss.

Institutionen können die Probleme der doppelten Kontingenz des Handelns lösen, indem sie die Funktionen der Legitimierung sowie der kognitiven und zeitlichen Orientierung erfüllen.[13] Die leitende These der folgenden Überlegungen wird sein, dass in den genannten Institutionen des Arbeitsverhältnisses die Basis der modernen Lösung der Legitimations- und Ordnungsprobleme unternehmerischer Herrschaft zu sehen ist.

4.3.2 Institutionelle Ordnungen von Ausbildung und Arbeitsmarkt

4.3.2.1 Berufliche und betriebliche Qualifizierung und die Segmentierung des Arbeitsmarktes

Menschliche Individuen sind nicht unbegrenzt produktiv und flexibel; sie sind nicht Träger „reiner" Kreativität. Kreative Fähigkeiten erwachsen stets auf dem Boden von *Qualifikationen* für betriebliche und berufliche Aufgaben, die in einer vorherigen Ausbildung entwickelt werden müssen. Ausbil-

---

13 Wir orientieren uns, wie oben angemerkt, an dem durch die Konzepte Habitualisierung, Objektivierung und Legitimierung definierten Institutionenbegriff Berger/Luckmanns (1969).

dung bedeutet: Erwerb von Kenntnissen und Fertigkeiten, Lernen von spezialisierten Symbolsystemen, Regeln und Routinen. Erst auf der Basis einer auf spezifische Aufgaben zugeschnittenen Habitualisierung und Routinisierung von Fertigkeiten wird es dem Individuum möglich, mit den so erworbenen Routinen souverän und kreativ umzugehen und eigentlich innovative Leistungen zustandezubringen. Auch der Künstler muss zunächst sein aus elementaren Routinen bestehendes „Handwerk" erlernen, der Violinist z.B. jahrelang Griffe, Bogentechniken, Intonation üben.

Wer etwas können will, muss sich spezialisieren und auf einen bestimmten Ausbildungsgang festlegen, was immer auf eine Entscheidung unter Risiko hinausläuft. Auf sich allein gestellt, wäre das Individuum bei der Abwägung dieser Risiken überfordert; es benötigt Rückendeckung und Entlastung durch die Gesellschaft. Welche Qualifikationselemente in einem einheitlichen Berufsbild miteinander verbunden werden und welche nicht, ergibt sich nicht allein aus situativen Gegebenheiten oder sachlichen Funktionszusammenhängen, sondern ist durch die gesellschaftliche „Schneidung" von Berufen (Beck/Brater 1978) vorgegeben. Berufe sind institutionell verankerte soziale Schemata, die technische und ökonomische Problemlösungen mit den Bedürfnissen, Interessen und biographischen Orientierungen der Arbeitenden vermitteln. Sie verleihen individuellen Lernprozessen eine gesellschaftlich anerkannte Form und sichern damit die Chance kontinuierlicher Erwerbstätigkeit. Für die Arbeitgeber erfüllen sie eine Signalfunktion bei der Lösung der Probleme der Personalauswahl wie der Strukturierung der Arbeitsplätze, für die Beschäftigten bilden sie Leitlinien und Fixpunkte ihrer Arbeitsbiographien.[14] Beruf – so definiert Fürstenberg – ist eine „spezifische Form der Erwerbstätigkeit, die auf einer relativ dauerhaften Verbindung von systematisch in Lernprozessen erworbenen Qualifikationen mit entsprechenden Tätigkeitskomplexen beruht und ihrem Träger einen gesellschaftlich anerkannten Status sowie Handlungskompetenz im Rahmen sanktionierter Regelbindung vermittelt." (Fürstenberg 2000: 20). Berufliches Lernen ist eine auf den Erwerb fachlicher Fertigkeiten gerichtete Aktivität, die sich nicht auf Anpassung an gegebene Anforderungen und technische Funktionen reduziert.

„Die allgemeinste Definition des Lernens lautet, dass eine externe Struktur 'verinnerlicht', d.h. mental reproduziert wird. Der Lernende schafft ein internes – in der Regel vereinfachtes – Bild der externen Realität. Wenn von Bild gesprochen wird, ist nicht nur Abbildung gemeint. Der Lernprozess beschränkt sich nicht auf die Wiederspiegelung äußerer Tatsachen; das Individuum ist immer aktiv an dieser Reproduktion beteiligt. Das Resultat des Lernens – die interiorisierte Struktur – ist ebenso Abbild des Gegenstandes

---

14 In der aktuellen Diskussion über die angebliche „Antiquiertheit" der Beruflichkeit der Arbeit werden diese beiden elementaren Funktionen der Institution des Berufes häufig übersehen. Würde der Beruf wirklich von der Bildfläche verschwinden - wie könnte Arbeit dann noch als biographisch sinnvoll erlebt werden, wie könnten Arbeitgeber dann noch qualifiziertes Personal vom externen Arbeitsmarkt mit vertretbarem Zeit- und Kostenaufwand rekrutieren?

wie Produkt der eigenen Aktivität. Das innere Bild dient als Modell der Handlung, d.h. als Handlungsregulativ" (Windolf 1981: 20).

Die berufliche oder betriebliche Ausbildung baut auf der vorherigen individuellen Sozialisation in Familie und Schule auf und ist von ihr abhängig. Über den Zusammenhang der Sozialisation sind Organisationen und Betriebe in die Kultur und Sozialstruktur der ganzen Gesellschaft eingebunden. Bevor das Individuum fachliche Qualifikationen und Fertigkeiten erwirbt, trifft es in der primären Sozialisation in der Familie auf „signifikante Andere". Durch die Identifikation mit ihnen entwickelt es sein Selbstbild und macht sich mit den elementaren Normen und Regeln der Gesellschaft vertraut (Berger/Luckmann 1969: 139f.). In Familie und Schule erlernt es allgemeinere kulturelle und moralische Handlungsmuster, sprachliche und kognitive Fähigkeiten, Lebensstile, die nach Klasse, Schicht, Geschlecht und Nationalität differenziert sind. Für ihre zusammenfassende Bezeichnung hat sich der von Bourdieu geprägte Begriff des „sozialen Habitus" eingebürgert. Der Erwerb des sozialen Habitus geht der beruflichen und betrieblichen Qualifizierung nicht nur zeitlich, sondern von der inhaltlichen Logik her voraus. Er bleibt in ihr präsent und strukturiert objektive Berufschancen, die subjektive Berufswahl sowie die sozialen, sachlichen und zeitlichen Orientierungen gegenüber der Erwerbsarbeit überhaupt. Drexel (1994) spricht auch von „Qualifikationstypen", die als Hintergrundstruktur von Berufsfeldern wirksam sind und deren konkreten Zuschnitt prägen. Die ungleichen Chancen von Männern und Frauen, von Arbeiter- und Akademikerkindern hängen mit der geschlechts- und schichtspezifischen Ungleichheit ihres sozialen Habitus bzw. Qualifikationstyps zusammen. Sie prägt die bei Bewerbungen und Einstellungen so entscheidenden sozialen Hintergrundmerkmale: Wieweit wird eine Person als zuverlässig, motiviert, ehrgeizig, durchsetzungsfähig, kooperationsfähig usw. eingeschätzt? Kann sie sich angemessen artikulieren, kann sie sich in Situationen und Personen hineinversetzen?

Lernen ist ein Prozess, in dem das Individuum seine Persönlichkeit unter der Ägide von „generalisierten Anderen", Eltern, Lehrern und Erziehern, heranbildet. Während die grundlegenden Konturen des individuellen Charakters in der primären Sozialisation entstehen, baut die sekundäre und berufliche Sozialisation auf einem zunehmend gefestigten Selbst auf. Die Anforderungen an die individuelle Handlungskompetenz, die Fähigkeit rationalen Abwägens von Zielen und Folgen nehmen im Übergang von der primären zur sekundären Sozialisation zu. Die Berufswahl ist eine ebenso komplexe wie folgenschwere Entscheidung, die nicht wenige Jugendliche überfordert (Fürstenberg 1997: 38f.). Es gilt, nicht nur die eigenen Fähigkeiten und Neigungen realistisch einzuschätzen, sondern auch die Vorteile, Kosten und Risiken der Festlegung auf einen spezifischen Ausbildungsgang abzuwägen.

In einer reinen Konkurrenzwirtschaft mit atomistischem Arbeitsmarkt wären die Probleme der Berufswahl aufgrund des doppelt kontingenten Charakters der Entscheidung selbst für Erwachsene unlösbar. Weil das Risiko der Investition in spezialisierte Qualifikationen hier unkalkulierbar wäre, könnte eine solche Wirtschaft nur Arbeitnehmer hervorbringen, die unbegrenzt flexibel einsetzbar sind und alles können – das heißt: nichts Bestimmtes.[15] Qualifizierung ist ein Prozess, der auf Arbeitgeber-, wie auf Arbeitnehmerseite die reziproke Stabilisierung und Einlösung hochgradig spezifizierter Erwartungen über längere Zeiträume hinweg voraussetzt. Die institutionellen Ordnungen der Ausbildung und des Arbeitsmarktes erfüllen die Funktion, die individuelle Entscheidung für einen bestimmten Beruf und die Festlegung auf einen spezifischen Ausbildungsgang durch Anerkennung der einschlägigen Qualifikation zu ermöglichen. Mit ihnen wird eine elementare Kalkulierbarkeit der Risiken, Kosten, Erträge von Investitionen in die Ausbildung für beide Arbeitsmarktparteien hergestellt. Die Anbieter von Arbeitskraft werden für das Risiko und die Kosten einer längerfristigen Qualifizierung durch privilegierte Zugangs- und Entlohnungsbedingungen entschädigt. Sie gewinnen jenes Minimum an Sicherheit und Autonomie in ihrer Erwerbsbiographie, das für komplexe individuelle Bildungs- und Lernprozesse unentbehrlich ist. Sie können ihre Aufmerksamkeit auf die Sache statt auf die eigene Vermarktung konzentrieren. Den Unternehmen steht im Gegenzug zu ihren Investitionen in die Ausbildung ein zuverlässiges Reservoir fachlich gebildeter Arbeitskräfte zur Verfügung.

In ihrem Modell des in drei Segmente geteilten Arbeitsmarktes haben Lutz (1987) und Sengenberger (1987) die Grundformen derartiger institutioneller Ordnungen aufgezeigt. Die drei Typen von Arbeitsmärkten sind: *Unstrukturierte, fachliche* und *betriebsinterne* Arbeitsmärkte. Der unstrukturierte Arbeitsmarkt stellt den negativen Fall dar. Er ist durch weitgehendes Fehlen institutioneller Regelungen und formaler Qualifikationsanforderungen charakterisiert und entspricht damit weitgehend dem neoklassischen Arbeitsmarktmodell. Beschäftigung und Löhne können kurzfristig an die Marktlage angepasst werden; die Löhne sind niedrig und werden individuell und ergebnisbezogen festgelegt. Voraussetzung dafür sind ein geringer Sachkapitaleinsatz in der Produktion und geringe Ansprüche an die Kenntnisse, Fertigkeiten und Kooperationsbereitschaft der Arbeitenden. Die Jobs müssen leicht und rasch erlernbar, die Arbeitskräfte austauschbar sein und in großer Zahl zur Verfügung stehen. Der unstrukturierte Arbeitsmarkt ist derjenige Teilarbeitsmarkt, auf dem der Warencharakter der Arbeitskraft am deutlichsten ausgeprägt ist. Genau deshalb können gewährleistende, kooperative oder kreative Leistungen der Arbeiter kaum erwartet werden. Diese

---

15 Mit dem heute beliebten Schlagwort der „Schlüsselqualifikationen" pflegt die Bildungspolitik gleichwohl die Illusion, es könne gelingen, einen neuen Typus hochqualifizierter, aber gleichwohl universell flexibler und einsetzbarer Arbeitskräfte - gleichsam die „eierlegende Wollmilchsau" - auszubilden.

Konstellation ist, wie die Autoren betonen, nur in Teilbereichen der Wirtschaft gegeben. Beispiele sind die Saisonarbeit in der Landwirtschaft und (eingeschränkt) auch die niedrig qualifizierten Tätigkeiten von Frauen und Ausländern in der Textil- und Bekleidungsindustrie, in der Lederverarbeitung und Elektroindustrie, wo einfache Routinetätigkeiten nach den Prinzipien tayloristischer Arbeitsorganisation vorherrschen und zugleich ein reichliches Arbeitskräftepotential vorhanden ist. Auch die im Dienstleistungssektor, z.B. im Handel und der Gastronomie weit verbreiteten atypischen Beschäftigungsverhältnisse (Teilzeitarbeit, Leiharbeit, befristete Beschäftigung, Scheinselbstständigkeit) mit ihren Merkmalen der Flexibilität und geringen Qualifikation müssen zum Teil dem Modell des unstrukturierten Arbeitsmarktes zugerechnet werden. Ihre relative Bedeutung hat in den 1990-er Jahren deutlich zugenommen (einen Überblick geben Keller 1997a: 459f. und Mikl-Horke 2000: 323f.).[16]

Fachliche Arbeitsmärkte sind dagegen institutionell strukturierte Arbeitsmärkte, die die freie Konkurrenz der Arbeitskräfte einschränken. Ihre Grundlage ist die Bestimmung eines Berufsbildes sowie die Festlegung von Inhalten und Normen der Ausbildung durch überbetriebliche Einrichtungen. Der Zugang zu fachlichen Arbeitsmärkten ist prinzipiell beschränkt. Zutritt haben nur diejenigen Arbeitskräfte, die das Zertifikat über den erfolgreichen Abschluss der einschlägigen Ausbildungsgänge vorweisen können. Die Arbeitnehmer werden durch überdurchschnittliche Vergütungen, Arbeitsbedingungen und Beschäftigungschancen für die Investitionen entschädigt, die sie während der Ausbildungsphase erbringen müssen. Das Zertifikat signalisiert dem Beschäftiger, welche fachlichen und sozialen Kompetenzen er von dem Bewerber erwarten darf. Der Arbeitgeber kann damit unmittelbar über Arbeitskräfte mit „maßgeschneiderter" Qualifikation verfügen; größere Such- und Einarbeitungskosten fallen nicht an. Ein Vorteil dieser Arbeitsmarktform für die Arbeitgeber ist auch, dass sie keine Bindung der Arbeitskräfte an den Einzelbetrieb erfordert, sondern im Gegenteil zwischenbetriebliche Mobilität erlaubt und den Unternehmen entsprechende Spielräume zur Personalanpassung eröffnet. Voraussetzung ist freilich eine zwischenbetrieblich weitgehend homogene Lohnstruktur und Auslegung der Arbeitsplätze, auch wenn individuelle Produktivitätsunterschiede durch Leistungslöhne ausgeglichen werden können. Eine weitere, schwer zu gewährleistende Bedingung liegt in dem hohen Bedarf an überbetrieblicher Organisation und Abstimmung zwischen den Beschäftigern. Auch technische Neuerungen oder Innovationen im Produkt müssen möglichst gleichmäßig eingeführt werden. Wo technische Innovationen oder Produktveränderungen zu Veränderungen der Ausbildungsinhalte oder Arbeitsplatzzuschnitte führen, müssen sie überbetrieblich abgestimmt werden.

---

16 Für das Ende der 90-er Jahre wird der Anteil ungeschützter Beschäftigung in Deutschland auf rund 6 Prozent des gesamtwirtschaftlichen Arbeitsvolumens geschätzt (Buch 1999).

Die durch fachliche Märkte bereitgestellten Qualifikationen stellen ein kollektives Gut dar, dessen Erbringung eine Selbstorganisation der Akteure in überbetrieblichen Institutionen voraussetzt (Sengenberger 1987: 132). Wird diese durch die Konkurrenz der Firmen unterhöhlt, so kann dies rasch zum Zusammenbruch der fachlichen Strukturierung des Arbeitsmarktes führen. Als empirische Beispiele nennt Sengenberger die durch das duale System der Berufsausbildung sowie die Handwerks- und Industrie- und Handelskammern regulierten berufsfachlichen Arbeitsmärkte der Bundesrepublik, die von den Gewerkschaften kontrollierten angelsächsischen „craft"-labour markets sowie die Märkte der freien und professionellen Berufe.

Das dritte Segment sind die betriebsinternen Arbeitsmärkte. Sie weisen ungeachtet des hier besonders breiten Spektrums nationaler Differenzen ein zentrales institutionelles Merkmal auf: Die Qualifizierung und Allokation der Arbeitskräfte werden prinzipiell betriebsintern, ohne Rückgriff auf externe Arbeitsmärkte, vollzogen, was auf eine systematische Bevorzugung der im Betrieb Beschäftigten gegenüber externen Bewerbern hinausläuft. Interne Märkte sind nur über die meist auf der untersten Stufe der Qualifikationshierarchie angesiedelten „Einstiegsarbeitplätze" mit dem externen Arbeitsmarkt verbunden, im Übrigen aber gegen ihn abgeschirmt. Anpassungsprozesse und Ausbildung erfolgen über interne Mobilitätsketten, wobei die Chance vertikaler Mobilität an formale Kriterien (Alter, Erfahrung, Leistung) geknüpft ist, die horizontale Mobilität auf der gleichen Hierarchiestufe dagegen meist informell erfolgt. Der Arbeitsvertrag gewinnt so eine langfristig orientierte, biographische Dimension derart, dass Mehrleistungen des Arbeitnehmers in den frühen Phasen seiner Karriere nicht unmittelbar, sondern erst später durch innerbetrieblichen Aufstieg, höhere Vergütungen, anspruchsvollere Aufgaben und langfristig gesicherte Beschäftigung entgolten werden. So wird der Anreiz zur Abwanderung und das Risiko der Mitnahme des in der Firma erworbenen „Humankapitals" abgeschwächt. Lohnniveau und Lohnstruktur sind durch betriebliche Vereinbarungen festgelegt und unelastisch gegenüber den Angebots- Nachfrage- Relationen auf dem externen Markt.

Dieses System fordert, wie Lutz und Sengenberger betonen, einen noch weitgehenden Verzicht der Arbeitgeberseite auf die Nutzung ihrer Arbeitsmarktmacht als im Fall fachlicher Märkte. Die Mitarbeiter des Betriebes erhalten eine weitgehende Beschäftigungsgarantie und darüber hinaus eine langfristige Perspektive des internen Aufstiegs; sie können nicht nach Gutdünken oder Opportunität entlassen und durch externe Bewerber substituiert werden. Auf den Nachteil dieses Flexibilitätsverlusts würden die Arbeitgeber sich kaum einlassen, stünden ihm nicht auch gewichtige Vorteile gegenüber:

„Der interne Arbeitsmarkt erschließt dem Betrieb Produktivitätspotentiale sowie Reaktions- und Anpassungsspielräume, die oftmals über den externen Markt nicht zu erlangen sind. Er ermöglicht häufig bessere Relationen von Leistung und Lohn, weil die eingearbeitete und erfahrene Belegschaft mit den Produktionsanlagen und Abläufen besser vertraut ist und besser umgehen kann als eine Mannschaft, die entsprechend der Veränderung von Lohnsätzen auf dem externen Markt zusammengestellt worden ist. Dies gilt insbesondere dann, wenn die Anlagen, Verfahren und Werkstoffe betriebsspezifisch sind. Schließlich verhält sich ein Arbeitnehmer, der längere Zeit beim gleichen Arbeitgeber beschäftigt ist, im Allgemeinen diesem gegenüber loyaler; er sieht im Betrieb oder Unternehmen 'seinen' Arbeitsmarkt und muss ihn auf die Dauer auch dort sehen, da er mit zunehmender Beschäftigungsdauer den Kontext zum externen Arbeitsmarkt verliert und seine Chancen einer alternativen Beschäftigung sinken." (Sengenberger 1987, S. 152/153).

Die Grenzen zwischen externem und internem Arbeitsmarkt sind nicht mit den Grenzen des Unternehmens selbst identisch. Innerhalb des gleichen Unternehmens wird vielmehr zwischen dauerhaft beschäftigten Stammbelegschaften und flexibel eingesetzten und damit dem unstrukturierten Markt zuzurechnenden Randbelegschaften unterschieden. Auch die zwischenbetriebliche Arbeitsteilung hat einen Einfluss auf die Grenzziehung zwischen internem und externem Arbeitsmarkt. Häufig folgt sie der Differenzierung zwischen relativ konjunkturabhängigen und stabilen Segmenten des Marktes. Lagert ein Unternehmen besonders konjunkturabhängige Produktionsbereiche an unabhängige Fremdfirmen und Zulieferer aus, so bedeutet das in aller Regel auch die Ausgrenzung der dort Beschäftigten aus dem internen Arbeitsmarkt.

Die Typologie des dreigeteilten Arbeitsmarktes basiert auf umfangreichen empirischen Untersuchungen, die in den USA bereits seit den sechziger Jahren durch Autoren wie Doeringer, Piore, Averitt, Gordon, Thurow begonnen wurden. Der Segmentationsansatz wurde in den siebziger Jahren durch Lutz und Sengenberger und eine Reihe von anderen Autoren auf die Analyse des Arbeitsmarktes der Bundesrepublik Deutschland übertragen und hat auch dort seine analytische Fruchtbarkeit beweisen. Blossfeld und Mayer (1988) sowie Szydlik (1990) haben das Modell des dreigeteilten Arbeitsmarktes auf der Basis der repräsentativen Daten des sozio-ökonomischen Panel für Westdeutschland überprüft und kamen dabei zu einer Bestätigung und Präzisierung seiner Aussagen. Ein wichtiger Ertrag der durch den Segmentationsansatz angeleiteten empirischen Forschungen bestand in der Einsicht in die weitreichenden *internationalen Unterschiede* in der Strukturierung des Arbeitsmarktes.

Für den Arbeitsmarkt der USA etwa ist die von den erwähnten älteren Forschungen herausgearbeitete „dualistische", durch die Koexistenz betriebsinterner und unstrukturierter Märkte geprägte Konstellation charakteristisch. Berufsfachliche Muster spielen nach dem durch die Expansion der industriellen Massenproduktion bedingten Niedergang der gewerkschaftlich kontrollierten „craft labour markets" (Piore/Sabel 1985: 135f.) nur noch eine geringe Rolle. Zugleich jedoch unterscheiden sich die betriebsinternen Märkte in den USA in vieler Hinsicht von dem von Sengenberger konstruierten Idealtypus. Nicht nur sind sie ihrerseits, wie Edwards (1981:

177f.) gezeigt hat, nochmals zwischen einen hinsichtlich der Qualität der Beschäftigungsbedingungen recht unterschiedlichen oberen und unteren Bereich, den „untergeordneten" und den „unabhängigen Primärmarkt", differenziert. Auch ist die Beschäftigungssicherheit aufgrund der fehlenden rechtlichen Einschränkungen und des geltenden „hire and fire at will"-Prinzips auch auf primären Märkten nur eingeschränkt. Dafür gelten für die interne Personalallokation relativ feste, teils tarifvertraglich vereinbarte, teils informelle Regeln, die die betriebsinterne Personalflexibilität oft erheblich begrenzen – insbesondere das Kriterium der Seniorität (vgl. auch Burawoy 1979: 97f.).

Auch der japanische Arbeitsmarkt ist durch einen ausgeprägten Arbeitsmarktdualismus zwischen dem System der lebenslänglichen Beschäftigung in Großunternehmen einerseits und den wenig regulierten Arbeitsverhältnissen in dem breiten Sektor der Klein- und Mittelbetriebe geprägt. Das durchschnittliche Qualifikationsniveau der Arbeitskräfte ist aufgrund der gut ausgebauten sekundären allgemeinen Schulbildung auch in dem unstrukturierten Segment des Arbeitsmarktes recht hoch. Im Unterschied zu den USA bieten die Großunternehmen ihren Beschäftigten eine weitgehende, wenn auch hier nicht absolute Beschäftigungsgarantie, fordern dafür auf der anderen Seite ein weitaus höheres Maß an Qualifizierungsbereitschaft und sachlicher wie zeitlicher Einsatzflexibilität, die ihrerseits zur Bedingung für den internen Aufstieg gemacht wird (Inohara 1990, Mikl-Horke 2000: 207f.). Die Bindung der Beschäftigten an den Betrieb entspricht hier, wie auch in Südkorea, dem „Clan"-Modell und trägt noch immer stark paternalistische Züge (Deutschmann 1987, 1989a).

Für die institutionelle Struktur des (west)deutschen Arbeitsmarkts ist die Kombination von betriebsinternen und den hier auf das öffentlich reglementierte „duale" Berufsbildungssystem gestützten fachlichen Teilarbeitsmärkten charakteristisch. Etwa zwei Drittel aller Jugendlichen nehmen an einer Ausbildung im Rahmen des dualen Berufsbildungssystems teil. Damit wird ein vergleichsweise hohes Durchschnittsniveau der Qualifikation der Erwerbsbevölkerung erreicht, das mit einem hohen Institutionalisierungsgrad des Arbeitsmarktes auf Kosten der unstrukturierten Segmente verknüpft ist. Das berufliche Ausbildungssystem hat darüber hinaus einen wichtigen Einfluss auf die Struktur der betriebsinternen Märkte. Das System der standardisierten beruflichen Zertifikate reduziert die Abhängigkeit der Beschäftigten vom Betrieb und eröffnet ihnen zusätzliche zwischenbetriebliche Mobilitätsmöglichkeiten. Betriebsinterne Arbeitsmärkte sind daher nicht in gleicher Weise gegen den externen Arbeitsmarkt abgeschlossen wie etwa in Japan. In den neuen Ländern ist die Institutionalisierung des Arbeitsmarktes noch recht prekär geblieben. Nach der Zerschlagung der sozialistischen Kombinate haben sich funktionsfähige berufliche und betriebliche Arbeitsmarktstrukturen bislang noch kaum herausgebildet (Lutz et al. 1996).

Die Segmentierung des Arbeitsmarktes kann sich auf Traditionen, informelle Praktiken, formale Vereinbarungen oder auch gesetzliche Regelungen stützen. Sie bildet ein institutionelles Gerüst, das den Warencharakter der Arbeitskraft für mehr oder weniger große Teile der abhängig Erwerbstätigen einschränkt. Auch die Formen der (im nächsten Kapitel zu behandelnden) betrieblichen und überbetrieblichen Verhandlungssysteme sowie die Organisationsstrukturen der Arbeitsmarktparteien bauen teilweise auf der Segmentierung des Arbeitsmarktes auf und verfestigen sie ihrerseits. Das primäre Machtgefälle zwischen Arbeit und Kapital wird eingeschränkt, um den Preis freilich der Entstehung eines „sekundären Machtgefälles" zwischen verschiedenen Arbeitskräftegruppen (Mikl-Horke 2000: 296). Segmentierung bedeutet immer soziale Schließung, Verweigerung von Anerkennung und Ausschluss derjenigen, die nicht die für den Zugang erforderlichen Qualifikationen und persönlichen Merkmale aufweisen. Sie verstärkt das Gefälle der sozialen Chancen am Arbeitsmarkt und die Gefahr temporärer oder dauerhafter Arbeitslosigkeit der auf den „Jedermanns"-Arbeitsmarkt Angewiesenen. Die Existenz so genannter „Problemgruppen" am Arbeitsmarkt (Offe Hrsg. 1977) stellt zu einem guten Teil nur die Kehrseite des Phänomens der Segmentierung dar.

4.3.2.2 Aktuelle Tendenzen der Entstrukturierung des Arbeitsmarktes

Unter dem Eindruck der wirtschaftlichen und gesellschaftlichen Umbrüche seit dem Ende der achtziger Jahre melden viele Industriesoziologen und Arbeitsmarktforscher heute Zweifel an der Aktualität des Segmentationskonzepts an. Neoliberale Kritiker sehen in der Segmentierung und übermäßigen Regulierung des Arbeitsmarktes eine der Hauptursachen der anhaltenden Massenarbeitslosigkeit. Betriebsinterne Arbeitsmarktsysteme gelten zunehmend als zu teuer und zu unbeweglich, und auch die Effizienzvorteile beruflicher Qualifizierungssysteme werden bezweifelt (Kern/Sabel 1994). Der Abbau der Hierarchien und die Dezentralisierung der Unternehmensstrukturen haben zur Folge, dass die früher fest etablierten internen Aufstiegswege gekappt und beschnitten werden. Die betriebsinternen Arbeitsmärkte mit ihren gegen den Wettbewerbsdruck von außen relativ geschützten Arbeitsplätzen verkleinern sich als Folge der Ausgliederung von Betriebsteilen. Die Karrierechancen und die Beschäftigungssicherheit auch von Angestellten und Führungskräften in großen Unternehmen haben sich im Zuge dieser Entwicklungen verschlechtert. In den USA führte die schon in den siebziger Jahren einsetzende Offensive der „Shareholder" gegen die Unternehmensführungen dazu, dass nicht nur Angestellte und Experten, sondern auch Manager in großen Zahlen entlassen wurden (Useem 1993, Hirsch 1993). Parallele Veränderungen sind, wenn auch zögernder, in Deutschland zu beobachten (Faust et al. 2000, Kotthoff 1997). Selbst in Japan steht das System der „lebenslänglichen Beschäftigung" wegen seiner Kostspieligkeit und Inflexibilität unter wachsender Kritik, auch wenn die

Firmen auf die Probleme bislang nicht mit einer grundsätzlichen Infragestellung des Systems, sondern mit der Eröffnung fachlich spezialisierter Karrierewege reagieren (Ernst 1998).

Auch das deutsche Modell der dualen Berufsausbildung wird von vielen Experten nicht mehr so günstig beurteilt wie früher. Nicht nur verliert es angesichts der Expansion der weiterführenden Bildungsgänge bei den Jugendlichen an Attraktivität (Lutz 1996). Zunehmend wird auch der zu enge und mit der technischen Entwicklung nicht Schritt haltende Zuschnitt der Berufsbilder bemängelt, der die Betriebe zu einem ständigen Ausbau ihrer internen Weiterbildung zwinge. Überdies wird kritisiert, dass die fachliche Struktur der Qualifikationen eine Verkrustung funktionaler Spezialisierungen begünstige und die flexible, prozessbezogene Kooperation im Unternehmen und über Unternehmensgrenzen hinweg behindere (Kern/Sabel 1994, Baethge/Baethge-Kinski 1998). Die komplexen Anforderungen informationstechnisch gestützter Dienstleistungsarbeit scheinen die überkommenen Formen der Institutionalisierung von Ausbildung und Arbeitsmarkt zu sprengen. „Neue Arbeits- und Unternehmensformen" – so resümiert Hirsch-Kreinsen – „sind offensichtlich immer weniger mit berufsfachlichen Qualifikationen und Mobilitätsorientierungen verträglich." (Hirsch-Kreinsen 2000: 10). Voß und Pongratz sagen sogar das Ende des Berufes als hoch regulierter „Arbeitskraft-Schablone" voraus; zunehmend individualisierte Fähigkeits- und Erfahrungsprofile würden ihren Platz einnehmen. Im Zusammenhang damit wandle sich der traditionelle Arbeitnehmer zum „Arbeitskraft-Unternehmer", der das Geschäft der Vermarktung seiner eigenen Arbeitskraft eigenständig und ohne die traditionellen institutionellen Stützen zu besorgen habe (Voß/Pongratz 1998).

Ist folglich mit der Heraufkunft einer „schönen, neuen Arbeitswelt" (Beck) zu rechnen, in der die traditionelle abhängige „Normalarbeit" zugunsten temporärer und prekärer Beschäftigung einerseits, Selbstständigen und Arbeitskraft-Unternehmern auf der anderen Seite in den Hintergrund gedrängt wird?[17] Derartige Szenarien sind nicht falsch, insofern sie den Blick auf die

---

17 Träfe dies wirklich zu, so wäre die dann entstehende Arbeitswelt freilich weder schön, noch neu. Statt mit Beck (1999) mit dem schillernden Wort „Brasilianisierung" zu jonglieren, wäre es wohl angemessener, den Verlust beruflicher, betrieblicher, sozialstaatlicher Sicherheiten mit dem traditionell dafür vorgesehenen Begriff zu bezeichnen: Proletarisierung. Marx' Prognose der Spaltung der Gesellschaft in eine kleine Minderheit von Kapitaleigentümern und eine Masse von Proletariern erhielte eine späte Rechtfertigung. John Gray erinnert daran, dass berufliche und finanzielle Sicherheit traditionell als Hauptmerkmale von Bürgerlichkeit galten. Von dieser Prämisse ausgehend, beschreibt er die aktuelle Transformation der Sozialstruktur der amerikanischen Gesellschaft als „Proletarisierung" der Mittelschichten: „Nun wird auch die Mittelschicht mit dem Zustand der wirtschaftlichen Unsicherheit konfrontiert, gegen die es kein Mittel gibt - die aussichtslose Situation, unter der das Proletariat des 19. Jahrhunderts zu leiden hatte. Das heißt nicht, dass die Einkommen der amerikanischen Mittelschicht nicht immer noch viel höher liegen als die

aktuelle Zunahme „hybrider", d.h. mit den traditionellen Kategorien von Selbstständigkeit und Abhängigkeit nicht mehr fassbarer Formen von Beschäftigung richten: „neue" Heimarbeiter, „feste" freie Mitarbeiter, Scheinselbstständige, Telearbeiter/innen. Das Neue an diesen Entwicklungen scheint darin zu liegen, dass sich ein unstrukturierter oder gering strukturierter Arbeitsmarkt auch für komplexere Tätigkeiten herausbildet (Buch 1999, Reindl 2000). Ihre Tragweite sollte jedoch nicht überschätzt werden. Die Stilisierung des Arbeitskraft-Unternehmers als „neue Schlüsselfigur" kapitalistischer Entwicklung (Voß/Pongratz) kann nicht überzeugen und ist als empirische Prognose umstritten. Kritikwürdig ist der funktionalistische, von angeblich evidenten „Trends" ausgehende Zug der Argumentation der Autoren, bei fast völligem Verzicht auf eine handlungstheoretische Analyse der realen Interessenkonstellationen. Wir weisen kurz auf einige Sachverhalte hin, die aus handlungstheoretischer Sicht gegen die Verallgemeinerbarkeit des Typus des Arbeitskraft-Unternehmers sprechen:

- Wie etwa hätte man sich die Qualifizierung von Arbeitskraft-Unternehmern vorzustellen? Voß und Pongratz scheinen davon auszugehen, dass die traditionellen beruflichen und betrieblichen Teilarbeitsmärkte stark an Bedeutung verlieren und an ihrer Stelle ein großer unstrukturierter, teils auch durch informelle Netzwerke strukturierter Arbeitsmarkt für Arbeitskraft-Unternehmer entsteht. Wie aber soll Qualifizierung ohne Anerkennung von dritter Seite zustandekommen? Wenn die institutionellen Absicherungen für die Verwertbarkeit von Qualifikationen entfallen, wird das Risiko spezialisierter Ausbildungen stark ansteigen und der individuelle Anreiz, sich auf sie einzulassen, sinken. Es ist schwer vorstellbar, dass die dann noch übrig bleibende ad hoc-Ausbildung den Qualifikationsbedarf einer modernen Wirtschaft decken könnte. Wie in der idealen Welt der neoklassischen Ökonomie würde es nur noch Arbeitnehmer geben, die alles, das heißt: nichts wirklich können. Prämiiert würden nicht länger sachliche Fähigkeiten, sondern vor allem die Kunst der individuellen Selbstvermarktung. Einer allgemeinen Schaumschlägerei von Inszenierungen der eigenen „employability" würde Vorschub geleistet.

- Wie ist das ja zwangsläufig individualistische ökonomische Interessenkalkül des Arbeitskraft-Unternehmers mit den Erfordernissen der Kooperation und Teamarbeit zu vereinbaren, die ja in der modernen Informationswirtschaft keineswegs verschwinden? Die Tele-Heimarbeiterin, den

---

von Arbeitern, selbst wenn sie in den letzten zwanzig Jahren nicht mehr gestiegen sind. Doch die Abhängigkeit von immer unsichereren Arbeitsplätzen wächst, und damit gleicht die Mittelschicht mehr und mehr dem klassischen Proletariat des 19. Jahrhunderts. Ihre Angehörigen haben ähnliche wirtschaftliche Schwierigkeiten wie die Arbeiter, die weder bei sozialen Institutionen noch bei Gewerkschaften Schutz und Hilfe finden. Ein weiteres ständiges Risiko ist der Zusammenbruch der Familie; 1987 betrug die durchschnittliche Dauer einer Ehe sieben Jahre." (Gray 1999: 155)

Versicherungsagenten, den Lastwagenfahrer, die Kellnerin, den festen freien Mitarbeiter bei Rundfunk und Fernsehen mag man sich ja durchaus in der Rolle des Arbeitskraft-Unternehmers vorstellen. Wie ist es aber bei technisch-organisatorisch enger gekoppelten Arbeitsprozessen? Wieweit sind Kooperation, gegenseitiges Lernen und gegenseitige Unterstützung zwischen Arbeitskraftunternehmern überhaupt möglich? Schon die bisherige Dezentralisierung von Unternehmen hat ja in vielen Fällen zentrifugale Kräfte und partikulare Interessen in einem Ausmaß freigesetzt, das das obere Management zu einem Umschwenken in Richtung erneuter Zentralisierung zwang (Funder 1999). Das Modell des Arbeitskraft-Unternehmers dagegen würde auf eine weitgehende Auflösung des Koordinationsmodus „Organisation" überhaupt hinauslaufen.

• Der Markt für Arbeitskraftunternehmer wäre, wie Voß/Pongratz selbst einräumen, empfindlich für extreme Schwankungen und Differenzierungen des Verhältnisses von Lohn und Leistung. Je nach Marktlage und individueller Marktmacht würden Anbieter und Nachfrager das in der Situation für sie maximal Erreichbare herauszuholen versuchen. Das Ergebnis wäre eine extreme „Politisierung" der Arbeitsbeziehungen und eine polarisierte Struktur von Erfolgsunternehmern einerseits, Scheinselbstständigen andererseits. Die Zahl der Letzteren hat in der Tat in den neunziger Jahren deutlich zugenommen, viele von ihnen befinden sich in ökonomisch desolater Lage (Reindl 2000). Es gehört zwar zu dem absichtsvoll gepflegten Jugendkult der modernen Dienstleistungsindustrien, den Existenzkampf des Arbeitskraftunternehmers als „Herausforderung" zu beschönigen. Aber mit zunehmendem Alter und wachsender Erfahrung der Betroffenen dürfte sich der Charme dieser Inszenierungen für sie rasch verflüchtigen. Das Modell des Arbeitskraft-Unternehmers vernachlässigt die biographische Dimension des Arbeitsvertrages und die in ihr angelegten Potentiale. Auch für die Unternehmen stellt sich die Frage, ob sie mit auf Dauer abgeschlossenen und weniger „darwinistischen" Arbeitsverhältnissen letztlich nicht doch besser fahren.

Zweifellos stößt das Modell des Arbeitskraft-Unternehmers in Teilbereichen der Medien-, Telekommunikations- und Softwareindustrien aktuell auf eine gewisse Resonanz. Aber diese Beobachtungen sollten nicht vorschnell verallgemeinert werden[18]. Das von Voß/Pongratz vorgestellte Modell, so

---

18 Hinter der These vom Arbeitskraft-Unternehmer als „neuer Schlüsselfigur" kapitalistischer Entwicklung und den von ihr bezeichneten Management-Doktrinen verbirgt sich nicht zuletzt auch der Versuch, einen neuen „Mythos" zu konstruieren. Mythen sind, wie wir oben (Kap. 2.2.2.) ausgeführt haben, soziale Symbolismen, die erfunden werden, in Umlauf gesetzt werden und im Fall des Erfolges sich selbst bestätigende Wirkungen nach dem bekannten Thomas-Theorem entfalten („if men define situations as real, they are real in their consequences"). Ob die Idee des Arbeitskraft-Unternehmers sich je zu einem Mythos fortentwickeln wird, erscheint in Europa zumindest gegenwärtig noch zweifelhaft. Käme es jedoch tatsächlich zu einer Entfaltung des selbstreferentiellen Zirkels, und damit zu der von Voß/Pogratz be-

resümiert Fürstenberg, verweist auf ein „hochspezialisiertes Segment des Arbeitsmarktes, .. in dem sich die beschriebenen Formen beruflicher Selbstständigkeit herausbilden können, das aber von einer absehbaren Allgemeinverbindlichkeit weit entfernt ist." (Fürstenberg 2000: 108).

Hält man sich an die vorliegende empirische Evidenz, so ist der relative Rückgang normaler abhängiger Erwerbsarbeit zwar nicht zu leugnen, aber der Wandel ist gleichwohl nicht so radikal wie von den erwähnten Autoren behauptet. Den auf OECD-Statistiken gestützten Angaben des bereits zitierten ILO-Berichts (ILO 1996: 26) zufolge war für den Zeitraum 1973 bis 1993 zwar ein klarer Trend zur Zunahme sowohl des Anteils der nichtlandwirtschaftlichen Selbstständigen als auch der Teilzeitbeschäftigten an den Erwerbstätigen in der Mehrheit der 21 OECD-Länder festzustellen. Der Selbstständigenanteil ging aber auch 1993 meist (Ausnahmen: Griechenland, Italien, Spanien und Portugal mit ihrem hohen Anteil touristischer Dienstleistungen) nicht über 15 Prozent hinaus, und der Anteil der überall meist weiblichen Teilzeitbeschäftigten variierte zwischen 5,4 Prozent (Italien) und 33,3 Prozent (Niederlande). Addiert man die Anteile der Gruppen der nichtlandwirtschaftlichen Selbstständigen und der Teilzeitbeschäftigten[19] an der Gesamtbeschäftigung, so ergeben sich für 1993 Anteile der Nicht-Standardbeschäftigung von insgesamt 25,2 Prozent (USA), 35,3 Prozent (Großbritannien), 23 Prozent (Deutschland), 22,5 Prozent (Frankreich) und 31,4 Prozent (Japan). Der Anteil der regulär abhängig Beschäftigten beläuft sich in den meisten Ländern damit noch immer auf mindestens 60-70 Prozent.

Entgegen der populären Vorstellung über das angebliche „Verschwinden" der beruflichen Normalbiographie gibt es, wie die Autoren des ILO-Berichts (ILO 1996: 27f.) betonen, keine statistischen Belege für eine langfristig zunehmende Instabilität der Beschäftigungsverhältnisse bei Männern wie bei Frauen. Sieht man von der besonderen Situation der mittel- und osteuropäischen Transformationsökonomien ab, so ist die um demographische Effekte bereinigte durchschnittliche Beschäftigungsdauer in vielen europäischen Ländern seit Anfang der achtziger Jahre bis Mitte der neunziger Jahre sogar gestiegen. Selbst in Großbritannien und den USA wurde die zunehmende Instabilität der Beschäftigung der Männer zumindest partiell durch eine zunehmende Stabilität der Frauenbeschäftigung konterkariert.

---

schrieben Totalvereinnahmung auch der privaten Lebenswelt für die Erwerbsarbeit, so gehört wenig Nachdenken dazu, die problematischen Konsequenzen nicht nur die für Betriebe, sondern für die Gesellschaft zu erkennen. Darauf immer wieder hinzuweisen, sollte eine wichtige Aufgabe kritischer Industriesoziologie sein (Deutschmann 2001).

19 Ausgewiesen werden in dem ILO-Bericht darüber hinaus die Anteile der temporär Beschäftigten an den abhängig Erwerbstätigen auf der Basis der Eurostat-Erhebungen. Sie sind nicht für alle Länder verfügbar und weisen überdies nur für 5 der erfassten 12 Länder einen zunehmenden Trend für die Periode 1983-93 auf. In den meisten Ländern (Ausnahme: Spanien) gingen sie 1993 nicht über 11 Prozent hinaus.

Die durchschnittliche „job tenure" (Dauer der bisherigen Beschäftigung bei dem aktuellen Arbeitgeber) ebenso wie auch die zu erwartende Beschäftigungszeit und die „job separation rate" (Anteil der Erwerbstätigen, die ihren Job innerhalb eines Jahres verlassen haben) weisen im Vergleich zwischen Ländern erhebliche Differenzen auf; die job tenure etwa lag im Zeitraum 1984 bis 1995 bei männlichen Arbeitnehmern in Westdeutschland bei 12-13 Jahren, für Australien betrug der entsprechende Wert nur 6-7 Jahre, für die USA (bis 1991) 7-8 Jahre. Die Werte weisen auch deutliche konjunkturelle Schwankungen auf: Wächst die Nachfrage nach Arbeitskräften im Zuge eines konjunkturellen Aufschwungs, so sinkt die „job tenure", während die „job separation rate" steigt; das gegenteilige Phänomen ist in Abschwungphasen zu beobachten. Steigende Arbeitsmarktmobilität ist somit in erster Linie eine Folge der sich in Aufschwungphasen bietenden Chancen des individuellen Stellenwechsels, nicht aber ein langfristiger und übergreifender Trend. Die Vorstellung einer immer flexibleren und mobileren „neuen Arbeitswelt" findet somit, wie die ILO-Autoren betonen, keine allgemeine Bestätigung. Zu einem entsprechenden Ergebnis kommt Knuth in seiner Analyse des Arbeitsmarktes der Bundesrepublik Deutschland: „Eine Zunahme der Beschäftigungsturbulenz, d.h. des Entstehens von Arbeitsstellen und ihrer Vernichtung, ist statistisch bisher nicht festzustellen." (Knuth 1998: 324).

Aufschlussreich ist ein Blick auf die Arbeitsverhältnisse in den neuen Informations- und Dienstleistungsbranchen. Frenkel et al. (1999) haben dazu eine Untersuchung vorgelegt, die sich auf Erhebungen und Befragungen in amerikanischen, australischen und japanischen Unternehmen in drei Branchen (Finanzdienstleistungen, Telekommunikation, Computerindustrie) stützt. Die Autoren ordnen die von ihnen erfassten Arbeitsverhältnisse drei Typen zu: Servicearbeit, Verkaufstätigkeiten und „Wissensarbeit" (knowledge work). Eine allgemeine Entstrukturierung der Arbeitsverhältnisse ließ sich auch hier nicht feststellen. Im Gegenteil beobachteten die Autoren in allen drei Ländern (mit einer gewissen Ausnahme Japans) erhebliche Unterschiede in den Formen der Qualifizierung, dem Grad der Betriebsbindung, den internen Aufstiegsmöglichkeiten und den Entlohnungsformen zwischen den drei Arbeitstypen (93f.).

Während die Verkaufstätigkeiten in der Tat nach dem „unternehmerischen" Modell semi-autonomer Kontraktarbeit organisiert waren, dominierten bei den Service-Funktionen bürokratisch strukturierte interne Arbeitsmärkte mit − freilich z.T. nach oben gekappten und nur informell fixierten − Aufstiegs- und Ausbildungsmöglichkeiten. Im Bereich der Informationsarbeit (Systementwickler, Analysten, Devisenhändler usw.) war dagegen eine Mischung von bürokratischen und „adhocracy"-Strukturen (gemäß der oben, Kap. 4.2.4, erläuterten Typologie Mintzbergs) festzustellen. Die Rekrutierung der Beschäftigten erfolgte sowohl intern als auch extern auf der Basis vorhandener Kontakte und Netzwerke. Trotz des Vorranges des Lernens am Arbeitsplatz gab es in vielen Firmen ergänzende professionelle Ausbildungsangebote. Die Mehrheit der befragten Informationsarbeiter orientierte sich ungeachtet ihrer guten Chancen auf dem externen Arbeitsmarkt auf eine interne Karriere bei ihrem Arbeitgeber. Ihre Situation wurde, wie die Autoren betonen, in vielen Aspekten durch ihre privilegierte Situation als knappe und gefragte Experten geprägt. Wir haben es hier mit über „monopolistische Qualifikationen" (Max Weber) verfügende Arbeitskräfte zu tun, die in der Lage sind, ohne institutionellen Schutz und kollektive Organisationsmacht privilegierte Arbeits- und Entlohnungsbedingungen durchzusetzen.

Schließlich gibt es auch für die weit verbreitete Auffassung, die wirtschaftliche Internationalisierung werde die zwischenstaatliche Institutionenkonkurrenz verschärfen und damit die Unterschiede nationaler Arbeitsmarktregimes im Sinne einer Angleichung an das jeweils kostengünstigste Regime nivellieren, kaum überzeugende empirischen Belege. Es kommt ja niemals allein auf die Kosten an, sondern auf das Verhältnis von Kosten und Produktivität. Traxler und Woitech (1999) haben in einer Untersuchung über das Investitionsverhalten amerikanischer Konzerne in Europa herausgefunden, dass „regime shopping" bei den Entscheidungen über Investitionen und Arbeitsplätze keine wichtige Rolle spielt. Die Höhe der Arbeitskosten und der Grad der Investoren gebotenen Autonomie sind nur zwei Kriterien unter vielen anderen, die – folgt man den Befunden der quantitativ angelegten Studie – für die Standortpolitik der Unternehmen nur eine untergeordnete Bedeutung haben. Bedenkt man auch den selbst in Europa nach wie vor sehr geringen Grad zwischenstaatlicher Mobilität der Arbeitskräfte, so spricht wenig für die Hypothese einer Institutionenkonkurrenz zwischen nationalen Arbeitsmarktregimes. Freilich haben Traxler und Woitech nur das Verhalten von industriellen Konzernen berücksichtigt, nicht das der international operierenden Finanzinvestoren, deren Verhalten wohl eher durch „Regime-Shopping"-Kalküle bestimmt sein dürfte.

Das Fazit, zu dem wir gelangen, ist januusköpfig. Der durch die Komplexität der Arbeitsprozesse der Informationswirtschaft bedingte Druck zur De-Institutionalisierung und Flexibilisierung der Arbeitsmärkte ist nicht zu leugnen. Aber die Gegenkräfte – sowohl die Beharrungskräfte etablierter Ausbildungsformen als auch die Bestrebungen zur Strukturierung der in den neuen Industrien entstehenden Arbeitsmärkte – sollten gleichfalls nicht unterschätzt werden. Mit einer raschen, allgemeinen Verdrängung beruflicher und betrieblicher zugunsten unstrukturierter Arbeitsmärkte ist kaum zu rechnen, erst recht nicht in den kontinentaleuropäischen Ländern und in Deutschland. Zu erwarten sind eher graduelle Veränderungen in Richtung stärkerer Verbetrieblichung, Verberuflichung oder auch Entstrukturierung. Dass die Expansion der modernen Informations- und Dienstleistungsökonomie auch Reformen der beruflichen und betrieblichen Ausbildungsgänge erfordert, ist nicht zu bestreiten. In Deutschland könnte nicht nur eine weitere Verbreiterung der Berufsbilder des dualen Systems angezeigt sein, sondern auch eine theoretische Vertiefung, die zu einer Annäherung an die höheren Ausbildungsgänge führt (Baethge 2000). Aber es besteht kein Anlass, bei diesen Reformen mit der Brechstange vorzugehen und etwa das Berufsprinzip überhaupt zu verwerfen.[20] Eine radikale De-Institutionalisierung von Leistung und Qualifikation könnte statt zu der versprochenen Freisetzung von Flexibilität und „unternehmerischen" Energien leicht zu

---

20 Die Hauptrichtung der wahrnehmbaren Veränderungen betrifft „nicht die Abschaffung der Institution Beruf, sondern die flexiblere Handhabung des Prozesses ihrer gesellschaftlichen Realisierung." (Fürstenberg 2000: 106).

einer Unterhöhlung des Leistungsprinzips selbst führen. Der Gesellschaft fehlte es dann ja an sozial standardisierten Kriterien, professionelle Kompetenz von durch Selbstvermarktungsinteressen induzierten Inszenierungen zu unterscheiden. Die Konkurrenz am Arbeitsmarkt würde in einen allgemeinen Selbstanpreisungswettlauf ausarten.

Eine ideologisch wie ökonomisch motivierte Aufweichung der gesellschaftlichen Signalfunktion von Bildungs- und Berufszertifikaten ist heute zweifellos in vielen Bereichen der Gesellschaft zu beobachten. Aber die vielbeklagten institutionellen „Rigiditäten" des Arbeitsmarktes, auf deren Beseitigung heute keineswegs mehr nur Marktradikale, sondern auch sozialdemokratische „Modernisierer" drängen, haben – daran ist immer wieder zu erinnern – ihre guten Gründe: Sie sichern die Anerkennung beruflicher oder betrieblicher Qualifikationen und gewährleisten die für anspruchsvollere Ausbildungen nötigen individuellen Anreize. So bewahren sie den einzelnen Arbeitnehmer davor, zu einem bloßen Spielball des Arbeitsmarktes zu werden und ermöglichen es ihm, sich auf die Aufgabe statt auf die eigene Vermarktung zu konzentrieren. Sie stützen die überkontraktuelle Kooperationsbereitschaft der Beschäftigten und die Legitimität unternehmerischer Macht.

„Reformen" des Arbeitsmarktes, die diese Sachverhalte ignorieren, dürften dem Ziel des Abbaus der Arbeitslosigkeit kaum dienlich sein. Die institutionellen Ordnungen des Arbeitsmarktes stellen kein bloßes „Lohnkartell" dar, dessen Beseitigung die Beschäftigungschancen für alle verbessern könnte. Die negativen leistungspolitischen Auswirkungen einer Entstrukturierung des Arbeitsmarktes dürften gravierender sein als die vermeintlich greifbaren Kostenentlastungen. Ein flexibilisierter, neoklassischer Arbeitsmarkt wäre eben ein Jedermanns-Arbeitsmarkt, der die Anbieter von Arbeitskraft unter extremen Konkurrenzdruck setzen und sie zu einem kurzsichtigen Instrumentalismus geradezu zwingen würde. Andere als leicht zu kontrollierende und zu überwachende Standardleistungen könnten im Regelfall kaum erwartet werden. Der neoklassische Markt könnte im Übrigen durch bloße „Deregulierung" gar nicht zustandekommen, sondern würde im Gegenteil eine massive Re-Regulierung der betrieblichen Beschäftigungsverhältnisse im Sinne einer politischen Inszenierung von „Konkurrenz" voraussetzen. Vergessen wird dabei, dass der Erfolg von Betrieben und Organisationen eben nicht nur Konkurrenz, sondern auch Kooperation voraussetzt. Auch den durch die sozialen Schließungsregeln des Arbeitsmarktes Benachteiligten würde durch einen Abbau der Segmentierung nicht geholfen, zumal es sich faktisch meist um nicht konkurrierende Gruppen handelt. Das wahrscheinlichste Ergebnis ist vielmehr, dass es dann allen schlechter ginge.[21]

---

21 „Die Vorstellung, durch Personalabbau, Entgeltreduzierung und Abbau von Schutz-rechten der Arbeitnehmer wäre der Arbeitsmarkt 'in Schwung' zu bringen, ist eine

4.3.3 Industrielle Beziehungen und Gewerkschaften

Der Begriff „industrielle Beziehungen" stellt eine etwas unglückliche Übersetzung des englischen Terminus „industrial relations" dar. Gemeint ist ein Gefüge substantieller und prozeduraler Regeln, die zum einen die Einsatz- und Verkaufsbedingungen der Arbeitskraft, zum anderen die Prozeduren zur Festlegung dieser Bedingungen selbst beinhalten (Clegg 1976: 1; Edwards 1995: 5, Müller-Jentsch 1997: 18f.). Im Zentrum dieser Regelsysteme steht die Institution des *Kollektivvertrages*. Wie sehr sich der Charakter des Arbeitsverhältnisses ändert, wenn der Verkauf der Arbeitskraft nicht über Einzel-, sondern über Kollektivverträge abgewickelt wird, haben bereits Sidney und Beatrice Webb hervorgehoben:

„In unorganized trades the individual workman, applying for a job, accepts or refuses the terms offered by the employer, without communication with his fellow-workmen, and without other consideration than the exigencies of his own position. For the sale of his labor, he makes, with the employer, a strictly individual bargain. But if a group of workmen concerts together, and send representatives to conduct the bargaining on behalf of the whole body, the position is at once changed. Instead of the employer making a series of separate contracts with isolated individuals, he meets with a collective will, and settles, in a single agreement, the principles upon which, for the time being, all workmen of a particular group, or class, or grade, will be engaged" (S. u. B. Webb 1920: 173).

Woher rührt die weite Verbreitung von Kollektivverträgen auf dem Arbeitsmarkt? Die systematischen Gründe sind ebenfalls schon von den Webbs und von Brentano (1893) aufgezeigt worden: Der Arbeiter ist, solange er auf sich allein gestellt ist, das schwächste Glied in der Kette der Marktkonkurrenz, bei dem sich alle Nachteile kumulieren. Er kann nicht warten, bis er ein akzeptables Angebot erhält, sondern steht unter dem Druck, sich und seine Familie zu ernähren. Sinkende Löhne führen deshalb nicht etwa, wie die ökonomische Theorie es postuliert, zu sinkendem, sondern zu steigendem Arbeitsangebot[22]. Es ist die Funktion des Kollektivvertrages, diesen positiven Rückkoppelungskreis zu durchbrechen und eine ruinöse Konkurrenz der Arbeiter zu verhindern. Nur durch eine „Dekommodifizierung" (Esping-Andersen) der Arbeitskraft, die dem Arbeiter ein

---

Illusion. .. Nur die Kombination einer auf strukturelle und ökologische Erneuerung gerichteten Beschäftigungspolitik mit einer an Integration und Mobilität orientierten und betriebsnah organisierten Arbeitsmarktpolitik kann Arbeitslosigkeit wirksam verringern" (Knuth 1998: 128).

22 Abwegig ist der Briefs'sche Einwand (Briefs 1965: 552), den Anbietern leicht verderblicher Waren ergehe es genau so. Der Fischhändler kann sein Angebot zurücknehmen, nachdem er am Vortag aufgrund einer Überschätzung der Nachfrage einen Preisverfall hinnehmen musste; ein Stromkraftwerk kann bei überschüssigen Kapazitäten abgeschaltet werden. Der Arbeiter dagegen kann auf einem freien Arbeitsmarkt weder sein Angebot zurückziehen, noch „entsorgt" werden.

Minimum an persönlicher Würde und materieller wie sozialer Sicherheit garantiert, kann ein regulärer Arbeitsmarkt überhaupt erst entstehen. Darin lag und liegt bis heute die Ratio von Gewerkschaften und kollektiven Verhandlungen am Arbeitsmarkt. Der Kollektivvertrag ist, wie Brentano betonte, keineswegs ein Fremdkörper im System der Marktwirtschaft. Im Gegenteil, er und die (später durch den Sozialstaat übernommenen) sozialen Sicherungsleistungen der Gewerkschaften erlauben es dem Arbeiter erst, sich marktkonform zu verhalten, indem sie ihm bei sinkenden Löhnen die Option des Rückzuges vom Arbeitsmarkt eröffnen.

Eine historische Begründung würde auf die lange Tradition des Kollektivvertrages verweisen. Für die handwerklichen Gilden des 18. Jahrhunderts war es alter Brauch, für jede Berufsgruppe eine Standardrate des Lohnes und kollektive Regelungen für die übrigen Arbeitsbedingungen mit den Beschäftigern auszuhandeln. Auch während der Zeit der Koalitionsverbote des 19. Jahrhunderts, in der offene Verhandlungen unterdrückt waren, verstanden es die Berufsverbände dennoch, die Einhaltung der Standardraten durch die Arbeitgeber sicherzustellen, nämlich über die „method of mutual insurance" (S. u. B. Webb 1920: 152f.)[23]. Die kollektive Organisation der beruflich gelernten Arbeiter war ein historisches Faktum, das auch der Manchester-Kapitalismus keineswegs von der Bildfläche verschwinden lassen konnte. Die Berufsverbände verstanden es, sich an die durch den industriellen Fortschritt veränderten Bedingungen anzupassen. Unter dem Einfluss der sozialistischen Bewegung transformierten sie sich in Gewerkschaften, die zunehmend auch den Ungelernten offen standen.

Die Unternehmer mussten sich mit diesem Phänomen abfinden und lernten es, ihm anders zu begegnen als immer nur mit dem Ruf nach der Polizei. Sie gründeten ihrerseits Arbeitgeberverbände, um die Organisationsmacht der Arbeiter mit ihren eigenen Waffen zu schlagen. Aber das bedeutete unvermeidlich die Anerkennung der Gegenseite als kollektiver Akteur und des Prinzips kollektiver Verhandlungen und Verträge. Die Selbstorganisation der Arbeitgeberseite hatte die unbeabsichtigte Folge, dass man sich mit den Gewerkschaften auf die gleiche Stufe stellte und damit in gewisser Weise mit ihnen in einem Boot saß. Gewerkschaftliche Aktionen und Streiks verloren ihren Geruch der Staatsgefährlichkeit; der Staat wurde zur „dritten" Instanz über den Sozialparteien. Zugleich wuchsen die Gewerkschaften und

---

23 Die Verbände gewährten ihren Mitgliedern Unterstützung nicht nur bei Krankheit und Arbeitsunfähigkeit, sondern auch, wenn sie sich auf Stellensuche befanden. Die Mitglieder waren verpflichtet, eine Stelle nur dann anzunehmen, wenn die „standard rate" gezahlt wurde. Dieses System machte es möglich, die offiziellen Koalitionsverbote durch eine Taktik zu unterlaufen, die Webb/Webb als „strike in detail" bezeichnen: „An employer whose workmen leave him one by one, after due notice, may find little difficulties in filling their places. But if the newcomers, after a brief stay, one by one give notice that they, too, will leave, he is placed in a serious difficulty" (S. und B. Webb 1920: 169).

Arbeitgeberverbände über die Rolle bloßer Arbeitsmarktkartelle hinaus. Für Löhne, Arbeitszeiten und die sonstigen Arbeitsbedingungen wurden tarifliche Minimalkonditionen nicht nur auf betrieblicher, sondern auch auf sektoraler, regionaler, in manchen Ländern sogar auf nationaler Ebene vereinbart; tarifliche Vereinbarungen fanden schließlich Eingang in gesetzliche Regelungen. Betriebliche und sektorale Verhandlungssysteme differenzierten sich. Die Praxis der kollektiven Verhandlungen verlangte darüber hinaus nach prozeduralen Regeln, die teils von den Parteien selbst beschlossen, teils durch gesetzliche Eingriffe festgelegt wurden. Streiks konnten damit zwar nicht verhindert werden, aber auch für sie wurden Regelungen getroffen. All dies ermöglichte eine Einsparung von Transaktionskosten in den Arbeitsbeziehungen und eine bessere Kalkulierbarkeit der Arbeitskosten, von der auch die Unternehmen profitierten.

In dieser Weise kam es zur Entstehung von „Systemen industrieller Beziehungen" (Dunlop 1993) mit je nach nationaler Tradition freilich ganz unterschiedlichen Rollenzuweisungen für den Staat und die anderen beteiligten kollektiven Akteure. Ihre Leistung besteht, nach der treffenden Charakterisierung von Burawoy, darin, den industriellen Konflikt sowohl anzuerkennen als auch zu verbergen: „Collective bargaining on the one hand *displaces conflict* between different agents of production from the shop floor, where it can lead to work disruptions, and on the other hand *reconstitutes conflict* in a framework of negotiation. In reorganizing conflict in this way, collective bargaining *generates a common interest* between union and company, based on the survival and growth of the enterprise" (Burawoy 1979: 114/115). Das Arbeitsverhältnis verliert seine despotischen Züge und nimmt einen „hegemonialen" (Burawoy) Charakter an. Der Konflikt der beiden Parteien wird in eine institutionell anerkannte Form transformiert.

Götz Briefs (1965) hat die beschriebene Transformation als Übergang von der „klassischen" zur „befestigten" Gewerkschaft charakterisiert. Die Merkmale der Befestigung sind: 1.) Der gesicherte rechtliche Status und die Anerkennung der Gewerkschaften durch Gesetzgebung, Verwaltung, Judikatur, öffentliche Meinung und Arbeitgeber. 2.) Ein hinreichend hoher Organisationsgrad, der die Gewerkschaft nicht nur – wie im Fall der „klassischen Gewerkschaft" – zu punktuellen Störaktionen befähigt. Die befestigte Gewerkschaft muss in der Lage sein, „wirklich alle Räder stillstehen zu lassen". 3.) War die „klassische" Gewerkschaft noch eine von unten her bestimmte und von den Arbeitern selbst getragene soziale Bewegung, so handelt es sich bei der befestigten Gewerkschaft um eine hierarchische Organisation mit bürokratischer Verwaltung und zentraler Führung. 4.) Lebte die „klassische Gewerkschaft" noch aus dem Pathos der heroischen Anfänge, so legitimiert die befestigte Gewerkschaft sich durch eine ausformulierte, vor allem auf die Keynes'sche Doktrin gestützte ökonomische Theorie ihrer Politik.

Die Briefs'schen Kriterien wurden zum Ausgangspunkt zahlreicher neuerer Theorien der Gewerkschaften und der industriellen Beziehungen, die die Gewerkschaften nicht mehr als Kartelle und Interessenverbände, sondern als „intermediäre Organisationen" (Müller-Jentsch 1997: 98) definieren. Gemeinsam mit den Arbeitgeberverbänden genießen sie im Rahmen der gesetzlich verankerten Tarifautonomie ein faktisches Monopol zum Abschluss von Tarifverträgen und sind darüber hinaus in öffentlich-rechtlichen Institutionen wie der Sozialversicherung oder den Einrichtungen der beruflichen Bildung mit Sitz und Stimme vertreten. Allein aufgrund ihrer zahlenmäßigen Organisationsmacht und ihrer Erfolge bei der Verbesserung der Löhne und Arbeitsbedingungen sowie der Verkürzung der Arbeitszeiten sind die Gewerkschaften über den Status bloßer Interessenverbände hinausgewachsen (Fürstenberg 2000). Sie erfüllen die Rolle einer „Nebenregierung" im neo-korporatistischen System und nehmen als solche eine vermittelnde Funktion zwischen den heterogenen Interessen nicht nur von Arbeit und Kapital, sondern auch verschiedener Mitgliedergruppen sowie der staatlichen Politik wahr.

Nicht in allen Ländern ist die Entwicklung freilich derart weit gegangen. Briefs hatte bei seinen Typisierungen das Vorbild der deutschen, österreichischen und schwedischen Gewerkschaften im Auge. Im internationalen Vergleich zeigt sich, dass es den Gewerkschaften (und mit ihnen, wie man über Briefs hinaus sagen müsste, auch den Arbeitgeberverbänden) keineswegs überall gelungen ist, den Status voller „Befestigung" im Briefs'schen Sinn zu erreichen. Darüber hinaus spiegelt die Theorie der „befestigten Gewerkschaft" die Verhältnisse der „fordistischen" Ära der fünfziger und sechziger Jahre wieder, kann aber heute nicht mehr unbesehen übernommen werden. Der Strukturwandel und die Globalisierung der Wirtschaft, sowie die organisatorisch-technischen Umbrüche seit den siebziger Jahren haben die Position der Gewerkschaften in den meisten Industrieländern geschwächt und sie hinter das erreichte Niveau institutioneller Befestigung zurückgeworfen. Auf beide Gesichtspunkte sei im Folgenden näher eingegangen.

4.3.3.1 Nationale Unterschiede im Grad der Befestigung der Gewerkschaften und der Verrechtlichung der industriellen Beziehungen

Um den Status der Befestigung zu erlangen, müssen die Gewerkschaften fähig sein, einen kritischen Anteil der Arbeiterschaft der Branchen und Betriebe ihres Organisationsbereichs zu organisieren und zu mobilisieren. Diese Fähigkeit ist ihrerseits nicht voraussetzungslos, sondern in hohem Maß durch Ausmaß und Formen der Segmentierung des Arbeitsmarktes vermittelt (Deutschmann 1981a,b). Dort, wo das Hauptinteresse der Gewerkschaften sich auf die Kontrolle der Arbeitsplätze richtet, wie bei den britischen und amerikanischen „craft-unions", ist der Zusammenhang zwischen der beruflichen Segmentierung des Arbeitsmarktes und der Organisationsstruktur der Gewerkschaften unmittelbar gegeben. Der gleiche Zusammenhang zeigt sich in anderer Weise bei den japanischen Unternehmensgewerkschaften, deren raison d' etre zwar nicht in der Kontrolle der Arbeitsplätze, aber in der Stabilisierung unternehmensinterner Arbeitsmärkte und der internen Mobilitätsketten in großen Unternehmen besteht (Koike 1988). Gewerkschaften repräsentieren häufig nur die beruflich oder betrieblich ohnehin bereits integrierten und damit privilegierten Gruppen der Arbeiterschaft. Auch in Industriegewerkschaften bilden die Letzteren meist den faktisch handlungsfähigen Kern der Organisation. Die gewerkschaftliche Organisationslücke gerade bei den am Arbeitsmarkt am schlechtesten Gestellten − Ungelernte, Beschäftigte in mittleren und kleinen Unternehmen, Halb- und Scheinselbstständige, Frauen, Teilzeitarbeiter, temporär und prekär Beschäftigte, Jugendliche, ethnische Minderheiten − ist ungeachtet vieler gegenteiliger Bemühungen der Gewerkschaften ein weltweit verbreitetes Phänomen geblieben (ILO 1997, S. 32f.). Gewerkschaften sind ihrem Ursprung nach keineswegs universalistische, sondern partikularistische Organisationen, die nicht etwa die „Arbeiterklasse" schlechthin einigen, sondern berufliche, betriebliche, ethnische, geschlechtliche Solidaritäten pflegen. Entsprechend bunt ist das Bild, das die Struktur der Gewerkschaftsbewegung im internationalen Vergleich bietet[24].

Dort, wo es den Gewerkschaften nicht gelungen ist, aus dem Zustand dieser „ursprünglichen" Fragmentierung hinauszugelangen, ist auch der Grad ihrer Befestigung meist gering geblieben. Die rechtliche Regelung der Stellung der Gewerkschaften beschränkt sich hier auf ein Minimum; die Verhandlungssysteme sind zersplittert und dezentralisiert, der Organisationsgrad der Arbeitnehmer ist niedrig.

Ein Beispiel sind die japanischen Gewerkschaften, die fast nur in den großen Unternehmen präsent sind. Ungeachtet ihrer seit den siebziger Jahren zu beobachtenden Bemühungen um eine stärkere Einschaltung in die Politik (Seifert 1997) ist es ihnen nicht gelungen, ihre Tarifpolitik auf eine unternehmensübergreifende Ebene zu heben, was zweifellos auch mit dem Fehlen berufsfachlicher Traditionen in Japan zusammenhängt. Auch die amerikanischen Gewerkschaften sind zu nennen, die trotz ihrer vorübergehenden politischen Erfolge während der Ära des „New Deal" bis heute über den Status von Betriebsgewerkschaften kaum hinausgelangt sind. Ihre Macht gegenüber den Arbeitgebern wird durch ethnische Spaltungen, ein gewerkschaftsfeindliches gesellschaftliches Klima und überdies durch teils heftige zwischenverbandliche Konkurrenz beeinträchtigt (Erd 1989, Dunlop-Commission 1994, Keller 1997b, Lüthje/Scherrer Hrsg. 1997).

---

24 Über den z.T. recht unterschiedlichen Umgang der US-amerikanischen und kanadischen Gewerkschaften mit ethnischen und geschlechtlichen Differenzen vgl. den instruktiven Literaturbericht von Hunt/Rayside (2000).

Wollten die Gewerkschaften den Zustand der Zersplitterung überwinden, so führte der Weg dahin in aller Regel über feste Allianzen mit politischen – sozialdemokratischen, sozialistischen, kommunistischen, konfessionellen – Bewegungen und Parteien. Dieser Weg konnte freilich auch nur in neue, diesmal politische Zersplitterungen führen, wie das Beispiel der romanischen Länder Europas (Frankreich, Italien, Spanien) zeigt. Die Erfolg versprechendste Lösung war zweifellos das Bündnis mit einer starken sozialdemokratischen Partei, wie es in Deutschland, Österreich, den skandinavischen Ländern sowie Großbritannien, Australien und Neuseeland zustande kam. Aber auch hier kam es keineswegs überall zu einer dauerhaften Befestigung der Gewerkschaften, denn die Rechtstradition erwies sich als ein weiterer wichtiger intervenierender Faktor. In den angelsächsischen Ländern mit der hier charakteristischen „voluntaristischen" Tradition blieben die industriellen Beziehungen ein weitgehend rechtsfreier, nicht durch Gesetze, sondern durch das Prinzip des „custom und practice" strukturierter Raum. Auch die beachtlichen politischen Machtpositionen und materialen wohlfahrtsstaatlichen Erfolge, die die mit der Labour Party verbündeten britischen Gewerkschaften in der Nachkriegszeit durchgesetzt haben (Ähnliches gilt auch für Australien und Neuseeland), ließen sich deshalb nicht in rechtlich verbindlicher Form konsolidieren. Die Stellung der Gewerkschaften blieb daher in hohem Maße von dem aktuellen ökonomischen Kräfteverhältnis der Arbeitsmarktparteien und der parteipolitischen Konstellation abhängig. Die erheblichen Rückschläge, die die britischen, amerikanischen, neuseeländischen, australischen Gewerkschaften unter den für sie seit Ende der siebziger Jahre verschlechterten wirtschaftlichen und politischen Bedingungen hinnehmen mussten, können von daher nicht überraschen. Andererseits: Dort, wo es den Gewerkschaften, wie in Deutschland, Österreich und den skandinavischen Ländern, tatsächlich gelang, den Zustand weitgehender Befestigung zu erreichen, war auch dies für sie mit erheblichen Kosten verbunden, die Robert Michels bereits vor dem Ersten Weltkrieg mit seinen scharfsichtigen Analysen vorausgesehen hatte: Zentralisierung, Bürokratisierung, wachsende Betriebs- und Mitgliederferne. Die hohe Organisationsdichte, die die Gewerkschaften dank ihrer Befestigung teilweise erzielen konnten (in Schweden z.B. über 80 Prozent), erklärte sich zu einem großen Teil aus den durch die Institutionalisierung der Gewerkschaften selbst geschaffenen Sekundärmotiven zur Mitgliedschaft. Sie verbarg die Mängel der innergewerkschaftlichen Demokratie (Müller-Jentsch 1997: 138f.) und den faktisch zunehmend tönernen Charakter der Gewerkschaftsmacht.

4.3.3.2 Aktuelle Erosionsprozesse gewerkschaftlicher Organisationsmacht

Macht man sich klar, wie historisch singulär und voraussetzungsvoll der von Briefs in den sechziger Jahren beschriebene Zustand der Befestigung für die Gewerkschaften war, so sind die in den meisten Ländern am Ende des 20. Jahrhunderts zu beobachtenden Dezentralisierungs- und Fragmentierungsprozesse in den industriellen Beziehungen weder so überraschend, noch so dramatisch, wie sie manchmal beschrieben werden. Die Kräfte, die die Befestigung der Gewerkschaften unterhöhlen, operieren an mehreren Fronten gleichzeitig: Von der makroökonomischen Lage und dem Arbeitsmarkt her ebenso wie von den Seiten der sektoralen Strukturveränderungen, der technischen Entwicklung, der organisatorischen Restrukturierung der Unternehmen. Nicht zuletzt spielt auch das für die Gewerkschaften ungünstige politische und kulturelle Klima eine Rolle.

- Die keynesianische Beschäftigungspolitik, auf der die befestigten Gewerkschaften ihre Erfolge bauen konnten, setzte, wie Keynes selbst schon festgestellt hatte, eine weitgehend geschlossene Volkswirtschaft und national kontrollierte Kapitalmärkte voraus. Die dem Zusammenbruch des Bretton-Woods System folgende Globalisierung der Finanzmärkte, aber auch die fortschreitende Internationalisierung der Produktmärkte und der Unternehmen selbst haben diesem Arrangement zwischen interventionistischer staatlicher Politik und Gewerkschaften zwar keineswegs den Boden völlig entzogen, aber doch seine Spielräume stark eingeschränkt. Im Hinblick auf Europa müsste statt von Globalisierung eher von „Europäisierung" gesprochen werden, da die Integration der Kapital- und Produktmärkte sich innerhalb der Europäischen Union sehr viel rascher vollzieht als zwischen Europa, den USA und den asiatischen Industrieländern. Negativ für die Gewerkschaften wirkt sich hier die politische gewollte Begrenzung der nationalstaatlichen Regulierungskompetenz im Zuge der Einführung des gemeinsamen Binnenmarktes sowie der europäischen Währungsunion aus. Ein kompensierender Ausbau einer gemeinsamen europäischen Arbeits- und Sozialpolitik ist gegenwärtig nicht in Sicht (Streeck 1996, Keller 1997b). Die Gewerkschaften sehen sich dem Druck anhaltender Massenarbeitslosigkeit ausgesetzt und haben es mit Regierungen (nicht nur konservativen, sondern auch sozialdemokratischen) zu tun, die weniger als in der Vergangenheit geneigt sind, auf gewerkschaftliche Forderungen einzugehen. Wenn überhaupt, kann die Kooperation mit der staatlichen Politik nur um den Preis schmerzhafter Konzessionen der Arbeitnehmerseite aufrechterhalten werden. Die Gewerkschaften sehen sich in die Rolle bloßer Bewahrer des sozialpolitischen status quo gedrängt. Ihr Potential, weitere Reallohnsteigerungen und sozialpolitische Verbesserungen durchzusetzen, nimmt drastisch ab und damit auch die Chance, ihre Mitglieder zu halten, bzw. neue zu gewinnen.

- Die mit der wirtschaftlichen Liberalisierung verknüpfte Politik der Privatisierung der Staatsbetriebe trifft einen Sektor, der in zahlreichen Ländern eine starke Bastion der Gewerkschaftsmacht bildete. Die Verwandlung der früher durch den Staat kontrollierten Eisenbahnen, öffentlichen Nahverkehrbetriebe, der Post und Telekommunikation, der Wasser- und

Energiewirtschaft in privat geführte Unternehmen führte meist nicht nur zu einem beträchtlichen Personalabbau und zu materiellen Einbußen für die Belegschaften, sondern zerstörte auch die privilegierte Stellung der Gewerkschaften in diesen Bereichen. Die Trennung der Gewerkschaften der Privatwirtschaft von denen des Öffentlichen Dienstes hat damit weitgehend ihre Berechtigung verloren.

- Der wirtschaftliche Strukturwandel führt dazu, dass gewerkschaftlich hoch organisierte Sektoren schrumpfen, gering organisierte dagegen wachsen. Die oben (Kap. 2.2) beschriebene Tertiarisierung der Wirtschaft wirkt sich in nahezu allen ihren Dimensionen ungünstig für die Gewerkschaften und für die Institutionalisierung der Arbeitsbeziehungen überhaupt aus. Die industriellen Produktionsbelegschaften als traditionelles Bollwerk der Gewerkschaften schrumpfen. Dort, wo sie noch vorhanden sind, sind sie zunehmend multiethnisch zusammengesetzt, was die gewerkschaftliche Solidarität auf die Probe stellen und in manchen Fällen auch überfordern kann (vgl. z.B. Wrench/Wirdee 1996). Die gering organisierten Angestellten dagegen werden immer zahlreicher, wobei die akademisch gebildeten mittleren und höheren Angestellten, die den Gewerkschaften besonders fern stehen, überproportional zunehmen. Auf der einen Seite verlieren die Großunternehmen mit ihren oft gut ausgebauten gewerkschaftlichen Vertretungsstrukturen an Boden, werden dezentralisiert oder zerschlagen. Auf der anderen Seite entstehen „start-ups" insbesondere in den neuen Informationstechnik-, Biotechnologie- und Medienindustrien, die einen informellen Stil in ihren Arbeitsbeziehungen pflegen. Er macht es den Gewerkschaften schwer, hier Fuß zu fassen und behindert auch die Gründung von Betriebsräten. Mit dem Wachstum des tertiären Sektors nehmen einerseits die durchschnittlichen Betriebsgrößen ab, andererseits die peripher, temporär und marginal Beschäftigten auf Kosten der Stammbelegschaften zu. Diese Entwicklung und die mit ihr verknüpfte Zunahme der traditionell meist wenig organisationsbereiten weiblichen Arbeitskräfte bedeuten eine weitere Einschränkung des Organisationspotentials der Gewerkschaften.

- Ungünstig für die Gewerkschaften ist schließlich ein ideologisches Klima, das die „normative Subjektivierung der Arbeit" (Baethge 1991) und das individuelle Konkurrenz- und Leistungsstreben befördert. Es honoriert „unternehmerische" Tugenden und das Bedürfnis von Individuen nach „Selbstentfaltung", während es gewerkschaftliche Solidarität als „Besitzstandswahrung" und „Anspruchsdenken" diskreditiert. Dadurch wird es den Gewerkschaften schwer gemacht, Jugendliche und jüngere Arbeitnehmer zu gewinnen. Hinzu kommt die massiv antigewerkschaftliche Politik der Arbeitgeber in bestimmten Ländern (etwa in den USA und in Neuseeland).

Das Zusammenwirken dieser Faktoren hat mehrere Folgen gehabt, die sich in den achtziger und neunziger Jahren in fast allen entwickelten Industrieländern zeigen: Zum einen sind die gewerkschaftlichen Organisationsgrade und meist auch die Mitgliederzahlen der Gewerkschaften stark zurückgegangen; eine Entwicklung, auf die Gewerkschaften mit Umstrukturierungen und Zusammenschlüssen reagiert haben (Streeck/Visser 1998). Zum anderen ist eine Dezentralisierung der Verhandlungssysteme zu beobachten. Schließlich ist der Anteil der von Kollektivverträgen überhaupt erfassten Arbeitnehmer, die so genannte „Deckungsrate", zurückgegangen. Auch in jenen Ländern, in denen die Kollektivverhandlungen traditionell eher auf sektoraler oder nationaler Ebene geführt werden zeigen sich diese Entwicklungen. Im internationalen Vergleich waren, wie Traxler (1997) gezeigt hat, zwei Faktoren für die Verfallsdynamik des Flächentarifvertrages maßgeblich: Zum einen der Umfang der den Gewerkschaften ursprünglich gewährten Organisations- und Repräsentationsprivilegien (Allgemeinverbindlichkeit von Tarifverträgen)[25] und das Ausmaß ihres Abbaus, zum anderen die Stärke der Gewerkschaften in den Betrieben. Wir fassen die in dem „World Labour Report" der ILO zusammengestellten Daten zu beiden Entwicklungen in der folgenden Tabelle für einige wichtige westliche Industrieländer zusammen:

Tabelle: Veränderungen der gewerkschaftlichen Organisationsgrade und der Verhandlungsebenen in wichtigen Industrieländern (1985-95)

	Organisationsgrad in % (1)			Verhandlungsebene (2)		
				Domin. Ebene	Trend 1985-95	
	1985	1995	Veränderung (%)	N/S, C	N/S	C
USA	18,0	14,2	-21,1	C	d	i
Japan	28,8	24,0	-16,7	C	s	i
Australien	50,0	35,2	-29,6	C	d	i
Deutsch-land (West)	35,3	29,1	-17,4	N/S	s	i
Großbri-tannien	45,5	32,9	-27,7	C	d	i
Frankreich	14,5	9,1	-37,2	N/S	s	i

(1) Anteil der Gewerkschaftsmitglieder an den abhängig Beschäftigten
(2) N=National; S=Sektoral; C=Unternehmen; d=decresing; s=stable; i=increasing
Quelle: ILO (1997): 235-247

---

25 Besonders drastisch wirkte sich dieser Faktor in Neuseeland aus, wo nach der Abschaffung der Allgemeinverbindlichkeit von Tarifverträgen im Jahr 1991 der Anteil der durch Flächentarifverträge regulierten Arbeitsverhältnisse innerhalb eines Jahres von 76 auf 23,5 Prozent sank (Traxler 1997: 115).

Der Anteil der in Kollektivverträge einbezogenen Beschäftigten ist im Zuge der betrieblichen Dezentralisierung der Verhandlungen deutlich gesunken. Er betrug zwar nach den Angaben des ILO-Berichts (1997: 248) in Deutschland und Frankreich im Jahr 1995 noch jeweils ca. 90 und in Australien 65 Prozent, in Großbritannien jedoch nur noch knapp 26, in Japan 25 und in den USA 11 Prozent. In einer Reihe von entwickelten Industrieländern ist es heute folglich nur eine Minderheit der Beschäftigten, deren Arbeitsverhältnisse tarifvertraglich geregelt werden. Dort, wo sich der durch Kollektivverträge erfasste Sektor des Arbeitsmarktes stark verringerte, kam es in aller Regel auch zu einer stärkeren Differenzierung der Löhne und Arbeitszeiten (Traxler 1997).

Aufschlussreich ist hier ein Vergleich der Entwicklung in Deutschland (West) und Großbritannien seit den achtziger Jahren. Während das deutsche System sektoraler Tarifverhandlungen trotz deutlicher informeller Erosionserscheinungen formal intakt blieb, ist es in Großbritannien als Folge der antigewerkschaftlichen Politik der Regierung Thatcher, aber auch aufgrund des dramatischen Niederganges der verarbeitenden Industrie zu einem starken Rückgang der „coverage rate" (Anteil der durch Tarifverträge geregelten Arbeitsverhältnisse) gekommen. Die Folge war, dass sich in Großbritannien im Zeitraum zwischen 1979 und 1995 die Relation zwischen dem mittleren und obersten Dezil der Arbeitnehmereinkommen von 1,65 auf 1,87 erhöhte und die zwischen dem mittleren und untersten Dezil von 1,69 auf 1,81. In Deutschland dagegen hat sich die Streuung der Arbeitnehmereinkommen sogar leicht verringert. Die im Vergleich zu Großbritannien deutlich egalitärere Lohnstruktur in Deutschland hat ihre Ursachen freilich nicht in gewerkschaftlicher „Gleichmacherei", sondern vor allem in einer weniger polarisierten Qualifikationsstruktur mit einer erheblich stärkeren Besetzung der mittleren Qualifikationsgruppen. Ein recht unterschiedliches Bild zeigt sich auch bei den effektiven Wochenarbeitszeiten. Während sich in Deutschland trotz aller Flexibilisierung und Differenzierung der Arbeitszeiten auch 1997 noch eine klare Häufung der Wochenarbeitszeiten von Arbeitern und Arbeiterinnen in den Bereichen von 16-26 Stunden (Teilzeitarbeit) und 35-40 Stunden (Vollzeitarbeitszeit) feststellen ließ, verteilen sich die Arbeitszeiten in Großbritannien deutlich gleichmäßiger über das gesamte Spektrum von 8 bis 60 und mehr Stunden , sodass hier von einer „Normalarbeitszeit" kaum noch die Rede sein kann (Jauch/Schmidt 2000: 44, 45, 55).

Die Tendenz zur Flexibilisierung und Differenzierung der Löhne und Arbeitszeiten und zum Rückgang der gewerkschaftliche Organisationsgrade ist gleichwohl übergreifend zu beobachten. Auch in jenen Ländern, in denen zumindest die Fassade des kollektiven Verhandlungssystems erhalten geblieben ist, ist die Tendenz zur Verbetrieblichung unübersehbar. In den postsozialistischen Ländern schließlich haben sich autonome überbetriebliche und betriebliche Verhandlungsstrukturen bis heute nur in Ansätzen herausbilden können (Dittrich 1997). Auch in Ostdeutschland ist die angestrebte Übertragung des westdeutschen „dualen" Verhandlungssystems bis heute nur sehr begrenzt zustandegekommen. Faktisch stellt der Betrieb die entscheidende Verhandlungsebene dar, wobei die dort getroffenen Vereinbarungen die tariflichen Normen nicht selten unterlaufen (Mense-Petermann 1996).

Wie gerechtfertigt ist es, diese Entwicklungen in die Zukunft zu extrapolieren? Werden sich die Gewerkschaften als „Dinosaurier" des Industriezeitalters erweisen und eines Tages gänzlich von der Bildfläche verschwinden? Oder betrifft der Niedergang nur die befestigten, zentralisierten Gewerkschaften, während gleichzeitig neue, dezentrale und informelle Strukturen gewerkschaftlicher Interessenvertretung am Arbeitsplatz entstehen – eine Möglichkeit, die gerade in den neuen Informations- und Kommunikationsindustrien von Bedeutung sein könnte?

Wir haben bereits darauf hingewiesen, dass die Situation der Gewerkschaften in starkem Maße durch sektorale Strukturwandlungen der Wirtschaft bestimmt wird. Intersektorale Unterschiede in der Repräsentanz der Gewerkschaften und der Struktur der industriellen Beziehungen könnten in Zukunft noch wichtiger werden und ebenso große Bedeutung gewinnen wie internationale Differenzen. Diese Entwicklung könnte durch die Internationalisierung der Unternehmen und die heute vor allem in Europa erkennbaren Ansätze grenzüberschreitender Arbeitsbeziehungen auf Unternehmensebene verstärkt werden. Drei typische sektorale Konstellationen lassen sich unterscheiden: a.) Der traditionelle industrielle Sektor, b.) die niedrig qualifizierten Dienstleistungen und c.) die qualifizierten Dienstleistungen und die „neuen" Industrien (Informationstechnik, Telekommunikation, elektronische Medien, Finanzdienstleistungen, Biotechnologie).

a) Die Großunternehmen des industriellen Sektors sind die traditionellen Hochburgen der Gewerkschaften. Ungeachtet der tendenziell abnehmenden Bedeutung dieses Sektors spricht viel dafür, dass sie es auch bleiben werden. Die neoliberale Agitation gegen das „Tarifkartell" hält zwar an; zugleich werden den Beschäftigten Angebote „direkter" Partizipation durch teilautonome Gruppen und neue Konsultationsformen gemacht, die eine positive Alternative zu den bestehenden Systemen kollektiver Verhandlungen bieten sollen. Manche Autoren sprechen in diesem Zusammenhang von „employee relations" im Gegensatz zu den traditionellen industriellen Beziehungen (Millward et al. 2000). Es gibt aber bislang kaum Belege dafür, dass die neuen, durch das Management gesteuerten Partizipationsformen von den Beschäftigten als vollwertiger Ersatz für eine autonome gewerkschaftliche und betriebliche Interessenvertretung akzeptiert werden. In der britischen Untersuchung von Millward et al. zeigte sich, dass die Arbeiter und Angestellten sich nur dort als „fair" behandelt fühlten, wo die neuen Partizipationsformen in eine anerkannte gewerkschaftliche Interessenvertretung auf betrieblicher Ebene integriert waren (Millward et al. 2000: 83f.). Auch in Deutschland hat die Einführung von Gruppenarbeit und so genannter KVP (Kontinuierlicher Verbesserungs-Prozess)-Modelle in der Industrie nicht den Effekt gehabt, die Schlüsselrolle der Betriebsräte für die Interessenvertretung der Arbeitnehmer auszuhebeln. Vielmehr hat sich die konstruktive Mitwirkung der Betriebsräte bei der Einführung der neuen Organisationskonzepte selbst als ein wichtiger Faktor des Erfolges dieser Konzepte erwiesen (Minssen 1999 a,b). Die Tendenz zu einer Verlagerung der Arbeitsbeziehungen auf die betriebliche Ebene ist freilich unverkennbar. Die Betriebsräte werden dadurch, wie Hirsch-Kreinsen resümiert, in eine zwiespältige Situation gedrängt:

„Einerseits werden im Zusammenhang mit neuen Arbeitsformen Betriebsräte seit längerem vom Management mit Beteiligungs- und Mitwirkungsangeboten in vielen Fragen betrieblicher Rationalisierungsaktivitäten geradezu überhäuft. Ihre herkömmlichen Verhandlungsfelder erodieren und sie werden vielfach in die Rolle von 'Co-Managern' gedrängt. Andererseits werden sie mit dem ständigen Verweis auf die verschärfte Konkurrenzsituation vom Management zu einem 'concession bargaining' genötigt, wobei ihnen unter dem label 'Beschäftigungssicherung' weitreichende Zugeständnisse bei bislang gesicherten materiellen Regelungen abverlangt werden." (Hirsch-Kreinsen 2000: 8).

Die von neoliberaler Seite vorgebrachte These einer negativen Wirkung des kollektiven Arbeitsvertrages und eines hohen gewerkschaftlichen Organisationsgrad auf die industrielle Produktivität lässt sich bei sorgfältiger empirischer Prüfung nicht halten. Ein statistischer Zusammenhang zwischen der tarifvertraglichen Deckungsrate und der Arbeitsproduktivität und anderen wirtschaftlichen Kennziffern existiert nicht, wie Traxler auf der Basis von Daten über 18 OECD-Länder herausfand (Traxler 1997). Für die USA hatten Freeman und Medoff (1984) bereits in den achtziger Jahren die neoklassische These der produktivitätsmindernden Wirkung gewerkschaftlicher Organisationsmacht zurückgewiesen. Da die Präsenz der Gewerkschaften in den Betrieben eine Konfliktlösung per „voice" statt durch „exit" begünstige, seien die Auswirkungen auf die Leistungsfähigkeit der Betriebe sogar eher günstig, wobei freilich der Qualität der Beziehungen zwischen den Gewerkschaften und dem Management entscheidende Bedeutung zukomme. Im Hinblick auf Großbritannien haben Nolan/O'Donnell (1995) gezeigt, dass die Ursachen der chronisch niedrigen britischen Produktivität weniger auf der Seite der Gewerkschaften als auf der des Managements zu suchen sind und dass die Zunahme der Produktivität in den achtziger Jahren in erster Linie auf die beschleunigte Schließung unrentabler Betriebe und nicht auf den Machtverlust der Gewerkschaften zurückgeht.

Schließlich sind auch die in weiten Bereichen der Industrie praktizierten „neuen Produktionskonzepte", die den Belegschaften eine stärkere Verantwortung bei der Regulierung der operativen Prozesse übertragen, mit einer Politik der Individualisierung des Arbeitsverhältnisses kaum vereinbar. Sie setzen im Gegenteil Beschäftigungssicherheit und betriebliche Mitspracherechte der Belegschaften voraus. Eine offene Strategie der Zurückdrängung der Gewerkschaften in den industriellen Großbetrieben würde die Arbeitskonflikte verschärfen und damit auf Kosten der Produktivität gehen. Sie kann daher auch kaum im wohlverstandenen Eigeninteresse des Managements liegen. Die Gefahr für die Gewerkschaften und Betriebsräte liegt eher in der „schleichenden" Auslagerung von Betriebseinheiten und Dezentralisierung der Organisationsstrukturen, die eine koordinierte Interessenvertretung in den einzelnen Subsystemen erschwert und die Erosion arbeitspolitischer Standards begünstigt. In immer stärker entgrenzten Unternehmensnetzwerken greifen die etablierten Mitbestimmungsregeln immer weniger (Schmierl 1998, Sydow/Wirth 1999). Die Drohung mit der Verlagerung arbeitsintensiver Arbeitsprozesse in Niedriglohnländer, wie man sie etwa in der Textil- und Bekleidungsindustrie beobachten kann, drängt die Gewerkschaften zusätzlich in die Defensive. Anders ist die Situation in herkömmlichen industriellen Klein- und Mittelunternehmen: Zwar ist auch hier der gewerkschaftliche Organisationsgrad niedrig und formalisierte Strukturen der Interessenvertretung fehlen weitgehend. Aber zugleich verfügen die qualifizierten Fachkräfte dieser Betriebe aufgrund ihrer Unentbehrlichkeit über eine starke informelle Verhandlungsposition, die es ihnen ermöglicht, mit dem Chef auf einer relativ egalitären Ebene zu verhandeln. Die Rückendeckung durch die Gewerkschaft suchen sie dabei nicht (Kotthoff/Reindl 1990, Hilbert et al. 1999).

b) Die Zunahme der niedrig qualifizierten Dienstleistungen in Bereichen wie Einzelhandel, Verkehr, Gastronomie, personenbezogene und soziale Dienste ist ein in vielen Ländern zu beobachtendes Phänomen. Die Tarifbindung ist hier meist gering, und mehr oder weniger große Teile dieses Sektors fallen darüber hinaus in den Bereich der „Schattenwirtschaft". Der Anteil atypischer Beschäftigungsverhältnisse (Teilzeitarbeit, geringfügige Arbeit, Arbeit auf Abruf) und mit ihnen der Frauen unter den Beschäftigten ist hoch (einen Überblick gibt Keller 1997a: 459f.). Auch Studenten, Schüler, sowie legale und illegale Arbeitsimmigranten sind stark vertreten. Die strukturellen Barrieren gegen organisierte Formen der Interessenvertretung dürften in diesem Sektor trotz der meist schlechten Arbeitsbedingungen weiterbestehen. In den letzten Jahren lassen sich dennoch in vielen Ländern verstärkte Bemühungen der Gewerkschaften beobachten, in den bislang gering organisierten Dienstleistungsbereichen stärker Fuß zu fassen (ILO 1997: 32f.). Voraussetzung dafür ist auch die Überwindung der in vielen Gewerkschaften traditionell virulenten Vorbehalte gegen die Organisation von Frauen und ethnischen Minderheiten, die in der Sicht männlicher Facharbeiter eher unliebsame Konkurrenten waren.

Sowohl in den USA als auch in Kanada hat sich das Gefälle im Organisationsgrad von Männern und Frauen signifikant angeglichen. Im Jahr 1998 betrugen die Organisationsgrade für Männer und Frauen in den USA 16 und 12 Prozent, in Kanada 34 und 30 Prozent (Hunt/Rayside 2000: 403); in Deutschland lauteten die entsprechenden Zahlen (1994) freilich noch 42

Prozent und 26,2 Prozent (Müller-Jentsch 1997: 127). Die „Normalisierung" der Erwerbsarbeit von Frauen könnte, wie sich hier andeutet, auch bei ihnen die Bereitschaft zu gewerkschaftlichem Engagement fördern.

c) Wiederum anders ist die Situation bei den hoch qualifizierten Dienstleistungsexperten. Auch hier ist die innere Distanz zu den bestehenden Gewerkschaften groß, der Organisationsgrad entsprechend niedrig (Trautwein-Kalms 1995, Mc Loughlin 1996). Die Hintergründe dieser Konstellation sind ähnlich wie in den von Hilbert et al. beschriebenen industriellen Klein- und Mittelbetrieben: Bei den Beschäftigten handelt es sich vielfach um Fachkräfte mit knappen und stark gefragten Qualifikationen, die schwer zu ersetzen sind und eine mögliche Kündigung als Drohpotential einsetzen können. Auch wenn es aufgrund des herrschenden Rationalisierungs- und Ökonomisierungsdruckes mit der Professionalität ihrer Tätigkeiten vielfach nicht mehr weit her ist, vertrauen sie bei der Durchsetzung ihrer Interessen gegenüber dem Arbeitgeber eher auf die eigenen Kräfte. Sie glauben, dass die Unterstützung durch die Gewerkschaften ihnen nichts nützen würde (McLoughlin 1996).

Das Autonomieethos der hoch qualifizierten Angestellten und Experten macht sie freilich auch in hohem Grade anfällig für die Versuchung der Selbstüberforderung. Exzessive Arbeitszeiten und ein Lebensstil, der die Anforderungen des Berufes über alle anderen sozialen Verpflichtungen stellt, sind weit verbreitete Phänomene (Baethge et al. 1995, Kotthoff 1997). Die Folge ist ein Verlust an gesellschaftlichen Erfahrungen und eine Reduktion der Lebenswelt auf das Treibhausklima kleiner betrieblicher Cliquen und Projekte. Dass die persönlichen Kosten dieser Lebensweise vor allem in den „neuen" Industrien, wie Softwarehäusern, Internet-Firmen, in der Werbebranche, so leicht verdrängt werden können, ist wohl vor allem in der Jugendlichkeit der Belegschaften und dem absichtsvoll gepflegten Jugendkult begründet. Mit wachsendem Alter der Beteiligten aber lassen sich auch hier die Bedürfnisse nach Familiengründung und Teilnahme an anderen Lebenswelten immer weniger unterdrücken. Das scheint für Frauen nach wie vor in weit höherem Maße zu gelten als für Männer (Baethge et al. 1995: 145) – mit negativen Konsequenzen für ihre Karriere. Die Folgen nicht mehr vollständiger Verfügbarkeit für die Firma sind kein öffentliches Thema und sind von jeder und jedem allein zu tragen. Auch die nach jahrelanger Überforderung sich unvermeidlich einstellenden Erschöpfungszustände und Burn-out-Syndrome sind privat zu bewältigende Probleme. Das Gleiche gilt für die realistische Aussicht, dass bei sich verschlechternder Konjunktur und zunehmendem Alter die individuellen Chancen am Arbeitsmarkt rasch schwinden könnten. Dagegen gibt es oft keine hinreichenden Absicherungen, zumal die Gehälter oft keineswegs üppig und die an ihrer Stelle angebotenen Aktienoptionen von zweifelhaftem Wert sind.

Gewerkschaften sind aus der Einsicht in die Lebenslänglichkeit des Lohnarbeiterschicksals entstanden und der Erkenntnis, dass dieses Schicksal menschenwürdig nicht allein mit individuellen, sondern nur mit kollektiven Mitteln gemeistert werden kann. Der Kampf gegen die selbstzerstörerische Geldgier, den unernsten, verschwenderischen Umgang der Lohnabhängigen mit ihrer eigenen Lebenszeit ist schon bei ihrer Entstehung im späten 19. Jahrhundert vielleicht ihr wichtigstes Anliegen gewesen (Deutschmann 1985: 172f.). Dass die Einsicht in die Wichtigkeit dieses Kampfes an die folgenden Generationen überliefert wird, ist nicht selbstverständlich. Sie muss historisch immer wieder neu erfahren und gelernt werden. Dies dürfte gerade für die neuen Industrien gelten. Insofern gibt es keinen Grund, die Zukunft der Gewerkschaften allzu negativ zu sehen. Dass Computer-Fachleute in Massen den heutigen Gewerkschaften beitreten, ist gewiss nicht zu erwarten. Aber die Bereitschaft, eigene Berufsverbände und Netzwerke gegenseitiger Unterstützung aufzubauen, ist bei vielen von ihnen durchaus vorhanden (Trautwein-Kalms 1995: 175f.). Viel dürfte daher von der Fähigkeit der Gewerkschaften abhängen, sich für die hier neu entstehenden Strukturen zu öffnen.

4.3.4 Betriebliche und überbetriebliche Systeme sozialer Sicherung[26]

Unter betrieblicher Sozialpolitik werden gewöhnlich die so genannten „freiwilligen" betrieblichen Sozialleistungen verstanden, also Geld und Sachleistungen des Unternehmens, die über gesetzliche und tarifvertragliche Regelungen hinaus gewährt werden: die Werkspension, die Belegschaftsaktie, die Jubiläumszuwendung, das Weihnachtsgeld, die Kantine usw.. Dieses Thema steht heute nicht mehr gerade im Brennpunkt der wissenschaftlichen Aufmerksamkeit und scheint auch unter dem Gesichtspunkt der Gegenwartsprobleme des Sozialstaates nicht besonders relevant zu sein. Der finanzielle Aufwand, den gerade große Unternehmen im Bereich des Sozialwesens betreiben, sollte zwar nicht unterschätzt werden. Allein für die betriebliche Altersversorgung gaben die privaten Arbeitgeber (d.h. ohne Zusatzversorgung) in Deutschland im Jahr 1997 gut 28 Mrd. DM aus; hinzu kamen rund 4,4 Mrd DM „sonstige Arbeitgeberleistungen" (Statistisches Bundesamt 1999: 449). Aber zum einen sind auch diese Leistungen zum Teil durch Gesetze, Tarifverträge und Betriebsvereinbarungen geregelt, und zum anderen bleiben diese Beträge weit hinter dem Finanzvolumen der gesetzlichen Sozialversicherung zurück. Soweit Unternehmen heute noch sozialpolitisch agieren, sind sie – so scheint es – heute größtenteils nur noch

---

26 Dieser Abschnitt stützt sich auf einen Aufsatz, der ursprünglich 1989 in einem von Georg Vobruba herausgegebenen Sammelband zum Thema „Der wirtschaftliche Wert der Sozialpolitik" veröffentlicht worden ist (Deutschmann 1989b).

Exekutoren gesetzlicher und tarifvertraglicher Regelungen; sie sind Träger gesellschaftlicher und nicht mehr betrieblicher Sozialpolitik.

Dies war nicht immer so. Von den Unternehmen finanzierte und verwaltete Wohlfahrtssysteme – Krankenkassen, Invalidenkassen, Werkswohnungen, Fortbildungsschulen – entstanden um die Mitte des 19. Jahrhunderts zunächst vor allem in den Großunternehmen der Schwerindustrie, die ungelernte und sozial schutzlose Massenarbeiter in großer Zahl beschäftigten (Reichwein 1965, Kocka 1990: 426f.). Neben den schon seit Jahrhunderten bestehenden kommunalen berufsständischen Versorgungseinrichtungen waren sie damals eine der wichtigsten Formen sozialer Sicherung der Arbeiterschaft. Die Bismarck'schen Sozialreformen waren bekanntlich subsidiär konzipiert, sie sollten diese schon bestehenden Einrichtungen nicht verdrängen, sondern nur ergänzen und unterstützen. Die betriebliche Sozialpolitik verschwand nach den achtziger Jahren des 19. Jahrhunderts keineswegs, sondern wurde sogar noch ausgebaut. Erst recht wichtig für die Versorgung seiner Belegschaften wurde der Betrieb in den Kriegs-, Nachkriegs- und Inflationszeiten, in denen er sich schon rein praktisch-organisatorisch als die einzige Instanz erwies, die in der Lage war, den materiellen Lebensunterhalt der Beschäftigten und ihrer Angehörigen zu sichern. Erst seit der Rentenreform der fünfziger Jahre konnte man dann in der Bundesrepublik von einem deutlichen Funktionsverlust der betrieblichen Sozialpolitik sprechen. Der Sozialstaat hat also seine heutige beherrschende Stellung nicht mit einem Schlag erobert, sondern ist in einem langen historischen Prozess erst allmählich in sie hineingewachsen. Dieser Sachverhalt verdient gerade aus industriesoziologischer Sicht wesentlich mehr Aufmerksamkeit als ihm üblicherweise entgegengebracht wird.

Warum es zur Verstaatlichung der Sozialpolitik bzw. zu ihrer Übertragung auf öffentlich-rechtliche Einrichtungen kam, wird üblicherweise mit einer Reihe von einleuchtenden Argumenten begründet. Erstens: Die betriebliche Sozialpolitik war wenig effizient, sie schloss große Teile der Arbeiterschaft und unter ihnen gerade die besonders Bedürftigen aus; sie war anfällig gegen das Risiko des Unternehmensbankrotts. Zweitens: Sie bewirkte Rigiditäten am Arbeitsmarkt, indem sie einen ökonomisch möglicherweise sinnvollen Wechsel der Arbeitskräfte zwischen Betrieben erschwerte. Drittens: Sie war politisch umstritten; die Gewerkschaften brandmarkten sie als Instrument der Unternehmer, um die Arbeiterschaft in Abhängigkeit zu halten. Unter allen genannten Gesichtspunkten schien die staatliche bzw. neokorporatistisch verfasste Sozialpolitik die effizientere und politisch konsensfähigere Lösung zu sein. Der Sozialstaat, so scheint es, setzte sich aufgrund seiner inhärenten Überlegenheit durch. Und sobald er einmal bestand, entwickelte er – wie die „neuen" politischen Ökonomen nicht müde werden zu behaupten – aufgrund der in ihn eingebauten „Rationalitätenfallen" eine Neigung zu unentwegter Expansion.

Erklärungsbedürftig scheint also auf den ersten Blick nicht die Expansion des Sozialstaates selbst zu sein, sondern, warum er sich nicht *rascher und konsequenter* durchsetzte und sogar bis heute die betriebliche Sozialpolitik nicht völlig von der Bildfläche verschwinden ließ. Die Unternehmen hätten die Einführung der gesetzlichen Sozialversicherung ja zum Anlass nehmen können, sich ihrer eigenen Wohlfahrtseinrichtungen zu entledigen und den ungeliebten „sozialen Klimbim" gänzlich abzuschaffen. Warum haben sie dies bis heute nicht getan? Die Antwort darauf erfordert einen kurzen Exkurs in die Geschichte der betrieblichen Sozialpolitik.

Warum unterhielten die Unternehmen schon in der Mitte des 19. Jahrhunderts Kranken- und Invalidenkassen, Werkswohnungen, Fortbildungs- und Haushaltsschulen und anderes mehr? Roland Reichwein hat diese Frage mit dem Hinweis beantwortet: Weil es schon immer so gewesen war, weil die Unternehmer es rein gewohnheitsmäßig als ihre Pflicht betrachteten, für ihre Stammarbeiter zu sorgen und dafür von ihnen aber auch Fleiß, Gehorsam, Betriebstreue und „anständige Führung" erwarteten. Zu erklären ist, warum ein solches zunächst rein durch Tradition bestimmtes Handlungsmuster sich im Prozess kapitalistischer Entwicklung sich nicht nur erhalten, sondern sogar weiter verfestigt hat. Reichwein greift dazu auf Denkfiguren Mertons und Gehlens zurück, nämlich auf Mertons Begriff der latenten Funktion und Gehlens Theorie der „rückwärtigen" Stabilisierung von Institutionen durch Entstehung sekundärer Handlungsantriebe. Eine Institution oder ein Handlungsmuster, das zunächst seinen Sinn in sich selbst trug, kann auf eine den Handelnden nicht (oder nur teilweise) bewusste Weise zum Mittel eines neuen Zwecks werden. Auf diese Weise gerät das Gewohnheitshandeln in neuartige Sinn- und Sachzusammenhänge, und es ergeben sich unvorhergesehene „sekundäre Zweckmäßigkeiten", die das Handeln „rückwärts stabilisieren" (Reichwein 1965: 23). Diese sekundäre Vertauschung von Zweck und Mitteln charakterisiert nach Reichwein auch die historische Entwicklungsdynamik der betrieblichen Sozialpolitik. Jenseits der manifesten paternalistischen Ideologie gewann sie „latente Funktionen" für die Stabilisierung betrieblicher Herrschaft und für die ökonomische Produktivitätssteigerung. Zum einen trug sie zur Absicherung der „Herr-im-Hause"-Politik der Unternehmer bei, indem sie half, die Gewerkschaften aus dem Betrieb herauszuhalten und auch die Einmischung des Staates in die inneren Angelegenheiten des Betriebes abzuwehren. Zum anderen hatte sie positive Wirkungen auf die Produktivität, indem sie die Moral und Betriebsloyalität der Arbeiter anhob und den sozialen Frieden im Betrieb förderte.

Auf den ersten Blick wirkt diese Theorie sekundärer Funktionalisierung betrieblicher Sozialpolitik nicht besonders überzeugend. Was den Herr-im-Haus-Standpunkt betrifft, so mussten die deutschen Unternehmer ihre Hoffnungen, die sie in dieser Hinsicht auf die betriebliche Sozialpolitik gesetzt hatten, bekanntlich spätestens nach 1918 begraben. Weder der Staat, noch die Gewerkschaften konnten länger aus der betrieblichen Lohn-und Sozialpolitik herausgehalten werden; ihr Einfluss wurde vielmehr durch die Tarifvertrags- und das Betriebsverfassungsgesetze institutionalisiert. Wenn die betriebliche Sozialpolitik noch zu etwas taugte, dann allenfalls dazu, die Betriebsräte gegen die überbetriebliche Gewerkschaftsorganisation auszuspielen. Als strategisches Instrument betrieblicher Herrschaft hat die betriebliche Sozialpolitik jedenfalls nicht besonders gut funktioniert. Trotzdem wurden die Sozialeinrichtungen der Betriebe in den zwanziger Jahren nicht eingeschränkt, sondern sogar noch weiter ausgebaut (Reichwein 1965: 35). Lag das entscheidende Motiv der Unternehmen folglich in den produktivitätssteigernden Wirkungen der betrieblichen Sozialpolitik? Dieses Argument wirkt auf den ersten Blick einleuchtender, aber es erklärt nicht, warum denn gerade *betriebliche Sozialpolitik* die Antwort auf das Problem zu niedriger Produktivität war. Wäre es, um die Leistungsbereitschaft der Arbeiter zu steigern, nicht sinnvoller gewesen, einfach höhere Löhne zu zahlen – so, wie es von den Gewerkschaften ja schon immer gefordert wurde?

Eine mögliche Antwort hierauf lautet, dass Produktivität ja nicht einfach die Summe messbarer individueller Arbeitsanstrengungen ist. Es gibt kollektive Komponenten von Produktivität, die vor allem mit zunehmender Mechanisierung an Bedeutung gewinnen und entsprechend auch nicht individuell, sondern kollektiv vergütet werden müssen. Darin liegt nach Karl Hax die Funktion der betrieblichen Sozialpolitik. Sie bildet die „Gegenleistung für den persönlichen Einsatz der Belegschaft, für Leistungen, die im Einzelnen nicht erfassbar und abgeltbar sind und deshalb der Belegschaft in kollektiver Form zugute kommen" (Hax 1969: 24). Eine ähnliche Interpretation hat schon G. Friedmann (1952) vertreten. Seiner Meinung nach honorieren betriebliche Sozialleistungen eine über den Arbeitsvertrag hinausgehende und vertragsrechtlich oder anweisungstechnisch nicht absicherbare Kooperationsbereitschaft der Arbeitnehmer, die so genannte „übermäßige Einordnung" (Friedmann 1952: 361). Damit spricht er das Problem der Unvollständigkeit des Arbeitsvertrages an, das den Ausgangspunkt auch unserer Überlegungen zur Struktur des Arbeitsverhältnisses bildete. Die Funktion betrieblicher Sozialpolitik lässt sich in diesem Rahmen genauer bestimmen.

Die These der Unvollständigkeit des Arbeitsvertrages besagt – wie in Kap. 4.1 ausgeführt -, dass der Arbeitsvertrag nur die Bereitstellung des Arbeitsvermögens regelt. Er kann und soll aber nicht vollständig festlegen, wie das Arbeitsvermögen im Produktionsprozess konkret genutzt wird. Es geht dem Arbeitgeber vor allem darum, die gewährleistenden, kooperativen und kreativen Leistungen der Arbeiter abzurufen. Damit steht er nicht nur vor dem Problem, wie es gelingen kann, eine solche nicht in formalen Anweisungen zu fassende Leistungsbereitschaft der Beschäftigten zu mobilisieren, sondern auch vor der Schwierigkeit der Kontrolle. Bei einfachen Arbeitsplätzen mit standardisierten und repetitiven Arbeitsvorgängen mag es für den

Arbeitgeber noch nicht allzu schwierig sein, eine aktive Arbeitsleistung zu mobilisieren und zu überwachen. Weil die erwartete Arbeitsleistung sich hier relativ leicht quantitativ und qualitativ spezifizieren lässt, reduziert sich das Problem der Unbestimmtheit des Arbeitsvertrages auf das der Kontrolle: Der Arbeitgeber hat zu prüfen, ob die Arbeiter die festgesetzte Norm auch tatsächlich erfüllen und nicht etwa „bummeln". Da Kontrolle stets Kosten verursacht, muss eine möglichst kostengünstige Kontrollmethode gewählt werden. Je mehr aber die qualitativen Anforderungen an die Arbeit wachsen, desto mehr wird die Festlegung der Norm des zu Leistenden selbst zu einem Problem für das Management. Der Arbeitsauftrag lässt sich nur allgemein vorgeben, aber nicht in den Details der Durchführung bestimmen. Auch die Kontrolle wird schwieriger, denn die Komplexität der Arbeitsaufgabe lässt den Beschäftigten nicht nur Spielraum bei der Durchführung, sondern erlaubt es ihnen, auch das Ergebnis selbst in gewissen Grenzen zu beeinflussen. So ist das Management zunehmend auf eine loyale Interpretation der Arbeitsaufgabe durch die Beschäftigten selbst angewiesen. Der Vollzug des Arbeitsvertrages setzt hier eine „freiwillige" Bereitschaft und Fähigkeit der Beschäftigten zur Kooperation voraus; nur so können die sonst unkalkulierbaren Transaktionskosten in Grenzen gehalten werden.

Will der Unternehmer diese Kooperationsbereitschaft dauerhaft und zuverlässig mobilisieren, so wird er seinen Beschäftigten über den Lohn hinaus Status und Anerkennung gewähren müssen. Dazu gehört jedoch nicht allein der Schutz gegen die Wechselfälle der Arbeitsmarktkonjunktur und das Recht auf kollektive Verhandlungen, sondern auch die finanzielle Sicherung gegen die Risiken des Erwerbslebens sowie im Alter. Der Status, den das Unternehmen seinen Arbeitnehmern verleiht, bildet sich nicht nur in den Unterschieden der Sicherheit des Arbeitsplatzes sowie der Höhe der Löhne und Gehälter ab, sondern auch in dem Schutz gegen beruflich und persönlich bedingte Risiken der wirtschaftlichen Existenz. Neben die arbeitsmarktpolitische und die tarifpolitische Dimension der Anerkennung tritt die sozialpolitische. Erneut stoßen wir auf das Phänomen qualitativer Unterschiede in der Warenförmigkeit der Arbeitskraft, die sich in einer auf bloß quantitative Veränderungen von Angebot und Nachfrage fixierten ökonomischen Perspektive nicht erfassen lassen. Je höher der durch die betriebliche Sozialpolitik begründete individuelle Status, desto mehr wird der rein ökonomische Austausch von Lohn und Leistung durch einen moralischen Austausch von Loyalität gegen Fürsorgepflicht überlagert. Das Arbeitsverhältnis gewinnt damit „feudalistische" Züge.

Nun hat aber die Verquickung von ökonomischem und moralischem Austausch keineswegs nur positive Auswirkungen auf den Erfolg des Unternehmens. Im Rahmen des Machtungleichgewichts zwischen Kapital und Arbeit enthält sie stets auch ein Konfliktpotential, das brisanter sein kann als der bloße Lohnkonflikt. Dies ist, wie in dem folgenden historischen Exkurs zu zeigen ist, wichtig nicht nur für das Verständnis der Entwicklung betrieblicher Sozialpolitik, sondern auch des Sozialstaates selbst.

4.3.4.1 Der historische „Ziehharmonika-Effekt" zwischen betrieblicher und gesellschaftlicher Sozialpolitik

Bis zum Ende des 19. Jahrhunderts kam in den meisten deutschen Unternehmen nur eine Minderheit der abhängig Beschäftigten, die Fabrikbeamten und eine kleine Schicht betriebstreuer Meister und Facharbeiter in den Genuss der betrieblichen Wohlfahrtseinrichtungen. Die „Zugvögel", also die rasch den Betrieb wechselnden Wander- und Massenarbeiter, blieben schon deshalb ihrem Schicksal überlassen, weil sie die notwendigen Karenzzeiten nicht erreichten. Etwa von den neunziger Jahren an lässt sich eine Tendenz beobachten, immer größere Teile auch der Arbeiterschaft in die betriebliche Wohlfahrtspolitik einzubeziehen. Ein Symptom dafür war die zunehmende Gewährung eines bezahlten Jahresurlaubs – also ursprünglich eines Beamtenprivilegs – auch an Arbeiter (Reulecke 1976, Deutschmann 1985: 202f.). Nach der Jahrhundertwende entwickelten sich dann die so genannten Werkvereins- oder Werkgemeinschaftsbewegungen, die die ganze Belegschaft zu erfassen suchten. Noch vor dem ersten Weltkrieg waren überdies Ansätze einer überbetrieblichen Organisation der Werkvereine und einer entsprechenden Transferierbarkeit von Sozialleistungen, z.B. Betriebsrentenansprüchen, zu beobachten (Homburg 1982, Schmiede 1986).

Die Gründe für die Expansion und Integration der betrieblichen Sozialpolitik lagen sicherlich zunächst einmal in der technisch-organisatorischen Entwicklung. Der industrielle Großbetrieb, wie er sich um die Jahrhundertwende entfaltete, vermehrte ja nicht einfach das Heer der ungelernten Massenarbeiter. Er schuf vielmehr eine breite Schicht angelernter Arbeiter, von denen nicht nur eine wesentlich höhere Arbeitsintensität, sondern auch mehr Disziplin und Pünktlichkeit erwartet wurden. Dazu kam die wachsende Komplexität der Führungsprobleme aufgrund der schieren Größe der Unternehmen. Das Problem der Unvollständigkeit des Arbeitsvertrages gewann damit an Brisanz. Man konnte die Leitung der Arbeitsprozesse und die Disziplinierung der Arbeiter nicht mehr einfach den Meistern überlassen, sondern musste nach Wegen suchen, die ganze Belegschaft nicht nur materiell, sondern auch moralisch stärker an den Betrieb zu binden.

Aber dies allein war nicht entscheidend. Unsere These ist vielmehr, dass es vor allem das aus der Verquickung von ungleicher Arbeitsmarktmacht und moralischen Ansprüchen rührende Legitimitätsproblem betrieblicher Sozialpolitik war, das ihren Expansionsprozess bewirkte. Als eine moralische Austauschbeziehung kann die betriebliche Sozialpolitik nur so lange intakt bleiben, wie keine der beiden Seiten Grund für den Verdacht hat, die andere könnte das ihr entgegengebrachte Vertrauen strategisch missbrauchen. Dass die abhängig Beschäftigten, die Fabrikbeamten und Stammarbeiter ihren Status in der Firma instrumentalistisch gegen den Arbeitgeber nutzen würden, war kaum zu befürchten, dafür gab es zu viele vorgeschaltete Kontrollen und Selektionsprozeduren. Wohl aber gab das Verhalten der Unternehmerseite Anlass für einen solchen Argwohn. Deren Interesse am betrieblichen Wohlfahrtswesen nährte sich gerade, wie gesagt, immer weniger aus der Verpflichtung auf die Tradition, immer mehr dagegen aus ökonomischen und politisch-strategischen Motiven. Die Unternehmer entdeckten die betriebliche Wohlfahrtspolitik als Mittel politischer Disziplinierung und ökonomischer Leistungssteigerung. Es war genau diese instrumentalistische Demontage der eigenen paternalistischen Ideologie durch die Unternehmer selbst, die den Kämpfen zwischen Kapital und Arbeit ihre besondere Schärfe gab. Sie ließ, wie Sennett (1985) am Beispiel des Pullman-Streiks gezeigt hat, eine „Ablehnungs-Bindung" zwischen Arbeitern und Unternehmern entstehen. Es musste bei den Arbeitern Verbitterung erzeugen, wenn der Gewerkschaftsbeitritt nicht nur mit dem Verlust des Arbeitsplatzes, sondern auch der Werkswohnung und der Betriebsrente bestraft wurde. Und dort, wo die betrieblichen Sozialleistungen dann doch aus ökonomischen Kostengründen eingespart wurden, fühlte sich „die Belegschaft stärker betrogen, als sie je von einem nicht patriarchalischen Unternehmer betrogen werden kann" (Briefs 1959: 46). Die Arbeiter mussten sich hier nicht nur ausgebeutet und übervorteilt, sondern in ihrer persönlichen Würde missachtet fühlen. Eine Sozialpolitik, die derart nur noch auf Misstrauen und Feindschaft sogar der Begünstigten stößt, kann niemandem mehr nützen, auch dem Betrieb nicht.

Der Ausweg aus diesem Dilemma konnte nur darin bestehen, die Sozialpolitik auf eine institutionelle Ebene zu heben, auf der sie gegen die Gefahr des instrumentalistischen Missbrauchs durch die Unternehmer geschützt war. Eine solche gesellschaftlich regulierte Sozialpolitik musste mehr sein als bloße Armenfürsorge, sondern auf der Anerkennung der Arbeitnehmerrechte durch Staat und Arbeitgeber begründet sein. Hier setzten die von Esping-Andersen (1990) aufgezeigten Entwicklungswege des modernen westlichen Wohlfahrtsstaates an, die er mit seiner bekannten dreigliedrigen Typologie klassifiziert: Konservativer bzw. korporatistischer, sozialdemokratischer und liberaler Wohlfahrtsstaat. Gemeinsam ist den beiden ersten Typen das Prinzip der „Dekommodifizierung", der Einschränkung des Warencharakters der Arbeitskraft und des Zwangs zu ihrem Verkauf. Der liberale Sozialstaat dagegen stellt – analog zum „Jedermanns"arbeitsmarkt in der Arbeitsmarktpolitik – den negativen Fall der Sozialpolitik dar. In welche Richtung die Entwicklung in den einzelnen Ländern ging, hing, wie Esping-Andersen zeigt, von kulturellen Traditionen, sozialstrukturellen Bedingungen und politischen Faktoren ab.

Für die dem Staat gegenüber misstrauische Arbeiterbewegung lag es zunächst nahe, die Lösung in der genossenschaftlichen und gewerkschaftlichen Selbsthilfe zu suchen. Aber die genossenschaftlichen Sicherungssysteme erwiesen sich, wie schon angemerkt, als unstabil und ineffizient. Sie kamen nur den privilegierten Schichten der Arbeiterschaft zugute und gerade nicht denjenigen, die sie am nötigsten hatten. Ein Ausweg aus diesem Dilemma eröffnete sich in zwei Richtungen: In einigen Ländern des europäischen Kontinents – Deutschland, Österreich, Frankreich – nahmen die den Staat kontrollierenden aristokratischen und großbürgerlichen Eliten sich selbst der „sozialen Frage" an, um der Gefahr eines revolutionären Umsturzes zu begegnen und die Arbeiterschaft in den Staat einzubinden. So entstand das konservative bzw. korporatistische Modell, wie es exemplarisch durch das von Bismarck geschaffene System der gesetzlichen Sozialversicherung repräsentiert wurde. Es zielte darauf, die bestehende soziale Hierarchie innerhalb der Arbeitnehmerschaft durch eine differenzierte, am Gedanken des Bestandsschutzes orientierte Gewährung sozialer Leistungen zu stabilisieren, aber zugleich die soziale Sicherung zu einer Aufgabe des Staates zu machen. Die andere Möglichkeit bestand darin, dass mit der Durchsetzung der parlamentarischen Demokratie Arbeiterparteien an die Regierung gelangten und ihre sozialpolitischen Programme verwirklichen konnten. Allein verfügten sie freilich fast nie über die Mehrheit und waren daher auf Koalitionen mit den die alten und neuen Mittelschichten vertretenden Parteien angewiesen. So entstand der „sozialdemokratische" Wohlfahrtsstaat mit seinem Prinzip des Universalismus und seinem durchschnittlich hohen, auch die Ansprüche der Mittelschichten berücksichtigenden Leistungsangebot. Beispielhaft für dieses Programm waren der von der britischen Labour-Regierung der Nachkriegszeit durchgesetzte „Beveridge"-Plan und die Politik der schwedischen Sozialdemokratie. Die Voraussetzung des sozialdemokratischen Modells war freilich, dass das politische Bündnis zwischen der Sozialdemokratie und den Mittelschichten stabil blieb und die sozialen Differenzierungswirkungen der Marktkräfte mit ihrer Tendenz zur Privatisierung der sozialen Sicherung aufgefangen werden konnten. Dies gelang mehr oder weniger in Schweden und Norwegen, nicht aber in Großbritannien, wo der Sozialstaat unter der konservativen Regierung Thatcher in den achtziger Jahren wieder weitgehend (sieht man von dem staatlich finanzierten Gesundheitssystem ab) auf eine bedürftigkeitsabhängige Grundsicherung zurückgeschnitten wurde. Dies ist das „liberale" oder „residuale" Modell des Sozialstaats, wie es sich heute auch in den USA findet.

Mit der Entwicklung des Wohlfahrtsstaates wurde die soziale Sicherung schrittweise in ein kollektives Gut verwandelt, dessen Angebot nicht länger direkt durch die Unternehmen und die Wirtschaft gesteuert werden konnte. In dem größtenteils durch Beiträge der Versicherten und der Arbeitgeber finanzierten korporatistischen System werden die Ansprüche auf Versicherungsleistungen zwar noch durch die Konditionen der Beschäftigung (Dauer der Beschäftigung und Höhe des Bruttoverdienstes) bestimmt. Indem sie Personal einstellen oder entlassen, indem sie Vollzeit-, Teilzeit- oder befristete Stellen vergeben, können die Arbeitgeber noch darüber mitentscheiden, wer in welchem Umfang an den Leistungen des Systems partizipieren kann. Auf die Regeln der Leistungsgewährung selbst können sie jedoch nur noch indirekt und kollektiv (über ihre Repräsentation in der Selbstverwaltung) Einfluss nehmen. Je höher die Finanzierung durch Steuern und je gewichtiger die beschäftigungsunabhängige Grundsicherung, desto stärker wird die Sozialpolitik der Kontrolle durch die Unternehmen entzogen. Die Verstaatlichung und Verrechtlichung der Sozialpolitik rettet zwar ihre Legitimität und stabilisiert damit das Gesellschaftssystem, aber sie nimmt ihr zugleich ihren Nutzen für das einzelne Unternehmen. Je mehr sie zu einem kollektiven Gut für alle Beschäftigten wird, desto weniger kann sie einen differenzierten sozialen Status einzelner Individuen oder Gruppen der Belegschaft begründen und dem Unternehmen als Mittel zur Lösung der Problematik der Unvollständigkeit des Arbeitsvertrages dienen. Sie nimmt dem Unternehmen die Möglichkeit, Betriebstreue, individuelle Leistung und Kooperationsbereitschaft mehr als nur lohnpolitisch zu honorieren und schlägt ihm damit ein wesentliches Instrument der betrieblichen Personalpolitik aus der Hand.

Die Reaktion der Unternehmen auf dieses Dilemma scheint schon in den zwanziger Jahren darin bestanden zu haben, gesetzliche und tarifvertragliche Sozialleistungen erneut durch eine betriebliche Sozialpolitik aufzustocken. Die Wechselwirkung zwischen betrieblicher und staatlicher Sozialpolitik lässt sich so kurz als ein „Ziehharmonika"-Effekt beschreiben: Die betriebliche Sozialpolitik erzeugte aus ihrem immanenten Legitimitätsdefizit heraus einen Sog zur Verstaatlichung; die Verstaatlichung aber hatte eine erneute betriebliche Differenzierung zur Folge. Während die Gewerkschaften auf tarifvertragliche Regelung und Verrechtlichung der Sozialleistungen drängten, richtete sich das Interesse der Unternehmen im Gegenteil auf Individualisierung und diskretionäre Gewährung.[27] Vor allem nach dem Zweiten Weltkrieg kam es so zu einem gegenseitigen Sich-Aufschaukeln von gesetzlichen und zusätzlichen betrieblichen Sozialleistungen, das die Lohnnebenkosten in die Höhe trieb – eine Entwicklung, die sich nicht nur in Deutschland, sondern auch in anderen Ländern beobachten lässt. Dabei ist der gesetzlich oder tarifvertraglich festgelegte Teil der Sozialleistungen zumindest in Deutschland immer weiter angestiegen (Heymann 1989).

4.3.4.2 Die aktuelle Situation: Re-Individualisierung oder weitere Vergesellschaftung der Sozialpolitik?

Heute befindet sich die betriebliche Sozialpolitik, so scheint es, in einer Situation der Blockade und Marginalisierung: Die Spielräume sind wegen des erreichten hohen Anteils der Lohnnebenkosten insgesamt – nicht nur in Deutschland, sondern auch in vielen anderen Ländern deutlich mehr als 50% der direkten Verdienste – sowie aufgrund des hohen Anteils der ge-

---

27 Zur Entwicklung der betrieblichen Sozialpolitik vgl. Uhle 1987, Heymann 1989, Schmähl Hrsg. 1999.

setzlich oder tarifvertraglich festgelegten Leistungen stark geschrumpft; die weitere Entfaltung der „Ziehharmonika" stößt auf Grenzen. Vor dem Hintergrund der relativ gut ausgebauten allgemeinen sozialen Sicherung haben die zusätzlichen betrieblichen Sozialleistungen ihre Attraktivität für die Belegschaften selbst deutlich eingebüßt; vielfach sind sie nicht einmal mehr vollständig bekannt. Sie werden gleichwohl in Anspruch genommen, und dort, wo ihre Abschaffung versucht wird, regt sich Widerstand. Dabei engagieren sich vor allem die Betriebs- und Personalräte, für die die betriebliche Sozialpolitik ein wichtiges Feld der Selbstprofilierung – auch gegen die Gewerkschaften – darstellt (Heymann 1989: 48). Dem Management ist daran gelegen, die Fixierung betrieblicher Sozialleistungen in Form rechtlich abgesicherter „Besitzstände" der Beschäftigten möglichst rückgängig zu machen und politischen Handlungsspielraum zurückzugewinnen. Eine „aktive" Sozialpolitik wird gefordert, die es erlaubt, Leistungsbereitschaft und Engagement differenziert zu honorieren und dabei auf die individuellen Bedürfnisse der Beschäftigten – etwa in Form so genannter „Cafeteria"-Modelle – einzugehen. Gleichzeitig verstärkt sich der Druck der Wirtschaftsverbände auf eine Senkung der Beiträge zur gesetzlichen Sozialversicherung und einen Abbau der sozialen Sicherungssysteme überhaupt. Die demographisch bedingten Finanzierungsschwierigkeiten der gesetzlichen Renten- und Krankenversicherung führen zu Kürzungen der Rentenansprüche und Erstattungsleistungen und lassen einen wachsenden Bedarf nach individueller Zusatzvorsorge entstehen. Die Kapitalseite nutzt diese Entwicklungen, um ihren Einfluss auf die Sozialpolitik wieder zu erhöhen. Soziale Sicherheit, soweit sie über eine elementare Sicherung des Überlebens hinausgeht, verwandelt sich insoweit erneut in ein individuelles, diskretionär durch die Unternehmen zugeteiltes Gut.

Die Kehrseite einer Rückverlagerung der Sozialpolitik auf die Unternehmen wäre freilich die Wiederkehr ihrer Legitimationsproblematik. Die neofeudale Abhängigkeit des einzelnen Arbeitnehmers vom Betrieb mit ihrem inhärenten Konfliktpotential würde wieder gesteigert. Zugleich könnte die im Zusammenhang mit der Internationalisierung der Wirtschaft vielfach geforderte höhere zwischenbetriebliche Mobilität der Beschäftigten behindert werden, wie Rieger/Leibfried (1997) mit Recht argumentieren. Der Abbau überbetrieblicher sozialer Sicherungssysteme könnte den Widerstand der „Globalisierungsverlierer" verstärken und protektionistischen Bewegungen Auftrieb geben. Auch unter anderen Gesichtspunkten würde die Re-Individualisierung der Sozialpolitik erhebliche Probleme aufwerfen. Speziell in Deutschland würde sie die Mängel des bestehenden, auf die Prämisse kontinuierlicher und normaler Erwerbsarbeit abgestellten Systems sozialer Sicherung weiter verschärfen, statt sie zu lindern. Als Folge der Zunahme prekärer Arbeitsverhältnisse fällt ein wachsender Teil der Erwerbsbevölkerung durch das Netz der beitragsfinanzierten Sicherungssysteme hindurch. Das Armutsrisiko von Langzeitarbeitslosen, kinderreichen Familien, allein erziehenden Müttern und ihren Kindern sowie von Immigranten nimmt zu (Hauser 1997). Auch Männer sind in einer wachsenden Zahl von Fällen nicht mehr in der Lage, die ihnen zugeschriebene Rolle des Familienernährers zu tragen (Ostner 1995).

Alle diese Probleme können gerade nicht durch eine Verbetrieblichung und Individualisierung der Sozialpolitik, sondern im Gegenteil nur durch ihre weitere Vergesellschaftung bewältigt werden. Sozialpolitische Konzepte wie die der „Negativen Einkommenssteuer", des „Bürgergeldes" oder des „Garantierten Grundeinkommens" setzen an dieser Stelle an (Otto 1997, Heinze et al. 1999: 175f.). Im Einzelnen verbinden sich mit ihnen recht unterschiedliche Vorstellungen, die hier nicht näher erörtert werden können. Den meisten ihrer Protagonisten geht es nicht darum, die bestehenden versicherungsbasierten Systeme vollständig zu ersetzen, sondern durch die Einführung eines steuerfinanzierten Grundeinkommens in der Höhe oder über der Sozialhilfe zu entlasten und dabei zugleich die Bedürftigkeitsprüfung zu reduzieren oder gänzlich abzuschaffen. Huber (1998) fordert sogar ein durch individuelle Zentralbank-Bezugsrechte abgesichertes Grundeinkommen für alle Staatsbürger. Zugleich sollen geringfügige Arbeitseinkünfte nicht vollständig mit dem Grundeinkommen verrechnet werden, sodass die Aufnahme niedrig entlohnter Tätigkeiten gefördert wird (Kombilohnmodell). Auch das Problem der sozialen Absicherung von Selbstständigen könnte so gelöst werden. Die mit dem modernen Wohlfahrtsstaat begonnene Entkoppelung von Einkommen und Beschäftigung würde mit diesen Modellen weitergeführt. Dabei geht es keineswegs darum, die Anreizwirkungen des Lohnes zu beseitigen oder gar die Lohnförmigkeit des Einkommens gänzlich aufzuheben. Wohl aber könnte die ursprüngliche Funktionsdifferenzierung zwischen Lohn- und Sozialeinkommen sich am Ende umkehren: Es sind nicht länger die Sozialleistungen, sondern der Lohn, der die „übermäßige Einordnung" honoriert, und es sind die Sozialleistungen, nicht länger der Lohn, die die Sicherung eines normalen, nicht mehr nur minimalen Reproduktionsniveaus gewährleisten.

4.3.5 Abschließende Bemerkungen

„Das System des Spätkapitalismus ist durch eine, die Loyalität der lohnabhängigen Massen sichernde Entschädigungs-, und das heißt: Konfliktvermeidungspolitik so sehr definiert, dass der mit der privatwirtschaftlichen Kapitalverwertung nach wie vor in die Struktur der Gesellschaft eingebaute Konflikt derjenige ist, der mit der relativ größten Wahrscheinlichkeit latent bleibt" – so fasste Jürgen Habermas (1968: 84) die in den späten sechziger Jahren unter Sozialwissenschaftlern weit verbreitete Überzeugung hinsichtlich der Auswirkungen der Institutionalisierung des Klassenkonflikts zusammen. Aus heutiger Sicht wird man diesem Urteil kaum mehr ohne weiteres zustimmen können. Die Neutralisierung des linken Antikapitalismus in der Arbeiterschaft war zwar trotz der seit Mitte der siebziger Jahre anhaltenden Massenarbeitslosigkeit erfolgreich und fand ihre Krönung im Zusammenbruch des sozialistischen Systems. Aber wie steht es um die Zustimmungsfähigkeit der Institutionen des Arbeitsverhältnisses für die andere, die Kapitalseite? Hochinstitutionalisierte Arbeitssysteme, wie das deutsche Modell der „diversifizierten Qualitätsproduktion" (Streeck) oder das – freilich ganz anders verfasste – japanische, sind zwar zu hohen Leistungen fähig. Ihre internationale Überlegenheit in den klassischen Zweigen der industriellen Produktion ist nach wie vor unumstritten (Soskice 1999). Aber sie schränken die Bewegungsfreiheit der Kapitalseite durch eine Vielzahl von wirtschafts- und sozialpolitischen Regulierungen ein, sie zwingen das Management, den Konsens mit den Belegschaften und ihren Repräsentanten zu suchen. Sie sind kostspielig und erlauben nicht Renditen in jener Höhe, die international operierende Finanzinvestoren erwarten. Ihre auf Stabilität und soziale Sicherheit orientierte Logik kollidiert mit dem kapitalistischen Wachstumsimperativ und behindert die Gründung von Unternehmen in den neuen Hochtechnologie-Industrien. Dies stößt auf Kritik.

Das Arbeitsverhältnis ist, wie wir gesehen haben, eine „double bind"-Beziehung. Der Arbeitgeber muss sowohl daran interessiert sein, die in ihr angelegte Informationsasymmetrie zu erhöhen, als auch daran, sie zu verringern. Beides kann er nicht zugleich tun, und so wird er „pendeln" und einen Mittelweg zu steuern versuchen. Die Institutionalisierung des Arbeitsverhältnisses hat die Asymmetrie zuungunsten des Prinzipals verstärkt, und der idiosynkratische Charakter der modernen Informationsarbeit unterstützt diesen Trend zusätzlich. Umso nachdrücklicher muss der Prinzipal versuchen, im Interesse der Wiederherstellung der Eigentümermacht gegenzusteuern.

So wird der Klassenkampf heute zwar kaum mehr von unten, zunehmend aber von „oben" her geführt. „Systemveränderung" ist nicht länger, wie in den siebziger Jahren, eine Parole der akademischen Linken, sondern der Kapitalseite. Unter dem Druck der internationalen Finanzinvestoren und ihrer Sprecher, der neoliberalen Ideologen, wird eine weitreichende Deregulierung der Arbeitsmärkte und kollektiven Arbeitsbeziehungen sowie der Abbau der sozialen Sicherungssysteme gefordert.[28] Kam das neoliberale Programm in den angelsächsischen Ländern – USA, Neuseeland, Großbritannien – weitgehend zum Zuge, so stößt seine Verwirklichung auf dem europäischen Kontinent und auch in Japan nach wie vor auf beträchtliche Hindernisse und ist innerhalb des Unternehmerlagers selbst umstritten. Nicht zu Unrecht wird hier befürchtet, dass ungeachtet möglicher kurzfristiger beschäftigungspolitischer Erfolge die Folgen der Therapie schlimmer sein könnten als die Krankheit selbst. Sie würde nicht nur das Risiko kost-

---

28 Erinnert sei hier nur an die immer wieder vertretenen Positionen der Mehrheit des deutschen „Sachverständigenrates".

spieliger Arbeitskämpfe heraufbeschwören, sondern auch die Bereitschaft der Arbeitnehmer zu einem mehr als nur vorschriftsgemäßen Engagement für die Firma zerstören. Ein neoklassischer Arbeitsmarkt mit flexibler Beschäftigung, flexiblen Löhnen und Arbeitszeiten wäre eben zugleich ein „Jedermanns(frau)"-Arbeitsmarkt, auf dem mehr als leicht programmierbare und überwachbare Standardleistungen nicht erwartet werden können. Die Klassengesellschaft würde wiederauferstehen, und dies könnte der Wettbewerbsfähigkeit der Firmen noch abträglicher sein als die Kostenträchtigkeit des bestehenden Systems. Man kann nicht die Arbeitskraft wieder in eine reine Ware verwandeln und sie einem sozialdarwinistischen Existenzkampf ausliefern wollen, gleichzeitig aber Wunderdinge an Kooperativität und Kreativität von ihr erwarten. Not und Existenzangst sind schlechte Geburtshelfer für individuelles Unternehmertum. So ist es verständlich, dass sich gegen die Programme der neoliberalen Ideologen Widerstand keineswegs nur auf der Seite der Gewerkschaften regt, sondern auch auf der der „Praktiker" im Management.

Während die neoliberalen Ideologen Deregulierung predigen, versuchen andere es mit Indoktrinierung. Durch „Organisationsentwicklung" und „Business Reengineering" sollen mentale Blockaden der Führungskräfte und Angestellten überwunden und ungeahnte Energien und kreative Kräfte freigesetzt werden. Alle persönlichen Potentiale der Mitarbeiter sollen für den Erfolg der Firma mobilisiert werden. Hier sind es nicht die Wirtschaftswissenschaften, sondern eine andere akademische Disziplin, die sich der Religion des wirtschaftlichen Wachstums andient: die Psychologie. Sie sucht sich nützlich zu machen, indem sie dem Management die Chance suggeriert, mittels psychotechnischer Methoden die Mitarbeiter zu „motivieren" und sie im Sinne der Unternehmensziele zu steuern. So trägt sie zur Verbreitung einer Misstrauens- und Manipulationskultur in den Unternehmen bei[29]. Mit dem angestrebten Direktzugriff auf die Subjektivität der Mitarbeiter fällt sie hinter die in der Organisationsforschung seit Barnard, March und Simon gewonnenen Erkenntnisse über den prinzipiell kontingenten Charakter der Beitragsmotivation der Beschäftigten zurück. Sie pflegt die Illusion der Unternehmensführungen, der teure Weg institutionell gestützter Vertrauensbildung durch Verhandlungen lasse sich mit Hilfe der billigeren Techniken des „Human-Resource-Managements" umgehen.

---

29 Die Psychologie, so formuliert R. Sprenger polemisch, aber keineswegs unzutreffend, redet nicht mit, sondern über Menschen. „Was die Kumpanei von Management und Psychologie so plausibel macht, sind ihre sich ergänzenden Interessen. Das Management braucht die Psychologie als intellektuelle Einbläserin. Und die Psychologie will an die Fleischtöpfe der Macht. Dazu hilft ihnen ihre gemeinsame Basis: Beide wollen *hinter* etwas kommen. Gemeinsam ist ihnen Misstrauen. Denn so lautet eine zentrale Frage der Führungskräfte: 'An welchen Motivationen meines Mitarbeiters kann ich hebeln?'" (Sprenger 2000a: 163).

Mit der Institutionalisierung des Arbeitsverhältnisses ist der Konflikt zwischen Kapital und Arbeit mitnichten ad acta gelegt. Sie hat das Machtungleichgewicht zwischen den beiden Parteien zwar reduziert, aber keineswegs aufgehoben.[30] Der Druck der Finanzmärkte führt überdies zu verstärkten Versuchen, auch die bestehenden Formen institutioneller Anerkennung wieder rückgängig zu machen. Kollektive Rechtspositionen werden zugunsten einer erneuten Individualisierung des Arbeitsvertrages abgebaut. Zugleich ist, wie wir gesehen haben, eine Verlagerung des Konflikts auf das Gebiet ideologischer Hegemonie zu beobachten, indem die Beschäftigten durch verstärkte Indoktrination von Seiten des Managements davon abgehalten werden sollen, die wachsende Unbestimmtheitslücke des Arbeitsvertrages für eine Besinnung auf die eigenen Interessen zu nutzen. Das paradoxe Doppelspiel von technikzentrierter und menschenorientierter Personalführung, das für die Managementpolitik der tayloristisch-fordistischen Ära kennzeichnend war, nimmt so die oben beschriebene neue Gestalt an: Bemühungen um eine Individualisierung des Arbeitsverhältnisses einerseits, um eine Kollektivierung durch firmengemeinschaftliche Indoktrinationsprogramme andererseits (vgl. auch Bacon/Storey 1996). Es ist wichtig zu sehen, dass dies im Grunde aus einer Position der Schwäche heraus geschieht. Das Management ist aufgrund der Idiosynkrasie der Arbeitsprozesse der Informationswirtschaft von der Kooperationsbereitschaft der Beschäftigten abhängiger und damit objektiv verwundbarer denn je. Umso größer ist die Versuchung, Zuflucht bei kurzschlüssigen Scheinlösungen zu suchen.

Wenn aber klar wird, dass schnelle Rezepte weder in der einen, noch in der anderen Richtung und erst recht nicht in beide zugleich helfen können, wird man die Irreversibilität der Institutionalisierung des Arbeitsverhältnisses und sogar die Notwendigkeit ihres weiteren Ausbaus akzeptieren müssen. Erst in einem solchen Kontext könnten auch „Netzwerke" als neue, komplexe Form sozialer Koordination eine Zukunft haben und eine „Kultur der Selbstständigkeit", die diesen Namen verdient, entstehen können. Man wird sich gleichzeitig auf realistische, das heißt: tendenziell niedrigere Profit- und Wachstumsraten einstellen und Wege finden müssen, wie die Gesellschaft damit leben kann. Auch die Vorstellung des Kapitaleigentümers, er habe ein Recht auf einen „Ertrag", wird nicht länger als sakrosankt betrachtet werden können. Zu einer solchen nüchternen Einschätzung der Zukunft beizutragen, statt Aufbrüche in immer neue „Horizonte" und „Visionen" zu predigen, dürfte heute eine der wichtigsten Aufgaben der Industriesoziologie sein.

---

30 Wie eng die Grenzen für einen offenen „Diskurs" aufgrund der Kontrolle des Managements über die Ressourcen Geld und Organisationsmacht auch heute noch in privaten Unternehmen faktisch gezogen sind, hat Matthies in zwei instruktiven Fallstudien aufgezeigt (Matthies 1999).

5. Die kapitalistische Konstruktion und Dekonstruktion sozialer Identitäten

5.1 Einleitung

Geschichtliche Wirklichkeit – dies war der Ausgangspunkt von Marx gewesen – entsteht und wird erschlossen nicht nur durch die Arbeit des Geistes, sondern durch die lebendiger Menschen. Durch Arbeit eignen die Menschen sich die Natur an und entwickeln zugleich – durch fortschreitende Arbeitsteilung – ihre eigene, gesellschaftliche Natur. Das durch Arbeit gestiftete praktische Weltverhältnis geht dem bewussten Erkennen der Welt immer voraus und hat somit den Charakter einer „Totalität" – insofern hat Marx den Grundgedanken der pragmatistischen Sozialphilosophie (Peirce, James, Mead und Dewey) vorweggenommen (vgl. Joas 1992, Beckert 2000). In einem Punkt geht Marx freilich über den Pragmatismus hinaus. Arbeit bedeutet für Marx immer ein soziales Verhältnis der *Arbeitsteilung*, in dem Sprache und Praxis eine unauflösliche Verbindung eingehen. In ihm ist, wie Marx insbesondere in den „Nationalökonomisch-philosophischen Manuskripten" sowie in der „Deutschen Ideologie" (Marx 1964) zeigt, die Möglichkeit der Entfremdung angelegt: Der einzelne Mensch wird zum Instrument und Objekt der Tätigkeit anderer. Die Spaltung der Gesellschaft in Klassen, die so entsteht, erreicht ihren Gipfelpunkt dort, wo die Vergesellschaftung der Arbeit ihr Maximum erreicht: In der modernen bürgerlichen Gesellschaft. Arbeit, das heißt, der Inbegriff der menschlichen Lebenstätigkeit, wird selbst zu einer privat anzueignenden Ware. Die Extreme der menschlichen Praxis – ihre subjektive Form (als Potentialität) und ihre Vergegenständlichung (als objektivierter gesellschaftlicher Reichtum) – treten sich in Gestalt feindlicher Klassen gegenüber.

In ihrer reinen, gedanklich zugespitzten Form müsste diese Polarität, darin ist Marx ohne weiteres zuzustimmen, die wirklichen Akteure – und zwar nicht nur die Lohnarbeiter, sondern auch die Kapitalisten – grenzenlos überfordern. Der Kapitalist wird zum Sklaven der selbstreferenziellen Dynamik des Geldes; über der durch das Geld induzierten Habsucht verliert er jeden Sinn für die Wirklichkeit: „Je weniger du isst, trinkst, Bücher kaufst, in das Theater, auf den Ball, zum Wirtshaus gehst, denkst, liebst, theoretisierst, singst, machst, fühlst etc. umso mehr *sparst* du, umso *größer* wird dein Schatz, den weder Motten noch Staub fressen, dein *Kapital*. Je weniger du *bist*, je weniger du dein Leben äußerst, umso mehr *hast* du, umso größer ist dein *entäußertes* Leben, umso mehr speicherst du auf von deinem entfremdeten Wesen" (Marx 1964, S. 258). Der Arbeiter andererseits ist auf die bloß biologische Subsistenz reduziert. Dort, wo sein Leben darüber hinausgeht, d.h. überhaupt erst anfängt, ist es Eigentum eines anderen, des Kapitalisten. Die Löhne sind prinzipiell immer zu hoch, die Arbeitszeit ist immer zu kurz. Der ideale Arbeiter ist rund um die Uhr im Dienst des Kapitalisten tätig und kann zugleich von der Luft leben. Die universale Schuld, mit der ihn das Geldvermögen konfrontiert, muss den Arbeiter als sterbliches, mit körperlichen Bedürfnissen und Schwächen behaftetes Wesen unendlich überfordern. Eine reine Klassengesellschaft böte den Individuen, entgegen einer in der Soziologie verbreiteten irreführenden Redeweise, keinerlei Fixpunkte zur Bildung einer sozialen „Identität". Sie wäre unhaltbar und würde auf ihre Auflösung hintreiben.

Der Kapitalismus ist folglich nur so lange lebensfähig, wie es gelingt, den Grundwiderspruch von Lohnarbeit und Kapital zu entparadoxieren, d.h. für die Akteure selbst unsichtbar zu machen und in eine sozial tragbare und sinnhaft zu bewältigende Form zu transformieren. Hierin liegt die Funktion der gesellschaftlichen Institutionen, und hier liegt auch die Erklärung für die von Marx unterschätzte Tatsache, dass die historisch überlieferten Institutionen der Ständegesellschaft mit der Entstehung des Kapitalismus keineswegs verschwinden. Sie und die mit ihnen verknüpften Formen sozialer Ungleichheit werden vielmehr kapitalistisch neu erfunden und so am Leben erhalten; der industrielle Kapitalismus ist, wie Ulrich Beck richtig erkannte, eine „moderne Ständegesellschaft" (Beck 1986: 176f.). Der kapitalistische Unternehmer inszeniert sich als „Herr im Hause", der Angestellte als „Fabrikbeamter", der Arbeiter als „Knecht". Der „Klassenkampf" entsteht nicht etwa, weil die bestehende Verteilung von Einkommen und Vermögen per se als ungerecht empfunden würde, sondern wegen der Inkongruenz der ständischen Formen mit ihrem kapitalistischen Inhalt, die die Unternehmer dazu treibt, die aus seiner Position erwachsenden Reziprozitäts- und Fürsorgepflichten zu verletzen.[1] Auch die Familie verschwindet entgegen den Erwartungen von Marx und Engels keineswegs; Frauen und Kinder verwandeln sich nicht in einfache Handelsartikel und Arbeitsinstrumente, wie es im „Kommunistischen Manifest" hieß. Die bäuerliche, handwerkliche oder bürgerliche „große Haushaltsfamilie" der Ständegesellschaft verwan-

---

1 Götz Briefs brachte es wie folgt auf den Punkt: „In einer stark gemeinschaftsmäßig und traditional strukturierten Welt wie der kontinentalen oder in einer Welt, in der noch die Vergangenheit mit sehr lebendigen Institutionen und Vorstellungsresten nachwirkt wie in Deutschland, da wird die wirtschaftsindividualistische Haltung des Arbeitgebers mit dem zumal in den Unterschichten der Nation konservierten Sozialethos zusammenstoßen. Die Schiedlichkeit-Friedlichkeit wird hier leicht als feindliche Herrenallüre oder als brutale Vernachlässigung von Gemeinschaftsverpflichtungen gedeutet. Hier ist der Ort, wo von Arbeiterseite aus die Reaktion einer prinzipiellen Kampfstellung und zwar Klassenkampfstellung aufgenommen wird." (Briefs 1959: 46).

delt sich vielmehr in die moderne Kleinfamilie mit der ihr eigenen Differenzierung der Alters- und Geschlechterrollen, die sich im Laufe der Zeit nicht nur im Bürgertum, sondern auch in der Arbeiterschaft verbreitet. Indem die Kleinfamilie den Frauen die Rolle der Kindererziehung und der Pflege der häuslichen Intimität und den Männern die der Erwerbsarbeit zuweist, macht sie die Überforderung des Arbeiters angesichts seiner körperlichen Bedürfnisnatur einerseits, dem Kreativitätsimperativ des Kapitals andererseits unsichtbar. Frauen werden auf das Extrem der Bedürftigkeit und Sinnlichkeit, Männer auf das der Kreativität reduziert.

Aber der Kapitalismus ist nicht allein auf die sinnhaftes Handeln verbürgenden institutionellen Ordnungen angewiesen, er arbeitet zugleich auch unablässig daran, sie zu unterhöhlen und zu zerstören. Auf dem Boden des kapitalistischen Privateigentums entstehen ja zugleich die Ideen der allgemeinen Menschen- und Bürgerrechte. Ihr Einfluss lässt sich, wie oben ausgeführt, auf die Dauer nicht von der Sphäre der Arbeitsbeziehungen fern halten. Er zerstört die Legitimität ständischer Strukturen und paternalistischer Unternehmensverfassungen. Das Geld lässt die Verheißungen der „individuellen Freiheit" (Simmel) aufscheinen, auch für Frauen und sogar für Kinder, und damit wird das patriarchalische Arrangement der familiären Geschlechts- und Altersrollen, am Ende vielleicht die Lebensform der Kleinfamilie selbst unhaltbar. Und schließlich sind es die oben aufgezeigten Paradoxien technisch-organisatorischer Rationalisierung selbst, die auf eine ganzheitliche Nutzung des menschlichen Arbeitsvermögens drängen und damit die überkommenen hierarchischen Differenzierungen der Arbeit unterhöhlen. Luther, so hatte es der junge Marx (Marx 1964: 228) formuliert, habe die äußere Religiosität aufgehoben und den außer dem Laien vorhandenen Pfaffen negiert, indem er den Pfaffen in das Herz der Laien selbst versetzt habe. In ähnlicher Weise fordert auch der Kapitalismus die Hingabe des ganzen Menschen für die Utopie absoluten Reichtums. In dem Maße, wie die Verinnerlichung dieser Utopie gelingt, kommt es zu einer Subjektivierung der Arbeit, die die äußeren sozialen Unterschiede relativiert und nivelliert. So desavouiert der Kapitalismus seine eigenen Herrschaftsträger und entfaltet sich, indem er immer neue Oppositionsbewegungen gegen sich selbst hervorbringt. Zwar kommt es dadurch auch, wie wir gesehen haben, zur Entstehung neuer Institutionen. Aber auch sie können den aus der Utopie absoluten Reichtums erwachsenden Ansprüchen nicht gerecht werden und geraten ihrerseits unter Druck.

Was sich daraus ergibt, ist alles andere als die allgemeine Freiheit der Individuen und Gleichheit der Geschlechter. Vielmehr sehen sich die Menschen so unvermittelt wie nie mit den Paradoxien des Geldes konfrontiert und sind bei deren Bewältigung auf sich allein zurückgeworfen. Ob Selbstständiger, Angestellter oder Arbeiter, Mann oder Frau, Gläubiger oder Schuldner: Die Menschen können es sich immer weniger leisten, sich dauerhaft auf eine dieser Rollen und Optionen festzulegen, sondern müssen versuchen, alles zugleich zu sein, oder zumindest so rasch wie möglich von der Verlierer- auf die Gewinnerseite zu wechseln. Sie geraten unter einen immer stärkeren Druck, ihre Lebensweise dem Tempo des Geldes anzupassen und sich in der Kunst der Selbstvermarktung und des Selbst"managements" zu üben. „Welche Maske zu welcher Gelegenheit?" (C. Weber 1993): das ist in der Tat die Frage. Diese „Individualisierung", wie der Zwang zur Dauerinszenierung individueller Überlegenheit heute gern genannt wird, überfordert eine wachsende Zahl von Menschen. Sie zerstört das Prinzip sozialer Reziprozität, erzeugt Anomie und lässt bei den Ausgeschlossenen Ressentiments entstehen, die sich in destruktiven Konflikten entladen können (Neckel 1999). Auch der Schumpeter'sche Unternehmer wird zu einer anachronistischen Figur. Das Unternehmertum kann mit dem Tempo des Geldes nicht mehr mithalten und wandert daher aus der realen in die virtuelle Welt sowie in die Sphäre der politischen Rhetorik ab. Die Wirklichkeit nähert sich in der Tat dem neoklassischen Szenarium vollständiger Konkurrenz, vollständiger Information, vollständiger Flexibilität und Anpassung an. Aber ein solches Wirtschaftssystem wäre nicht nur gesellschaftlich untragbar, es wäre auch ein System ohne Profite und ohne Wachstum. So läuft der Kapitalismus Gefahr, an dem selbsterzeugten Institutionenabbau zugrunde zu gehen.

In der industriesoziologischen Biographie- und Bewusstseinsforschung wird das kapitalistische Wechselspiel von Konstruktion und De-Konstruktion durch Arbeit begründeter sozialer Identitäten zum Thema gemacht. Es soll im Folgenden an der historischen Entwicklung dreier sozialer Polaritäten genauer dargestellt werden: 1.) Frauen und Männer, 2.) Arbeiter und Angestellte, 3.) Manager und Eigentümer.

5.2 Frauen und Männer

Die Industriesoziologe setzt, wie auch die ökonomische Theorie, das Vorhandensein einer Erwerbsbevölkerung als „gegeben" voraus. Darin reproduzieren beide unreflektiert die auf der Trennung von Haus und Betrieb ansetzenden Denkgewohnheiten des industriellen Zeitalters. Übersehen wird die elementare Tatsache, dass die zentrale Ressource des Kapitalismus, nämlich das menschliche „Kapital", sterblich ist und daher selbst immer wieder neu produziert werden muss. Die erste Voraussetzung jeder Produktion, so hatten Marx und Engels in der „Deutschen Ideologie" betont, ist, dass die Menschen einander selber machen, und bereits dies setzt ein „Produktionsverhältnis" voraus: „das Verhältnis zwischen Mann und Weib, Eltern und Kindern, die *Familie*" (Marx 1964: 355).[2] Diese „vergessenen Arbeitswirklichkeiten" (Biesecker/v. Winterfeld 2000) in das Bewusstsein

---

2 Das Geschlechterverhältnis ist, wie man schon hier nachlesen kann, die älteste Form sozialer Ungleichheit überhaupt. Es ist unerfindlich, warum es in vielen aktuellen Beiträgen zur Sozialstrukturanalyse noch immer unter der Rubrik der „neuen" sozialen Ungleichheiten auftaucht.

auch der Industrie- und Arbeitssoziologie zu heben, ist das Anliegen, das die Geschlechterforschung schon seit vielen Jahren verfolgt – bislang nur mit begrenztem Erfolg. Vergessen und verdrängt wird die meist von Frauen geleistete Haus- und Familienarbeit, weil sie nicht bezahlt wird und nicht betriebsförmig organisierbar ist. Aufgrund ihrer „Subsistenzlogik" (Erler 1985: 98) und ihrer unreduzierbar personalen Natur widersetzt sie sich dem Regime des Geldes. So nützlich und unentbehrlich sie auch ist, eröffnet sie im Gegensatz zu monetär entgoltenen Tätigkeiten nicht den Zugriff auf *allgemeinen* Reichtum, den Zugang zu individueller Freiheit und Sicherheit. Weil ihr das Simmel'sche Superadditum des Geldes fehlt, gilt sie, ebenso wie die außerhäuslich geleistete ehrenamtlichen Tätigkeit, als „wertlos". Beide sind aber gleichwohl unverzichtbar und beanspruchen auch heute noch in den hoch industrialisierten Ländern mehr Zeit als die bezahlte Arbeit.

Auch die nicht erst in den heutigen Biowissenschaften, sondern schon von Goethes „Faust" gehegten Träume einer industriellen Erzeugung von Menschen könnten, würden sie Wirklichkeit, daran nichts ändern. Denn selbst wenn die physische Erzeugung des Menschen im Labor gelänge, stünde die eigentliche Arbeit ja erst noch bevor: Die Arbeit der primären Sozialisation, die personale Zuwendung und Verantwortung der Eltern voraussetzt. Sie kann nur begrenzt an bezahlte Kräfte delegiert werden, sollen negative Folgen für die Persönlichkeitsentwicklung des Kindes vermieden werden. Kinder brauchen Anerkennung durch „signifikant others" (Mead), andernfalls sie nicht wissen können, wer sie sind. Das Verhältnis zwischen Eltern und Kindern kann nicht das zwischen den Anbietern einer „Dienstleistung" und ihren „Kunden" sein. Der Prozess kapitalistischer „Landnahme" stößt hier auf eine definitive Grenze.

Was der Begriff der „Ökonomie" ursprünglich bezeichnet, ist eine Lebensform, in der die Produktion von Menschen und die von Gütern und Diensten eine Einheit bilden: den Haushalt. Die bäuerliche und handwerkliche „große Haushaltsfamilie", wie sie noch im 18. Jahrhundert in Europa vorherrschte, war Produktionsstätte und Sozialisationsagentur zugleich. „Streng regelte die Zunftorganisation das vielgliedrige Gefüge dieser Produktions- und Verkaufsunternehmen, in denen die Meisterfrauen ihren festen Platz einnahmen und die Kinder unmerklich spielend und lernend hineinwuchsen" – so beschreibt Weber-Kellermann (1974: 73) die Verhältnisse im Handwerk. Zwar gab es auch in der ländlichen, hausindustriellen und handwerklichen Hauswirtschaft eine Arbeitsteilung zwischen den Geschlechtern, aber sie war sozial wenig standardisiert und passte sich flexibel an die Situation und die individuellen Fähigkeiten an. Der industrielle Kapitalismus bedeutete die Auflösung der Ökonomie, insofern er sich zwar zur Produktion einer unermesslichen Fülle von Reichtümern fähig zeigte, die zentrale Funktion des Haushalts, nämlich die Produktion von Menschen, aber nicht mehr erfüllen konnte. So musste der Haushalt neu erfunden und in eine Form gebracht werden, die mit dem Rahmen des industriellen Kapitalismus kompatibel war. Es entstand die moderne, aus dem Geldnexus ausgesparte und auf Liebe, Intimität und Erziehung der Kinder spezialisierte bürgerliche Kleinfamilie. Sie ließ einerseits die Kindheit als eigenständige Phase des Lebenslaufs entstehen und hatte andererseits die bekannten Auswirkungen auf das Geschlechterverhältnis: Die Männer gewannen die ausschließliche Zuständigkeit für den nun nur noch durch außerhäusliche Erwerbstätigkeit zu sichernden Lebensunterhalt der Familie. Den Frauen wurde die Erziehung der Kinder, die Pflege der häuslichen Intimität, sowie die Pflicht zugewiesen, den Männern den Rücken für die vollständige Hingabe an die Erwerbsarbeit frei zu halten. „Überspitzt lässt sich sagen, dass Frauen nicht arbeiten und glücklich sein müssen, damit Männer arbeiten und modern sein können." (P. Schmidt 1990: 269).

Die Lebensform der Kleinfamilie entstand im gehobenen Bürgertum der Biedermeierzeit und wurde zu einem Ideal, das seit dem Ende des 19. Jahrhunderts in immer breiteren sozialen Schichten Anklang fand. Die Lebenswirklichkeit bestimmte es dennoch nur begrenzt. Die aus Arbeiterfamilien stammenden jungen Frauen und Mädchen arbeiteten vor der Eheschließung häufig in der Fabrik. Aber auch nach der Heirat reichte der durch den Ehemann erwirtschaftete Lohn meist nicht aus, um die Familie zu ernähren, sodass die Frauen gezwungen waren, selbst in der Zeit der stärksten familiären Belastung zu arbeiten (Rosenbaum 1982). Die Erwerbsquote der unverheirateten Frauen war ohnehin zu allen Zeiten ähnlich hoch wie die der Männer (60-80 Prozent). Im Jahre 1882 waren etwa 20 Prozent aller Frauen in der Fabrikarbeit, zum großen Teil in der Textil-, Bekleidungs- und Lederindustrie, tätig (Lauterbach 199: 27); darüber hinaus waren viele als Hausmädchen und Dienstboten erwerbstätig. Von vielen Arbeiterinnen abgesehen, war die Heirat zwar in der Regel mit der Aufgabe der außerhäuslichen Beschäftigung verknüpft. Aber in der Landwirtschaft, im Handwerk und in der Hausindustrie blieben die Familienbetriebe, in denen verheiratete Frauen als mithelfende Familienangehörige tätig waren, ungeachtet des strukturellen Rückgangs dieser Betriebsformen und Wirtschaftszweige noch weit in das 20. Jahrhundert hinein weit verbreitet.

Sieht man von den Kriegszeiten und dem für sie charakteristischen industriellen Arbeitseinsatz der Frauen ab, so wurden die außerhäuslichen Erwerbsmöglichkeiten in Deutschland in der ersten Hälfte des 20. Jahrhunderts größtenteils nur von jungen, ledigen oder verwitweten Frauen wahrgenommen. Von 100 Ehefrauen im erwerbsfähigen Alter waren im Jahr 1882 nur ca. 6 marktbezogen erwerbstätig. Bis 1939 war dieser Anteil auf knapp 12 gestiegen; zugleich war aber, bedingt durch den relativen Rückgang von Landwirtschaft, Handwerk und Hausindustrie, der Anteil der mithelfenden Ehefrauen von 32 auf 21 Prozent gesunken, so dass die Quote der erwerbstätigen Ehefrauen insgesamt zwischen 1882 und 1939 von 38 auf 32 sank (Willms-Herget 1985: 88). Das bürgerliche Familienideal hatte sich insofern in breitem Umfang, auch weit in die Arbeiterschichten hinein, durchgesetzt. Die Zahl der erwerbstätigen Frauen stieg in dem genannten Zeitraum zwar auf gut das Doppelte (von 3,5 auf 7,3 Mill.), diese Zunahme blieb aber deutlich hinter der der berufstätigen Männer zurück (Willms-Herget 1985: 151). Allerdings verbreiterten sich die ursprünglich nur eng begrenzten industriellen Beschäftigungsfelder der Frauen. Neben der Textil-, Bekleidungs- und Lederindustrie mit ihrem schon immer hohen Frauenanteil gewannen seit den zwanziger Jahren die elektrotechnische Industrie und die neuen mechanisierten Büro- und Verwaltungstätigkeiten (Schreibmaschine, Telephon, mechanische Rechenapparate) an Bedeutung.

Obwohl die außerhäusliche Erwerbstätigkeit von Frauen somit bereits vor dem Zweiten Weltkrieg zu einer zunehmend „normalen" Erscheinung wurde, blieb das Phänomen der Segregation von „Männer"- und „Frauen"arbeitsplätzen mit ihrem je spezifischen Profil erhalten und trat eher noch deutlicher hervor. Typische Frauenarbeitsplätze waren, wie Willms-Herget zeigt, diejenigen, die nur geringe Qualifikationen und kurze Einarbeitungszeiten erforderten. Soweit fachliche Fähigkeiten verlangt wurden, mussten diese (wie z.B. in den kaufmännischen Bereichen und in der Verwaltung) vorher durch außerbetriebliche Ausbildung z.B. in Berufs- und Handelsschulen erworben werden. Weitgehend ausgeschlossen blieben die Frauen von denjenigen Bereichen des Arbeitsmarktes, die betriebsinterne Qualifizierungs- und Aufstiegsmöglichkeiten eröffneten. Willms-Herget diagnostiziert einen „Vorsprung der Männer in der Besetzung moderner Segmente des Arbeitsmarkts, während alte Segmente immer mehr zur Frauensache werden" ... Frauen finden „vor allem dort Arbeit in der Industrie, wo Männer angesichts attraktiverer Arbeitsplätze Lücken lassen" (Willms-Herget 1985: 145/146). In der zunehmend technisierten industriellen Produktion waren es die Männer, die Einrichtungs-, Reparatur- und Aufsichtsfunktionen übernahmen, während Frauen eingesetzt wurden, um die verbliebenen Mechanisierungslücken zu füllen. Ähnlich wurden in der Verwaltung die qualifizierten, höher dotierten Aufstiegspositionen zunehmend Männern vorbehalten, während Frauen in diejenigen Funktionen einrückten, die aufgrund der Mechanisierung der Büroarbeit Routinecharakter erhielten.

So lässt sich der geschlechtsspezifische Zuschnitt der Frauenarbeitsplätze zwar kaum zureichend aus ihrer inhaltlichen Nähe zur Hausarbeit erklären, wie die These des „weiblichen Arbeitsvermögens" (Ostner 1978) argumentiert. Ein zentraler Faktor war aber zweifellos eine Arbeits- und Rekrutierungspolitik der Betriebe, die von der doppelten Verpflichtung der Frauen in Beruf und Familie ausging und entsprechend eine nur temporäre Erwerbstätigkeit der Frauen unterstellte. Investitionen in das „Humankapital" der Frauen würden sich – so lautete das Kalkül – aufgrund der nicht vollständigen Verfügbarkeit der weiblichen Arbeitskraft für den Betrieb und der Kurzfristigkeit der Beschäftigung nicht „lohnen". Ein verbindliches, langfristig orientiertes, umfassendes Engagement für den Betrieb wurde ihnen wegen der ihnen zugeschriebenen Orientierung auf Haushalt und Familie nicht zugetraut. Für dieses Kalkül war keineswegs das tatsächliche Erwerbsverhalten der Frauen maßgeblich, das sich ja schon in der ersten Hälfte des 20. Jahrhunderts mit diesem Muster oft genug nicht deckte, sondern eine durch das bürgerliche Familienmodell begründete „statistische" Erwartung.[3] Die Differenz zwischen männlicher Erwerbsarbeit und weiblicher Familienarbeit wurde so auf den Arbeitsmarkt übertragen und in dem Zuschnitt der Arbeitsplätze abgebildet.

Dieses deutlich umrissene Muster geschlechtsspezifischer Differenzierung des Arbeitsmarktes wurde in der zweiten Hälfte des zwanzigsten Jahrhunderts zunehmend in Frage gestellt. Maßgeblich dabei waren Entwicklungen sowohl auf der Angebots- wie auf der Nachfrageseite des Arbeitsmarktes. Die Bildungsexpansion, die seit den sechziger Jahren in Westdeutschland wie in den anderen westlichen Ländern stattfand, beseitigte die frühere Diskriminierung der Frauen in den sekundären und tertiären Ausbildungsgängen weitgehend. Die Folge war eine immer stärkere Angleichung der Erwerbsbiographien von Frauen an die der Männer (Lauterbach 1991). Der Anteil der erwerbstätigen Ehefrauen stieg signifikant, nämlich auf ca. 40% schon zu Beginn der achtziger Jahre (Willms-Herget 1985: 88) an; die „Familienpausen" wurden kürzer, die Wiedereintritte in das Erwerbsleben nach dem Heranwachsen der Kinder häufiger. Überdies erhöhte sich das durchschnittliche Heiratsalter, und der Anteil der unverheirateten, kinderlosen, damit meist kontinuierlich erwerbstätigen Frauen nahm zu. Es waren nun nicht länger die Arbeiterfrauen, sondern die immer besser ausgebildeten Frauen der expandierenden neuen Mittelschichten, die häufiger auch während der Familienphase erwerbstätig blieben. Ihr Hauptmotiv war nicht der Zuverdienst zum Familieneinkommen, sondern der Wunsch nach individueller Unabhängigkeit und beruflicher Entfaltung.[4] Auch die Frauen lernten nun die Bedeutung eigenen Geldes schätzen; die feministische Kritik an der patriarchalischen Rollenverteilung in der Familie fand wachsende Resonanz bei ihnen und in der gesamten Gesellschaft. Auf der Nachfrageseite des Arbeitsmarktes wurde die Expansion der Frauenerwerbstätigkeit durch die rasch fortschreitende Tertiarisierung der Wirtschaft gestützt. Sie erschloss zahlreiche neue Berufsfelder für Frauen über die traditionellen

---

3 Entsprechende internationale Befunde bei Roos (1985). Pfau-Effinger (1996) dagegen betont die deutlichen internationalen Unterschiede in der Ausgestaltung der Familienstrukturen und die daraus folgenden Differenzen in der Erwerbsbeteiligung von Frauen.

4 Die Unterschiede in der Mentalität von Arbeiterfrauen und bürgerlichen Frauen, die hier noch lange wirksam blieben, beschreibt Elisabeth Pfeil wie folgt: „Zu sehr hatten die Arbeiter unter der 'familienzerstörenden Wirkung' (Lassalle) der von der Not aufgezwungenen Fabrikarbeit der Mütter gelitten, als dass sie nun eine freien Willens aufgenommene Berufsarbeit von Müttern sich vorstellen konnten. So blieb das bürgerliche Familienmodell, das dem Manne allein die Funktion des Ernährers wie auch des Vermittlers zur Welt vorbehielt, der Mutter aber die Erziehungs- und Haushaltsaufgaben, in der Arbeiterschaft lebendig, ja es wurde hier treuer bewahrt als im Bürgertum, in welchem immer mehr die Frauen den Wunsch aufkommen ließen, trotz dem Vorhandensein von Kindern ihren Beruf weiter auszuüben." (Pfeil 1966: 142, zit. nach Weber-Kellermann 1974: 140).

Bereiche der häuslichen Dienste und der mechanisierten Büroarbeit hinaus: Handel und Verkauf, Soziale Dienste, Gesundheit und Bildung, Tätigkeiten mithin, in denen vielfach nicht mehr nur einfache, sondern mittlere und gehobene Qualifikationen gefordert wurden.

Von einer tatsächlichen Gleichstellung von Männern und Frauen in der Arbeitswelt kann dennoch bekanntlich auch heute noch weder in Deutschland noch in den anderen fortgeschrittenen Industrieländern die Rede sein. Trotz der Angleichung der Erwerbsbiographien von Männern und Frauen ist die Segregation von Männer- und Frauenarbeitsmärkten keineswegs verschwunden, sondern in Deutschland seit 1925 praktisch unverändert geblieben (Willms-Herget 1985: 265); auch im internationalen Vergleich erweist sie sich als ein außerordentlich stabiles Phänomen (Jacobs 1989, Heintz/ Nadai 1998). Zwar ist es im Verlauf der Entwicklung zu vielfältigen Umschichtungen der Geschlechtstypik von Berufen gekommen. Aber unabhängig vom inhaltlichen Wandel der Berufe konzentriert sich die Frauenerwerbstätigkeit stärker als die der Männer auf einige wenige Bereiche. Die Expansion der modernen Dienstleistungs- und Sozialberufe hat an dieser Lage nichts geändert, sondern sie im Gegenteil verfestigt. Die Arbeit der Frauen wird geringer vergütet als die der Männer, und auf sie entfällt der größte Teil der atypischen Beschäftigung. In Aufstiegs- und Führungspositionen der Privatwirtschaft wie der Öffentlichen Verwaltung bleiben Frauen notorisch unterrepräsentiert, und die verbreitete Klage darüber lässt sich als indirekter Appell an männliche Führungskräfte dechiffrieren, ihre Leistungsfähigkeit durch Internalisierung „weiblicher" Qualifikationen weiter zu steigern (C. Weber 1993). Institutionelle Diskriminierungen nach Geschlecht am Arbeitsmarkt sind zwar weitgehend abgebaut worden, aber dennoch lässt sich in der alltäglichen Interaktion am Arbeitsplatz eine teils offene, teils stillschweigende kulturelle Reproduktion geschlechtlicher Diskriminierungen („doing gender") beobachten (Gildemeister/Wetterer 1995, Heinz/Nadai 1998).

Während die Gleichstellung von Frauen und Männern in der Arbeitswelt ungeachtet aller politischer Appelle und Bemühungen noch in weiter Ferne liegt, unterliegt der Fixpunkt traditioneller weiblicher Identitätskonstruktionen, die Familie, einer schleichenden Aushöhlung und sozialen Diskreditierung. Das vielfach vorausgesagte „Ende" der bürgerlichen Kleinfamilie ist zwar noch keineswegs in Sicht; trotz zunehmender Scheidungen und zunehmend vielfältigerer Familienformen wächst die Mehrheit der Kinder noch immer in Familien des traditionellen Typus auf (Kaufmann 1995). Aber in einer durch die Religion des Geldes beherrschten Gesellschaft machen sich mit wachsendem Wohlstand die Opportunitätskosten der nicht bezahlten Haus- und Familienarbeit immer unerbittlicher bemerkbar. Kinder zu haben und aufzuziehen ist, zumal unter den Bedingungen eines erwerbsarbeitszentrierten Systems sozialer Sicherung, zu einem „Armutsrisiko" geworden. Angesichts der strukturellen „Rücksichtslosigkeit" (Kaufmann) der Gesellschaft gegenüber der Familie kann es nicht überraschen, dass die Kinderlosigkeit zunimmt, die Familien weniger und kleiner werden. Weil die Entscheidung für die Gründung einer Familie die „unmoderne" Eigenschaft hat, irreversibel zu sein, weil „im Hinblick auf die Berufs-Rolle die Nutzenerwartung eindeutig, aber der erwartete Nutzen von Kindern nicht abschätzbar ist" (Nave-Herz 1996: 72), wird sie gescheut und aufgeschoben. Die Familie als Lebensform gerät in den Geruch des Anachronistischen und der individuellen Emanzipation Hinderlichen. Die immer beliebteren „Eheverträge" sollen die mit der Eheschließung und Familiengründung verknüpften finanziellen Risiken kalkulierbar machen und lösen damit die Differenz zwischen Ehe und Familie und ökonomischen Vertragsverhältnissen immer mehr auf. So scheinen sich die Marx'schen und Schumpeter'schen[5] Prognosen der Zerstörung der Familie durch den Geldnexus am Ende doch zunehmend zu bewahrheiten.

Die kapitalistische Konstruktion und Dekonstruktion der modernen Kleinfamilie versetzt die Frauen in die Lage von „Grenzgängerinnen zwischen Produktions- und Reproduktionsbereich" (Eckart 1990: 11), von Wanderinnen zwischen zwei Welten. Weder in der einen, noch in der anderen können sie wirkliche Anerkennung finden. Durch Teilzeitarbeit oder atypische Beschäftigung versuchen sie, den Konflikt zu überbrücken – häufig genug ein wenig befriedigender Kompromiss, der an ihrer ökonomisch prekären Lage nichts ändert, ihnen aber gleichzeitig den Ruf der „Rabenmutter" einträgt. Eine Politik der Restauration der bürgerlichen Familie ist gleichwohl so chancenlos, dass sie noch nicht einmal von konservativen politischen Parteien ernsthaft in Erwägung gezogen wird. Auf der anderen Seite propagiert eine nimmermüde „Frauenförderung" das Ziel der vollen Integration der Frauen in das System der Erwerbsarbeit einschließlich der Karriere- und Führungspositionen. Dabei werden systematisch die Augen vor der Unvereinbarkeit der vollen Hingabe für den Kampf um beruflichen Statusgewinn mit gleichzeitiger Übernahme von Elternverantwortung verschlossen. In der Praxis läuft dies nur allzu oft auf eine Förderung kinderloser Frauen auf Kosten von Müttern und eine Propagierung der vollständigen Identifikation von Frauen mit dem männlichen Lebenszuschnitt hinaus. Käme diese Auflösung des Dilemmas zum Tragen, so würde dies den Trend zur Kinderlosigkeit weiter verstärken und die Gesellschaft in eine „Reproduktionsfalle" (Franz 1999) treiben. Die Frage nach ihrer Zukunft als kultureller Lebens-

---

5 Wie Marx sagte Schumpeter die Auflösung der bürgerlichen Familie voraus, freilich mit einer etwas anderen Begründung. Auch die Frauen, so argumentierte er, würden die „utilitaristische Lektion" des Kapitalismus lernen und die mit der Familiengründung speziell für sie verbundenen Kosten scheuen. Den Feminismus interpretierte er unter diesem Gesichtspunkt als eine „ihrem ganzen Wesen nach kapitalistische Erscheinung" (Schumpeter 1993: 208). Mit der Familie aber gehe eine zentrale Motivquelle des bürgerlichen Unternehmertums verloren. Darin erblickte er eine Gefahr für die Zukunft des Kapitalismus (a.a.O.: 252f.).

form würde sich dann über kurz oder lang von selbst beantworten.[6] Der „Arbeitsgesellschaft" geht die Arbeit mitnichten aus. Ganz im Gegenteil: Das Versiegen seines wichtigsten „Rohstoffs", nämlich des Nachwuchses an jungem, kulturell einschlägig sozialisiertem und fachlich qualifiziertem Arbeitsvermögen, könnte sich sehr bald als das eigentliche Zukunftsproblem des Kapitalismus erweisen.

Ein Ausweg aus der Zirkularität des Geschlechterkonflikts böte sich nur durch die Reflexion auf jenes Dritte, das ihn erst konstituiert: Die kapitalistische Utopie absoluten Reichtums, die Männer *wie* Frauen mit unerfüllbaren Anforderungen konfrontiert und sie verleitet, ihre gemeinsame Überforderung durch Hypostasierung der Geschlechterdifferenz unsichtbar zu machen. In der Erkenntnis, dass beide einer Utopie hinterherlaufen, in der Kritik der den ganzen Menschen vereinnahmenden „formal-rationalen Anforderungen des kapitalistischen Berufssystems" (Eckart 1990: 227), nicht in einer rein formalen und daher wenig realistischen Gleichstellungspolitik läge der Ansatzpunkt zur Lösung des Konflikts. Nur wenn Elternschaft hinreichend ökonomisch gesichert ist, und zugleich die Leistungsansprüche der Berufsarbeit bewusst auf ein Maß zurückgenommen werden, das es allen ermöglicht, Verantwortung auch außerhalb der Erwerbsarbeit zu übernehmen, könnten Frauen und Männer in gleicher Weise an beiden Sphären partizipieren.

5.3 Arbeiter und Angestellte

Der Kapitalismus ist darauf angewiesen, den Grundkonflikt von Kapital und Arbeit unsichtbar zu halten. Er bedient sich dazu zunächst der aus der Ständegesellschaft überlieferten sozialen Institutionen und Identitäten, erzeugt sie, wo es notwendig ist, neu und gestaltet sie für seine Zwecke um. Wir haben es zunächst nicht mit Kapitalisten und Lohnarbeitern zu tun, sondern mit Fabrikherren und einer nach der Nähe zu ihm gegliederten Hierarchie von abhängig Beschäftigten: Privatbeamte, Meister, gelernte Arbeiter, ungelernte Arbeiter, Heimarbeiter, Tagelöhner. Diese „ständische" Strukturierung der Arbeitsverhältnisse tritt, wie Jürgen Kocka (1981) betont hat, in Deutschland besonders hervor, findet sich aber je nach nationaler Tradition auch in anderen Ländern. Selbst in einer so traditionslosen Gesellschaft wie den USA hat sie sich in Gestalt der Differenzierung von „white collar" und „blue collar" (Mills 1951) entwickelt. Der Kapitalismus aber schafft diese Differenzierungen nicht nur, sondern wirkt zugleich unablässig darauf

---

6 Angesichts der in den meisten Industrieländern spätestens ab 2010 zu erwartenden „Bevölkerungsimplosion" mit allen ihren Folgen für den Arbeitsmarkt und die Rekrutierung von Arbeitskräften einerseits, den Problemen der Alterung und zunehmender Pflegebedürftigkeit andererseits könnten solche Prognosen sehr rasch hohe Aktualität gewinnen.

hin, sie auszuhöhlen und einzuebnen. Wir können auch hier nur die gröbsten historischen Entwicklungslinien dieses Prozesses aufzeigen.

5.3.1 Arbeiter

5.3.1.1 Historischer Hintergrund
Die Arbeiterschaft der sich in Großbritannien seit Beginn und in Deutschland seit Mitte des 19. Jahrhunderts entwickelnden industriellen Fabrikbetriebe rekrutierte sich aus ganz unterschiedlichen sozialen Schichten: In der Druck- und Maschinenindustrie war es vor allem das Handwerk, in der Textilindustrie die hausindustrielle Weberei und Spinnerei, in der Eisen- und Stahlindustrie ländliche Arbeiter (Kocka 1990: 373f.). Mit ihrem Übertritt in die Fabrik brachten die Arbeiter das ihnen vertraute Arbeitsmilieu mit, und damit auch wurden die traditionellen Formen der Qualifizierung, Arbeitsorganisation und Leistungskontrolle zunächst – wenn auch unter veränderten Bedingungen – reproduziert. Unter den Prämissen der damals noch kaum systematisch durchgestalteten Technisierung und Organisierung des Arbeitsprozesses gab es für die Unternehmer keine andere Wahl, als auf diese vorgefundenen Strukturen zurückzugreifen und sich auf die Kompetenz und Autorität der handwerklich gebildeten Meister und Facharbeiter zu verlassen. In den ersten Dekaden der Industrialisierung herrschte das „Werkmeistersystem" (in den noch weitgehend handwerklich produzierenden Manufakturen) und „Akkordmeistersystem" (in den Maschinenbetrieben) vor: Der Unternehmer delegierte die Leitung des gesamten Produktionsprozesses an einen erfahrenen Zwischenmeister, dem eine größere Zahl von Vorarbeitern, Facharbeitern oder Gesellen unterstellt war; diese wiederum hatten die Gehilfen und Lehrlinge anzuleiten. Die Gehilfen wurden im Zeitlohn bezahlt, die Meister und Vorarbeiter im Stücklohn; in der Differenz beider lag der Anreiz für die Meister und Vorarbeiter, ihre Aufsichtsfunktionen auszuüben (Schmiede/Schudlich 1976: 62f., Dobb 1970: 266, Kocka 1990, S. 445). Der „Universalmeister" des 19. Jahrhunderts blieb in vielen Unternehmen und Industrien noch bis in das 20. Jahrhundert hinein die Schlüsselfigur des betrieblichen Geschehens; seine Kompetenzen wurden allerdings zunehmend durch die Technisierung der Produktion und die Bürokratisierung der Arbeitsorganisation ausgehöhlt (Lütge/Lepsius 1954, Jauch 1997). Die Kontinuität ständischer Differenzierungen zeigte sich auch in der sozialen Distanz zwischen gelernten und ungelernten Arbeitern, die die Aufhebung des Zunftsystems überdauerte und sich im Grunde bis auf den heutigen Tag erhalten hat. Für die ländlichen und vom Lande kommenden Arbeiter bildete die Gutsherrschaft das dominante Orientierungsmuster. Deren „patriarchalistischer" oder „paternalistischer" Habitus prägte dank der Identifizierung des deutschen Bürgertums mit der Tradition des Adels auch das Verhalten der Unternehmerschaft und das Verhältnis zwischen Unternehmern und Arbeitern insgesamt (Briefs 1959: 45/46). Von

einer sozial homogenen „Arbeiterklasse" konnte unter diesen Bedingungen zunächst nicht die Rede sein, denn von dem „reinen" Lohnarbeiterdasein der angelernten Gehilfen und Handarbeiter über die Facharbeiter bis hin zu den als mehr oder weniger selbstständige Subunternehmer agierenden Meistern gab es zahlreiche, noch nicht klassengesellschaftlich, sondern ständisch geprägte Statusunterschiede.

Dass die Unternehmer sich gerade in Deutschland so lange und so umfassend auf ständische Strukturen stützten, hatte weitreichende Folgen für die Arbeitsverhältnisse, die soziale Identität der Industriearbeiterschaft, für das kulturelle Verständnis von Lohnarbeit überhaupt. Diese Spezifika treten vor allem im Vergleich zwischen Deutschland und Großbritannien zutage. Anders als in Großbritannien war der Übergang zur Gewerbefreiheit, der Abbau der Zunftordnungen, die Bauernbefreiung, sowie die Herstellung des freien Arbeitsmarktes in dem industriell rückständigen Deutschland nicht schrittweise schon seit dem Ende des 17. Jahrhunderts, sondern sehr viel später, dann aber weitgehend simultan (in den ersten Dekaden des 19. Jahrhunderts) vollzogen worden. Während die britische Lohnarbeiterschaft des 19. Jahrhunderts sich als Teil der schon früher entstandenen „market society" führen konnte und sich sozial nicht deutlich von den vielen selbstständigen „masters", „small masters", „journeymen" und Heimindustriellen abhob, hatte die unvermittelte Indienstnahme der ständischen und zünftigen Herrschaftsstrukturen durch den deutschen Kapitalismus eine stärkere soziale Polarisierung zur Folge. Die in Großbritannien bereits abgeklungenen ständischen Konflikte zwischen Meistern und Gesellen, zwischen Grundherren und persönlich abhängigen Bauern sowie Landarbeitern wurden in Deutschland und teilweise auch in anderen Ländern des europäischen Kontinents, klassengesellschaftlich „umgepolt". Sie erfuhren dadurch ihre besondere Schärfe und Zuspitzung. Aus den gegen die Tyrannei der Meister aufbegehrenden Gesellen rekrutierte sich, wie Schmoller 1870 beobachtete, der Kern der sozialdemokratischen Partei. Die klassengesellschaftliche „Bruchlinie", an der sich das soziale Selbstbewusstsein der entstehenden Industriearbeiterschaft entwickelte, verlief, wie Kocka zeigt, in England anders als in Deutschland:

„Und wenn man in das früher und konsequenter kapitalistisch geprägte England blickt, dann sieht man, dass dort die sich herauskristallisierende klassengesellschaftliche Spannungslinie nicht an derselben Bruchstelle verlief wie in Deutschland. Dort waren zwar „apprentices" traditionell relativ klar definiert, und um diese Abgrenzung bemühten sich die Handwerkerorganisationen des 18., wie die Gewerkschaften des 19. Jahrhunderts. Deutlich abgegrenzt waren auf der anderen Seite die wirklichen „masters", d.h. die Arbeitskräfte beschäftigenden Kleinunternehmer. Aber dazwischen verflossen die Unterschiede zwischen „journeymen" und „small masters" im späten 18., wie im 19. Jahrhundert, erst recht unter dem Ansturm des Verlagswesens, in dem viele von ihnen zu gleich abhängigen Heimarbeitern wurden. In vielen Situationen nahmen die kleinen Meister in England Partei für die Gesellen und umgekehrt – bei gemeinsamer Frontstellung gegen die größeren Unternehmer und ihr Kapital. Die Klassenlinie war insofern entweder weniger scharf ausgeprägt oder sie verlief an einer etwas verschobenen Stelle: nicht so sehr zwischen Produktionsmittelbesitzern („Selbstständigen") und Lohnarbeitern, sondern zwischen Arbeitgebern einerseits, Arbeitern und Kleinhandwerkern andererseits, auch wenn diese „selbstständig" waren. Ähnlich stellt sich die Situation in den USA dar" (Kocka 1990: 256).

Wie Biernacki (1995) herausgearbeitet hat, schlugen sich diese Unterschiede in der sozialen Lage und im Selbstverständnis der Lohnarbeiter auch in einem anderen kulturellen Verständnis von „Arbeit" überhaupt nieder. Die an feudale und zünftige Autorität noch gewöhnten preußischen und deutschen Arbeitgeber leiteten aus dem Arbeitsvertrag das Recht direkter Verfügung über die Arbeitskraft *in actu* ab – eine Auffassung, die sich auch in Marx' Interpretation der Ware Arbeitskraft als disponibles „Arbeitsvermögen" wieder findet. In Großbritannien dagegen gab der Arbeitsvertrag dem herrschenden Verständnis zufolge dem Unternehmer lediglich das Recht, sich die von den Arbeitern hergestellten Produkte anzueignen, nicht dagegen, in den Arbeitsprozess selbst hineinzuregieren. Auch als abhängig Beschäftigte in der Fabrik verhielten sich die britischen Arbeiter wie kleine Warenproduzenten.[7] Daraus ergaben sich, wie Biernacki am Beispiel der Wollindustrie zeigt, weitreichende Unterschiede in den Formen betrieblicher Lohnpolitik, Leistungskontrolle und der Disziplinierung der Arbeiter durch die Vorgesetzten sowie in der räumlichen Anlage der Fabriken in beiden Ländern. In Deutschland herrschten prozessbezogene, in England dagegen ergebnisbezogene Formen der Leistungsentlohnung vor; die Methoden der Überwachung und Kontrolle der Arbeiter waren in Deutschland härter und autoritärer.

Die scheinbar „rückständige" deutsche Arbeitsverfassung verschaffte dem deutschen Kapitalismus einen beträchtlichen Entwicklungsvorteil, indem sie einen rascheren und direkteren Durchgriff des Unternehmers auf den Arbeitsprozess ermöglichte und dadurch die Rationalisierung und Technisierung der Produktion förderte. Das nachhaltige Fortwirken ständischer Traditionen erklärt die „Ungleichzeitigkeit" der industriellen Entwicklung in Deutschland, die Verknüpfung autoritärer und paternalistischer betrieblicher Herrschaftsformen mit zwar „verspäteter", dann aber umso rascherer industrieller Modernisierung. Es liefert zugleich – auch hier folgen wir Kocka – den Schlüssel zur Erklärung dafür, warum sich in der deutschen Arbeiterschaft in den Jahrzehnten vor dem Ersten Weltkrieg deutlicher als in

---

7 „German owners and workers viewed employment as the timed appropriation of worker's labor power and disposition over worker's labor activity. In contrast, Bristish owners and workers saw employment as the appropriation of worker's materialized labor via its products" (Biernacki 1995: 12).

anderen Ländern Ansätze eines „Klassenbewusstseins" herausbilden konnten. Mehrere Entwicklungen sind für diese Periode kennzeichnend: Die beschleunigte wirtschaftliche Konzentration der Industrie mit der Folge des Wachstums großer, kapitalintensiver Betriebe und marktbeherrschender Konzerne, die durch eine Vielzahl neuer technischer Erfindungen angestoßene Mechanisierungs- und Technisierungswelle, die auch kleine und handwerkliche Betriebe erfasste (eine Schlüsselrolle spielten hier die neuen Elektro- und Benzinmotoren), eine starke Zunahme der Industriearbeiterschaft bei relativem oder absolutem Rückgang in den traditionellen Sektoren beschäftigten Arbeiter (Handwerk, Kleinindustrie, Heimarbeit), eine breite Bewegung von Streiks, der Aufstieg von Gewerkschaften, ihre Öffnung von Berufsgewerkschaften hin zu industriegewerkschaftlichen Massenorganisationen, schließlich auch der Aufschwung der sozialdemokratischen Arbeiterparteien (Schmiede/Schudlich 1976: 152f., Stearns 1980, Schönhoven 1980, Deutschmann 1985). All dies waren Entwicklungen, die ungeachtet der fortbestehenden Unterschiede der sozialen Lage der Arbeiterschaft die marxistische Kategorisierung der Lohnabhängigen als „Klasse" zu bestätigen schienen und entsprechenden Selbstdeutungen Vorschub leisteten. Was den Protest der Arbeiter mobilisierte und sie dazu brachte, sich über die Grenzen von Berufen und Branchen hinweg zu solidarisieren, waren freilich nicht allein die Mechanisierung, das steigende Arbeitstempo, die wachsende Bedrohung handwerklicher Qualifikationen, sondern mehr noch die autokratische Form der industriellen Rationalisierung. Die Ansätze eines „Klassenbewusstseins", die sich damals vor allem in Teilen der großindustriellen Facharbeiterschaft entwickelten, waren eine Reaktion nicht nur auf die kapitalistische, sondern auch auf die ständische Unterdrückung der Arbeiter – nicht nur im Betrieb, sondern in nahezu allen Bereichen des gesellschaftlichen Lebens. Das zeigt auch der Vergleich mit den USA, wo die Diskriminierung der Arbeiterschaft trotz größerer Einkommensunterschiede dank der rascheren Demokratisierung des Wahlrechts und des Fehlens ständischer Traditionen nicht so stark war wie in Deutschland, und sozialistische Ideen daher auf einen viel weniger fruchtbaren Boden fielen (Kocka 1977: 169).

Einen Kristallisationspunkt der sozialen Auseinandersetzungen vor dem Ersten Weltkrieg stellten die Kämpfe um die Verkürzung und Normierung der Arbeitszeit dar. 1889 hatte der Kongress der Sozialistischen Internationale den Achtstundentag zur Hauptforderung der Gewerkschaftsbewegung erhoben. Dies gab den Anstoß für immer neue Streiks um dieses Thema in den folgenden beiden Jahrzehnten: 1889 an der Ruhr, 1891/92 in der Druckindustrie, 1896/97 im Hamburger Hafen, 1903 in der Crimmitschauer Textilindustrie (Deutschmann 1985 184f.). „Die Anzahl der Arbeiter, die Zwölf- und Vierzehn-Stunden-Tage plötzlich für untragbar erklärten, obwohl sie solche Arbeitszeiten schon lange durchstanden, ist erstaunlich", stellt Stearns (1980, S. 4) fest. Die Arbeiter begannen, sich über den Wert und die Knappheit *ihrer* Zeit bewusst zu werden. Auf die fortschreitende Rationalisierung und Mechanisierung des Betriebes reagierten sie, indem sie ihrerseits mit ihrer Zeit im Betrieb zu geizen begannen. Der traditionelle „Schlendrian" und das Totschlagen der Zeit durch Alkoholkonsum verloren an Popularität, die Produktivität und Intensität der Arbeit stiegen. Statt ausgiebige Pausen einzulegen, verlangten viele Arbeiter nun gerade eine Verkürzung der Pausen, um den Betrieb möglichst früh verlassen zu können. Die zunehmende Verbreitung der Lebensform der bürgerlichen Kleinfamilie auch in der Arbeiterschaft stellte einen wichtigen Hintergrund dieser Veränderung dar. Nicht nur im alltäglichen Arbeitsverhalten machte sich ein Zug zur Systematisierung bemerkbar. Auch in Bezug auf die Zukunft entwickelten viele Arbeiter ein neues und geschärftes Bewusstsein. Statt nur in den Tag hinein zu leben, erkannten sie viel klarer die Risiken eines lebenslangen Lohnarbeiterdaseins und die Notwendigkeit, sie aktiv zu meistern: durch bessere Ausbildung, durch Organisierung in Gewerkschaften und vor allem: durch Arbeitszeitverkürzung.

Die Arbeiter begannen also, um es mit der bekannten Formulierung Edward P. Thompsons zu fassen, nicht mehr „gegen", sondern „um" die Zeit zu kämpfen. Sie begannen, sorgfältig auf die langfristige Erhaltung ihrer Arbeitskraft zu achten. Und noch mehr: Die Tendenz ging dahin, die Arbeitskraft nicht nur zu erhalten, sondern auch durch Weiterbildung und Qualifizierung erweitert zu reproduzieren, sie mithin als „Humankapital" zu behandeln". Nicht mehr die Sicherung eines traditionellen Lebens- und Wohlstandsniveaus, sondern auch das Streben nach mehr Wohlstand und Bildung bestimmte zunehmend das Verhalten der Arbeiter. Wenigstens die Kinder, so lautete der Hauptwunsch der von Levenstein (1912) befragten Arbeiter, sollten es einmal besser haben. In der „gezähmten" Version des Normalarbeitstages konnte das kapitalistische Regime von Geld und Zeit Einzug auch in das Bewusstsein und die Lebenswelt der Arbeiter halten. Das war ihrer Integration in den zeitökonomisch strukturierten Produktionsprozess gewiss förderlich. Die gestiegene Zeitdisziplin der Arbeiter machte den Einsatz moderner und schnellerer Maschinen erst möglich und erleichterte dadurch die Rationalisierung der Produktion. Aber das gleiche geschärfte Bewusstsein über den Wert der Zeit bewog die Arbeiter auch, einen klaren Trennungsstrich zwischen der Arbeitszeit und ihrer eigenen Zeit zu ziehen – und ihn so zu ziehen, dass auch für das eigene Leben und die Familie noch etwas übrig blieb. Die vorherige Kluft zwischen der kapitalistischen Betriebszeit und den traditionalen Zeitorientierungen der Arbeiter wurde damit in die *subjektive* Trennung von „Arbeitszeit" und „Freizeit" transformiert. Es war eben diese Verlagerung der Zeitdifferenz in die Subjektivität, die es dem Arbeiter ermöglichte, sich mit dem Rhythmus der Industriearbeit zu identifizieren und ihn als subjektiv sinnvoll zu erleben. So erklärte sich das auf den ersten Blick paradox anmutende Phänomen, dass die von den Arbeitern erkämpften kürzeren Arbeitszeiten nicht etwa zu geringeren, sondern zu höheren Leistungen führten.

Auch unter den Unternehmern wuchs die Zahl derjenigen, die erkannten, dass eine Verkürzung der Tages- und Wochenarbeitszeiten oder die Gewährung eines bezahlten Jahresurlaubs keineswegs nur vom Interesse der Arbeiter, sondern auch von einer effizienten Organisation der Produktion her wünschenswert sein könnte. Das Kapital blieb indessen in eine progressive und konservative Fraktion gespalten. Einige progressive Unternehmer – Abbé und Freese waren die bekanntesten – führten sogar freiwillig in ihren Fabriken den Achtstundentag ein, insgesamt mit gutem Erfolg für die Produktivität. Die konservative Fraktion, deren Basis paradoxerweise gerade diejenigen Industriezweige waren, die eine technisch fortgeschrittene Zeitökonomie entwickelt hatten (Eisen- und Stahlindustrie, Textilindustrie), verwarfen dagegen den Achtstundentag ungeachtet seiner ökonomischen Rationalität aus explizit politischen Motiven: Die Freiheit, die der Achtstundentag dem Arbeiter geben würde, gefährde die Autorität des „Herrn im Hause" und führe letztlich zu revolutionären Konsequenzen. Diese Fraktion behielt in Deutschland politisch die Oberhand, und so kam es, dass der Achtstundentag als gesetzliche Norm auf revolutionärem Weg im Jahr 1918 durchgesetzt werden musste.

In der Zuspitzung der sozialen Konflikte vor und nach dem Ersten Weltkrieg drückte sich zugleich auch eine latente Konvergenz der Interessen, ein Fortschritt in der Verinnerlichung der kapitalistischen Logik von Zeit und Geld durch die Arbeiter aus. Der traditionelle „Schlendrian" wurde überwunden und durch eine dynamische Anspruchs- und Leistungsorientierung abgelöst, an der eine pragmatische Rationalisierungspolitik des Managements anknüpfen konnte. Der Taylorismus, der sich nach dem ersten Weltkrieg auch in deutschen Großbetrieben durchzusetzen begann, baute genau auf diesem Arrangement auf. Er schuf eine durchrationalisierte Zeitökonomie und machte der Selbstherrlichkeit der Meister ein Ende, indem er einen immer größeren Teil ihrer Kompetenzen auf die technischen Stäbe übertrug. Zugleich stellte er den Lohn-Leistungs-Nexus und die Anreizwirkung höherer Löhne ganz in den Vordergrund, und überdies schuf die Expansion der technischen Abteilungen in begrenztem Umfang sogar Aufstiegspositionen für qualifizierte Facharbeiter. So erklärt es sich, dass Taylorismus und Fließband bei den Gewerkschaften und Arbeitern keineswegs nur auf negative Reaktionen stießen. „Warum arm sein"? hieß der Titel einer populären Schrift des Holzarbeiterführers Fritz Tarnow, in der er um Zustimmung der Gewerkschaftsbewegung für die Lehren Fords warb. Nicht nur durch die Gewerkschaften, sondern auch durch viele Betriebsräte wurde die Rationalisierung und Technisierung der Produktion mindestens passiv, vielfach sogar aktiv unterstützt – eine Haltung, die mit einer allgemeinen Rhetorik von Fortschritt, Wohlstand und sozialem Interessenausgleich begründet wurde (Vahrenkamp 1983, v. Freyberg 1989). Dass viele Arbeiter sich gleichwohl

„fremdbestimmt" (Briefs) fühlten, war freilich nicht zu übersehen. Wiederum waren es weniger Taylorismus und Rationalisierung selbst, als vielmehr der – trotz der Reformen von 1918/19 – nahezu unverändert fortbestehende autokratische Charakter der Arbeitsverfassung, der die Auseinandersetzungen provozierte. In ihrem Kontext musste die Rationalisierung in den Augen der Arbeiter als ein zynisches Machtspiel erscheinen. Die wirtschaftlichen Krisen der frühen zwanziger und dreißiger Jahre mussten die Konflikte zusätzlich verschärfen.

5.3.1.2 Die industriesoziologische „Arbeiterbewusstseins"-forschung nach dem Zweiten Weltkrieg

Für die Zeit nach dem Zweiten Weltkrieg lassen sich die Veränderungen im sozialen Selbstbild der Arbeiterschaft dank der sich nun breit entwickelnden industriesoziologischen Forschungen zum „Arbeiterbewusstsein" genauer verfolgen. Die 1953/54 in der deutschen Hüttenindustrie durchgeführte Untersuchung von Popitz et al. (1957b) zum „Gesellschaftsbild des Arbeiters" stellt dabei zweifellos einen Meilenstein dar; sie soll daher im Folgenden ausführlicher referiert werden.

Bei der Bestimmung ihrer Kategorie des „Gesellschaftsbildes" gehen Popitz et al. von der Gehlen'schen These des „Erfahrungsverlustes" in modernen Gesellschaften aus. In allen Gesellschaften, so argumentierte Gehlen, gibt es eine Diskrepanz zwischen dem gesellschaftlichen Zusammenhang, in dem der Einzelne sich vorfindet, ohne ihn aber direkt wahrnehmen und beeinflussen zu können und seinem konkreten Erfahrungs- und Handlungsbereich, über den allein er zu authentischen Urteilen und Anschauungen kommen kann. Diese Diskrepanz nimmt in den hochdifferenzierten modernen Gesellschaften dramatisch zu. Je weiter die gesellschaftliche Arbeitsteilung und Spezialisierung voranschreitet, desto mehr entsteht für den Einzelnen das Dilemma, „Vorstellungen von Sachverhalten entwickeln zu müssen, die sich selbst einer mittelbaren Prüfung weitgehend entziehen, obwohl sie für die eigene Existenz unmittelbar relevant sind." (Popitz et al. 1957b: 1). Das Individuum ist gezwungen, Meinungen, Einstellungen, Gefühle gegenüber Realitäten zu entwickeln, die seine eigene Erfahrung überschreiten. In seinem Bewusstsein teilt sich die Realität in zwei Welten, von denen die eine der Erfahrung zugänglich und durch sie korrigierbar ist, die andere nicht.

Es gibt nun, wie die Autoren ausführen, verschiedene Möglichkeiten, dieses Problem des Erfahrungsverlusts subjektiv zu bewältigen. Eine besteht darin, die Vorstellungen über die Gesellschaft überhaupt von jeder Erfahrungskontrolle abzutrennen. „Die Diskrepanz zwischen dem eigenen Erlebnisbereich und den gesellschaftlichen Wirkungszusammenhängen wird einfach dadurch beantwortet, dass überhaupt nicht mehr der Versuch unternommen wird, beide in einen Zusammenhang zu bringen" (a.a.O.: 3). Es entsteht so ein „Paria-Bewusstsein", das sich eine soziale Bildwelt zurechtlegt derart, dass anonyme, imaginäre, unangreifbare Mächte das Schicksal der Menschen bestimmen. Es ist darin den magischen Vorstellungen einfacher Gesellschaften nicht unähnlich. Eine andere Bewältigungsform ist die des Teilverzichts auf Urteilsbildung durch Vertrauen auf die jeweiligen „Spezialisten" oder auf „pseudorationale Hilfskonstruktionen" bzw. Ideologien, das im Gegensatz zur ersten durchaus einer gewissen Kontrolle durch Erfahrung zugänglich sei.

Wie Industriearbeiter das Problem des Erfahrungsverlustes subjektiv bewältigen, welche Vorstellungen sie entwickeln, um die über ihre unmittelbare Anschauung hinausgehende gesellschaftliche Realität zu erfassen, untersuchten die Autoren im Rahmen einer Befragung von 600 Arbeitern eines Hüttenwerkes im Ruhrgebiet, die 1953/1954 stattfand. Die Befragung war qualitativ angelegt und methodisch außerordentlich sorgfältig vorbereitet (vgl. das 2. Kap. über die Methodik der Befragung). Die Themen, die in den Interviews angeschnitten wurden, waren: Der Arbeitsvollzug, technische Neuerungen und technischer Fortschritt, wirtschafts- und sozialpolitische Probleme, die Mitbestimmung im Unternehmen. Die Befragung ging jeweils zunächst von dem unmittelbaren Erfahrungsbereich der Arbeiter aus und sprach dann die der direkten Wahrnehmung nicht mehr zugänglichen gesellschaftlichen Problembereiche an. Auf diese Weise wurde versucht, auf eigenes Erleben gestützte Urteile der Befragten von nicht auf Erfahrung gestützten allgemeinen Stereotypen und Gesellschaftsbildern abzuheben.

Im Fall des Themas „Technische Neuerungen" etwa gingen die Autoren so vor, dass zunächst die Probleme der Rationalisierung am Arbeitsplatz erfragt wurden. Es zeigte sich hier nicht nur eine überraschend positive Grundeinstellung, sondern „vor allem bei den qualifizierten Arbeitskräften, auch ein echtes Interesse für die Entwicklungsmöglichkeiten der einzelnen Anlagen" (a.a.O.: 48). Mit den folgenden Fragen: „Wer veranlasst technische Neuerungen hier im Betrieb"? und, noch mehr: „Wie kommt der technische Fortschritt zustande?", „Wohin führt der technische Fortschritt, was meinen Sie – wie sieht die Welt in 50 Jahren aus"? wurde dann die Grenze des unmittelbaren Erfahrungsbereichs überschritten. Hier reagierten die Befragten nun ganz unterschiedlich: „Ein Teil der Arbeiter schaltet ab, resigniert oder antwortet reflexartig, was ihm gerade einfällt, ohne sich auf den Anspruch der Frage einzulassen; ein anderer Teil bemüht sich, der Frage gerecht zu werden und eine, seiner Kenntnis der Dinge angemessene Antwort zu geben, die in einem Fall mehr, im anderen weniger an das tatsächliche Geschehen herankommt; ein dritter Teil schließlich geht ebenfalls auf die Frage ein, kann indessen nicht mehr als eine vage und verschwommene Vorstellung hervorbringen."(a.a.O.: 54) Die Tendenz zur Stereotypisierung und die damit entstehende Kluft zur eigenen Erfahrung wurde vor allem in der allgemeinen Bewertung des technischen Fortschritts deutlich. Sie fiel anders und sehr viel negativer aus als die Bewertung der technischen Veränderungen am eigenen Arbeitplatz. So stellten viele Arbeiter ausdrücklich fest, durch technische Veränderungen habe noch niemand seinen Arbeitsplatz verloren, behaupteten später jedoch, der technische Fortschritt führe zu Arbeitslosigkeit, Überproduktion und Krieg (a.a.O.: 56). Die Arbeiter vertraten hier unterschiedliche Theorien, die sich als Derivate sowohl der bürgerlichen als auch der marxistischen Zeitkritik rekonstruieren ließen. In der quantitativen Auswertung zeigte sich, dass die Aussagen über den technischen Fortschritt sich weder mit dem Alter der Befragten veränderten, noch mit anderen Sozialdaten (Beruf, Lohngruppe, Konfession usw.) statistisch zusammenhingen. Die Autoren schließen daraus, dass „die Aussagen über den technischen Fortschritt und die Zukunft der technischen Welt unabhängig sind von den konkreten Arbeits- und Lebensumständen, derjenigen, die die Aussagen machen, soweit sich dergleichen durch Sozialdaten erfassen lässt." (a.a.O.: 56)

In ähnlicher Weise gingen die Autoren bei den übrigen Themen vor. In einem weiteren Schritt der Untersuchung wurden schließlich die Gesellschaftsbilder, die sich aus den Antworten herauskristallisierten, selbst einer Analyse unterzogen. Popitz/Bahrdt et al. fassten das Ergebnis in sechs Typen von Gesellschaftsbildern zusammen:

1. Die Gesellschaft als statische Ordnung: Jeder hat – so sieht es diese Gruppe von Arbeitern – seinen Platz in einem vorgegebenen Gefüge gesellschaftlicher Funktionen. Diese Sicht wurde von 10 Prozent der Befragten vertreten.

2. Die Gesellschaft als progressive Ordnung: Diese Gruppe setzt auf eine fortschreitende Veränderung und Verbesserung der gesellschaftlichen Ordnung, die von den Gewerkschaften ausgehen muss, aber die Kooperation zwischen Kapital und Arbeit erfordert (25 Prozent der Befragten).

3. Die gesellschaftliche Dichotomie als kollektives Schicksal: Bei dieser Gruppe von Arbeitern herrscht die Überzeugung vor, die Gesellschaft sei unabwendbar in ein „oben" und „unten" geteilt. Die Arbeiter als diejenigen, die sich unten befinden, sitzen notwendigerweise am schwächeren Hebel (25 Prozent der Befragten).

4. Die Dichotomie als kollektives Schicksal und als individueller Konflikt: Diese Arbeiter betrachten die soziale Kluft von „oben" und „unten" (wie die der Gruppe 3) als unabwendbar, sehen sie jedoch weniger ressentimenthaft. Sie nehmen die Position des skeptischen Individualisten ein und suchen nach aktiv nach Wegen, um ihre persönliche Lage zu verbessern (10 Prozent der Befragten).

5. Die reformistische Sicht (Die Reform der Gesellschaftsordnung – eine Mission der Arbeiterbewegung): Diese Gruppe artikuliert im Unterschied zur Gruppe 2 eine marxistische Systemkritik, sie sieht die Gesellschaft als Klassengesellschaft und lehnt die Mitbestimmung ab. Sie glaubt aber dennoch an die Mission der Arbeiterbewegung, diese Ordnung zu verändern (2 Prozent der Befragten).

6. Die Konzeption des Klassenkampfes: Diese Gruppe vertritt die orthodoxe Position des revolutionären Marxismus (1 Prozent der Befragten).

Bei den restlichen Befragten ließ sich ein konsistentes Gesellschaftsbild nicht feststellen. Als gemeinsames Merkmal aller sechs Typen halten Popitz/Bahrdt et al. fest: Das Bewusstsein einer „unabwendbaren oder abwendbaren, unüberbrückbaren oder „partnerschaftlich" zu vermitteln" gesellschaftlichen *Dichotomie* zwischen „oben" und „unten" sowie ein spezifisches „Leistungs- und Kollektivbewusstsein" (a.a.O.: 237). Das Leistungsbewusstsein ist geknüpft an die Körperlichkeit der Arbeit, die für die Arbeiter der Inbegriff ihres „produktiven Charakters" ist und ihr soziales Selbstwertgefühl nicht nur gegenüber den Unternehmern begründet („Auf unseren Knochen können sie erst ihr Geld verdienen", a.a.O.: 240), sondern auch gegenüber den nur im Büro sitzenden Angestellten. Das Kollektivbewusstsein hängt aufs engste zusammen mit den bei der großen Mehrheit der Arbeiter noch immer geringen Aufstiegschancen und -hoffnungen: Wer Arbeiter ist, bleibt Arbeiter. Es ist nicht notwendigerweise gleichzusetzen mit einem Geschichtsbewusstsein oder auch nur mit einem aktiven Zusammengehörigkeitsgefühl, bedeutet aber eine bewusste kollektive Abgrenzung nach „außen" (Angestellte) und nach „oben" (Unternehmer, Kapital), die „fast immer emotional 'fixiert', das heißt mit Einzelargumenten nicht wegzudisputieren" ist (a.a.O.: 241/42).

In den Befunden von Popitz/Bahrdt et al. drückt sich die gleiche Ambivalenz der sozialen Lage der Arbeiter aus, wie sie noch für die Zwischenkriegszeit charakteristisch gewesen war: Im Hinblick auf ihre unmittelbare Arbeitsumgebung und Lebenswelt zeigten viele Arbeiter eine pragmatische, leistungsorientierte ebenso wie der eigenen Leistung bewusste Haltung. Gerahmt war dieses Bewusstsein freilich durch ein „dichotomes" Gesellschaftsbild, das sich als Niederschlag der spezifisch deutschen Kombination von ständischer Herrschaft mit forcierter, von „oben" her betriebener kapitalistischer Entwicklung und Rationalisierung deuten lässt.

In den späteren industriesoziologischen Untersuchungen des Arbeiterbewusstseins der Nachkriegszeit wird vor allem eine Tendenz sichtbar: Das Bewusstsein der gesellschaftlichen Dichotomie nimmt ab, die „Klassen"identität verflüchtigt sich, der Individualismus, die Leistungs- und Aufstiegsorientierung der Arbeiter dagegen nimmt zu. Bis zur Gegenwart kann freilich nicht von einer völligen, subjektiven und objektiven Auflösung der Arbeiterschaft als sozialer Kategorie gesprochen werden. Hintergründe dieser Entwicklung waren ein anhaltender zunächst relativer, dann absoluter Rückgang der Arbeiterschaft zugunsten der Angestellten, eine Zunahme der Facharbeiter auf Kosten der An- und Ungelernten in Verbindung mit einer zunehmenden ethnischen Differenzierung der Arbeiterschaft. Diese Entwicklungen sollen im Folgenden beleuchtet werden.

Bereits in den industriesoziologischen Studien der sechziger und frühen siebziger Jahre trat ein Befund immer deutlicher hervor: Die Rahmung des Arbeitsbewusstseins durch eine als schicksalhaft empfundene Dichotomie von „oben" und „unten" verlor an Bedeutung. An ihre Stelle träten – so argumentierte eine wachsende Zahl von Industriesoziologen – zunehmend individualisierte und lebensgeschichtlich verankerte „Arbeitsorientierungen". Der Begriff der „Arbeitsorientierungen" wurde von Goldthorpe et al. (1968) eingeführt und mit folgender Argumentation begründet: Ob die Menschen eine bestimmte Arbeit als belastend, abstumpfend, interessant oder befriedigend empfinden, ob sie mit ihrem Lohn zufrieden sind, hängt nicht allein von den durch Technik und Arbeitsorganisation bestimmten objektiven Merkmalen der Arbeit ab. Ebenso wichtig sind die *Erwartungen*, aus denen heraus die Menschen ihre Situation beurteilen. Es gibt keine unmittelbare Erfahrung, jede Erfahrung wird vielmehr aus einem bestimmten, den Menschen selbst vielfach gar nicht bewussten Erwartungs- und Anspruchshorizont heraus wahrgenommen und bewertet, der mit dem Begriff der Arbeitsorientierungen bezeichnet wurde. Deshalb versagt auch die direkte Erklärung der Arbeitszufriedenheit aus der objektiven Arbeitssituation, denn die gleiche Tätigkeit, der gleiche Lohn kann von verschiedenen Individuen je nach ihren spezifischen Orientierungen ganz unterschiedlich bewertet werden.

„Die Arbeitsorientierung und die Definition der Arbeitssituation" – so führen Goldthorpe et al.(1970 I: 194) aus – „vermitteln zwischen der objektiven Arbeitssituation und der Reaktion des Arbeiters. So, wie die Arbeitsorientierung variiert, ändern sich auch die einstellungs- und verhaltensmäßigen Implikationen einer bestimmten technischen Organisation. So wird zum Beispiel die durch technische Umstände bedingte Verhinderung der Zusammenarbeit oder der Bildung von Arbeitsgruppen in der Regel von Arbeitern, die ihre Tätigkeit instrumental definieren, als weniger frustrierend empfunden werden, als von Arbeitern, die sich zusätzlich zu einem wirtschaftlichen Entgelt auch soziale Befriedigung versprechen" (Goldthorpe et al. 1970, I: 194).

Arbeitsorientierungen sind von der unmittelbaren Arbeitssphäre relativ unabhängig. In ihnen kristallisiert sich die gesamte Lebensgeschichte des Individuums, seine familiäre und soziale Herkunft, Bildung und Schichtzugehörigkeit, kurzum: seine soziale „Identität". Arbeitsorientierungen sind zwar keineswegs völlig individualisiert, lassen sich aber andererseits auch nicht einfach unter das allgemeine Schema von Lohnarbeit und Kapital subsumieren. Auch innerhalb der Arbeiterschaft finden sich gruppen- und schichtspezifische Differenzen des lebensgeschichtlich konstituierten Erwartungs- und Anspruchsniveaus, und diese Differenzen nahmen im Zuge der Entwicklung des Nachkriegskapitalismus nicht ab, sondern zu – so lautete die die Diagnose einer wachsenden Zahl industriesoziologischer Studien seit den siebziger Jahren.

Godthorpe et al. ging es in ihrer bereits 1962 durchgeführten Befragung von jüngeren Industriearbeitern darum, gezielt die Mentalität einer Gruppe

„moderner" Arbeiter im Gegensatz zur alteingesessenen Industriearbeiterschaft der traditionellen Industriezentren zu erfassen. Für das, was die Autoren fanden, prägten sie den Begriff der „instrumentalen Orientierung": Die Arbeiter haben keine innere Beziehung zu ihrer Arbeit, sondern sehen sie in erster Linie als Mittel zur Verwirklichung privater Ziele und Konsumwünsche:

„Nach unserer Ansicht besteht eine hohe Wahrscheinlichkeit, dass im vorgegebenen Rahmen der modernen englischen Gesellschaft Industriearbeiter und vor allem ungelernte oder angelernte Arbeiter immer stärker dazu neigen, ihre Arbeit instrumental zu definieren, d.h. als Mittel für Zwecke und Ziele zu verstehen, die nichts mit ihrer Arbeitssituation zu tun haben. Die traditionellen Lebensformen der Arbeiterklasse werden zunehmend verdrängt durch die Entwicklung der Städte, die größere geographische Mobilität und auch durch den „Demonstrationseffekt", den die schon im „Überfluss" lebenden Arbeiter und ihre Familien ausüben. Weiter kann man annehmen, dass sich im Verlauf dieses Prozesses der Druck auf die Masse der Arbeiter, ihre Konsumkraft zu erhöhen, vergrößern wird. Eine neue Form des Lebensstandards und des Lebensstils greift um sich, gewinnt an Öffentlichkeit und wird damit auch zum Zwang." (Goldthorpe et al.,1970 I: 187/188).

Der moderne Wohlstandsarbeiter – so sehen es Goldthorpe et al. – zeigt nur eine geringe Neigung, sich mit seiner Arbeit und dem sozialen Leben seines Betriebes zu identifizieren. Er zieht für sich einen scharfen Trennungsstrich zwischen Arbeit und Privatsphäre; die zunehmende Mechanisierung seiner Arbeit sieht er recht nüchtern, da er in erster Linie an hohen Löhnen interessiert ist. „Human relations"-Politiken der Betriebsleitung, die ihn stärker an den Betrieb binden sollen, prallen an ihm ab. Am wichtigsten sind ihm sein Familienleben, seine privaten Konsumwünsche und Hobbies, seine Freizeit, die er tunlichst nicht mit den Arbeitskollegen verbringt. Zugleich zeigt der „affluent worker" ein ausgeprägtes Zukunftsbewusstsein. Er führt einen „familienbezogenen Lebensplan" aus, seine Tätigkeit zielt auf einen „Wandel seiner Lebenssituation oder vielleicht seiner sozialen Identität" (a.a.O.: 190). Was er anstrebt ist nicht nur Konsum, sondern eine kontinuierliche Verbesserung seiner materiellen und sozialen Lage. Dafür ist er auch bereit, den Arbeitsplatz und den Wohnort zu wechseln. Seine Abkehr von traditionellen Lebensformen, der Individualismus seiner Lebensführung ist indessen nicht mit einer Abwendung von den Gewerkschaften verbunden. Die Gewerkschaften bleiben wichtig als Instrument zur kollektiven Durchsetzung höherer Löhne, werden allerdings auch sehr nachdrücklich an diesem Anspruch gemessen. Auch im politischen Wahlverhalten – so konnten Goldthorpe et al. damals noch feststellen – zeige sich keine deutliche Schwächung der Loyalität zur Labour Party. Zumindest insoweit ist keine „Verbürgerlichung" festzustellen.

In der Industriesoziologie fand die von Goldthorpe et al. formulierte These der zunehmenden Individualisierung der Lebenslagen ebenso wie die des „Instrumentalismus" der modernen Industriearbeiterschaft breite Resonanz und weckte intensive Diskussionen. Auch Kern Schumann (1970) stießen in ihrer 1965-67 durchgeführten Untersuchung, die auf Arbeitsplatz-, Funktions- und Anlagebeschreibungen sowie Interviews mit knapp 1000 Arbeitern aus acht Zweigen der verarbeitenden Industrie basierte, auf beträchtliche Unterschiede der Arbeitszufriedenheit, der Einstellung zum technischen Wandel, des gewerkschaftlichen und politischen Bewusstseins der Befragten. Bei der Erklärung dieser Unterschiede gingen sie zunächst von der unmittelbaren Arbeitssituation aus, bei der sie ebenfalls beträchtliche Unterschiede selbst in hochautomatisierten Anlagen entdeckten: „Die Arbeitsplatzstruktur ist durchweg konservativer als der Mechanisierungsgrad" (Kern/Schumann 1970: 138). Auch bei hohem Automationsgrad bleiben unqualifizierte Teilarbeiten traditioneller Prägung weiter bedeutsam. Auf der anderen Seite sind diejenigen Formen der Automationsarbeit, die sich durch relativ hohe Dispositionschancen, geringe Belastungen und gute Kontaktchancen auszeichnen (insbesondere Anlagekontrolle und Messwartentätigkeiten) noch keineswegs sehr verbreitet. Kern/Schumann verwarfen damit sowohl die optimistische Interpretation des technischen Fortschritts durch Blauner und Mallet – Mallet (1972) hatte auf ihrer Basis sogar die Entstehung einer „neuen Arbeiterklasse" vorausgesagt -, als auch die Dequalifizierungsthese von Bright. Beiden setzten sie ihre „Polarisierungsthese" entgegen: In hochautomatisierten Betrieben zeigt sich damit nicht die von Blauner und Mallet behauptete Vorherrschaft autonomer und hochqualizierter Arbeit, sondern ein Nebeneinander von anspruchsvollen und einfachen Arbeiten. Diese Tendenz zur „Polarisierung" der Arbeitsanforderungen führen Kern/Schumann nicht auf eine Eigengesetzlichkeit der Technik zurück, sondern auf die am Prinzip der Profitmaximierung orientierte Nutzung der Technik durch die Betriebe. Um Lohnkosten zu sparen, streben die Betriebe danach, die Arbeitsplatzstruktur so auszulegen, dass der Anteil der teuren, qualifizierten Automationsarbeit möglichst gering bleibt.

Die Differenzen der Arbeitssituation haben, wie Kern/Schumann feststellen, einen Einfluss auf die Arbeitszufriedenheit: Extrem restriktive Arbeitsbedingungen, wie sie für die repetitive Teilarbeit und die Automatenkontrolle charakteristisch sind, führen zu einer Erhöhung des Anteils derjenigen, die mit ihrer Arbeit unzufrieden sind; auf eine günstige Arbeitssituation (wie in der Messwarten- oder Instandhaltungstätigkeit) reagiert die Mehrzahl der Arbeiter positiv (a.a.O.: 195). Die „Polarisierung" findet sich damit auch im Bewusstsein wieder. Es bleiben aber Unterschiede in den Zufriedenheitsquoten, die von der objektiven Arbeitssituation her nicht zu erklären sind. Hier nun greifen Kern/Schumann auf den Goldthorpe/Lockwood'schen Begriff der „Arbeitsorientierungen" zurück. Die genauere Analyse der von den Arbeitern angegebenen Gründe für Zufriedenheit und Unzufriedenheit zeigt nämlich, dass von den einzelnen Gruppen ganz unterschiedliche Bewertungskriterien für den Arbeitsinhalt genannt werden. Für die Produktionsarbeiter, auch für diejenigen, die qualifizierte Arbeiten ausführen, ist das Verhältnis zwischen den Arbeitsbelastungen und dem Lohnniveau entscheidend; Arbeitsautonomie und Qualifiziertheit der Verrichtung hat für sie nur sekundäre Bedeutung. Selbst bei den qualifizierten Automationsarbeitern und Messwartenleuten hat sich kein „Berufs- und Expertenbewusstsein herausgebildet, welches die Arbeitszufriedenheit auch vom Charakter der Tätigkeit her zu motivieren vermöchte." (1970: 196). Kern/Schumann kommen damit zu einer Bestätigung der schon von Goldthorpe et. al. (1968) aufgestellten These von der „instrumentellen Orientierung" der Arbeiter. Bei den Instandhaltungsarbeitern finden die Autoren dagegen Ansätze eines auf den Arbeitsinhalt orientierten beruflichen Bewusstseins.

Wie kommt es nun zu den Unterschieden der Bewertungskriterien? Kern/Schumann sind überzeugt, dass sie vor allem mit den „langfristigen Arbeits- und Berufserfahrungen der Befragten" zusammenhängen (a.a.O.:196). Deren Erhebung wird in der Studie allerdings nur sehr unvollständig durchgeführt. Analysiert werden nicht die individuellen Lebens- und Berufswege, sondern nur gemeinsame Erfahrungen mit technischen Neuerungen. Es zeigt sich, dass die Arbeiter ihre gegenwärtige Arbeitssituation immer aus dem Horizont eines impliziten Vergleichs mit ihrer früheren beurteilen: Maschinenführer, deren Tätigkeit sich durch technische Neuerungen zur dequalifizierten Automatenkontrolle wandelt, empfinden dies als Abstieg und reagieren entsprechend negativ. Umgekehrt erklärt sich die bemerkenswert hohe Arbeitszufriedenheit der Messwartenarbeiter daraus, dass sie ihre Tätigkeit als Verbesserung und Aufstieg gegenüber ihrer früheren wahrnehmen (a.a.O.: 216).

Die Frage nach dem Einfluss lebensgeschichtlicher Faktoren wird in einem weiteren Abschnitt der Studie wieder aufgenommen, in dem es um die allgemeine Einstellung der Arbeiter zum technischen Wandel geht. Die Anknüpfung an die Fragestellungen von Popitz/Bahrdt ist hier am deutlichsten. Kern/Schumann konstatieren eine verhalten positive und optimistische Einstellung der Arbeiter zum technischen Fortschritt. Erwartet wird ein fortschreitender Abbau körperlicher Belastungen; die „Körperlichkeit" der Arbeit, die Popitz/Bahrdt noch als ein zentrales Konstitutionsmerkmal des Arbeiterbewusstseins betont hatten, sei damit auch im Bewusstsein der Arbeiter selbst im Schwinden begriffen. Die Befragten versprechen sich davon einen gewissen Abbau ihrer sozialen Diskriminierung, aber keine entscheidende Veränderung ihrer Lage. Die Aussichten für die Arbeitsplatzsicherheit werden von der Mehrheit der Arbeiter sogar dezidiert negativ eingeschätzt. Kern/Schumann versuchen dann, die Faktoren anzugeben, die die Einstellung der Arbeiter zum technischen Wandel erklären und vergleichen den Einfluss der unmittelbaren Arbeitserfahrung mit dem anderer Faktoren wie der individuellen Lebensgeschichte (die allerdings nur in Form weniger allgemeiner biographischer Daten erhoben wird), des gewerkschaftlichen Engagements und des politischen Bewusstseins. Als der bedeutsamste Einflussfaktor erweist sich die individuelle Arbeitserfahrung. Dagegen sind sowohl der lebensgeschichtliche Hintergrund wie die gewerkschaftliche Orientierung nahezu irrelevant für das Urteil über den technischen Wandel, es findet sich lediglich ein gewisser Einfluss des politischen Interesses derart, dass sich die politisch interessierten Arbeiter deutlich weniger pessimistisch äußern als die Uninteressierten.

Damit kommen Kern/Schumann zu einer Verwerfung der Popitz/Bahrdt'schen These, dass zwischen der Einstellung zum technischen Wandel und den konkreten Arbeitserfahrungen kein Zusammenhang bestehe. Das Urteil der Arbeiter über den technischen Fortschritt basiert nach ihren Befunden nicht auf einem allgemeinen „Gesellschaftsbild", sondern bildet sich „zu einem gewichtigen Teil am individuell Erfahrenen aus." (a.a.O.: 271) – ein Ergebnis, das, wie schon angedeutet, insofern mit Vorsicht zu genießen ist, als Kern/Schumann diese individuellen Erfahrungen, soweit sie über die unmittelbare Arbeitserfahrung hinausreichen, nur in sehr rudimentärer Form erfasst haben (darin bleibt ihr Ansatz sicherlich hinter dem Goldthorpe/Lockwoods zurück). Wegen der zunehmenden Differenziertheit der Arbeitserfahrungen aufgrund der technisch-organisatorischen Entwicklung ist nach Kern/Schumann auch eine wachsende Heterogenität des gesellschaftlichen Denkens der Arbeiter zu erwarten.

Die „wilden Streiks" um die Wende von den 60-er zu den 70-er Jahren lieferten, wie oben schon angemerkt, sowohl der Differenzierungs-, wie der Instrumentalismus-These weitere Bestätigung: Was sich in ihnen ausdrückte, war nicht ein neu entstehendes „Klassenbewusstsein" der Arbeiter, wie die damals populäre neomarxistische Sicht behauptete, sondern die gewachsene Bereitschaft einzelner Teilgruppen der Arbeiterschaft, lohnpolitische Ansprüche unter günstigen Konjunkturbedingungen auch mit unkonventionellen Mitteln auf betrieblicher Ebene durchzusetzen (Schumann et al. 1971). Um der offensichtlich wachsenden Differenzierung des Arbeiterbewusstseins Rechnung zu tragen, gewann die Forderung nach einer „soziobiographischen" Reorientierung der Bewusstseinsforschung, die nicht nur die unmittelbare Arbeitsumgebung, sondern auch die Sphären der Schule, Familie und Freizeit einbeziehen sollte, nun wachsende Resonanz (Osterland 1973, Bahrdt 1975, Deppe 1982). Aber auch schon die 1969 durchgeführte Studie von Wolfgang Lempert und Wilke Thomssen über „Berufliche Erfahrung und gesellschaftliches Bewusstsein" (Lempert/Thomssen 1974) stellt einen ersten, wichtigen Versuch dar, diese Forderung einzulösen. Ihr Ziel war es, die Entstehung von Arbeitsorientierungen und gesellschaftlichem Bewusstsein vor dem Hintergrund der individuellen Lebensgeschichte und beruflichen Sozialisation zu erklären. Dazu wurden die Lebensläufe und Berufswege von rund dreihundert Berliner Maschinenschlosserlehrlingen, die 1959 ihre Lehre abgeschlossen hatten, untersucht. Im Ergebnis zeigte sich ein bemerkenswertes Ausmaß an sozialer Aufwärtsmobilität: Innerhalb von zehn Jahren war rund 50 Prozent der Befragten ein Aufstieg über das Niveau ihrer ersten beruflichen Position gelungen. Der berufliche Erfolg hat bei den „aufgestiegenen" Arbeitern – so stellen sie zunächst fest – nicht zu einer „Verbürgerlichung" des Bewusstseins geführt: Techniker und Ingenieure wie Facharbeiter sehen ihre fortdauernde soziale Abhängigkeit vom Unternehmer und die soziale Distanz zu den mittleren und höheren Angestellten, sie bejahen die Notwendigkeit kollektiver gewerkschaftlicher Interessenvertretung und Mitbestimmung und zeigen nur geringe Symptome von Standesdenken. Soweit es Mentalitätsunterschiede gibt, lassen sie sich eher auf die soziale Herkunft und den vorberuflichen Sozialisationsprozess als auf die berufliche Entwicklung zurückführen. Diese Gemeinsamkeiten der Mentalität sind jedoch nicht im Sinne eines „Klassenbewusstseins" misszuverstehen. Die Vorstellung einer sozialen Dichotomie, eines unentrinnbaren gemeinsamen Arbeiterschicksals war, anders als in der Untersuchung von Popitz et al., nicht mehr anzutreffen:

Auch die im beruflichen Aufstieg nicht erfolgreichen Maschinenschlosser sind zwar „auch Facharbeiter und nehmen insofern gegenüber ungelernten und angelernten Arbeitern eine günstigere Position ein. Sie haben bessere Arbeitsbedingungen, üben eine qualifizierte Tätigkeit aus, gehören den höheren Lohngruppen an und haben einen sicheren Arbeitsplatz. ... Das Gefühl des „Eingeschlossenseins" im Arbeiterdasein ist aufgebrochen. Aufgeschlossen für den sozialen und beruflichen Aufstieg, die Funktion von Ausbildung und Weiterbildung als Bedingung für sozialen und beruflichen Aufstieg reflektierend, betrachten sie Klassenschranken nicht mehr als gänzlich unüberwindbar. Wenn sie auch ihre derzeitige objektive Lage als nicht zufriedenstellend kritisieren, so vertrauen sie doch auf die weitere Entwicklung und erwarten vor allem von den Gewerkschaften und vom Staat, dass diese sich für die Interessen der Arbeitenden einsetzen. Insofern hat ein wesentliches Merkmal des Klassenbewusstseins, die Vorstellung von der Ausweglosigkeit des Arbeiterbewusstseins, für sie an Bedeutung verloren." (Lempert/ Thomssen: 329).

Lempert/Thomssen stießen hier ganz ähnlich wie auch schon Goldthorpe et al. auf eine in der Lebenserfahrung der Arbeiter begründete individualistische und lineare, auf Aufstieg und Fortschritt gerichtete Zeitorientierung, die auch ihre Einstellung zur Arbeit prägt. Sie ist zwar nicht mit „Verbürgerlichung" gleichzusetzen und führt nicht notwendig zur inneren Abkehr von den Gewerkschaften. Sie untergräbt aber schon wegen der höheren beruflichen, betrieblichen und räumlichen Mobilität, die sie zur Folge hat, die traditionelle kollektive „Arbeitermentalität". Ihre Folge sind erhöhte individuelle Ansprüche an den Inhalt der Arbeit, an die Partizipation an betrieblichen Entscheidungsprozessen, die sich sowohl an den Betrieb wie an die Gewerkschaften richten.

Bis etwa zum Ende der siebziger Jahre hatte die Industriesoziologie trotz aller dieser Befunde am Klassenbegriff im Sinne einer allgemeinen „salvatorischen Klausel" festgehalten. Die ungebrochen erscheinende Bereitschaft zu kollektiver Interessenvertretung, sowie das Instrumentalismus-Theorem, von dem aus sich über den Entfremdungsbegriff eine Brücke zur Klassentheorie schlagen ließ, lieferten dafür die wichtigsten Begründungen. In den achtziger und neunziger Jahren wurden auch diese Rückversicherungen fallen gelassen; der orthodoxe Marxismus verlor weitgehend an Einfluss. Die deutschen industriesoziologischen Analysen des Arbeiterbewusstseins dieser Zeit kulminierten in drei Schlüsselbegriffen: „Re-Professionalisierung", „normative Subjektivierung" der Arbeit und „Individualisierung".

Die Grundlinie der Diskussion wurde durch die neue, oben bereits erwähnte Studie Kern/Schumanns über das „Ende der Arbeitsteilung?" (1984)[8] vorgegeben. Kern/Schumann diagnostizierten eine „Wiedereinführung von Produktionsintelligenz" in die Industriearbeit. Sie sahen Anzeichen für eine „(Re)-Professionalisierung der Produktionsarbeit" (1984: 322/32) und setzten sich deutlich sowohl von dem Instrumentalismus-Theorem Goldthorpe/Lockwoods als auch von der in den achtziger Jahren von Autoren wie Gorz und Dahrendorf vertretenen These vom Niedergang der „Arbeitsgesellschaft" ab. Diese Diagnose litt freilich an einem doppelten Manko: Unglücklich und falsch gewählt war zum einen der Begriff der „Re-Professionalisierung", da er gerade das Neue an der Entwicklung verfehlte. Es ging ja nicht um eine Wiederherstellung der traditionellen Facharbeiterqualifikation, sondern um einen neuartigen, umfassenden, berufliche Grenzen überschreitenden Abruf des Arbeitsvermögens. Nicht berufliche Qualifikationen, sondern die Fähigkeit zu flexibler, prozessbezogener Kooperation war es, die – so sollte Kern selbst später gemeinsam mit Sabel (1994) feststellen – nun gefragt war. Das zweite Manko der Diagnose war, dass sie sich vorläufig nur für eine relativ kleine Gruppe von „Rationalisierungsgewinnern" erhärten ließ: qualifiziert angelernte Produktionsarbeiter, wie die Straßenführer im Rohbau der Automobilindustrie, die „Systembetreuer" im Werkzeugmaschinenbau, die Anlagenfahrer in der Chemischen Industrie. Die Mehrheit der Arbeiter und vor allem der Arbeiterinnen sahen Kern/Schumann dagegen in der mehr oder weniger prekären oder bedrohten Lage des „Rationalisierungsdulders" oder „-verlierers": Handwerker, ältere Facharbeiter, An- und Ungelernte, Ausländer, Arbeitnehmer in krisenbestimmten Branchen. Nicht länger „Polarisierung", sondern Ausgrenzung und Segmentierung werde, so folgerten sie, zum Hauptproblem der Ausbildungs- und Beschäftigungspolitik. Auch die späteren Untersuchungen über die Entwicklungstrends der Rationalisierung (Schumann et al. 1994) konnten diesen ernüchternden Befund nicht prinzipiell umstoßen.

Das Stichwort „Re-Professionalisierung" bestimmte gleichwohl weiter die industriesoziologische Diskussion und gewann neue Facetten. Baethge (1991) beobachtete, gestützt auf eine Untersuchung über jugendliche Arbeiter und Angestellte (Baethge et al. 1988), eine Entwicklung hin zu einer „normativen Subjektivierung der Arbeit": Für immer größere Gruppen der jüngeren Arbeitnehmer gewinne „die Berufsrolle eine integrale Funktion für die persönliche Identitätskontruktion wie für deren Stabilisierung" (Baethge

---

8 Einen guten Einblick in die Diskussion und Rezeption dieser Studie liefern Malsch/ Seltz Hrsg. (1987)

1991: 10). Von der Berufsarbeit werde die Chance erwartet, sich selbst als Person einzubringen, etwas Neues zu lernen, sich weiterzubilden und ein Gefühl der Kompetenz und Unabhängigkeit zu entwickeln; Baethge beruft sich hier auf den von M. Maccoby geprägten Typus-Begriffs des „self-developers". Damit verwischen sich die traditionellen Differenzen in der Mentalität von Arbeitern und Angestellten. Die Ursachen dieser Entwicklung sieht Baethge nicht allein im Wandel der Organisations- und Rationalisierungskonzepte der Industriearbeit, sondern auch in dem Vordringen qualifizierter Dienstleistungsarbeit, in der Verlängerung der vorberuflichen Sozialisationsphasen im Zuge der Bildungsexpansion und in der zunehmenden Erwerbsbeteiligung der Frauen.

Die von Baethge formulierte Diagnose stieß zwar auf vereinzelte Kritik, fand aber in der Industriesoziologie breite Resonanz (Beckenbach/van Treeck Hrsg. 1994). Den Boden dafür hatte die bekannte, vor allem von Beck (1986) und Kohli (1989) formulierte Individualisierungs-These bereitet, die seit den achtziger Jahren beträchtlichen Einfluss auch in der Industriesoziologie gewann. Die Autoren sprachen, ohne dabei noch speziell auf das Arbeiterbewusstsein Bezug zu nehmen, von einer allgemeinen Tendenz zur Freisetzung der Individuen aus lokalen und ständischen Bindungen, zur Auflösung von Klassenstrukturen ebenso wie der Lebensform der Kleinfamilie. Festzustellen sei eine – vorläufig freilich durch die Institutionen des Sozialstaats kanalisierte – Pluralisierung von Lebensläufen, die dem Individuum ein früher nicht gekanntes Maß von Selbstverantwortung für das eigene Schicksal zuweise. Damit eröffneten sich nicht nur neue Aufstiegs- und Mobilitätschancen für Männer und Frauen, sondern zugleich auch ein verstärktes Risiko sozialen Abstiegs (zur Diskussion vgl. Brose/Hildenbrandt Hrsg. 1988, Berger 1996, Friedrichs Hrsg. 1998).

Wir kommen zum Resümee: Was die industriesoziologische Forschung der Nachkriegszeit dokumentiert, ist die schrittweise Auflösung der Elemente einer „Klassenidentität" der Arbeiterschaft. Diese „Klassenidentität" war freilich, wie wir zu zeigen versuchten, nicht etwa in irgendwelchen „objektiven" Grundstrukturen der kapitalistischen Produktion begründet, sondern in den Hinterlassenschaften der deutschen und europäischen Geschichte. Eine „reine", durch nichts als den Geldnexus konstituierte Klassengesellschaft wäre, wie Karl Polanyi formuliert hatte, eine „krasse Utopie", die keinen Bestand haben und keine sozialen Identitäten stiften könnte. „Kapital" und „Arbeit" sind keine beobachtbaren Phänomene, aber gleichwohl höchst realitätsmächtig. Die kapitalistische Klassengesellschaft entwickelt sich nicht auf einer historischen Tabula rasa, sondern auf dem Boden der Ständegesellschaft. Sie bedient sich der überlieferten Institutionen und sozialen Identitäten, höhlt sie aber gleichzeitig von innen her aus und erzeugt neue. Diese Aushöhlung der historischen, ständisch geprägten Klassenidentität des „Arbeiters" ist, wie wir zu zeigen versuchten, keineswegs erst ein Phänomen der Gegenwart, wie von kurzsichtigen „Verbürgerlichungs- und

Individualisierungstheorien" immer wieder unterstellt wird. Ihre Anfänge und Ansätze lassen sich vielmehr schon auf den Beginn des 20. Jahrhunderts zurückverfolgen.

Die Lage der Arbeiterschaft hat sich im Zuge der Dekonstruktion ihrer Klassenidentität insgesamt zweifellos verbessert. Das ist darauf zurückzuführen, dass der kapitalistische Prozess nicht nur die ständische Ordnung zerstört hat, sondern zugleich neue Institutionen hat entstehen lassen, deren Struktur und Funktion wir oben ausführlich erörtert haben. Der Arbeiter hat sich dennoch noch keineswegs, wie manchmal behauptet wird, in den gleichberechtigten „Wirtschaftsbürger" verwandelt. Noch immer liegt die Wahrscheinlichkeit für Arbeiterkinder, wieder Arbeiter zu werden, in Deutschland bei deutlich über 50 Prozent, das heißt, weit über dem Wert, der sich bei gleicher Chancenverteilung ergäbe. Nach wie vor ist die Beteiligung von Arbeiterkindern an der höheren Bildung weit unterproportional; vor allem die Kinder von an- und ungelernten Arbeitern haben so gut wie gar nicht von der Bildungsexpansion profitiert (Geißler 1996). Arbeiter sind auch heute noch hinsichtlich Bildung, Einkommen, sozialer Sicherheit, materieller Lebensqualität deutlich benachteiligt (Noll/Habich 1990). Die Arbeiterschaft als soziale Kategorie hat sich keineswegs in Luft aufgelöst.

Die Verbreitung der neuen Produktions- und Organisationskonzepte in der Industrie hat zwar einer begrenzten Gruppe meist männlicher Facharbeiter eine deutliche Verbesserung ihres Status und ihrer Dispositionsspielräume gebracht, aber diese Vorteile werden erkauft mit erhöhtem Leistungsdruck und verringerten Aufstiegschancen, da die oft stark abgebauten technischen Stäbe nicht mehr die früheren Beschäftigungsmöglichkeiten bieten. Der breitere und flexiblere Abruf des Arbeitsvermögens der Produktionsarbeiter hat eine Erhöhung der Barrieren zwischen den institutionell regulierten und den ungeschützten Segmenten des Arbeitsmarktes zur Folge, und der Umfang der ungeschützten Segmente wächst. Das Qualifikationsniveau der gewerblichen Arbeitnehmerschaft hat zwar langfristig zugenommen, aber noch immer verfügen mehr als ein Drittel der männlichen Arbeiter und über 90 Prozent der Arbeiterinnen nicht über eine Facharbeiterqualifikation. Für die Frauen und für die An- und Ungelernten generell wird der Eintritt in betriebsinterne oder berufliche Teilarbeitsmärkte wegen der mit den neuen Produktionskonzepten verknüpften Qualifikationsanforderungen und Selektionsmechanismen schwieriger denn je. Der seit längerer Zeit zu beobachtende überproportionale Beschäftigungsrückgang bei den an- und ungelernten Frauen ist zwar nicht auf offene Diskriminierung seitens der Betriebe, wohl aber auf eine Politik stillschweigender Substitution von Angelernten durch Facharbeiter in der Industrie bei insgesamt schrumpfender Arbeiterbeschäftigung zurückzuführen (C. Weber 1998). Die Verdienstchancen der An- und Ungelernten nehmen ab und das Risiko temporärer oder dauerhafter Arbeitslosigkeit zu.

Schließlich ist die Beschäftigung ausländischer Arbeiter – prinzipiell kein neues Phänomen – in Deutschland und Europa seit den siebziger Jahren stark angestiegen. Vielen Immigranten ist der Eintritt in berufliche und betriebliche Qualifizierungswege gelungen, wobei es allerdings erhebliche Unterschiede nach Herkunftsländern, insbesondere zwischen EU- und Nicht EU-Ausländern gibt (Seifert 1995). Die Zahl der Ungelernten in prekärer sozialer Lage unter ihnen ist dennoch nach wie vor sehr hoch; viele müssen von der Schattenwirtschaft leben. Die soziale Differenzierung zwischen Facharbeitern und An-/Ungelernten gewinnt heute zunehmend den Charakter einer ethnischen „Unterschichtung" der Arbeiterschaft. In einigen Branchen, wie der Logistikindustrie und der Bauwirtschaft ist ein internationaler Arbeitsmarkt entstanden, in dem Leiharbeiter, Scheinselbstständige und Werkvertragsarbeitnehmer aus zahlreichen Ländern Ost- und Westeuropas unter faktisch kaum kontrollierten Bedingungen tätig sind. Gesetzesbrüche, Niedrigstlöhne, exzessive Arbeitszeiten und skandalöse Arbeits- und Wohnverhältnisse sind hier teilweise, wie auf den Berliner Baustellen, auf der Tagesordnung (Bosch/Zühlke-Robinet 2000: 239f.) – Bedingungen mithin, die von der Lage des frühindustriellen Proletariats gar nicht so weit entfernt sind.

5.3.2 Angestellte

5.3.2.1 Historischer Hintergrund
Die Angestellten sind heute in den meisten fortgeschrittenen Industrieländern die zahlenmäßig stärkste Gruppe unter den abhängig Beschäftigten. In Deutschland gab es nach den Ergebnissen des Mikrozensus 1998 16,3 Mill. Angestellte gegenüber nur noch 10,5 Mill. Arbeitern und Arbeiterinnen. Dieser Sachverhalt ist nicht nur industrie- und organisationssoziologisch, sondern auch sozialstrukturell von großer Bedeutung. Nicht nur in dem immer wichtigeren Dienstleistungsbereich, sondern auch in den Unternehmen des industriellen Sektors sind die Angestellten teilweise zur dominierenden Beschäftigtengruppe geworden. Natürlich ist die klassische Produktionsarbeit noch längst nicht ausgestorben. Aber in der Organisationsstruktur der Unternehmen treten die Angestelltenbereiche, wie Forschung und Entwicklung, EDV, Planung und Arbeitsvorbereitung, Controlling, Verkauf, Marketing, Werbung nicht mehr nur zahlenmäßig in den Vordergrund; sie beeinflussen auch immer stärker die innerbetrieblichen Arbeitsbeziehungen, das Sozialklima, die vielzitierte „Organisationskultur". Auch aus der Sicht der Sozialstruktur handelt es sich hier um eine Entwicklung von großer Tragweite. Die Angestellten bilden neben den Beamten die Hauptkategorie der so genannten „neuen Mittelschichten", deren Aufstieg sich über das gesamte 20. Jahrhundert hinweg verfolgen lässt und das Gesicht der modernen Gesellschaft geprägt hat. Zentrale Themen der heutigen Sozialstrukturanalyse, wie die vielzitierte „Individualisierung" oder die De-

batte um „Milieus" und „Lebensstile", wären ohne diesen Hintergrund des säkularen Aufstiegs der Angestellten und neuen Mittelschichten gar nicht denkbar.

Aus soziologischer Sicht interessiert zunächst vor allem eine Frage: Handelt es sich bei den Angestellten nur um eine Kategorie der Sozialstatistik oder auch um eine reale soziale Gruppe mit eigener Identität und Organisation? Mehr als nur eine Kategorie der Sozialstatistik sind die Angestellten sicherlich. Zunächst ist auf die sozial- und arbeitsrechtlichen Besonderheiten des Angestelltenstatus zu verweisen. Angestellte sind zwar abhängig Beschäftigte wie die Arbeiter. Sie haben aber – nicht nur in Deutschland – ihre eigene Sozialversicherung; sie waren bis vor kurzem auch noch hinsichtlich der gesetzlichen Kündigungsfristen privilegiert. Sie haben, sieht man von den bislang nur vereinzelt abgeschlossenen Entgelttarifverträgen (Bahnmüller 1998) ab, ihre eigenen Tarifverträge, die insgesamt niedrigere Verdienstniveaus und andere Verfahren der Leistungsbemessung vorsehen. Auch die traditionelle Regel, dass Angestellte Monatsgehälter, Arbeiter dagegen nur Stunden- oder Wochenlöhne erhalten, ist noch keineswegs überall abgeschafft. Schließlich finden wir bei den gehobenen, vor allem männlichen Angestellten auch Merkmale wie die Karriere, die Aufstiegschancen und das „besondere Vertrauensverhältnis" zum Chef. Es überrascht nicht, dass alle diese Statusmerkmale sich auch subjektiv in einem spezifischen Habitus, der so genannten „Angestelltenmentalität" niederschlagen. Angestellte rechnen sich dem „Mittelstand" zu, sie denken stärker individualistisch und orientieren sich stärker auf die persönliche Karriere als Arbeiter. Soweit sie überhaupt zu organisierter Interessenvertretung bereit sind, schließen sie sich nicht den allgemeinen Industriegewerkschaften an, sondern bevorzugen die eigenen Berufsverbände.

All dies sind freilich nicht Merkmale, die für die Schicht der Angestellten schlechthin typisch und konstitutiv sind. Es handelt sich nur um relativ äußerliche Gemeinsamkeiten, die überwiegend nur für eine spezielle Gruppe, nämlich die männlichen Angestellten in den gehobenen Verwaltungs- und Dienstleistungstätigkeiten gelten. Sie treffen kaum für die große Gruppe der mittleren oder gering qualifizierten weiblichen Angestellten zu, von denen viele nur in Teilzeitverhältnissen arbeiten oder nur geringfügig beschäftigt sind. Gleichgültig, ob man die Art der Tätigkeit, die Qualifikation, das Niveau und die Differenzierung der Vergütung, den Beschäftigungsstatus oder auch die „Mentalität" betrachtet: Ins Auge fällt zunächst einmal nur die beträchtliche Heterogenität der Arbeitsverhältnisse, die mit der Kategorie der „Angestellten" umschrieben werden. Angestellte sind zwar nicht bloß eine statistische Kategorie, aber zugleich auch alles andere als eine geschlossene soziale Gruppe mit klarem Sozialprofil und Zusammengehörigkeitsgefühl. Wie Ulrike Berger und Claus Offe es formulieren: „Als ein immer wieder bestätigter Befund der international und intertemporal vergleichenden sozialhistorischen und soziologischen Angestelltenforschung darf wohl die

Feststellung bezeichnet werden, dass die Angestellten in ihrer Gesamtheit kaum durch irgendwelche generellen und stabilen Merkmale hinsichtlich des Inhalts ihrer Tätigkeit, ihres beruflichen und sozialen Status, ihres Organisationsverhaltens und ihres politischen Bewusstseins charakterisiert werden können" (U. Berger/C. Offe 1984: 271). Für das soziologische Erscheinungsbild, das die Angestelltenschaft nicht erst heute darbietet, ist ihre eigentümliche Gesichtslosigkeit, ihre „merkmalslose Bürgerlichkeit" (Bahrdt), charakteristisch.

Historisch war dies freilich nicht schon immer so. Blickt man in die Zeit der Anfänge der Industrialisierung zurück, so begegnen wir dem Angestellten als einem Sozialtypus völlig anderer Art. Jürgen Kocka (1969, 1981) hat ihn im Rahmen seiner bereits erwähnten Fallstudie über die Firma Siemens beschrieben. Nicht nur war die Gruppe der Angestellten damals absolut und relativ viel kleiner als heute: In der Zeit von 1855 bis 1867 entfielen auf einen Angestellten der Telegraphenbauanstalt Siemens 10-15 Arbeiter. Sie hieß auch anders, nämlich nicht „Angestellte", sondern „Privatbeamte". Diese Bezeichnung ist aufschlussreich, weil sie den vorindustriellen Ursprung dieser Sozialkategorie aus der absolutistischen Staatsbürokratie offen legt. In vieler Hinsicht war die Stellung der frühen „Fabrikbeamten" mit der der fürstlichen Beamten vergleichbar. Wie die staatlichen Beamten standen die Fabrikbeamten in einem besonderen Dienstverhältnis zu ihrem Arbeitgeber, das sie zu persönlicher Treue verpflichtete. Ihr Sonderstatus konkretisierte sich in Gehalts- und Anciennitätsbezahlung, in Arbeitsplatzsicherheit, meist kürzeren und weniger kontrollierten Arbeitszeiten, in Urlaubsberechtigung und anderen Sonderleistungen des Unternehmens. Dennoch waren, wie Kocka betont, die Fabrikbeamten nicht einfach nur eine „Kopie" des Staatsbeamtentums. Ihre Existenz rechtfertigte sich vielmehr aus den gegebenen Erfordernissen betrieblicher Rationalität. Sie hatten Zugang zu vertraulichen Informationen und Geschäftsgeheimnissen; ihr Fachwissen und ihre Loyalität waren angesichts des Mangels an Technikern und Ingenieuren und der geringen Formalisierung der administrativen Operationen unentbehrlich. Die Unersetzlichkeit der Beamten resultierte auch aus den großen Unterschieden der Produktionsweise von Betrieb zu Betrieb und von Sparte zu Sparte. Unter solchen Verhältnissen bedeutete es „eine in Bezug auf das Geschäftsinteresse rationale Personalpolitik, alles zu tun, um einen festen Beamtenstamm an die Firma zu ketten" (Kocka 1981: 58).

Im Zuge des Wachstums der Unternehmen und der Mechanisierung der Betriebe in den Jahrzehnten vor dem Ersten Weltkrieg nahm auch die Zahl der Angestellten zu und stieg deutlich stärker als die der Arbeiter.[9] Neben den kaufmännischen Funktionen und der Konstruktion wurde auch die Arbeitsvorbereitung zunehmend büroförmig organisiert und aus der traditionellen

---

9 In den deutschen Siemens-Unternehmen stieg das Arbeiter/Angestellten-Verhältnis von 10,6 im Jahr 1873 auf 3,5 im Jahr 1912 (Kocka 1981: 79).

Meisterwirtschaft ausgegliedert. Damit ergab sich die Notwendigkeit, auch die Tätigkeit der Angestellten schriftlichen Regeln und formalisierten Aufgabenbeschreibungen zu unterwerfen. Auch sie gerieten nun unter den Druck ökonomischer Rationalisierung, und zugleich differenzierte sich ihre soziale Lage: Neben die traditionellen Fabrikbeamten traten zunehmend Kategorien von Angestellten mit mittlerer und einfacher Qualifikation – Techniker, Handlungs- und Bürogehilfen –, die auch nicht länger die früheren Privilegien im Hinblick auf Bezahlung und Status genossen. Die Bezeichnung „Angestellte" selbst setzte sich immer mehr durch. Ökonomisch, hinsichtlich der Bezahlung, der Beschäftigungssicherheit und der Betroffenheit von Arbeitslosigkeit, nähere sich – so stellte Emil Lederer im Jahr 1912 fest – die Lage vieler Angestellter immer mehr der der Arbeiter an. Auch das traditionell gültige Prinzip der Senioritätsvergütung komme den Angestellten nicht länger zugute; das Gehalt steige nicht länger mit dem Alter, sondern sinke, wie bei den Arbeitern. Standes- und sozialpolitisch jedoch grenzten sie sich gegen die Arbeiter ab und orientierten sich am Ideal des Staatsbeamten. So berge ihre Existenz etwas „Zwiespältiges" in sich (Lederer 1979: 60).

Um sich gegen den Sog ökonomischer Degradierung und Proletarisierung zu wehren und ihr „mittelständisches" Profil zu wahren, begannen die Angestellten, sich in eigenen Gruppen und Verbänden zu organisieren, die propagandistisch und lobbyistisch tätig wurden. Eine Frucht dieses Lobbyismus war die 1911 durchgesetzte eigene Sozialversicherung der Angestellten, die die Privilegierung der Angestellten gegenüber den Arbeitern festschrieb. Ein weiterer Hebel, den die Angestellten zur Stabilisierung ihres Status nutzten, war der Ausbau und die Akademisierung des gewerblichtechnischen sowie kaufmännischen Ausbildungswesens (Kocka 1981: 90f.). Die früheren Gewerbeschulen verwandelten sich in Gewerbe-Akademien und schließlich Technische Hochschulen. Mit der Differenzierung des Ausbildungswesens entstand eine neue Hierarchie von Meistern, Technikern, Kaufleuten und akademisch ausgebildeten Ingenieuren – eine Entwicklung, die nicht allein technische Erfordernisse wiederspiegelt, sondern auch einen für Deutschland charakteristischen „Überschuss an sozialer Hierarchisierung" (Kocka 1981: 93). Auch unterhalb der Ebene des Hochschulingenieurs entwickelte sich ein zunehmend formalisiertes Ausbildungs- und Berechtigungswesen, das die betrieblichen Aufstiegsmöglichkeiten der Arbeiter nach oben abschnitt und dazu beitrug, den Status der Angestellten klar gegen den der Arbeiter abzugrenzen. Zu einem wichtigen Teil bildeten diese Abgrenzungsbemühungen auch eine Antwort auf die gleichzeitige industriegewerkschaftliche Organisation und kollektive Bewusstseinsbildung der Arbeiter selbst, deren Sog die Angestellten sich durch Betonung ihrer bürgerlichen und „mittelständischen" Werte zu entziehen suchten.

Unter dem Druck der Wirtschaftskrisen der frühen zwanziger und dreißiger Jahre verschärfte sich die Inkonsistenz der sozialen Lage vieler Angestellter (Speier 1977). Nicht nur waren die Angestellten nun ähnlich stark wie die

Arbeiter von Arbeitslosigkeit betroffen. Auch die Lohn/Gehalts-Unterschiede verschwanden unter dem Einfluss der Hyperinflation von 1923 weitgehend und wurden danach nur zum Teil wieder hergestellt. Die fortschreitende Mechanisierung der Büroarbeit und die mit ihr verknüpfte Feminisierung der Verwaltungstätigkeiten trug dazu bei, den Status der Angestellten weiter zu unterhöhlen. In seiner berühmten Reportage über das Berliner Angestelltenmilieu der späten zwanziger Jahre hat Siegfried Kracauer (1959) die Kluft zwischen der faktischen ökonomischen Degradierung und dem weiter hochgehaltenen bürgerlichen und ständischen Distinktionsbedürfnis der Angestellten ironisch pointiert beschrieben.[10] In den ersten Jahren nach dem Ersten Weltkrieg hatte eine größere Zahl von Angestellten auf die faktische Proletarisierung ihrer sozialen Lage noch mit einer begrenzten Verschiebung des politischen Bewusstseins nach links reagiert. Im Verlauf der zwanziger Jahre setzte sich dagegen die gegenläufige Reaktion durch: Die deutschnationalen, antiproletarisch orientierten Angestelltenverbände erhielten starken Zulauf. Angestellte waren in der Wählerschaft und Mitgliedschaft der NSDAP weit überproportional beteiligt, wobei sich freilich nicht alle Angestelltengruppen in gleicher Weise anfällig für die nationalsozialistische Propaganda zeigten; die technischen Angestellten z.B. deutlich weniger als die kaufmännischen. Die Anziehungskraft der Nazis auf die Angestellten beruhte darauf, dass es ihnen ungeachtet der Diffusität ihrer Propaganda gelungen war, erfolgreich die mittelständischen Ressentiments der Angestellten zu bedienen und ihnen die Wiederherstellung ihrer

---

10 „Die im bürgerlichen Deutschland ausgeprägte Sucht, sich durch irgendeinen Rang von der Menge abzuheben, auch wenn er nur eingebildet ist, erschwert den Zusammenhalt unter den Angestellten selber. Sie sind aufeinander angewiesen und möchten sich voneinander sondern. Man könnte sich der tausend Spielarten freuen, wären sie von einer einheitlichen Überzeugung umfangen. Aber sie hintertreiben eher das Bewusstsein der Verbundenheit, als dass sie in ihm wurzelten. Schon die untersten Angestelltengruppen behandeln sich so, als seien sie durch Welten geschieden. Eine Berliner Zeitung brachte jüngst eine Geschichte, deren Pointe darin bestand, dass sich die Expedientin eines Warenhauses himmelhoch ihrer Kollegin überlegen dünkt, die nur die Verbindung zwischen Lager und Warenausgabe herzustellen hat. So sind auch die Kontoristinnen im Warenhaus gemeinhin geachteter als die Verkäuferinnen, und zwar genießen sie eine Wertschätzung, die gemeinhin durch den ihnen beigelegten Ehrentitel „Prinzessin" ausgedrückt wird. Dem nichtsahnenden Laien, der diese Bedeutungsunterschiede wahrnimmt, ist zumute, als eröffne sich ihm unter der Linse des Mikroskops ein neuer Kosmos voller Abgründe und Gipfel. Eine Schlucht von stattlicher Tiefe gähnt etwa auch zwischen den technischen und den kaufmännischen Angestellten in der Industrie. Diese traktieren jene, dem Bericht eines Leidtragenden zufolge, mit Hochmut und lassen sie gerne warten wie kleine Kunden; während jene wiederum das Vorurteil hegen, dass nur ihre Arbeit als produktiv gelten dürfe. Dass die Krone der Angestelltenschöpfung der Bankbeamte sei, ist zumindest bei den Bankbeamten ein weitverbreiteter Glaubenssatz. Er hat sich aus den Urzeiten der Branche fortgeerbt, ist ersichtlich an die intime Beschäftigung mit dem Geld geknüpft und erhält eine Art äußerer Bestätigung durch die fürstlichen Bankpaläste im Renaissance-Stil. Kathedralen steigern so die Frömmigkeit, aus der sie erwachsen sind." (Kracauer 1959: 77/78).

ständischen Geltung vorzuspiegeln (Speier 1977, Kocka 1981: 142f.). Die spätere, auf Gleichschaltung und totale Mobilisierung der „Volksgemeinschaft" gerichtete Politik der „Deutschen Arbeitsfront" lief dann freilich auf das genaue Gegenteil dieser Versprechungen hinaus (Prinz 1986).

Wiederum ist der Vergleich mit den USA geeignet, um die Besonderheiten der durch das starke Fortwirken ständischer Traditionen geprägten deutschen Situation sichtbar zu machen. Auch in den USA hatte sich die „Kragenlinie" zwischen „blue collar" und „white collar"-Arbeitern im Zuge der Bürokratisierung der Unternehmen seit dem Ende des 19. Jahrhunderts zwar verfestigt. Aber die Differenzierung verlief hier nicht entlang ständischer, sondern vorwiegend ethnischer Unterschiede und hatte daher nicht den gleichen exklusiven und alle Lebensbereiche umfassenden Charakter wie in Deutschland. Auch das Fehlen einer starken sozialistischen Arbeiterbewegung trug dazu bei, dass amerikanische Angestellte nicht die gleichen sozialen Abgrenzungsbedürfnisse nach „unten" entwickelten, wie deutsche. Obwohl die Angestellten in den USA nicht weniger von der Weltwirtschaftskrise betroffen waren wie in Deutschland, kam es daher, wie Kocka (1977) argumentiert, im Gegensatz zu Deutschland nicht zu einer Radikalisierung nach rechts. Wegen der Abwesenheit ständischer Traditionen wurden in den USA freilich auch zu einem früheren Zeitpunkt diejenigen Merkmale des Angestelltenhabitus sichtbar, die das Erscheinungsbild des „modernen" Angestellten im 20. Jahrhundert auch in anderen Ländern bestimmen sollten: Ihr Individualismus, ihre Konkurrenzorientierung, ihre eigentümliche kollektive Profillosigkeit. Wir kommen damit zu den industriesoziologischen Untersuchungen der Nachkriegszeit.

5.3.2.2 Die Angestellten in der Industriesoziologie der Nachkriegszeit

Eine der umstrittensten, aber zugleich einflussreichsten soziologischen Untersuchungen der Angestellten der Nachkriegszeit ist C. Wright Mills' „White Collar" (1951). Mills stützte sich auf Felduntersuchungen in amerikanischen Unternehmen und Verwaltungen, sowie auf Intensivinterviews mit 128 Angestellten in New York, die er in den Jahren unmittelbar nach Ende des Zweiten Weltkrieges durchführte. Er berief sich ausdrücklich auf die Theorien von Karl Marx und Max Weber und war mit der zeitgenössischen europäischen Angestelltensoziologie gut vertraut; umgekehrt hatten seine Studien einen wichtigen Einfluss auf die Gesellschaftstheorie der „Frankfurter Schule", insbesondere auf Herbert Marcuse.[11] Für Mills wie für Marcuse ist der (und die) Angestellte die Schlüsselfigur der Gesellschaft des 20. Jahrhunderts. Er ist die „unwilling vanguard of modern society" (Mills 1951: xviii), weil er – hier knüpft Mills an den Analysen Lederers und Kracauers an – gesellschaftlich zwischen den beiden Stühlen des Groß-

---

11 Im Vorwort zu seinem ursprünglich 1964 veröffentlichten „One-Dimensional Man" hebt Marcuse ausdrücklich die Bedeutung der Ideen Mills für seine eigene Untersuchung hervor (Marcuse 1967: 19).

kapitals und der organisierten Arbeiterbewegung sitzt. Daraus erklärt sich die Anonymität seiner Lage und die Konturlosigkeit seines sozialen Bewusstseins:

„He is pushed by forces beyond his control, pulled into movements he does not understand; he gets into situations in which his is the most helpless position. The white collar man is the hero as victim, the small creature who is acted upon but who does not act, who works along unnoticed in somebody' office or store, never talking loud, never talking back, never taking a stand" (Mills 1951, S. xii).

Die Anonymität der Position des Angestellten ist für Mills, ebenfalls wie schon für Lederer und für Kracauer, das Ergebnis eines sozialen Wirklichkeitsverlustes, der Anhänglichkeit an ein anachronistisch gewordenes kollektives Selbstbild. Das Selbstbild, auf das der amerikanische Angestellte fixiert ist, ist freilich ein anderes als das des deutschen: Nicht der Staatsbeamte, sondern der kleine, unabhängige Unternehmer und Geschäftsmann, wie er das Bild der amerikanischen Gesellschaft des 19. Jahrhunderts prägte. Die Konzentration und Bürokratisierung des Kapitals zerstörte die Existenz des unabhängigen Unternehmers und verwandelte die Angehörigen der alten Mittelschichten in abhängige Angestellte der großen Unternehmen. Auch die verbliebenen Klein- und Mittelunternehmen gerieten, so sieht es Mills, faktisch in eine „feudal-like" Abhängigkeit von den großen Konzernen. Von der „freien Konkurrenz" blieb nur die Rhetorik übrig. Für das Ego-Ideal des Angestellten blieb diese Rhetorik mit ihren Tugenden der Leistung, individuellen Initiative und Unabhängigkeit gleichwohl konstitutiv. Mills zeigt, wie dieser Konflikt sich durch die Welt der Angestellten hindurchzieht.

Ob Manager, Experten, Intellektuelle, Verkaufspersonal, einfache und mittlere Verwaltungsangestellte: Mills diagnostiziert einen allgegenwärtigen Zwang zur Bürokratisierung und Hierarchisierung der Arbeitsumgebung und zur Formalisierung der Arbeitsinhalte. Mit der Auflösung von professioneller Autonomie und Selbstverantwortung geht die subjektive Sinnhaftigkeit der Arbeit verloren. Faktisch führen die Angestellten in ihrer Tätigkeit nur noch weitgehend vorgegebene Funktionszusammenhänge aus, stehen aber gleichwohl unter dem Druck, die Arbeit als die eigene zu empfinden. Die Entfremdung reicht in das Innere der Persönlichkeit hinein, insofern die Angestellten gehalten sind, auch ihre Gefühle im Interesse des kommerziellen Erfolges zu manipulieren. Am Beispiel des Verkaufspersonals zeigt Mills, wie die fortschreitende objektive Einengung der Arbeitsinhalte mit einer Psychologisierung und Subjektivierung der Tätigkeiten verknüpft ist. Die Verkäuferin im „Great Salesroom" (a.a.O.: 161) hat alle Handlungsspielräume, die der Kaufmann früher beim Einkauf, bei der Auswahl und Auslage des Sortiments, bei der Preisgestaltung noch hatte, eingebüßt. Alles, was sie tun kann, ist zu lächeln, den Kunden richtig anzusprechen und zum Kauf zu überreden. Ihre Hauptaufgabe besteht in dem „Verkauf" ihrer eigenen Persönlichkeit: „In the great shift from manual skills to the art of 'handling', selling and servicing people, personal or even intimate traits of the employee are drawn into the sphere of exchange and become of commercial relevance, become commodities in the labour market." (Mills 1951: 182). Weil die Angestellten nicht mehr wissen, wer sie sind, werden sie anfällig für Manipulation; die Firma wird für sie zum „Fetisch" (Mills 1951: 106f.). Zugleich werden sie süchtig nach äußeren Prestigesymbolen und streben nach Profilierung ihres Ego durch „demonstrativen Konsum" in der Freizeit.

Die spätere Kritik (Pirker 1963, Scimecca 1977) hat Mills – sicherlich nicht zu Unrecht – mangelnde empirische Präzision und eine überzogene Darstellung der Technisierung und Taylorisierung der Büroarbeit vorgeworfen. Mills Analyse des sozialen Habitus der Angestellten, insbesondere der Kommerzialisierung der Subjektivität, der „Außenlenkung" der Gefühle und privaten Bedürfnisse, dagegen war zukunftsweisend und fand nicht nur in der zeitgenössischen (Riesman et al. 1950, Whythe 1956), sondern auch in der neueren Literatur große Resonanz. So hat A.R. Hochschild (1983) sich bei ihrer Untersuchung der „Gefühlsarbeit" von Stewardessen ausdrücklich auf das Vorbild von Mills berufen.

Die deutschen Untersuchungen der Nachkriegszeit (Bahrdt 1958, Pirker 1963, Jaeggi/Wiedemann 1966, Braun/Fuhrmann 1970, Kadritzke 1975) zeichneten ein vergleichsweise undramatisches Bild der Situation der Angestellten. Auf der einen Seite wurde der Stand der Mechanisierung der Angestelltenarbeit deutlich zurückhaltender beurteilt und differenzierter analysiert als noch bei Mills und Lederer. So argumentierte Bahrdt, dass gerade die Maschinisierung der Büroarbeit durch die damals vordringende Lochkartentechnik neue, flexible Formen horizontaler Kooperation erfordere. Auf der anderen Seite wurde ungeachtet der Fortexistenz gewisser Besonderheiten in der Mentalität der Angestellten eine Verringerung der früher so ausgeprägten sozialen Distanz zu den Arbeitern konstatiert. Die früher so angestrengten ständischen Distinktionsbestrebungen der Angestellten entkrampften sich – so lautete der Befund. Um ihn zu verdeutlichen, sei im Folgenden exemplarisch auf die Studie von Braun/Fuhrmann (1970) zur „Angestelltenmentalität" etwas näher eingegangen.

Die Untersuchung basierte auf einer Befragung von 514 männlichen, kaufmännischen und technischen Angestellten aus 23 sowohl großen als auch mittleren und kleinen Industriebetrieben. Es ging den Autoren darum, die „Arbeitserfahrung" der Angestellten mit Hilfe der Methode des offenen Interviews zu analysieren. Was die objektiven Aspekte der Arbeitssituation betrifft, so kann den Autoren zufolge von einer allgemeinen „Taylorisierung", Standardisierung und Routinisierung der Arbeit nur sehr begrenzt die Rede sein. In die „eigentlich rationalisierten und mechanisierten Arbeitsplätze" seien nur die – in der Studie nicht näher berücksichtigten – Frauen eingerückt (a.a.O.: 64). Für die Männer sei dagegen die Position des kaufmännischen, verwaltenden oder technischen Sachbearbeiters charakteristisch. Seine Tätigkeit ist noch kaum mechanisiert; sie ist zwar spezialisiert, aber innerhalb ihres abgegrenzten Bereichs selbstständig, komplex und mit autonomen Dispositions- und Kommunikationschancen ausgestattet. Der Sachbearbeiter empfindet seinen Beruf als eine interessante, funktionswichtige Tätigkeit, deren beruflicher Charakter trotz der Spezialisierung erhalten geblieben ist.

Die Antworten auf die Fragen zur sozialen Herkunft und zu den Berufswegen zeigten, dass der überwiegende Teil der Angestellten (53 Prozent) selbst schon aus Familien von mittleren Angestellten und Beamten, eine starke Minderheit (33 Prozent) jedoch aus Arbeiterfamilien, vorwiegend von Facharbeitern, stammte. Die Entscheidungen über Berufswahl, Bildung und Ausbildung erwiesen sich als stark durch den Einfluss des Elternhauses bestimmt, das Weiterbildungsverhalten dagegen war mehr von eigenen Abwägungen und Möglichkeiten geprägt. Aber selbst hier zeigte sich, dass Angestellte, die aus mittleren und gehobenen sozialen Schichten stammten, deutlich aktiver sich weiterzubilden suchten als Angestellte aus Hilfsarbeiter- und Bauernfamilien.

Ein Zusammenhang mit dem Qualifikationsniveau zeigte sich auch bei der beruflichen und regionalen Mobilität. Die Angestellten insgesamt erwiesen sich als deutlich weniger sesshaft als die Arbeiter, innerhalb der Gruppe der Angestellten waren es jedoch die höher qualifizierten Techniker und Ingenieure, die am stärksten bereit waren, zugunsten ihrer beruflichen Entwicklung Wohnort und Heimat zu verlassen (a.a.O.: 107f.). Charakteristisch für die männlichen Angestellten schien eine „offene Arbeitssituation" zu sein, die dem Einzelnen eine Reihe von Möglichkeiten ließ, seinen Berufsweg aktiv durch Weiterbildung und Stellenwechsel zu gestalten (a.a.O.:137). Eine ausgeprägte „Karrierementalität" fand sich jedoch nur bei einer Minderheit (rund einem Fünftel) der Befragten (a.a.O.: 174), die Mehrheit zeichnete sich durch ein nüchternes, realistisches Verständnis der eigenen sozialen Lage aus. Die soziale und pragmatische Einstellung zur Arbeit wirkte sich auch in der Bewertung des Verhaltens der Vorgesetzten durch die Befragten aus. Ein ausgeprägt autoritäres „Obrigkeitsdenken" fand sich nur bei einer Minderheit, vor allem bei den älteren Angestellten; die Mehrheit legte vielmehr Wert vor allem auf die sozialen und fachlichen Qualifikationen der Vorgesetzten (a.a.O.: 208f.).

Ausführlich werden in der Studie von Braun/Fuhrmann die sozialen Differenzierungen zwischen Arbeitern und Angestellten aus der Perspektive der Angestellten beleuchtet. Es stellte sich heraus, dass nur noch etwa 10 Prozent der befragten Angestellten – wiederum waren es vor allem die älteren – auf der hierarchischen Differenzierung zwischen Arbeitern und Angestellten insistierte. Die Mehrheit der Befragten sah jedoch keine großen Unterschiede zwischen der eigenen sozialen Lage und Qualifikation und der der Arbeiter (vor allem der Facharbeiter, die häufig sogar höhere Löhne erzielten als Angestellte). Sie beurteilte dies positiv und betonte die gemeinsame Interessenlage in Betrieb und Gesellschaft. Insoweit sei, wie Braun/Fuhrmann feststellen, „die allgemeine Ideologie vom Angestellten brüchig geworden" (a.a.O.: 289). Dennoch blieb auch bei der Mehrheit der Angestellten das Bemühen unverkennbar, eine gewisse soziale Distanz zu den Arbeitern aufrechtzuerhalten, die in fortbestehenden realen Unterschieden der Arbeitsbedingungen wurzeln. Angestellte – so resümieren Braun/Fuhrmann – sind weniger „materialistisch" als Arbeiter, sie orientieren sich stärker an inhaltlichen Arbeitsinteressen und verinnerlichten Erfolgskriterien. Sie legen größeren Wert auf eine sorgfältige und langfristige Lebensplanung, sind individualistisch, zum Teil auch deutlich karriereorientiert und haben daher ein sehr viel distanzierteres Verhältnis zur kollektiven Interessenvertretung als die Arbeiter (a.a.O.: 292).

Die industriellen Umbrüche seit den späten siebziger Jahren hatten freilich erhebliche Konsequenzen auch für die Lage der Angestellten. Ein Markstein der Analyse dieser Veränderungen war die Studie von Baethge/Oberbeck (1986). Thema der in den Jahren 1979 bis 1982 durchgeführten Untersuchung bildeten die Auswirkungen technisch-organisatorischer Rationalisierung auf Arbeitssituation, Beschäftigungsperspektive, Qualifikationsanforderungen sowie Aus- und Weiterbildung kaufmännischer Angestellter. Grundlage waren Expertengespräche, Arbeitsplatzbeobachtungen und Interviews mit über 500 männlichen und weiblichen Angestellten in Industrie- und Kommunalverwaltungen, Kreditinstituten, der Versicherungswirtschaft und im Einzelhandel.

Baethge/Oberbeck diagnostizieren zunächst einen „Richtungswechsel" im Einsatz von EDV-Techniken in der Büroarbeit mit weitreichenden Folgen für die Organisation der Arbeit: Statt der früheren, auf einzelne Funktionen (wie z.B. Abrechnung oder Buchhaltung) bezogenen Rationalisierung komme es nun zur Übertragung komplexer, nicht nur betrieblicher, sondern auch überbetrieblicher Leistungszusammenhänge auf EDV-Systeme – ein Sachverhalt, die sie als „systemische Rationalisierung" (Baethge/Oberbeck 1986: 20 vgl. auch Altmann et al. 1986) bezeichnen. Die gestiegenen Potentiale der elektronischen Datenverarbeitung erlauben nun die integrierte Gestaltung ganzer Funktionskomplexe von der Beratung, dem Verkauf bis hin zur Ablage und Datenverwaltung. „Rationalisierung" gewinnt damit einen mehrdimensionalen, multiple Zielgrößen optimierenden Charakter. Es geht nicht mehr nur um Kostenreduzierung und die Beschleunigung von Vorgängen, sondern auch um die Verbesserung der Dienstleistungsqualität, die Vermeidung von Fehlern, die Steigerung der Transparenz der Abläufe (Baethge/Oberbeck 1986: 62).

Die Auswirkungen der neuen Rationalisierungsdynamik lassen sich daher, wie die Autoren betonen, auch nicht auf die einfache Formel der „Taylorisierung geistiger Arbeit" bringen. Zu beobachten sei vielmehr ein Trend zur Abspaltung der innerbetrieblichen Administrationsfunktionen von den marktbezogenen Funktionsbereichen (a.a.O.: 282f.). Nur für den ersten Bereich trifft – so Baethge/Oberbeck – die Taylorisierungsthese in begrenztem Umfang zu, insofern der EDV-Einsatz hier zu einer konsequenten Technisierung von Abwicklungs-, Prüf- und Dokumentationsaufgaben führt und eine Aushöhlung der Arbeitsinhalte sowie einen Abbau der Beschäftigung nach sich zieht. Genau deshalb aber gewinnen die marktbezogenen, durch den Kontakt mit dem Kunden geprägten Funktionen ein immer größeres Gewicht. Hier ist keine Verengung, sondern im Gegenteil eine Erweiterung der Anforderungen an die Arbeit zu konstatieren. Die Übertragung der Routinefunktionen auf den Computer erlaubt eine „integrierte" Sachbearbeitung und eine ebenso umfassende wie individualisierte Betreuung der Kunden, die zu einem entscheidenden Faktor der Wettbewerbsfähigkeit der Firmen wird:

> „Die umfassende Einführung der neuen EDV-Technologie bringt geistige Arbeit auf ihren neuen Begriff, der schlaglichtartig die Zukunft der Arbeit in diesen Sektoren beleuchtet und solche letztlich nur noch dem einräumt, was das unauswechselbare Signum menschlicher Intellektualität, die Verbindung von *Erkenntnis* und *Gestaltung interaktiver Situationen* und *Marktprozesse* trägt: jene Momente von Entscheidungshandeln und Beratungstätigkeiten, die allenfalls um einen sehr hohen Preis computerisierbar sind" (Baethge/Oberbeck 1986: 35).

Die Konsequenzen dieser Veränderungen für den sozialen Habitus der Angestellten sind nicht leicht auf eine Formel zu bringen. Baethge/Oberbeck sprechen einerseits von einer „Renaissance der Fachqualifikation", andererseits von einer „Refeudalisierung der Arbeitsverhältnisse". Aber dies sind, wie die Autoren selbst einräumen, unzulängliche Konzepte, die nicht in der Lage sind, das Neue an der Situation der Angestellten zu fassen und insofern an einem ähnlichen Manko leiden wie die oben erörterte parallele Diagnose Kern/Schumanns für die Arbeiter. Auch bei den Angestellten ging es ja nicht um eine bloße Wiederbelebung der Beruflichkeit, sondern um eine fachübergreifende Steigerung der Komplexität und zugleich Verdichtung der Arbeit; Baethge/Oberbeck konstatieren ein Ende traditioneller „Büro-Gemächlichkeit" (a.a.O.: 290). Für die Anforderungen der integrierten Sachbearbeitung reichen die konventionellen kaufmännischen Fachqualifikationen immer weniger aus. Die Firmen reagieren darauf zum einen mit der vermehrten Rekrutierung von Abiturienten, zum anderen mit einem Ausbau der innerbetrieblichen Weiterbildung, die zum entscheidenden Instrument betrieblicher Personalselektion wird (S. 340). Mit den verstärkten Investitionen in die Weiterbildung wächst zwar das Interesse der Unternehmen an einer langfristigen Bindung der Beschäftigten an den Betrieb. Aber gleichwohl kann kaum von einer „Re-Feudalisierung" die Rede sein, denn die innerbetriebliche Qualifizierung mündet keineswegs in die Etablierung einer stabilen Statushierarchie, sondern führt im Gegenteil, wie Baethge/Oberbeck selbst betonen, zu wachsender Verunsicherung und Desillusionierung: Die Angestellten sehen sich durch eine individualisierte

Qualifikations- und Leistungskonkurrenz unter Druck gesetzt, und die Angst, nicht mehr mithalten zu können, ist weit verbreitet (a.a.O.: 347f.). Vor allem bei den Frauen ist eine Desillusionierung über die Aufstiegsperspektiven festzustellen..

Was sich in den Befunden Baethge/Oberbecks abzeichnete, war mithin der gleiche Trend zur Verinnerlichung und zugleich Anonymisierung betrieblicher Herrschaft, den Mills bereits mehr als dreißig Jahre zuvor bei amerikanischen Angestellten beobachtet hatte. Die Bedeutung dieser Erkenntnisse beschränkte sich nicht auf die kaufmännischen Bereiche. Manske et al. (1994) kamen in ihrer Untersuchung des Wandels der Arbeitsstrukturen in Konstruktions- und Arbeitsvorbereitungsbüros im Maschinenbau zu Ergebnissen, die denen Baethge/Oberbecks in vielen Punkten entsprachen. Gerade *als Folge* der computergestützten Standardisierung der Konstruktions- und Entwicklungsprozesse entstehe – so lautete auch ihre Diagnose – eine neuartige Komplexität und Dichte der Arbeit, die nur durch „subtilere, indirekte Formen der Arbeitssteuerung und Verhaltenskonditionierung dem betrieblichen Interesse gemäß organisiert" werden könne (Manske et al. 1994: 180).

In den neunziger Jahren sollte dieser Zug zu „indirekten" Herrschaftsformen noch stärker in den Vordergrund treten: Objektiv in der auch und gerade in den Dienstleistungs- und Verwaltungsbereichen vorangetriebenen Dezentralisierung und Vermarktlichung der Organisationsstrukturen, subjektiv in der überall vordringenden Rhetorik von „internem Unternehmertum" und „Selbstverwirklichung". Das traditionelle Bild des Angestellten, von dem noch Braun/Fuhrmann immerhin deutliche Spuren festgestellt hatten, verliert im Zuge dieser Veränderungen ebenso seine Konturen wie das des Arbeiters, noch mehr: auch die Grenzen zwischen „Unternehmertum" und „abhängiger Arbeit" beginnen, sich aufzulösen. Propagiert werden Figuren wie der „unternehmerische Angestellte" (Bude 1997, Franzpötter 2000) oder der „Wissensarbeiter" (Willke 1998), die sich durch „Kundenorientierung", Wagnisbereitschaft, den Willen zum Erfolg auszeichnen und über die Grenzen von Firmen hinweg „Informationsnetzwerke" und „Expertenkulturen" aufbauen. Der „unternehmerische Angestellte" ist sowohl hinsichtlich seiner Aufgabe als auch hinsichtlich seiner eigenen Position mit der ganzen Komplexität des Marktes konfrontiert. Aber er empfindet dies keineswegs als Bedrohung oder Überforderung, sondern im Gegenteil als „Herausforderung". Selbstzweifel und Angstgefühle überwindet er durch konsequentes „Selbstmanagement". Er versteht sich selbst als „Ich-AG" (Bröckling 2000).

So massiv diese Inszenierungen in den neunziger Jahren auch vorgedrungen sind: Sie ändern nichts an der Wirklichkeit der ungleich verteilten, durch den Einfluss des Expertenwissens keineswegs kompensierten Kapitalmacht und an den nach wie vor beträchtlichen Differenzen von Status, Qualifikation und betrieblicher Position der Angestellten. Sie sind ebenso wenig in der Lage, die körperliche Bedürfnisnatur auch des (und „der") „unternehmerischen Angestellten" mit ihren Problemen von Überforderung, Krankheit und Altern hinwegzudisputieren. Der Aufgabe, die Kluft zwischen Inszenierung und Wirklichkeit, sowie die Formen ihrer subjektiven Erfahrung, Bewältigung oder Verdrängung zu analysieren, hat die Industriesoziologie sich bisher kaum gestellt. Eher hat sie es vorgezogen, mit dem Hauptstrom der betriebswirtschaftlichen Managementlehre an der Inszenierung selbst mitzustricken.

Nüchterne Untersuchungen der Arbeitswirklichkeit des „unternehmerischen" Angestellten sind bislang selten. Zu ihnen gehört die Studie von Baethge et al. (1995) über Manager und hoch qualifizierte Angestellte aus den Forschungs-, Technik- und Verwaltungsbereichen der Chemie-, Computer- und Metallindustrie. Sie zeigt zunächst, dass nicht wenige der Befragten (im Durchschnitt ein Drittel, in den professionell orientierten Bereichen noch mehr) den inszenierten Charakter der eigenen Tätigkeit deutlich empfinden: Um aufzusteigen, müsse man „in erster Line darum bemüht sein, sich gut zu verkaufen oder sich den herrschenden kulturellen Umgangsformen unterwerfen" (Baethge et al. 1995: 76).[12] Die größtenteils männlichen Befragten kritisieren den scheinhaften Charakter der individualisierenden, Konkurrenz statt Kooperation stimulierenden Charakter der Leistungsbewertungssysteme. Sie sind hochgradig leistungsorientiert, vermissen aber die inhaltliche Anerkennung ihrer Tätigkeit. Zeitdruck, exzessive und unregelmäßige Arbeitszeiten sowie daraus resultierende gesundheitliche und familiäre Probleme sind weit verbreitet. Die mangelnde Balance von Arbeit und außerberuflichem Leben wird freilich von vielen als selbstauferlegtes Dilemma interpretiert und eher resigniert hingenommen. Umso deutlicher ist der Unmut vor allem auf den mittleren und unteren Hierarchieebenen über die fortbestehende Kluft zwischen der in den offiziellen Führungsgrundsätzen gepflegten Partizipations- und Kommunikationsrhetorik und der faktisch kaum verminderten hierarchischen Asymmet-

---

12 Zur Verdeutlichung hier nur folgendes Zitat eines Befragten: „Als ich mal so richtig frustriert war, hat ein alter Mitarbeiter der Firma mal zu mir gesagt: „Du machst das falsch". Ich sage: „Wieso?" Da sagt er: „Du arbeitest hier wie ein Tier, das ist nicht richtig." Ich sage: „Wieso? Sag' mir warum!". Da sagt er: „Du musst 30% arbeiten, und 70% deiner Zeit musst du dazu verwenden, das, was du gemacht hast, zu verkaufen, und dann kommst du weiter." Und das will mir nicht in den Kopf. Ich versuche durch Leistung weiterzukommen, und ich verlange einfach von meinem Management, dass es weiß, was ich tue, und dass es meine Leistung sieht, und nicht, dass ich noch hingehen muss und jedesmal sagen muss: „Schaut mal, ist das nicht toll, was ich da gemacht habe?" Das ist nicht meine Art zu arbeiten. Und das ist irgendwie so ein bisschen das, was ich als deprimierend bezeichnet habe oder so. Ich glaube, bei uns kommen sehr viele Leute weiter, die einfach dieses 70-30-Prinzip fahren, d.h. die eigentlich nicht viel drauf haben, aber sich einfach gut darstellen können, ich sage immer Mundharmonika spielen können, d.h. also Mundpropaganda machen können, die sich gut verkaufen können" (Baethge et al. 1995: 76).

rie der Informations- und Entscheidungsstrukturen. „In den von den hoch qualifizierten Experten massiv vorgetragenen Problemen der Informationsweitergabe und -rückkoppelung" – so resümieren die Autoren – „tritt zutage, dass ihre Stellung in der betrieblichen Sozialordnung unsicher geworden und diese Sozialordnung selbst im Fluss ist" (Baethge et al. 1995: 182).

5.4 Unternehmer, Manager und Eigentümer

Manager heben sich aus der Schicht der Angestellten dadurch heraus, dass sie dispositive Vollmachten besitzen und einen entsprechend gehobenen sozialen Status beanspruchen. Das „Management" als eine gesonderte soziale Kategorie war im 19. Jahrhundert noch weitgehend unbekannt. In fast allen Wirtschaftszweigen herrschten mittlere und kleine, persönlich durch den Eigentümer-Unternehmer geführte Firmen vor. Der Unternehmer war typischerweise ein „allround-man", der die Funktionen des Kapitalisten, des Finanziers, des Organisators und des Kaufmanns in sich vereinigte (Pollard 1968: 296). Die geschäftlichen Operationen, technischen und organisatorischen Abläufe waren im Allgemeinen noch wenig standardisiert, und die Umweltprobleme des Unternehmens stellten meist eine größere Herausforderung dar als die Aufgaben der internen Organisation. Um die Regelmäßigkeit der Operationen des Unternehmens auch in seiner Abwesenheit zu sichern, war der Unternehmer zwar gezwungen, einen wachsenden Teil seiner Aufgaben zu delegieren, zunächst vorzugsweise nur an Verwandte, dann zunehmend auch an Angestellte (Croner 1962). Die letzte Dispositionsgewalt behielt er jedoch stets für sich. Das von Adam Smith verkündete liberale Credo, dass allein der Eigentümer fähig sei, „ein Unternehmen so zu leiten, dass sowohl dieses selbst als auch die Volkswirtschaft insgesamt maximal profitieren" (Pross 1965: 29) und der mit ihm verknüpfte generalisierte Korruptions- und Misswirtschaftsverdacht gegen angestellte Geschäftsführer blieb im 19. Jahrhundert dominant.

Seit dem Ende des 19. Jahrhunderts setzte sich freilich die Aktiengesellschaft als Form der Durchführung umfangreicher wirtschaftlicher Projekte immer mehr durch. Der liberale Kapitalismus verwandelte sich in den „organisierten Kapitalismus", dessen Struktur durch miteinander verflochtene, marktbeherrschende Großunternehmen und Konzerne bestimmt war. Mit der Aktiengesellschaft wurde die mindestens partielle Trennung der Rolle des Eigentümers von der der faktischen Verfügung über das Eigentum unvermeidlich. Die Aufgaben der Unternehmensleitung wurden angestellten Geschäftsführern übertragen. Die Eigentümer selbst zogen sich aus der Aufsicht über die laufenden Geschäfte immer mehr zurück und kümmerten sich nur noch um die „strategischen" Entscheidungen der Unternehmenspolitik oder beschränkten sich auf die Rolle bloßer Finanziers. Ihr Rückzug ging, wie James Burnham feststellte, noch weiter:

„The big capitalists did not stop their withdrawal at the level of finance. We find that they have more and more withdrawn, not merely from production proper, but from active and direct participation of any sort in the economic process. They spent their time, not in industry or even in finance, but on yachts and beaches, in casinos and travelling among their many estates; or, others of them, in charitable, educational, or even artistic activities" (Burnham 1962: 98).

Berle und Means (1968: 18f., vgl. auch Beyer 1998: 29) unterschieden in diesem Prozess des Rückzuges der Aktionäre aus der Unternehmenskontrolle mehrere Stufen: Bis zum Ersten Weltkrieg war es in den USA noch der Regelfall, dass ein Aktionär oder eine geschlossen handelnde Aktionärsgruppe über die Stimmenmehrheit verfügte und auf ihrer Basis die Geschicke des Unternehmens lenkte. Danach, in den zwanziger Jahren, verbreitete sich eine von Berle und Means als „working control" bezeichnete gemeinsame Herrschaft von einflussreichen Minderheitsaktionären und Managern. Anfang der dreißiger Jahre schließlich begann, gefördert durch den 1933 erlassenen Glass-Steagall-Act, der die institutionelle Trennung von Investment- und Kreditgeschäft der Banken vorschrieb und so die Zersplitterung der Besitzstrukturen förderte, der Siegeszug der „reinen" Managerherrschaft in den USA. Sie war gekennzeichnet durch eine weitgehende Atomisierung und damit Machtlosigkeit der Eigentümer auf der einen, eine starke Zentralisierung der faktischen Verfügungsmacht in den Händen der Manager auf der anderen Seite.[13] Unter der Ägide der Manager gingen die Unternehmen dazu über, ihren Kapitalbedarf so weit wie möglich aus internen Rücklagen zu decken, um sich vom externen Kapitalmarkt so unabhängig wie möglich zu machen. So wurde die Macht der Manager weiter gestärkt.

Dem Aufstieg der Manager, so lauteten zeitgenössische Diagnosen Burnhams, Schumpeters, Berle und Means' und vieler anderer, korrespondierte ein Niedergang des Unternehmertums. An die Stelle des Unternehmers traten Manager, Ingenieure, Juristen, Finanzexperten. „So zeigt der wissenschaftliche Fortschritt die Tendenz, entpersönlicht und automatisiert zu werden. Bureau- und Kommissionsarbeit haben die Tendenz, die individuelle Aktion zu ersetzen" – so formulierte es Schumpeter (1993: 216). Im Zusammenhang mit der Bürokratisierung und Technisierung der Unternehmen war eine schleichende, aber anscheinend unaufhaltsame Veränderung in der Politik des Managements zu beobachten: Die traditionellen un-

---

13 „So haben wir erkenntlich gemacht, dass die Trennung zwischen Mensch und industriellen „Sachen" vollständig geworden ist. Eine kommunistische Revolution könnte dies nicht vollständiger erreichen. Gewiss gelänge es ihr nicht mit der gleichen Finesse. Wenn eine russische kommunistische Regierung den Arbeitern sagt, dass dem „Volk" die Produktionsmittel gehören, aber dass sie diese in ihre Obhut nehmen, weist sie damit ihrer Bevölkerung eine passiv empfangende Stellung zu, die mit derjenigen vergleichbar ist, die wir untersucht haben" (Berle 1967: 64).

ternehmerischen Tugenden von Wagnis und individueller Initiative traten zugunsten der Logik rationaler Verwaltung und Effizienzsteigerung zurück. Um noch einmal Schumpeter zu zitieren:

> „Der technische Fortschritt wird in zunehmendem Maße zur Sache von geschulten Spezialistengruppen, die das, was man von ihnen verlangt, liefern und dafür sorgen, dass es auf die vorausgesagte Weise funktioniert. Die frühere Romantik des geschäftlichen Abenteuers schwindet rasch dahin, weil vieles nun genau berechnet werden kann, was in alten Zeiten durch geniale Erleuchtung erfasst werden musste" (Schumpeter 1993: 215).

Schumpeter sah eine Entwicklung in Richtung eines „mehr oder weniger stationären Zustandes" voraus, in dem Industrie und Handel zu einer Sache „gewöhnlicher Verwaltung" würden. Damit würden die Unternehmer in die Lage von Generälen in einer des ewigen Friedens völlig gewissen Gesellschaft geraten. Für sie würde nichts mehr zu tun übrig bleiben und daher würden sie sich anderen als wirtschaftlichen Herausforderungen zuwenden müssen. James Burnham gar prognostizierte eine „Revolution der Manager", die die in Sowjetrussland bereits etablierte Planwirtschaft auch in den westlichen Ländern durchsetzen werde.

Das Theorem der „Managerherrschaft" löste eine umfangreiche sozialwissenschaftliche Diskussion aus. Weitgehende Einigkeit bestand in der Zurückweisung von Burnhams überspitzter und auf kurzschlüssigen historischen Analogien begründeter Prophezeiung einer „Revolution der Manager". Schon ihre Voraussetzung – die Atomisierung der Eigentümermacht, auf deren Boden die Herrschaft der Manager erwachsen sollte – traf für viele Länder gar nicht zu. Nur in den USA sowie in Großbritannien kam es zu der von Berle und Means beschriebenen starken Verbreitung und Streuung des Aktienbesitzes in den Händen privater Haushalte, nicht dagegen auf dem Kontinent. Speziell in Deutschland blieb nicht nur die Bedeutung der Börse als Finanzierungsquelle für den Kapitalbedarf der Unternehmen überhaupt sehr viel geringer als in den USA, sondern auch der Aktienbesitz selbst konzentrierte sich stärker in den Händen von Banken, Firmen und einzelnen Familien. Auch dank des Depotstimmrechts der Banken blieb die von Hilferding (1968) bereits vor dem Ersten Weltkrieg als „Finanzkapital" beschriebene enge Verbindung von Universalbanken und industriellen Konzernen in Deutschland strukturprägend. Nur 22 der von Helge Pross im Jahre 1958 untersuchten 110 größten deutschen Unternehmen entsprachen hinsichtlich ihrer Kontrollstrukturen dem von Berle und Means postulierten Typ der „Managerkontrolle" ; die anderen wurden entweder durch Koalitionen mächtiger Minderheiten oder durch Großaktionäre und Mehrheitsbesitzer dominiert (Pross 1965: 113). Bis heute ist die sehr hohe Konzentration der Kapitalanteile für die deutsche Situation typisch geblieben, „die Publikumsgesellschaft ist nicht zur dominanten Unternehmensform geworden"

(Beyer 1998: 66). Eine weitere, oft artikulierte Kritik an der These der Managerrevolution lautete, dass sie die Interessenkonflikte zwischen Managern und Eigentümern überschätze. Manager sind zwar daran interessiert, die Unternehmensgewinne einzubehalten, Aktionäre dagegen daran, sie auszuschütten. Aber zumindest die Großaktionäre ziehen, wie Pross feststellte, hinsichtlich der Ausschüttungspolitik häufig mit dem Management an einem Strang. Manager wie Eigentümer eint das Interesse an der Profitabilität des Unternehmens und die uneingeschränkte Bejahung des Privateigentums. „Das kapitalistische System hat sich durch den Einfluss von Managern nicht prinzipiell gewandelt. Seine Gesetzmäßigkeiten bleiben die gleichen, wenn sich Eigentümer mit kapitallosen Angestellten in die Macht teilen" (Pross 1965: 182).

Aber diese Einwände gegen die These der Managerherrschaft bezogen sich nur auf die manifesten Besitzverhältnisse und Interessenorientierungen. Sie berührten nicht die von den Protagonisten der These mit den Stichworten Technisierung, Bürokratisierung, Professionalisierung umschriebenen latenten, unmerklichen, „schleichenden" Veränderungen in der Handlungslogik der Unternehmensführung. Mit dem Management – dies war ja das Argument von Schumpeter und Burnham gewesen – war eine neuartige soziale Schicht mit einem eigenen sozialen Habitus entstanden, der von dem des traditionellen Eigentümer-Unternehmers abwich. Sie rekrutierte sich, wie auch spätere sozialhistorische Untersuchungen (Kaelble 1983) bestätigten, vorwiegend nicht länger aus der Unternehmerschaft, sondern aus dem Bildungsbürgertum oder der gehobenen Beamtenschaft. Sie verfügte in aller Regel über akademische Zertifikate und entwickelte einen eigenen, durch elitäre Sozialisationsprozesse geprägten „Korpsgeist". Die Schicht der Manager repräsentierte eine neue Symbiose von Besitz- und Bildungsbürgertum. Manager ließen sich nicht länger von unternehmerischer Intuition, sondern von technischem und professionellem Wissen leiten. Ihr Streben richtete sich nicht länger auf Erfolg und Bewährung in einem unsicheren Umfeld, sondern auf Karriere und Status. Der Manager – so stellte ihn William H. Whythe (1956) etwas karikierend, aber nicht unzutreffend dar – ist der „well rounded man", der „organization man". Rekrutiert wird er auf der Basis ausgefeilter psychologischer Tests; seinen Weg nach oben macht er aufgrund seiner ausgeprägten Anpassungs- und Kooperationsbereitschaft, seiner Konformität mit den Regeln, seiner Fähigkeit, niemals „anzuecken". Die „human relations" sind seine Domäne. Unternehmerische Tugenden und Eigenschaften lernt er nie oder verlernt sie gründlich, falls er sie je hatte. Nur wer in die obersten Führungsebenen aufsteigt, sieht sich plötzlich mit dem rauen Wind konfrontiert, der dort herrscht.

Die Etablierung der neuen Schicht der Manager war eine von dem Grad der Konzentration des Besitzes als solchem relativ unabhängige Folge der Zentralisationsbewegung des Kapitals. Managerkontrolle stellt, wie auch Pross betont hatte, die einzige effiziente Form der Ausübung von Eigentümermacht in Kapitalgesellschaften dar. Die Informationsasymmetrie zwischen Besitz und tatsächlicher Unternehmensführung und das daraus resultierende Machtgefälle machten sich, vielleicht nicht so ausgeprägt, auch dort geltend, wo die Eigentumsrechte sich nur in wenigen Händen befanden. Der Aufstieg der Manager erforderte im Gegensatz zu Burnhams Auffassung keine „Revolution", weil er im Rahmen des kapitalistischen Systems sowieso unvermeidlich war. Die Manager mochten sich in völliger subjektiver Aufrichtigkeit mit ihrer Position als Träger kapitalistischen Unternehmertums identifizieren, und sie mochten sich auch durchaus als leistungsfähige Promotoren technischer Innovationen erweisen. Das Charisma des Unternehmers kam ihnen gleichwohl nicht mehr zu. Mit ihrem faktischen, eben nicht mehr unternehmerischen, sondern teils beruflichen, teils nur noch bürokratischen Habitus desavouierten sie ihre eigene Position und mit ihr, wie Schelsky argwöhnte, die Legitimität des Privateigentums überhaupt: „In der Tatsache, dass Eigentum und Souveränität rein formal werden und formell bei den alten Inhabern verbleiben, liegt der soziologische Kern des Managerproblems" (Schelsky 1965: 27).

Der Konflikt, der sich hier abzeichnete, trat unter dem Druck der Wirtschaftskrisen der 1970er Jahre zunächst in den USA offen zu Tage. Die stark gestiegene Kapitalintensität der Fertigungsprozesse und die bürokratische Verkrustung der Organisationsstrukturen der großen industriellen Konzerne führte damals zu einem dramatischen Sinken der Profite und einem noch stärkeren Rückgang der Ausschüttungen. Die realen Renditen des Aktienkapitals sanken vielfach gegen Null. Zugleich hatte auf der Ebene der Besitzverhältnisse, wie Berle (1967) schon in den fünfziger Jahren vorausgesehen hatte, ein neuer, vor allem durch die florierenden privaten Pensionsfonds getragener Prozess der Rekonzentration des Kapitaleigentums begonnen. Dazu kam, dass sich die Optionen der Anleger durch die auf den Zusammenbruch des Bretton Woods-Systems folgende Internationalisierung der Finanzmärkte beträchtlich erweiterten. Zunehmend eröffnete sich ihnen nun ein globales Feld attraktiver Anlagemöglichkeiten und damit die Chance, sich aus unrentabel gewordenen heimischen Engagements zu befreien. Beide Faktoren, die gestiegene kollektive Handlungsfähigkeit der Eigentümer ebenso wie ihr gewachsener globaler Optionsraum, verschoben das Machtverhältnis zwischen Managern und Eigentümern wieder zugunsten der Eigentümer. Das führte in den siebziger Jahren in den USA zu einer konzentrierten, wirkungsvoll durch die Massenmedien unterstützten Offensive der „shareholder" gegen das als unfähig und selbstherrlich betrachtete Management. „Unfähige" Manager wurden in Scharen entlassen, die Managergehälter gekürzt, das „downsizing" der Unternehmen vorangetrieben. Die Manager der verbliebenen „schlanken" Gesellschaften wurden einer verstärkten Kontrolle durch die Aufsichtsräte unterworfen (Useem 1993, O'Sullivan 2000). Während die vielfach selbst als Eigentümer agierenden Vorstände freilich meist Wege fanden, ihre eigene Position durch kunstvoll lancierte „poisoned pills" gegen feindliche Übernahmen abzusichern oder sich zumindest mit den neuen Eigentümern zu arrangieren, wurden die mittleren und unteren Führungskräfte zu den eigentlichen Opfern. Die in den Nachkriegsjahren gewachsenen internen Arbeitsmärkte und Aufstiegskanäle wurden nun in raschem Tempo demontiert. Mittlere und untere Führungskräfte sahen sich unvermutet in die gleiche Situation der Austauschbarkeit und Entbehrlichkeit versetzt wie normale Arbeitnehmer: „The weight of this change in employment philosophy was soon felt by white collar managers. While line and staff managers in ILMs (internal labor markets, C.D.) earlier were treated as if they had nothing on common with their ('inferior') blue collar subordinates, they now inhabit an increasingly similar job world." (Hirsch 1993: 148). Was sich hier abzeichnete, war eine Erosion der in der ersten Hälfte des 20. Jahrhunderts und verstärkt nach dem Zweiten Weltkrieg gewachsenen bürokratisch-professionellen Managementelite. Unter dem Einfluss der nun aufblühenden Consulting-Industrie wurde das neue Leitbild des „Intrapreneurs", des „Unternehmers im Unternehmen" propagiert. Wer seinen Stuhl behalten und als Führungskraft erfolgreich sein wollte, der tat gut daran, es sich zu Eigen zu machen und das mit ihm verknüpfte Floskelwesen zu verinnerlichen. Die Fähigkeit, in einer völlig unberechenbar gewordenen Umwelt Selbstkontrolle, Teamgeist und Überlegenheit zu demonstrieren, wurde mehr denn je zur Voraussetzung des Karriereerfolges (Jackall 1988).

Ein ähnlicher Umbruch lässt sich seit den 1990-er Jahren auch in Deutschland beobachten. Unter dem Einfluss der etatistischen Traditionen des preußisch-deutschen Kapitalismus hatte sich in deutschen Großunternehmen eine stark bürokratisierte, andererseits aber auch durch berufliche Elemente geprägte Struktur der Unternehmensführung herausgebildet. Anders als in den angelsächsischen Ländern und in Frankreich wurden die Führungskräfte nicht extern von Eliteuniversitäten und ihren speziellen Ausbildungsgängen für das Fach „Management" rekrutiert. Der typische Werdegang war vielmehr die „Schornsteinkarriere", der interne Aufstieg in einem fachlich, ingenieur-, naturwissenschaftlich, kaufmännisch oder juristisch geprägten Funktionsbereich (Eberwein/Tholen 1990). Die akademische Ausbildung und die Herkunft aus dem Großbürgertum oder der gehobenen Beamtenschaft als traditionell dominante Rekrutierungskriterien für das Top-Management hatten in der Zeit nach dem Zweiten Weltkrieg zwar vorübergehend an Bedeutung verloren; als Folge der kriegsbedingten Nachwuchsprobleme war die Managementhierarchie etwas durchlässiger zu den unteren sozialen Schichten hin geworden. Seit den siebziger Jahren lässt sich eine Gegenbewegung hin zu einer wieder stärker elitären Rekrutierung beobachten (Hartmann 1996). Die Führungskräfte deutscher Großunternehmen stellten eine Gruppe mit herausgehobenem Status und elitärem Sozialprofil dar, die dank der vorwiegend firmeninternen Karriere eine ausgeprägte Identifikation mit dem Unternehmen entwickelte. Diese soziale Geschlossenheit der Managementelite bricht seit den 1990-er Jahren, wie mehrere Studien (Kotthoff 1997, Faust et al. 2000) gezeigt haben, auf.

Die treibende Kraft dabei scheint, anders als in den USA, zunächst nicht der Druck der Kapitaleigentümer gewesen zu sein, sondern die seit der Wirtschaftskrise von 1992/93 von den Vorständen selbst vorangetriebene industrielle Reorganisation nach dem Modell der „lean" production. Das jahrzehntelange Wachstum der Zahl der Führungsebenen, der Stäbe und Dienstleistungsbereiche hatte Planung und Ausführung immer weiter auseinander fallen und die betrieblichen Abläufe immer undurchsichtiger werden lassen (Springer 1999: 87). Die wachsende Kostenträchtigkeit der bürokratischen Apparate machte den Bruch mit dem Regime des großindustriellen Zentralismus schließlich unvermeidlich. Mit dem Konzept der „lean production" wurde die bisherige Strategie der Abschirmung der produktiven Kernprozesse gegen die Kontingenzen der Umwelt durch den Aufbau immer komplexerer Dienstleistungsstäbe aufgegeben und in ihr Gegenteil verkehrt: „Marktgesteuerte Dezentralisierung" hieß nun die Devise. Die Profitabilität der Fertigung und der Dienstleistungen sollte gerade durch die direkte Konfrontation mit dem Markt gesteigert werden; die zentralistischen Leitungsstrukturen und die aufgeblähten Stäbe wurden zerschlagen.

Für die mittleren und unteren Führungskräfte hatte diese von oben her durchgesetzte „Managementrevolution" erhebliche Konsequenzen. Die früheren Betreiber der Rationalisierung wurden nun selbst zu Betroffenen. Das gesamte Managementgefüge wurde umgewälzt, Hierarchien verkürzt, Kompetenzen nach unten delegiert, indirekte Funktionen in die operativen Prozesse zurückverlagert. Das bisherige Prinzip funktional differenzierter Fertigung wurde durch das der prozessorientierten Steuerung abgelöst; die Fertigung wurde durch Einführung von Gruppenarbeit, Teams und KVP-Gruppen reorganisiert. Die früher oft selbstherrlich regierenden Dienstleistungsstäbe wurden entweder auf ein Kunden-Lieferanten-Verhältnis zu den produktiven Einheiten verpflichtet oder gänzlich ausgelagert („outsourcing"). Zahlreiche Führungspositionen wurden damit überflüssig; Schätzungen kommen zu dem Ergebnis, dass allein 1993 und 1994 in Deutschland ca. 33.500 Managerstellen abgebaut wurden (Faust et al. 2000: 87). Viele Führungskräfte mussten einen beruflichen Statusverlust hinnehmen, das frühere Bewusstsein gesicherten betrieblichen Aufstiegs verschwand. Betroffen von Stellenabbau und gleichzeitiger Arbeitsintensivierung waren vor allem die mittleren und unteren Vorgesetzten sowie die Stäbe und indirekten Produktionsbereiche. Das Ergebnis waren eine starke Verunsicherung und eine Erschütterung des „psychologischen Vertrages" mit der Firma auch bei denjenigen, die ihre Position halten oder ausbauen konnten.

Seit Mitte der neunziger Jahre wird die Desavouierung des Managements als Herrschaftsträger auch in Deutschland durch die hier ebenfalls vordringende Offensive der „Shareholder" zusätzlich vorangetrieben. Der Einfluss institutioneller Investoren auf die Unternehmenspolitik ist zwar aufgrund der traditionellen Dominanz der Universalbanken und der vergleichsweise geringen Bedeutung der Börse für die Finanzierung des Kapitalbedarfs der Unternehmens noch immer begrenzt. Aber eine „Amerikanisierung" des Systems der Unternehmenskontrolle ist auch in Deutschland in Gang (Lütz 1997, Faust 1999), wobei die gelungene „feindliche Übernahme" im Fall Mannesmann/Vodafone als wichtiger Wendepunkt einzuschätzen ist (Jürgens et al. 2000). Die Etablierung von Investmentfonds wird durch steuerpolitische Maßnahmen gefördert; die Unternehmen nutzen verstärkt den Börsengang zu ihrer Finanzierung. Die Banken ihrerseits bemühen sich darum, sich aus ihren Industriebeteiligungen zu lösen und die Gewinnchancen auf den internationalen Finanzmärkten zu nutzen. So scheint die Entwicklung auch in Deutschland in Richtung auf einen „Markt für Unternehmenskontrolle" (Windolf 1994, Windolf/Beyer 1995) zu gehen.

Auch dort, wo die Eigentumsverhältnisse vorerst unverändert geblieben sind, steigt der ideologische Einfluss der Doktrin des „Shareholder value" und führt zu entsprechenden Veränderungen der Unternehmenspolitik. Konzerne und Konglomerate werden zerlegt und neu zusammengefügt. Die bisher übliche Quersubventionierung zwischen verschiedenen Sparten des gleichen Konzerns wird abgeschafft. Unrentable Sparten und Betriebsteile werden abgestoßen; „Konzentration auf das Kerngeschäft" lautet die Devise. Das gesamte Management des Unternehmens muss, schon um feindliche Übernahmen zu verhindern, nachdrücklicher denn je unter den Primat der Erzielung eines möglichst hohen Börsenwerts gestellt werden. Zumindest nach außen hin muss dem Einfluss und Urteil externer Akteure (Investmentbanken, Analysten) weitaus mehr als früher Rechnung getragen werden. Das bedeutet nicht nur einen gesteigerten Druck, sich auf die meist unrealistisch hohen Gewinnziele der Investoren zu verpflichten, sondern auch einen Zwang zu höheren Ausschüttungen. Der einbehaltene Gewinn als wichtige Ressource des Managements wird so empfindlich geschmälert. Darüber hinaus ist das Management gehalten, den Informationsbedürfnissen der Anleger Rechnung zu tragen: Die Transaktionen und Ergebnisse aller Subsysteme des Unternehmens sind lückenlos offen zu legen; die „Investor relations" müssen mit großem Aufwand gepflegt werden. Die Zerlegung der Unternehmen in autonome „Profit-" bzw. „Cost-Center" dient nicht nur der Flexibilisierung der Unternehmenspolitik, sondern auch den Kontrollinteressen der Eigentümer. Die Leistungen der Führungskräfte werden in einem höheren Maß als in der Vergangenheit transparent und rechenschaftspflichtig gemacht. Hinzu kommt die Allgegenwart der Berater: Die Einschaltung von Beratern ist in den meisten Firmen zu einer „Selbstverständlichkeit" (Faust 1998) geworden, wenn es darum geht, Entscheidungen über die Unternehmenspolitik zu treffen, zu legitimieren, durchzusetzen. Berater sind schließlich auch für das psychologische Training der Führungskräfte gefragt (vgl. auch Deutschmann 1993, 2000).

Die Dezentralisierung der Organisation, die Zunahme der Eigentümermacht, das Hineinregieren der Berater in die Unternehmenspolitik signalisieren eine fortschreitende Erosion der Außengrenzen der Unternehmen. Das Management als Herrschaftsträger wird durch diese Entwicklungen zwar keineswegs in toto demontiert. Aber seine bisherige soziale Homogenität und seine bis weit in das mittlere Management hinein relativ geschlossene kollektive Identität erodiert. Auf den unteren Führungsebenen kommt es teilweise zu einer weiteren Aushöhlung der Meisterfunktion, teilweise aber auch zu einer „unternehmerischen" Aufwertung des Meisters (Jauch 1997). Während Macht und Reichtum der Spitzenmanager noch wachsen dürften, nähert sich die Lage vieler mittlerer und unterer Führungskräfte ungeachtet ihrer nach wie vor überdurchschnittlichen Bezahlung der normaler Arbeitnehmer an. Am unteren Ende der sozialen Skala könnte sich, wie Scase/Goffee (1989) dies bereits in den neunziger Jahren in Großbritannien beobachteten, eine Schar von „reluctant managers" sammeln: frustriert, gedemütigt, abgehalftert oder schon arbeitslos.

6. Resümee

6.1 Zusammenfassende Thesen

Unser Ziel war es, einen Ansatz industriesoziologischer Begriffsbildung und Analyse zu entwickeln, der die Kontinuitäten und Diskontinuitäten zwischen der Ära industrieller Massenproduktion und der heutigen postindustriellen Ära sichtbar machen kann. Wir fassen unseren Gedankengang zusammen:

Kap. 2.: Die Industriesoziologie sah ihre Aufgabe traditionell darin, die geplanten und ungeplanten Folgen des die industrielle Praxis beherrschenden tayloristisch-fordistischen Rationalisierungsparadigmas zu analysieren. Das „Umkippen" dieses Paradigmas in der Wirklichkeit hat auch die Industriesoziologie gezwungen, ihre zentralen Theorien und Konzepte zu überdenken. Die Schwäche der traditionellen Ansätze lag nicht nur darin, dass sie nicht in der Lage waren, die angestrebte Verbindung von betriebssoziologischer und gesamtgesellschaftlicher Analyse herzustellen. Sie verkannten auch, dass Organisierung und Technisierung keineswegs nur die Kalkulierbarkeit der Produktion erhöhen, sondern zugleich auch immer neue Unsicherheiten erzeugen. Der innere Zusammenhang zwischen industrieller Massenproduktion und den als „Tertiarisierung" bezeichneten Phänomenen wurde nicht gesehen.

Die Phänomene der „Tertiarisierung" zeigen sich auf sektoraler Ebene in dem Anwachsen der konsum- und produktionsbezogenen Dienstleistungen, auf Unternehmensebene in dem Wachstum der „indirekten" Stäbe und Abteilungen, auf der Ebene des Arbeitsprozesses in der mit fortschreitender Technisierung des Arbeitsprozesses wachsenden funktionalen Bedeutung ungesteuerter, gewährleistender Arbeitshandlungen.

Der Zusammenhang dieser Prozesse lässt sich mit Hilfe eines konstruktivistischen Technikbegriffs sichtbar machen. Er fasst Technisierung als Herauslösung von Abläufen aus einer sozialen Umwelt, ihre Abbildung in einem Algorithmus und dessen Implementation in einem „Material". Arbeit ist dann als „Schnittstelle" zwischen technisierten Systemen und der sozialen Umwelt zu verstehen. Sie ist wesentlich durch ihre gewährleistenden, kooperativen und innovativen Beiträge definiert. Mit fortschreitender Technisierung kommt es zu einer progressiven Entmischung regelgebundener Funktionen der Arbeit einerseits, gewährleistender, kooperativer und innovativer Leistungen andererseits. In der heutigen „Informationsökonomie" erreicht dieser Entmischungsprozess seinen vorläufigen Höhepunkt.

Moderne industrielle Informationsarbeit lässt sich damit als ein durch multiple Kontingenz charakterisiertes soziales Verhältnis fassen. Zu klären, wie das Problem sozialer Kontingenz in der Praxis gelöst wird und wieweit es gelöst werden kann, ist die Hauptaufgabe der Industriesoziologie.

Kap. 3.: Der Marx'sche Kapitalbegriff ist als Leitbegriff der Industriesoziologie alles andere als obsolet. Er muss freilich von seinen aus der marxistischen Tradition rührenden szientistischen Verkürzungen befreit werden; dazu bietet es sich an, ihn mit dem Simmel'schen Begriff des Geldes als „Vermögen" zu verknüpfen. Kapital lässt sich dann als die sachliche, soziale wie zeitliche Dimension der Welt übergreifendes, selbstreferenziell rückgekoppeltes „absolutes Mittel" begreifen, das die Utopie individueller Aneignung der Totalität menschlicher Möglichkeiten verkörpert.

Eingelöst werden kann der in der Kapitalform des Geldes angelegte Anspruch nur durch lebendige Arbeit. Erst durch die Möglichkeit, mit Geld nicht mehr nur Güter und Dienste, sondern Arbeitskraft und darüber hinaus Boden und die anderen sachlichen Voraussetzungen der Produktion zu kaufen, kann Geld auf Reichtum schlechthin zugreifen und so zu Kapital werden. Die vollständige Objektivation menschlicher Kreativität geht historisch auf die Verwandlung der Arbeitskraft in eine Ware im Zuge der „Great Transformation" (Polanyi) der absolutistischen Ständegesellschaft in den industriellen Kapitalismus zurück. Die komplementäre Universalisierung des Geldnexus ist zugleich Basis der funktional differenzierten Struktur der modernen Gesellschaft.

Die Universalisierung des Geldnexus vollzieht sich nicht aufgrund einer in der Geldform selbst angelegten objektiven „Eigenlogik". Ihre Voraussetzung ist vielmehr, dass die im Geldvermögen angelegte Utopie zum Fluchtpunkt gesellschaftlicher Projektionen und Phantasien wird. Die Akteure können sich die Imagination absoluten Reichtums in dem Maße zu Eigen machen, wie sie sich in konkreten, an die lebensweltliche Tradition anschließenden Institutionen und Identitäten verdichtet, die zugleich die inneren Paradoxien der Utopie unsichtbar machen. Dies gilt keineswegs nur für die Seite des Kapitals und ihre Übersetzung in die Identität des „Unternehmers", sondern auch für die der Arbeit. Auch die moderne Lohnarbeit muss als sinnhafte Erfahrung ausgestaltet werden. Sie ist im Gegensatz zur Sklavenarbeit freie Arbeit, die das kreative wie zerstörerische Potential des Menschen im vollen Sinn zur Erscheinung bringt. Nur durch die Aneignung dieses Potentials können die Verheißungen des Geldvermögens eingelöst werden. Alle Institutionalisierungen des Kapital-Arbeit-Verhältnisses können aber die Paradoxien der zugrunde liegenden Utopie nur verbergen, niemals aber beseitigen.

Eine Theorie kapitalistischer Dynamik muss die Frage beantworten, wie Kapitalwachstum im gesellschaftlichen Maßstab möglich ist. Der übliche Hinweis auf die Schumpetersche Figur des Unternehmers reicht dazu ebenso wenig aus wie der Rekurs auf das Marx'sche „Wertgesetz". Innovation ist keine rein individuelle Leistung des Unternehmers, sondern ein sozialer Prozess. Der Unternehmer ist auf die kreativen Leistungen seiner Arbeiter und die der gesellschaftlichen Umwelt angewiesen.

„Mythen" und „Leitbilder" sind soziale Konstrukte, die die Kommunikation innovativer Prozesse ermöglichen. Sie sind auf den Stufen von Technik, Organisation und Konsum wirksam und sind durch eine zyklische, analytisch in den Phasen Genese, Verbreitung, Institutionalisierung und Krise zu fassende Bewegungsform charakterisiert. Nicht „Bewegungsgesetze" regieren die kapitalistische Entwicklung, sondern Prozesse der Konstruktion und Dekonstruktion ökonomisch-technischer Leitbilder. Mythen sind auf verschiedenen gesellschaftlichen Systemebenen wirksam. Gemäß der Theorie der „langen Wellen" lassen sich kurze und langfristige Zyklen unterscheiden. Eine übergreifende Tendenz liegt in der reflexiven Natur der Bewegung der Mythen sowie in dem damit verknüpften Prozess fortschreitender Vergesellschaftung innovativer Aktivitäten.

Kap. 4.: Das „Transformationsproblem" bildet den Rahmen industriesoziologischer Analyse: Wie kann es dem Unternehmer gelingen, die am Arbeitsmarkt gekaufte Arbeitskraft in profitträchtige „Arbeitsleistung" umzusetzen? Die Brisanz dieses Problems liegt darin, dass es ungeachtet des Machtgefälles zwischen Kapital und Arbeit ein Verhältnis *doppelter* Kontingenz darstellt. Der Arbeiter hat nicht nur technisch oder organisatorisch vorgegebene Funktionen auszufüllen. Es geht dem Unternehmer vielmehr darum, die letztlich nur „freiwillig" zu erbringenden gewährleistenden, kooperativen und innovativen Beiträge der Arbeiter zu mobilisieren. Wie ist ihm dies möglich?

Weder die Marx'sche Theorie der „reellen Subsumtion" der Arbeit unter das Kapital, noch die klassische Organisationstheorie können eine befriedigende Lösung des Transformationsproblems bieten. Die Kritik der klassischen Organisationstheorie sowie die neueren systemtheoretischen und mikropolitischen Ansätze haben auf die Mängel der klassischen Konzeption aufmerksam gemacht, bieten jedoch ebenso wenig wie individualistische Ansätze eine überzeugende positive Alternative. Weiter scheinen zunächst herrschaftstheoretische Ansätze zu führen. Sie zeigen, wie es dem Unternehmer gelingen kann, den Arbeiter als „ganzen Menschen" über den Arbeitsvertrag hinaus einzubinden. Aber die Tragfähigkeit solcher Ansätze ist auf historische Situationen beschränkt, in denen der Unternehmer noch in der Lage war, bei der Legitimation seiner Autorität auf gesellschaftsweit verankerte Strukturen vormoderner Herrschaft zurückzugreifen. Mit der Modernisierung der Gesellschaft gehen diese institutionellen Stützen unternehmerischer Autorität verloren. Die heute zu beobachtenden Versuche, das so entstandene normative Vakuum durch die Inszenierung organisationsinterner „Kulturen" und Ideologien zu füllen, können das Problem kaum lösen. Ihre Wirkung scheint vor allem in der Erzeugung paradoxer Verhaltenserwartungen zu bestehen.

Das Prinzip der modernen Lösung des Legitimitätsproblems unternehmerischer Herrschaft liegt vielmehr in der *institutionellen Anerkennung* der Gegenmacht der Arbeiter durch die Kapitalseite. Sie kristallisiert sich in den in allen kapitalistischen Ländern entstandenen institutionellen Ordnungen des Arbeitsverhältnisses, die im Zentrum des Interesses der Industriesoziologie stehen: Ausbildungssysteme und Arbeitsmarktstrukturen, industrielle Beziehungen, soziale Sicherungssysteme.

Institutionelle Ordnungen von Ausbildung und Arbeitsmarkt haben die Funktion, die Qualifikationen der Arbeitnehmer sowie die mit ihnen verknüpften gewährleistenden, kooperativen und innovativen Leistungen anzuerkennen. Erst dadurch wird es beiden Parteien des Arbeitsvertrages möglich, in „Humankapital" zu investieren und die Kosten und potentiellen Erträge solcher Investitionen abzuschätzen. Betriebliche und berufliche Arbeitsmärkte sowie „Jedermanns"-Märkte – als negativer Fall – stellen die Grundformen derartiger Ordnungen dar. Unter dem Flexibilisierungsdruck internationaler Konkurrenz kommt es heute zu Bestrebungen, betriebliche und berufliche Segmentierungen des Arbeitsmarktes abzubauen und professionelle Ausbildungszertifikate abzuwerten. In bestimmten Bereichen der neuen Informations- und Dienstleistungsindustrien scheint ein neuer unstrukturierter Arbeitsmarkt für semi-professionelle Anbieter (Arbeitskraft-Unternehmer) zu entstehen.

In den Institutionen der industriellen Arbeitsbeziehungen kristallisiert sich die Anerkennung der kollektiven Verhandlungsmacht der Arbeitnehmer durch die Kapitalseite. So wird der drohende positive Rückkoppelungseffekt unregulierter Arbeitsmarktkonkurrenz unterbunden und ein ruinöses Lohndumping auf der Seite der Arbeitskraftanbieter verhindert. Der einzelne Arbeitnehmer ist nicht länger bloß Spielball des Arbeitsmarktes, sondern gewinnt eine Position, die es ihm ermöglicht, zu verhandeln. Die Institutionalisierung industrieller Arbeitsbeziehungen und mit ihr die Befestigung der Gewerkschaften ist freilich in verschiedenen Ländern und Wirtschaftssektoren ganz unterschiedlich fortgeschritten. In den letzten zwanzig Jahren ist es in fast allen Industrieländern zu einer Dezentralisierung und Deregulierung der Verhandlungssysteme gekommen, auch geht die Organisationsmacht der Gewerkschaften zurück. Zugleich werden den Beschäftigten alternative Angebote „direkter" Partizipation durch das Management gemacht. Es gibt jedoch bisher kaum Belege dafür, dass diese von den Beschäftigten als Ersatz für autonome gewerkschaftliche Interessenvertretung akzeptiert werden. Sektorale Differenzierungen der Struktur der industriellen Beziehungen könnten in Zukunft weiter an Bedeutung gewinnen. Die Zukunft der Gewerkschaften in den neuen Dienstleistungsbranchen dürfte zu einem wichtigen Teil von ihrer Fähigkeit abhängen, sich für die dort entstehenden Selbsthilfe-Netzwerke der Beschäftigten zu öffnen.

Soziale Sicherungssysteme erfüllen die Funktion, den Status des einzelnen Arbeitnehmers gegen die Risiken des Erwerbslebens sowie im Alter zu schützen. Die älteren paternalistisch strukturierten betrieblichen Sozialsysteme sind, zumindest in den westlichen Ländern, an der in sie eingebauten „Ablehnungs-Bindung" zugrundegegangen. Der Ausweg aus dem aus der Verquickung von ungleicher Arbeitsmacht und moralischem Austausch resultierenden Legitimitätsproblem paternalistischer Sozialpolitik konnte nur in der Verrechtlichung und Vergesellschaftung der Sozialpolitik bestehen. Hier setzen die von Esping-Andersen aufgezeigten Entwicklungswege des modernen Wohlfahrtstaates an. Der Ausbau der überbetrieblichen Sozialpolitik erzeugte freilich vielfach einen „Ziehharmonika-Effekt" in Gestalt erneut expandierender betrieblicher Sozialleistungen. Als Reaktion darauf ist in der Gegenwart ein verstärkter Druck der Arbeitgeberseite auf Verbetrieblichung oder gar Individualisierung der Sozialpolitik zu beobachten, wobei die zu erwartenden Folgeprobleme freilich kaum bedacht werden. Die Alternative bestünde in einer weiterreichenden Vergesellschaftung in Form der Einführung einer allgemeinen Grundsicherung, die auch das Problem der Absicherung atypischer Beschäftigung und selbstständiger Tätigkeiten lösen könnte.

Das paradoxe Doppelspiel von technikzentrierter und menschenorientierter Personalführung, das die tayloristische Ära kennzeichnete, wird heute durch ein neues, nicht minder paradoxes Spiel abgelöst: Re-Individualisierung des Arbeitsverhältnisses einerseits, organisationskulturelle Indoktrinierung andererseits.

Kap. 5.: Der Kapitalismus ist darauf angewiesen, den Grundkonflikt von Kapital und Arbeit verborgen zu halten. Er bedient sich dazu zunächst der historischen Institutionen und Identitäten der Ständegesellschaft und erzeugt sie neu. Zugleich aber arbeitet er unablässig daran, sie auszuhöhlen und die durch sie markierten sozialen Differenzen zu nivellieren. Die dadurch bedingte „Individualisierung" konfrontiert die Individuen unvermittelter denn je mit den Paradoxien des Geldes, überfordert sie und leistet einem maskenhaften Verhalten Vorschub. Diese Entwicklung wird im Überblick anhand der sozialhistorischen Literatur sowie industriesoziologischer Biographie- und Bewusstseinsstudien an drei sozialen Polaritäten dargestellt: Frauen und Männer, Arbeiter und Angestellte, Manager und Eigentümer. Es geht dabei insbesondere um folgende Entwicklungen:

- Die kapitalistische Konstruktion der bürgerlichen Kleinfamilie und die mit ihr verknüpfte geschlechtsspezifische Strukturierung des Arbeitsmarktes sowie deren Auflösungstendenzen im späten 20. Jahrhundert.

- Die aus der ungleichzeitigen Entwicklung des deutschen Kapitalismus resultierende Konstruktion einer „Klassenidentität" der Arbeiterschaft und deren durch die industriesoziologische Arbeiterbewusstseinsforschung nach dem Zweiten Weltkrieg dokumentierte Erosion.

- Die aus der Anlehnung an die absolutistische Staatsbürokratie entstandene ständische Identität der Angestellten, deren Auflösung aufgrund der fortschreitenden Rationalisierung der Büroarbeit sowie die aus der Statusinkonsistenz der Angestellten in der Zeit der Weimarer Republik erwachsende Radikalisierung nach rechts; schließlich die für die Zeit nach dem zweiten Weltkrieg charakteristische Anonymisierung des Sozialprofils der Angestellten.

- Die aus der Trennung von Eigentum und Kontrolle erwachsende Entstehung einer privilegierten Sozialschicht der „Manager" und deren Erosion seit den Krisen der 1970-er Jahre.

6.2 Ausblick: Turbo- oder Mimikry-Kapitalismus?

Die älteren soziologischen Theorien der industriellen Gesellschaft (Aron 1964, Kerr et al. 1960) hatten noch ein optimistisches Bild des modernen Kapitalismus als eines Systems sozial geordneten Fortschritts gezeichnet. Wissenschaft und Technik, so sahen sie es, avancieren zur ersten Produktivkraft und werden systematisch zur Hebung des Massenwohlstandes und zur Beseitigung von Armut genutzt. Politische Demokratie und Pluralismus verdrängen die Herrschaft der traditionalen Eliten, die Verteilung sozialer Chancen nach individueller Leistung ersetzt das Herkunftsprinzip. Das Bildungssystem wird ausgebaut; mit ihm wachsen die sozial mobilen Mittelklassen und werden zu einer dynamischen sozialen Kraft. Auch Daniel Bells (1976) Szenario der „nachindustriellen" Gesellschaft stellte noch den Gedanken der „Meritokratie", der Herrschaft einer Bildungselite in den Mittelpunkt. In vieler Hinsicht stellten diese älteren Theorien eine getreuliche Widerspiegelung der bis in die sechziger Jahre hinein noch fest etablierten „Managerherrschaft" dar, auf die wir oben bereits eingegangen sind.

Das Bild, das heutige soziologische Zeitdiagnosen liefern, hat sich demgegenüber gründlich verändert. An die Stelle des traditionellen Fortschrittsoptimismus treten die Schlüsselbegriffe Unsicherheit, Entgrenzung und Risiko. Groß (1994) sieht eine „Multioptionsgesellschaft" heraufziehen, die die Individuen mit einer grenzenlosen Fülle immer neuer Möglichkeiten konfrontiert und damit überfordert. Beck, Giddens und Lash (1996) diagnostizieren eine „zweite Moderne", die alle Selbstverständlichkeiten der „ersten Moderne" in Frage stellt. Die Territorialherrschaft des Nationalstaates erodiert ebenso wie die Grenzen von Unternehmen und die Institutionen des Arbeitsmarktes. Bildungszertifikate bleiben zwar als Zutrittsvoraussetzung zu existenzsichernden Arbeitsplätzen wichtig, werden aber zugleich durch Inflationierung entwertet. Die früher so fest gefügten sozialen und biographischen Identitäten von Familie und Beruf lösen sich im „postfordistischen" Zeitalter auf und zwingen die Individuen, Männer wie Frauen, zu Regisseuren ihres eigenen Lebenslaufes zu werden. Die Folgeprobleme der industriellen Zerstörung der natürlichen Umwelt drängen sich der gesamten Gesellschaft weitaus stärker auf als früher, und auch das Risiko der Arbeitslosigkeit macht sich bis weit in die Mittelschichten hinein fühlbar.

Eine zentrale, treibende Kraft der in der Gesellschaft zu beobachtenden Entstrukturierungsprozesse wird freilich in den zeitgenössischen soziologischen Diagnosen noch immer viel zu wenig beachtet: die Internationalisierung der Finanzmärkte. Seit der Abschaffung der nationalen Kapitalverkehrskontrollen nach dem Zusammenbruch des Bretton Woods-Systems im Jahr 1973 ist ein weltweiter Kapitalmarkt entstanden, der die Optionen der Investoren beträchtlich erweitert hat. Die Mobilität des Kapitals ist dadurch erheblich gestiegen; ein globaler „Markt für Unternehmenskontrolle" hat sich entwickelt. Auch technisch ist es dank des Einsatzes moderner, elektronisch gestützter Informationstechniken möglich geworden, große Kapitalmengen in kürzester Zeit rund um den Globus zu verschieben. Die gesteigerte Mobilität und Volatilität des Kapitals setzt die nationalstaatlichen Wirtschafts- und Finanzpolitiken in nie gekannter Weise unter Druck. „Falsche" Signale der nationalen Zins-, Steuer- und Ausgabenpolitiken können zu Kapitalfluchtbewegungen mit negativen Wirkungen auf den Wechselkurs, die Konjunktur und den Arbeitsmarkt führen. Die Steuern müssen reduziert werden, und die Sparzwänge der öffentlichen Haushalte verschärfen sich. Die Leistungen des Staates für die Bildung, die Sozialpolitik und die staatlich finanzierte Infrastruktur werden zurückgeschnitten, der öffentliche Sektor wird privatisiert. Auch im Bereich der privaten Unternehmen finden massive Umstrukturierungen statt. Ganze „Neue Ökonomien" werden aus dem Boden gestampft und verschwinden ebenso rasch wieder. Konzerne werden zerlegt, „filetiert" und auf internationaler Ebene neu zusammengefügt; die Struktur der Unternehmen wird in teilautonome „cost" und „profit"-centers dezentralisiert. Der Druck zur Herstellung finanzieller Transparenz, zur Offenlegung von Kosten und Ergebnissen ist allgegenwärtig. Auch private Lebens- und Konsumstile verändern sich durch die wachsende Popularität der Aktienspekulation. Die gesteigerte globale Beweglichkeit des Kapitals lässt – so scheint es – eine Situation extremer Unsicherheit für die individuellen und kollektiven Akteure entstehen, die ständige Wachsamkeit und grenzenlose Beweglichkeit erfordert. Im „Turbo-Kapitalismus" der Gegenwart scheinen nicht länger nur Individuen und Unternehmen, sondern ganze nationale Institutionensysteme um die Gunst der Investoren zu konkurrieren. Globale Finanzmärkte entwickeln eine unkontrollierte Dynamik, die ganze Nationen in den Ruin stürzen kann (Altvater/Mahnkopf 1996, Gray 1999).

Wieweit reicht die gesellschaftsverändernde Kraft des „Turbo-Kapitalismus" jedoch wirklich? Gegen die verbreitete Sicht der globalen Finanzmärkte als einer dämonischen, keinen Stein auf dem anderen lassenden Kraft spricht ein wichtiges Indiz: Das Phänomen der „Entkoppelung", der Entfernung der Börsenwerte von den tatsächlichen in den Unternehmen erzielten und überhaupt erzielbaren Gewinnen. Zwischen 1975 und 1998 stieg der Index der Aktienkurse in den USA um den Faktor 12, in Großbritannien um den Faktor 17 (Froud et al. 2000). Glaubt man den offiziellen ökonomischen Lehrmeinungen, so wird die Bewegung der Finanzmärkte zwar letztlich durch nichts anderes reguliert als durch die sog. „Fundamentaldaten" der „realen" Wirtschaft. Die Finanzmärkte, so wird hier glauben gemacht, seien nichts anderes als ein effizienter Mechanismus der Allokation von Kapital, der Investitonen auf besonders rasche und wirksame Weise dorthin lenkt, wo sie die höchsten „Erträge" bringen. Aber dafür spricht wenig. Sehr viel plausibler ist die These, dass gerade die Globalisierung der Finanzmärkte und die mit ihr verknüpfte Dekontextualisierung der Informationen über Märkte und Unternehmen die Akteure unfähig macht, zwischen der tatsächlichen Profitabilität der Wirtschaft und den systemintern durch die Finanzmärkte selbst generierten Signalen zu unterscheiden. Ergebnis ist das Phänomen der Entkoppelung.

Die Struktur der Gesamtrentabilität von Aktien in den USA hat sich seit den frühen achtziger Jahren in dramatischer Weise zugunsten der reinen Kursgewinne und zuungunsten der Dividendenrendite verschoben: „Während die Dividendenrendite seit den fünfziger Jahren in etwa konstant zwischen 8 und 13 Prozent blieb, liegt sie heute bei etwa 1,3 Prozent; demgegenüber stiegen die *capital gains* von durchschnittlich minus 1 Prozent in den sechziger Jahren auf teilweise über 10 Prozent pro Jahr in den achtziger und über 20 Prozent in den neunziger Jahren an." (Hinterhuber 2000). Der seit Anfang der achtziger Jahre zu beobachtende langfristige Anstieg der Börsenwerte in den USA ist, so stellt auch Binswanger (1994) fest, durch diesen Entkoppelungseffekt zu erklären. Der spektakuläre Aufstieg der „New Economy", der inzwischen durch einen ebenso spektakulären Fall abgelöst wurde, beruhte nahezu ausschließlich auf den durch die Finanzmärkte selbst ausgesendeten spekulativen Signalen. Eine Firma wie Microsoft brachte es auf eine Börsenkapitalisierung von über 500 Milliarden Dollar, ohne je einen Cent an Dividende auszuschütten (Hinterhuber 2000). Zur Entkoppelung trägt die Tatsache bei, dass auch klassische Industriekonzerne mehr und mehr dazu übergehen, ihr Kapital in Finanzanlagen zu investieren. Die Erträge aus diesen Anlagen und die aus dem operativen Geschäft lassen sich immer weniger auseinander halten. Ein wichtiger Faktor ist schließlich der Einfluss von Rating-Agenturen und Analysten, von deren Einschätzungen die Bewegung der Finanzmärkte maßgeblich abhängt. Dass diese Einschätzungen die „Fundamentaldaten" der Unternehmen zuverlässig wiederspiegeln, erweist sich im Licht genauerer Analysen (Montagna 1990, Mars 1998) als ein absichtsvoll gepflegter Mythos. Die Analysten können sich vielmehr den autopoetischen Mechanismen der Finanzmärkte ebenso wenig entziehen wie alle anderen Akteure. Sie treffen ihre Urteile nicht auf der Basis rationaler Berechnungen, sondern aufgrund von Herdentrieben oder schlicht „aus dem Bauch" heraus, und die Urteile der einen stellen „Daten" für die anderen dar.

Es ist das große Manko der Finanzinvestoren, dass sie nicht in der Lage sind, zuverlässig, zwischen den Signalen und dem Inhalt der Botschaft selbst zu unterscheiden. Sie pflegen zwar einen wahren Kult von Information und Transparenz. „Aktionäre" – so heißt es bei Copeland u.a. (1998: 57) – „müssen vollständig informiert sein." Nicht nur die finanziellen Ergebnisse, sondern auch die „Werttreiber" des Unternehmens werden durch immer ausgefeiltere Indikatorensysteme erfasst, auch die internen Transaktionen zwischen den einzelnen Subsystemen des Unternehmens müssen vollständig dokumentiert werden; ja, die Akteure selbst müssen über ihr Verhalten in sorgfältig inszenierten „screening"-Veranstaltungen genauestens Rechenschaft ablegen. Die „investor-relations" zu pflegen, wird zum obersten Imperativ für das Management. Genau erfassen lässt sich die Leistung des Unternehmens freilich allenfalls ex post, und die Versuche, das Verhalten der Manager enger an die Interessen der Aktionäre zu ketten, können keineswegs eine höhere Profitabilität des Unternehmens selbst gewährleisten – sie erinnern eher an die Versuche, die Deckbestuhlung der „Titanic" zu ordnen (O'Sullivan 2000). Das Ansinnen, das ganze Unternehmen und das Verhalten seiner Akteure mit Hilfe eines konsistenten und nach außen hin transparenten Kennziffernsystems zu steuern, erweist sich als Illusion (Lordon 2000). Schon rein technisch wäre eine konsequente Reorganisation der Firmen nach dem Shareholder-Prinzip extrem aufwendig, und sie würde untragbare Rigiditäten und Bürokratisierungseffekte erzeugen. Auch noch so perfekt ausgeklügelte Informationssysteme können eben niemals die Intuition und das personale und lokale Kontextwissen ersetzen, über das der Eigentümer-Unternehmer, der „vor Ort" tätige Manager, und bis zu einem gewissen Grade auch die „Hausbank" des Konzerns noch verfügte.

Die Akteure in den Unternehmen machen sich diese Schwäche der Eigentümer zunutze. Müssten sie dem Tempo der Finanzmärkte wirklich folgen, so würde sie dies unendlich überfordern. Sie müssten sich in grenzenlos „flexible" Menschen (Sennett) verwandeln, die sich auf allen Seiten des Spiels zugleich befinden und ihre Identitäten und Investitionen beliebig wechseln können. Aber auf „reale" Leistungen, was immer dieses sei, kommt es ohnehin kaum mehr an, sondern nur noch auf den Erfolg. Auf eine solche durch extrem widersprüchliche Erwartungen gekennzeichnete Situation reagieren die Akteure, wie Brunsson (1989) gezeigt hat, nicht selten mit einer Entkoppelung von „talk „ und „action". Sie weichen in die virtuelle Welt, die Welt der symbolischen Inszenierungen und der politischen Rhetorik aus, in der sich Identitäten in der Tat mit Leichtigkeit konstruieren und dekonstruieren lassen; Brunsson spricht von „hypocrisy". Die Fähigkeit zur Selbstdarstellung wird unter solchen Bedingungen für den Einzelnen zu einem wichtigen Faktor des sozialen Erfolges, worauf auch die Rede von der Medienkompetenz als „Schlüsselqualifikation" hindeutet. Die Popularität der neuen Medien sowie „virtueller" Unternehmen und Ökonomien ist auch ein Ergebnis der Macht des Geldes und der von den Finanzmärkten ausgehenden Flexibilisierungszwänge.

Aber diese Flucht in die Virtualität hat eine paradoxe Konsequenz: Sie lässt die Wirklichkeit, wie sie ist. Wir gewinnen so ein genaueres Verständnis der von Rosa (1999) unter Anlehnung an Paul Virilo treffend als „rasender Stillstand" charakterisierten paradoxen Bewegungsform des postindustriellen Kapitalismus. Auf der einen Seite muss unter dem Druck des Geldes ein Bild sich ständig steigernder Turbulenz und Dynamik erzeugt werden. Die *wirklichen* Akteure muss dies freilich überfordern. Im praktischen Leben verlassen sie sich daher andererseits darauf, dass die zentralen institutionellen Koordinaten der Gesellschaft und der Wirtschaft intakt bleiben, ohne freilich sich dafür verantwortlich zu fühlen und einen aktiven Beitrag dafür zu leisten. So entsteht eine seltsame Mischung aus inszenierter Turbulenz und praktischem Konservativismus, die man als „Mimikry-Kapitalismus" bezeichnen könnte. Die Tendenz, kapitalistische Bewegungsgesetze nur noch zu imitieren, lässt sich in weiten Bereichen der Gesellschaft beobachten. Wir illustrieren dies abschließend kurz an drei Feldern: den Unternehmen, der sozialen Strukturierung innovativer Prozesse sowie den Arbeitsmärkten.

Für die börsennotierten Unternehmen wird die möglichst vorteilhafte Selbstpräsentation im Rahmen der „investor relations" zu einem Politikum erster Ordnung. Das Gleiche gilt für die Konstruktion geeigneter Kennziffernsysteme zur Markierung der „Werttreiber" des Unternehmens: Entwicklungspotentiale müssen sichtbar gemacht, viel versprechende neue Produktlinien angekündigt werden. Die Goffman'sche Kunst des „Impression Management" wird zur obersten Verpflichtung für die zuständigen Manager. Das Durchstehvermögen des Schumpeter'schen Unternehmers, seine Fähigkeit, an seinen Ideen und Projekten auch gegen Widerstand fest zu halten, ist dagegen nicht länger gefragt. Ob die tatsächliche Gewinnentwicklung des Unternehmens dann hält, was versprochen wurde, ist angesichts der Kurzfristigkeit des Gedächtnisses und des Zeithorizonts der Investoren von eher sekundärer Bedeutung. Im Fall der von Froud et al. (2000) untersuchten britischen Unternehmen gelang es durch Pflege der investorrelations zwar, beträchtliche Kurssteigerungen und Kapitalgewinne zu erzielen. Aber die tatsächlichen Renditen blieben meist beträchtlich hinter den Erwartungen zurück. Die Mehrheit der untersuchten Firmen erwirtschaftete faktisch keinen „shareholder value" oder vernichtete ihn sogar. Die tatsächlichen Strategien der Unternehmensführungen offenbarten einen eklatanten Mangel an Phantasie und beschränkten sich auf konventionelle Maßnahmen der Kostensenkung. Richtete man den Blick von den Zahlen der Berater auf die realen Aktionen des Managements, so wurde ein verblüffender Konservativismus sichtbar: „We find a fairly traditional concept of operations and a puzzlingly empty concept of strategic moves ... It is sometimes difficult to distinguish between the prescriptions of the new financial metrics consultancies and those of their persursors a generation or more ago." (Froud et al. 222: 80f.).

All dies muss nicht das Ende der Innovation bedeuten. Aber die Firmen müssen es tunlichst vermeiden, sich längerfristig auf spezifische Forschungsinvestitionen und Entwicklungslinien festzulegen, denn es gibt keine Hausbank mehr, die ihnen dabei den Rücken frei hält. Das „Innovationsdilemma" (W. Rammert) spitzt sich zu: Die Fristen, in denen neue Produkte zur Marktreife entwickelt sein müssen, werden immer kürzer. Wenn möglich, werden Neuentwicklungen gar nicht mehr im eigenen Hause durchgeführt, sondern von außen her im Fall des Erfolges „zugekauft". Manager managen nicht länger, sondern werden zu „Brokern", die Betriebsteile verkaufen, neue kaufen und zusammenfügen. Das ideale Unternehmen ist „grenzenlos" (Picot et al. 1996). Es beobachtet sich permanent selbst, ist nahezu unbegrenzt flexibel, bereit für neue Allianzen und Kooperationen und fähig, in neuen, viel versprechenden Märkten präsent zu sein.

Dies hat Konsequenzen auch für die Bewegungsform technischer und ökonomischer Mythen. An neuen Mythen herrscht zwar nach dem Niedergang des tayloristisch-fordistischen Großmythos kein Mangel: Informationstechnologien, neue Medien, Telekommunikation, Biotechnologie. Aber die neuen Mythen scheinen nicht länger die gleiche soziale Integrationsfähigkeit und Ausstrahlungskraft zu haben wie die alten. Neue Erfindungen werden in immer rascherem Tempo entwickelt und vermarktet; die Spannung zwischen dem Aktuellen und dem Möglichen sinkt. Vor allem im Bereich der Organisationsmythen – „lean production", „business reengineering", „total quality management" usw. – ist eine Beschleunigung der Mythenspirale zu beobachten: Mythen arten in „Moden" (Kieser 1996) aus. Der traditionelle Schumpeter'sche Unternehmer wird unter diesen Bedingungen zu einer anachronistischen Figur. Um neue Kombinationen zu erfinden und durchzusetzen, musste er Koalitionen schmieden und um Resonanz in der gesellschaftlichen Umwelt werben. Dafür benötigte er Zeit, Durchstehvermögen, finanzielle, politische und institutionelle Rückendeckung. Globalisierte Finanzmärkte jedoch sind schneller als selbst der dynamischste Akteur. Wie der Igel sind sie immer „schon da". Ökonomische Mythen haben unter diesen Bedingungen keine Chance mehr, sich zu verbreiten, zu vertiefen und zu institutionalisieren. Der Unternehmer verwandelt sich in den flexiblen, kurzfristige Vorteile maximierenden „Arbitrageur". So nähert sich die Wirklichkeit immer mehr dem neoklassischen Szenario perfekter Konkurrenz, vollständiger Information, friktionsloser Anpassung an. Aber, wir haben bereits darauf hingewiesen: Es würde sich um eine statische Welt ohne Entwicklung, Wachstum und Profite handeln. Was sich durch das Erscheinungsbild ständig wachsender Flexibilität und Turbulenz hindurch durchsetzt ist – Stagnation. Unter kapitalistischen Voraussetzungen kann das nur bedeuten: Niedergang.

251

Parallele Phänomene lassen sich auch auf dem Arbeitsmarkt beobachten. Wir haben bereits auf die Tendenz zur Entwertung beruflicher und betrieblicher Ausbildungsinvestitionen hingewiesen: Für Individuen wie für die Firmen wird es offensichtlich immer riskanter, sich langfristig auf den Erwerb einer spezialisierten betrieblichen oder beruflichen Qualifikation festzulegen. Die Ausbildungssysteme geraten unter Flexibilisierungs- und Veränderungsdruck und sind damit immer weniger geeignet, Bewerber von Selbstvermarktungszwängen zu entlasten. Die Fähigkeit zur *symbolischen Demonstration* von Kompetenz und Anpassungsfähigkeit – neuerdings als „employability" firmierend – avanciert selbst zu einer „Schlüsselqualifikation". Qualifikationen gewinnen damit einen zunehmend „reflexiven" Charakter: nicht mehr das wirkliche (und damit immer spezialisierte) Können ist entscheidend, sondern die Fähigkeit zur Inszenierung des eigenen Könnens und der eigenen Bereitschaft, flexibel zwischen unterschiedlichsten Aufgaben und Positionen zu wechseln. Das oben ausführlich erörterte Konstrukt des „Arbeitskraft-Unternehmers" findet wohl vor allem deshalb heute so viel Aufmerksamkeit, weil es den idealen Fluchtpunkt dieser Zumutung, Unvereinbarkeiten zu vereinbaren, darstellt. Eine ähnlich weitgehende Flexibilität wird den Beschäftigten dort abverlangt, wo sie sich in privaten Pensionsfonds versichern: Im Interesse der Sicherung der eigenen Rente müssen sie feindliche Übernahmen, radikale Restrukturierungen bis hin zur eigenen Entlassung akzeptieren (Misik 1997). Wirkliche Individuen müssen sich durch derart kontradiktorische Erwartungen grenzenlos überfordert fühlen. Wer das nötige Geschick bei der Selbstinszenierung und das erforderliche finanzielle, soziale und kulturelle Kapital nicht mitbringt (oder wer nicht dazu bereit ist), gerät unter die Räder. Traditionelle Ideale des Lernens und der Bildung der Persönlichkeit werden obsolet. Herangezüchtet wird ein flexibler, ebenso pragmatischer wie opportunistischer Charaktertypus, der nicht länger in der Lage ist, weiter ausholende biographische Spannungsbögen aufzubauen und sich selbst ambitionierte Ziele zu setzen. Gerade weil er unaufhörlich „lernt", gerät ihm die biographische Dimension seiner eigenen Existenz aus dem Blick[1]. Wieder stoßen wir auf das Phänomen der Koexistenz manifester „Turbulenz" und faktischer Stagnation.

Der untergegangene tayloristisch-fordistische Großmythos hatte seine Anziehungskraft noch daraus gewonnen, dass er konkrete Aussagen darüber machte, wie der Erfolg des Kapitalismus durch geeignete Strategien organisatorisch-technischer Rationalisierung sowie durch eine die unternehmerische Initiative und den allgemeinen Wohlstand fördernde institutionelle

---

1 „Eine lebenslange Planung" - so führen Keup/Straus/Straus (2000: 242/43) aus - „ist heute für die Jugendlichen wenig sinnvoll, weil völlig unrealistisch - und sie wissen das. Sie sind deshalb bereit, mit einer situativen Orientierung, mit erhöhten Planungsunsicherheiten zu leben und z.B. in mehrere Ausbildungen zu investieren. Die Verkürzung von Zukunftsperspektiven resultiert in einer situativen Orientierung von Identitätsbildung, die besonders bei Jugendlichen mit schlechter Ressourcenlage ausgeprägt ist."

Ordnung zu sichern sei und seine Versprechungen zu einem guten Teil auch halten konnte. Der heutige Turbo-Kapitalismus dagegen möchte die Menschen direkt mit der ganzen Komplexität der Möglichkeiten des Geldes konfrontieren und macht den finanziellen Erfolg zum unmittelbaren Maßstab allen Handelns. An die Stelle der Idee einer bestimmten institutionellen Ordnung setzt er die der globalen Konkurrenz der Institutionen. Fast noch radikaler als der asketische Protestantismus predigt er die Idee des „deus absconditus": Er legt alle Betonung auf das Heil, das in dem finanziellen Erfolg als solchem liegt, vermeidet aber alle Festlegungen bezüglich des „Wie". Die traditionellen Tugenden beruflicher Tüchtigkeit und kaufmännischer Redlichkeit verlieren ihren Sinn. Gepredigt werden nur noch Vermeidungsimperative: Flexibilität, Mobilität, lebenslanges Lernen, kurz: die unbeschränkte Verantwortlichkeit des Individuums für sein eigenes Schicksal. Jede(r) muss seinen (ihren) Weg zum Erfolg selbst finden. Die Entwicklung von Rezepten dafür, wie man Geld macht, ist selbst zu einem florierenden Geschäftszweig geworden, wie der Boom der Beratungsindustrien zeigt. Eine derartig zugespitzte „Gesinnungsethik" des Geldes muss, ähnlich wie in der von Max Weber beschriebenen parallelen Situation der traditionellen Religionen, die Konflikte zwischen Ethik und Welt auf unerträgliche Weise verschärfen. Sie bedeutet das Ende sozialer Reziprozität und jeder „Brüderlichkeit": Wer Erfolg hat, ist dafür niemandem verpflichtet, wer nicht, darf sich bei niemandem mehr darüber beschweren.[2] Die unvermeidliche Folge sind Wirklichkeitsverlust und Heuchelei: Der Turbo-Kapitalismus entpuppt sich als Mimikry-Kapitalismus. Der normale lebenspraktische Opportunismus der Individuen regt sich. Es können sich nicht alle in Mönche des Geldes verwandeln.

Eine sich als Wirklichkeitswissenschaft verstehende Industriesoziologie gewinnt in dieser Situation neue Aktualität. Vor die Wahl gestellt, sich an den Inszenierungen des Mimikry-Kapitalismus zu beteiligen, oder sich der historischen Diagnose zu widmen, kann ihre Aufgabe nur in Letzterem bestehen. Die Wirklichkeit, auf die sie dabei stößt, bietet freilich alles andere als großartige Visionen und Aufbrüche in immer neue Horizonte, sondern ein eher ernüchterndes Bild: Sinkende wirtschaftliche Wachstumsraten, knapper werdende natürliche Ressourcen, Zunahme der Umweltprobleme. Die Endlichkeit der Möglichkeiten des Menschen tritt ebenso in den Blick wie die Zunahme der gesellschaftlichen Verflechtungen und Interdependenzen, und das heißt: der wechselseitigen *Bedürftigkeit* der Individuen auf globaler wie lokaler Ebene. Mit ihr entstehen neue, komplexere Vergesellschaftungsformen jenseits von „Markt" und „Hierarchie", die den Menschen ihre eigene Gesellschaftlichkeit zu Bewusstsein bringen. Auch die Religion des Geldes muss, wie alle Religionen, auf die Erde herabgeholt werden und erlebt ihre Götterdämmerung. Diese Götterdämmerung sichtbar zu machen, ist die historische Aufgabe, bei der die Soziologie heute gefragt ist.

---

2 Siehe hierzu nur die Predigten des Unternehmensberaters R. Sprenger (2000b)

Literatur

Aglietta, M. (1979): A Theory of Capitalist Regulation. The US Experience, London (Orig.: Régulation et crises du capitalisme, Paris 1976)

Akerlof, G.A. (1983): Labour Contracts as Partial Gift Exchange, in: Quarterly Journal of Economics 97, 543-69

Alston, J.P (1986): The American Samurai. Blending American and Japanese Practices, New York

Altmann, N./Bechtle, G./Lutz, B. (1978): Betrieb-Technik-Arbeit. Elemente einer soziologischen Analytik technisch-organisatorischer Veränderungen, Frankfurt/M..

Altmann, N./Deiß, M./Döhl V./Sauer, D. (1986): Ein neuer Rationalisierungstyp – neue Anforderungen an die Industriesoziologie, in: Soziale Welt 37, 191-207

Altvater, E./Mahnkopf, B. (1996): Grenzen der Globalisierung. Ökonomie, Ökologie und Politik in der Weltgesellschaft, Münster

Alvarez, J.L. (ed.) (1998): The Diffusion and Consumption of Business Knowledge, London

Alvesson, M./Berg, P.O. (1992): Corporate Culture and Organizational Symbolism, Berlin/New York

Anderson, P./Tushman, M.L. (1990): Technical Discontinuities and Dominant Designs: A Cyclical Model of Technical Change, in: Administrative Science Quarterly 35, 604-633

Anthony, P.D. (1975): The Ideology of Work, London

Argyris, C./Schön R. (1978): Organizational Learning: A Theory of Action Perspective, Reading

Arnason, J.P. (1988): Praxis und Interpretation. Sozialphilosophische Studien, Frankfurt/M.

Arnason, J.P. (1997): Social Theory and Japanese Experience. The Dual Civilization, London and New York

Aron, R. (1964): Die industrielle Gesellschaft, 18 Vorlesungen, Frankfurt/M. (Original: Dix-huit Lecons sur la Societé Industrielle, Paris 1962)

Asdonk, J./Bredeweg, U./Kowol, U. (1991): Innovation als ein rekursiver Prozess. Zur Theorie und Empirie der Technikgenese am Beispiel der Produktionstechnik, in: Zeitschrift für Soziologie 20, 290-304

Axelrod, R. (1984): The Evolution of Cooperation, New York (dt.: Die Evolution der Kooperation, München 1988)

Bachmann, R. (1998): Kooperation, Vertrauen und Macht in Systemen Verteilter Künstlicher Intelligenz, in: T. Malsch (Hrsg.): Sozionik. Soziologische Ansichten über künstliche Sozialität, Berlin, 197-234

Backhaus, H.G. (2000): Die „Verrücktheit" des Geldes aus der Perspektive der Marx'schen Analyse des Geldfetischs, in: Der blaue Reiter. Journal für Philosophie, 11: 107-114

Bacon, N./Storey, J. (1996): Individualism and Collectivism and the Changing Role of Trade Unions, in: P. Ackers/C. Smith/P. Smith (eds.): The New Workplace and Trade Unionism, London, 41-76

Baecker, D. (1988): Information und Risiko in der Marktwirtschaft, Frankfurt/M.

Baecker, D. (1993): Die Form des Unternehmens, Frankfurt/M.

Baethge, M. (1991): Arbeit, Vergesellschaftung, Identität. Zur zunehmenden normativen Subjektivierung der Arbeit, in: Soziale Welt 42, 6-19

Baethge, M. (2000): Abschied vom Industrialismus. Konturen einer neuen gesellschaftlichen Ordnung der Arbeit, in: Soziologisches Forschungsinstitut Göttingen (SOFI), Mitteilungen Nr. 28, 87-102

Baethge, M./Oberbeck, H. (1986): Die Zukunft der Angestellten. Neue Technologien und berufliche Perspektiven in Büro und Verwaltung, Frankfurt/M.

Baethge, M./Denkinger, J./Kadritzke, U. (1995): Das Führungskräfte-Dilemma. Manager und industrielle Experten zwischen Unternehmen und Lebenswelt, Frankfurt/M.

Baethge, M./Baethge-Kinski, V. (1998): Jenseits von Beruf und Beruflichkeit? Neue Formen der Arbeitsorganisation und Beschäftigung und ihre Bedeutung für eine zentrale Kategorie gesellschaftlicher Integration. in: Mitteilungen des Instituts für Arbeits- und Berufsforschung 3, 461-472

Bahnmüller, R. (1998): Tarifpolitik und Beteiligung. Innergewerkschaftliche Willensbildung und zwischenverbandliche Kompromissbildung am Beispiel der „Tarifreform 2000" der IG Metall in Baden-Württemberg, Münster

Bahrdt, H.P. (1958): Industriebürokratie, Stuttgart

Bahrdt, H.P. (1968): Die Krise der Hierarchie im Wandel der Kooperationsformen, in: R. Mayntz (Hrsg.): Bürokratische Organisation, Köln, 126-134

Bahrdt, H.P. (1975): Erzählte Lebensgeschichten von Arbeitern, in: M. Osterland (Hrsg.): Arbeitssituation, Lebenslage und Konfliktpotential, Frankfurt/M.

Bahrdt, H.P. (1982): Die Industriesoziologie – eine spezielle Soziologie? in: G. Schmidt/H.J. Braczyk/J.v.d. Knesebeck (Hrsg.): Materialien zur Industriesoziologie. Sonderheft 24/1982 der Kölner Zeitschrift für Soziologie und Sozialpsychologie

Bainbridge, L. (1987): Ironies of Automation. In: Rasmussen, J.u.a. (ed.): New Technology-an Human Error, Chicester

Baldamus, W. (1967): Efficiency and Effort. An analysis of industrial administration

Baudrillard, J. (1998): The Consumer Society, London (Original: La societé de consommation, Paris 1970)

Bechtle, G. (1980): Betrieb als Strategie. Theoretische Vorarbeiten zu einem industriesoziologischen Konzept, Frankfurt/M.

Beck, U. (1986): Risikogesellschaft. Auf dem Weg in eine andere Moderne, Frankfurt/M.

Beck, U. (1999): Schöne neue Arbeitswelt. Vision: Weltbürgergesellschaft, Frankfurt/M.

Beck, U./Brater M. (1978): Berufliche Arbeitsteilung und soziale Ungleichheit. Eine gesellschaftlich-historische Theorie der Berufe, Frankfurt/M.

Beck, U./Giddens, S./Lash, S (1996): Reflexive Modernisierung. Eine Kontroverse, Frankfurt/M.

Beckenbach, N./van Treeck W. (Hrsg.) (1994): Umbrüche gesellschaftlicher Arbeit. Sonderband 9 der Sozialen Welt, Göttingen

Beckert, J. (1997): Grenzen des Marktes. Die sozialen Voraussetzungen wirtschaftlicher Effizienz, Frankfurt/M.

Beckert, J. (1999): Agency, Entrepreneurs and Institutional Change. The Role of Strategic Choice and Institutionalized Practices in Organizations, in: Organization Studies 20, 777-799

Beckert, J. (2000): Economic Action and Embeddedness: The Problem of the Structure of Action, Manuskript, Berlin

Bell, D. (1976): Die nachindustrielle Gesellschaft, Frankfurt/M. (Original: The Coming of Post-Industrial Society. A Venture in Social Forecasting, New York 1973)

Bendix, R. (1956): Work and Authority in Industry, New York

Benjamin, W. (1991): Kapitalismus als Religion, in: W. Benjamin: Gesammelte Schriften, Hrsg. unter Mitwirkung von T.W.Adorno, H. Schweppenhäuser und G. Scholem, Band VI, 100-103, Frankfurt/M.

Benz-Overhage, K./Brumlop, E./Freyberg, Th.v./Papadimitriou, Z. (1982): Neue Technologien und alternative Arbeitsgestaltung. Auswirkungen des Computereinsatzes in der industriellen Produktion, Frankfurt/M. 1982

Berger, J. (1995): Warum arbeiten die Arbeiter? Neomarxistische und neodurkheimianische Erklärungen, in: Zeitschrift für Soziologie 24, 407-421

Berger, J./Offe, C. (1984): Die Zukunft des Arbeitsmarktes. Zur Ergänzungsbedürftigkeit eines versagenden Allokationsprinzips, in: C. Offe (Hrsg.): „Arbeitsgesellschaft": Strukturprobleme und Zukunftsperspektiven, Frankfurt/M., 87-118

Berger, P. (1996): Individualisierung. Opladen

Berger, P./Luckmann, T. (1969): Die gesellschaftliche Konstruktion der Wirklichkeit. Eine Theorie der Wissenssoziologie, Frankfurt/M.

Berger, U. (1984): Wachstum und Rationalisierung der industriellen Dienstleistungsarbeit: Zur ‚lückenhaften Rationalität' der Industrieverwaltung, Frankfurt/M.

Berger, U. (1993): Organisationskultur und der Mythos der kulturellen Integration, in: W. Müller-Jentsch (Hrsg.): Profitable Ethik-effiziente Kultur. Neue Sinnstiftungen durch das Management? München und Mering, 11-38

Berger, U./Offe, C. (1984): Das Rationalisierungsdilemma der Angestelltenarbeit, in: C. Offe (Hrsg.): ‚Arbeitsgesellschaft'. Strukturprobleme und Zukunftsperspektiven, Frankfurt/M., 271-290

Bergmann, J./Jacobi, O./Müller-Jentsch, W. (1975): Gewerkschaften in der Bundesrepublik. Gewerkschaftliche Lohnpolitik zwischen Mitgliederinteressen und ökonomischen Systemzwängen, Frankfurt/M.

Berle, A.A. (1967): Macht ohne Eigentum, Meisenheim (Original: Power without Property, New York 1959)

Berle, A.A./Means, G. C. (1968): The Modern Corporation and Private Property (Revised Edition), New York

Beyer, J. (1998): Managerherrschaft in Deutschland? 'Corporate Governance' unter Verflechtungsbedingungen, Wiesbaden 1998

Biernacki, R. (1995): The Fabrication of Labour. Germany and Britain 1640-1914, University of California Press, Berkeley

Biesecker, A./Winterfeld, U.v. (2000): Vergesessene Arbeitswirklichkeiten, in: U. Beck (Hrsg.): Die Zukunft von Arbeit und Demokratie, Frankfurt/M., 269-286

Binswanger, M. (1994): Wirtschaftswachstum durch ‚Profits without Production'? In: P.v. Flotow/C. Binswanger (Hrsg.): Geld und Wachstum, Stuttgart, 161-185

Blauner, R. (1964): Alienation and Freedom, Chicago

Blossfeld, H.P./Mayer, K.U. (1988): Arbeitsmarktsegmentation in der Bundesrepublik Deutschland – Eine empirische Überprüfung der Segmentationstheorien aus der Perspektive des Lebenslaufs, in: Kölner Zeitschrift für Soziologie und Sozialpsychologie 40, 262-283

Bögenhold, D. (1996): Das Dienstleistungsjahrhundert. Kontinuitäten und Diskontinuitäten in Wirtschaft und Gesellschaft, Stuttgart

Bögenhold, D./Leicht, R. (2000): „Neue Selbstständigkeit" und Entrepreneurship: Moderne Vokabeln und damit verbundene Hoffnungen und Irrtümer, in: WSI-Mitteilungen 53, 779-787

Böhle, F. (1994): Negation und Nutzung subjektivierenden Arbeitshandelns bei neuen Formen qualifizierter Produktionsarbeit, in: N. Beckenbach, N. v. Treeck (Hrsg.): Umbrüche gesellschaftlicher Arbeit. Sonderband 9 der Sozialen Welt, Göttingen, 183-208

Böhle, F./Rose, H. (1992): Technik und Erfahrung. Arbeit in hochautomatisierten Systemen, Frankfurt/M.

Bosch, G. (2000): Entgrenzung der Erwerbsarbeit – Lösen sich die Grenzen zwischen Erwerbsarbeit und Nichterwerbsarbeit auf? in: H. Minssen (Hrsg.): Begrenzte Entgrenzungen. Wandlungen von Organisation und Arbeit, Berlin, S. 249-268

Bosch, G./Zühlke-Robinet, K. (2000): Der Bauarbeitsmarkt. Soziologie und Ökonomie einer Branche, Frankfurt/M.

Bowles, S./Gintis, H. (1993): The Revenge of Homo Economicus: Contested Exschange and the Revival of Political Economy. Journal of Economic Perspectives 7, 83-102

Boyer, R. (1986): La théorie de la régulation: une analyse critique, Paris (engl. Übersetzung Columbia Press 1988)

Braczyk, J.v.d. Knesebeck (Hrsg.) (1982): Materialien zur Industriesoziologie, Sonderheft 24 der Kölner Zeitschrift für Soziologie und Sozialpsychologie, Opladen, S. 11-15

Braczyk, H.J./Cooke, P./Heidenreich, M. (eds.) (1998): Regional Innovation Systems. The role of governances in a globalized world, London

Brandes, W./Weise, P. (1999): Arbeitsbeziehungen zwischen Markt und Hierarchie, in: W. Müller-Jentsch (Hrsg.): Konfliktpartnerschaft. Akteure und Institutionen der industriellen Beziehungen, 3. Aufl., München und Mering, 13-30

Brandt, G. (1989): Arbeit, Technik und gesellschaftliche Entwicklung. Transformationsprozesse des modernen Kapitalismus, Aufsätze 1971-1987, Frankfurt/M.

Braun, S./Fuhrmann J. (1970): Angestelltenmentalität, Neuwied

Braverman, H. (1977): Die Arbeit im modernen Produktionsprozess, Frankfurt/M. (Original: Labour and Monopoly Capital. The Degradation of Work in the Twentieth Century, New York 1974)

Brecher, J. (1975): Streiks und Arbeiterrevolten. Amerikanische Arbeiterbewegung 1877-1970, Frankfurt/M.

Brentano, L. (1893): Über das Verhältnis von Arbeitslohn und Arbeitszeit zur Arbeitsleistung, Leipzig, 2. Aufl. (1. Aufl. 1875)

Briefs, G. (1959): Betriebssoziologie, in: A. Vierkandt (Hrsg.): Handwörterbuch der Soziologie, Neuauflage, Stuttgart, 31-52 (Erstveröffentlichung 1931)

Briefs, G. (1965): Gewerkschaften (I), in: Handwörterbuch der Sozialwissenschaften, Vierter Band, Stuttgart, 545-561

Bröckling, U. (2000): Totale Mobilmachung. Menschenführung im Qualitäts- und Selbstmanagement, in: U. Bröckling/S. Krasmann/T. Lemke (Hrsg.): Gouvernementalität der Gegenwart. Studien zur Ökonomisierung des Sozialen, Frankfurt/M., 131-167

Brödner, P. (1985): Fabrik 2000. Alternative Entwicklungspfade in die Fabrik der Zukunft, Berlin

Brose, H.G./Hildenbrand, B. Hrsg. (1988): Vom Ende des Individuums zur Individualität ohne Ende, Opladen 1988

Brunsson, N (1989): The Organization of Hypocrisy. Talk, Decision and Action in Organizations, Chicester

Bryman, A. (1992): Charisma and Leadership in Organizations, London

Buch, H (1999): Ungeschützte Beschäftigungsverhältnisse. Scheinselbstständigkeit und geringfügige Beschäftigung auf dem deutschen Arbeitsmarkt, Frankfurt/M.

Buchan, J. (1999): Unsere gefrorenen Begierden: Was das Geld will, Köln (Original: Frozen Desire. An Inquiry into the Meaning of Money, London 1997)

Bude, H. (1997): Die Hoffnung auf den „unternehmerischen Unternehmer". In: H. Bude/S. Schleissing (Hrsg.): Junge Eliten. Selbstständigkeit als Beruf. Stuttgart, 71-80

Buhr, R. (1997): „Wenn wir hier mal nicht Schreibmaschinen bauen, das möchte ich gar nicht mehr erleben müssen!" – Betriebliche Innovationsdynamik und Produktleitbilder, in: M. Dierkes (Hrsg.): Technikgenese. Befunde aus einem Forschungsprogramm, Berlin, 37-68

Burawoy, M. (1979): Manufacturing Consent: Changes in the Labour Process under Monopoly Capitalism, Chicago

Burnham, J. (1962): The Managerial Revolution, Harmondsworth (Erstausgabe: New York 1941, dt.: Das Regime der Manager, Stuttgart 1949)

Castells, M. (1996): The Rise of the Network Society, Vol. 1, Oxford

Castoriadis, C. (1984): Gesellschaft als imaginäre Institution. Entwurf einer politischen Philosophie, Frankfurt/M. (Original: L'institution imaginaire de la societé, Paris 1975)

Chandler, A. D. Jr. (1977): The Visible Hand. The Managerial Revolution in American Business, Cambridge/Mass.

Chang, Kyung-Sup (1999): Compressed modernity and its discontents. South Korean society in transition, in: Economy and Society 28, 30-55

Clegg, H.A. (1976): The System of Industrial Relations in Britain, Third Edition, Oxford

Coleman, J.S. (1991): Grundlagen der Sozialtheorie, Bd. 1, München (Orig: Foundations of Social Theory, 1990)

Copeland, T./Koller, T/Murrin, J./McKinsey & Company, Inc. (1998): Unternehmenswert. Methoden und Strategien für eine wertorientierte Unternehmensführung, Frankfurt/M.

Croner, F. (1962): Soziologie der Angestellten, Köln

Crouch, C., Pizzorno, A. (ed.) (1978): The Resurgence of Class Conflict in Western Europe since 1968, London

Crozier, M. (1963): Le phénomène bureaucratique, Paris

Crozier, M./Friedberg, E. (1979): Macht und Organisation. Die Zwänge kollektiven Handelns, Königstein/Ts.

Cyert, R.M./March, J.G. (1963): A Behavioural Theory of the Firm, Englewood Cliffs, N.J.

Deppe, W. (1982): Drei Generationen Arbeiterleben. Eine sozio-demographische Darstellung, Frankfurt/M.

Deutschmann, C. (1981a): Das konservative Moment der Gewerkschaftsbewegung, in: Institut für Sozialforschung (Hrsg.): Gesellschaftliche Arbeit und Rationalisierung. Neuere Studien aus dem Institut für Sozialforschung in Frankfurt/M., Leviathan-Sonderheft 4, Opladen, 152-177 (dän. Übersetzung in: Kurasje 30, 1982, 5-34)

Deutschmann (1981b): Gewerkschaften und Arbeitsmarktsegmentierung. Replik auf: R.G. Heinze, K. Hinrichs, C. Offe, T. Olk: „Einheitsprobleme der Einheitsgewerkschaft" (Soziale Welt 1/81), in: Soziale Welt 32, 512-517

Deutschmann, C. (1985): Der Weg zum Normalarbeitstag. Die Entwicklung der Arbeitszeiten in der deutschen Industrie bis 1918, Frankfurt/M.

Deutschmann, C. (1987): Der „Betriebsclan", in: Soziale Welt 38, 133-147

Deutschmann, C. (1989a): Der „Clan" als Unternehmensmodell der Zukunft? in: Leviathan 17, 85-107

Deutschmann, C. (1989b): Betriebliche und gesellschaftliche Existenzsicherung in historischer Perspektive, in: G. Vobruba (Hrsg.): Der wirtschaftliche Wert der Sozialpolitik, Berlin, 31-50

Deutschmann, C. (1990a): Der Normalarbeitstag. Historische Funktion und Grenzen des industriellen Zeitarrangements, in: H. König/B.v. Greiff/H. Schauer (Hrsg.): Sozialphilosophie der industriellen Arbeit. Leviathan-Sonderheft 11/1990, Opladen, 77-95

Deutschmann (1990b): Die „Adhocracy" in modernisierungstheoretischer Sicht, in: W. Zapf (Hrsg.): Die Modernisierung moderner Gesellschaften. Verhandlungen des 25. Deutschen Soziologentages in Frankfurt am Main 1990, Frankfurt/M., 517-527

Deutschmann, C. (1993): Unternehmensberater – eine neue „Reflexionselite"? in: W. Müller-Jentsch (Hrsg.): Profitable Ethik-effizente Kultur. Neue Sinnstiftungen durch das Management, München und Mering, 57-82

Deutschmann, C. (1996a): Marx, Schumpeter und Mythen ökonomischer Rationalität, in: Leviathan 24, 323-338 (engl: Marx, Schumpeter and the Myths of Economic Rationality, in: Thesis Eleven 53, 1998, 45-64)

Deutschmann, C. (1996b): Rationalisierung als Sisyphusarbeit, in: D. Hoß/G. Schrick (Hrsg.): Wie rational ist Rationalisierung heute?Eein öffentlicher Diskurs, Stuttgart, 155-164

Deutschmann, C. (1997): Die Mythenspirale. Eine wissenssoziologische Interpretation industrieller Rationalisierung, in: Soziale Welt 47, 55-70

Deutschmann, C. (1999): Die Verheißung des absoluten Reichtums. Zur religiösen Natur des Kapitalismus, Frankfurt/M. (2. Aufl. 2001)

Deutschmann, C. (2000): Führungskräfte in der Wirtschaft: Entzauberung einer Elite? in: J. Abel/H.J. Sperling (Hrsg.): Umbrüche und Kontinuitäten. Perspektiven nationaler und internationaler Arbeitsbeziehungen. Walther Müller-Jentsch zum 65. Geburtstag, München und Mering, 69-82

Deutschmann, C. (2001): Die Gesellschaftskritik der Industriesoziologie – ein Anachronismus? Referat auf dem 30. Kongress der Deutschen Gesellschaft für Soziologie in Köln, 26.-29.9.2000 in: Leviathan 29, 58-69

Dierkes, M./Hoffmann, U./Marz, L. (1996): Visions of Technology. Social and Institutional Factors Shaping the Development of New Technologie, Frankfurt/M.

DiMaggio, P./Powell, W. (1983): The iron cage revisited: institutional isomorphism and collective rationality in organizational fields, in: American Sociological Review 48, 147-160

Dittrich E.J. (1997): Arbeitsbeziehungen im Wandel: Bulgarien, Polen, Ungarn und die Tschechische Republik im Vergleich, in: C. Heidack (Hrsg.): Arbeitsstrukturen im Umbruch, Festschrift für Prof. Dr. Dr.h.c. Friedrich Fürstenberg, 2. Aufl. München und Mering, 273-288

Dobb, M. (1970): Entwicklung des Kapitalismus. Vom Spätfeudalismus zur Gegenwart, Köln (dt. Erstausgabe 1963, Original: Studies in the Development of Capitalism, London 1946)

Dodd, N. (1994): The Sociology of Money. Economics and Reason in Contemporary Society, Cambridge

Dörr, G. (1991): Die Lücken der Arbeitsorganisation, Berlin

Dörre, K./Neubert, J. (1995): Neue Managementkonzepte und industrielle Beziehungen: Aushandlungsbedarf statt „Sachzwang Reorganisation", in: G. Schreyögg/J. Sydow (Hrsg.): Managementforschung 5. Empirische Studien, Berlin, 167-214

Dore, R. (1987): Taking Japan seriously. A Confucian Perspective on leading economic issues, London

Dosi, G. (1983): Technological paradigms and technological tracectories. The determinants and directions of technical change and the transformation of the economy, in: C. Freeman (ed.): Long waves in the world economy, London, 78-101

Dostal, W./Reinberg, A. (1999): Arbeitslandschaft 2010 – Teil 2: Ungebrochener Trend in die Wissensgesellschaft, in: IAB Kurzbericht, Nr. 10, Nürnberg

Dreher, C./Fleig, J./Harnischfeger, M./Klimmer, M (1995): Neue Produktionskonzepte in der deutschen Industrie, Berlin

Drexel, I. (1994): Gesellschaftliche Qualifikationstypen – Historisches Relikt oder notwendige Struktur? in dies. (Hrsg.): Jenseits von Individualisierung und Angleichung. Die Entstehung neuer Arbeitnehmergruppen in vier europäischen Ländern, Frankfurt/M., 33-72

Dülfer, E. (Hrsg.) (1991): Organisationskultur, 2. Aufl., Stuttgart

Dunlop-Commission (1994): Commission on the Future of Worker-Management Relations: Fact-finding report and Recommendations, Washington DC, Department of Labor and Commerce

Dunlop, J.T. (1993): Industrial Relations Systems, Rev. Ed., Boston/Mass. (Erstausgabe New York 1958)

Eberwein, W./Tholen, J. (1990): Managermentalität, Frankfurt/M.

Eckart, C. (1990): Der Preis der Zeit. Eine Untersuchung der Interessen von Frauen an Teilzeitarbeit, Frankfurt/M.

Edwards, P. (1995): The Employment Relationship, in: P. Edwards (ed.): Industrial Relations. Theory and Practice in Britain, Oxford, 3-26

Edwards R. (1981): Herrschaft im modernen Produktionsprozess, Frankfurt/M. 1981 (Original: Contested Terrain, New York 1979)

Eisenstadt, S.N. (ed.) (1986): The Origin and Diversity of Axial Age Civilizations, New York

Elster, J. (1985): Drei Kritiken am Klassenbegriff, in: N. Luhmann (Hrsg.): Soziale Differenzierung. Zur Geschichte einer Idee, Opladen, 96-118

Erd, R. (1989): Amerikanische Gewerkschaften. Strukturprobleme am Besipiel der Teamsters und der Automobilarbeiter, Frankfurt/M.

Erler, G. (1985): Frauenzimmer. Für eine Politik des Unterschieds, Berlin

Ernst, A. (1998): Aufstieg – Anreiz – Auslese. Karrieremuster und Karriereverläufe von Akedemikern in Japans Privatwirtschaft, Opladen

Ernst, B./Kieser, A. (1999): In Search of Explanations for the Consulting Explosion, Manuskript, Mannheim

Esping-Andersen, G. (1990): The Three Worlds of Welfare Capitalism, Cambridge

Esser, H. (1993): Soziologie. Allgemeine Grundlagen, Frankfurt/M.

Etzioni, A. (1975): A Comparative Analysis of Complex Organizations, London 1975

Evers, G./Wijmans, L. (2000): Selbstständige ohne Mitarbeiter: Zwischen Arbeitnehmer und Unternehmer? – Einheitlichkeit und Differenz, in: WSI-Mitteilungen 53, 788-795

Faust, M. (1998): Die Selbstverständlichkeit der Unternehmensberatung, in: J. Howaldt/R. Kopp (Hrsg.): Sozialwissenschaftliche Organisationsberatung. Auf der Suche nach einem spezifischen Beratungsverständnis, Berlin, 147-182

Faust, M. (1999): Manager und Eigentümer. Das Shareholder Value-Konzept und Corporate Governance, FATK-Arbeitspapier, Tübingen

Faust, M. (2000): Warum boomt die Managementberatung – und warum nicht zu allen Zeiten und überall? in: Soziologisches Forschungsinstitut (SOFI) Göttingen, Mitteilungen Nr. 28, Göttingen, 59-86

Faust, M./Jauch, P./Brünnecke, K./Deutschmann, C. (1999): Dezentralisierung von Unternehmen. Bürokratie- und Hierarchieabbau und die Rolle betrieblicher Arbeitspolitik, München und Mering, 3. Aufl.

Faust, M./ Jauch, P./Notz, P. (2000): Befreit und entwurzelt. Führungskräfte auf dem Weg zum „internen Unternehmer", München und Mering

Fischer, J./Gensior, S. (Hrsg.) (1995): Netz-Spannungen. Trends in der sozialen und technischen Vernetzung von Arbeit, Berlin

Fligstein, N. (1996): Markets as politics: A political-cultural approach to market institutions, in: American Sociological Review 61, 656-673

Flotow, P. v. (1995): Geld, Wirtschaft und Gesellschaft. Georg Simmels Philosophie des Geldes, Frankfurt/M.

Fourastié, J. (1954): Die große Hoffnung des Zwanzigsten Jahrhunderts, Köln (Original: Le Grand Espoir du Xxe Siècle. Progrés Technique – Progrés Économique – Progrés Social, Paris 1952)

Fox, A. (1974): Beyond Contract. Work, Power and Trust Relations, London

Franz, P. (1999): Reproduktionsfallen hochindividualisierter Gesellschaften, in: C. Honegger/S. Hradil/F. Traxler (Hrsg.): Grenzenlose Gesellschaft? Verhandlungen des 29. Kongresses der Deutschen Gesellschaft für Soziologie/16. Kongresses der österreichischen Gesellschaft für Soziologie/11. Kongresses der Schweizerischen Gesellschaft für Soziologie in Freiburg/Br., 1998, Opladen, 234-246

Franzpötter, R. (2000): Der „unternehmerische" Angestellte – Ein neuer Typus der Führungskraft in entgrenzten Interorganisationsbeziehungen, in: H. Minssen (Hrsg.): Begrenzte Entgrenzungen. Wandlungen von Organisation und Arbeit, Berlin, 163-176

Freeman, R.B./Medoff, J.L. (1984): What Do Unions Do? New York

Freeman, C./Perez, C. (1988): Structural Crises of Adjustment, Business Cycles and Investment Behaviour, in: G. Dosi/C. Freeman/R. Nelson/G. Silverberg/L. Soete (eds.): Technical Change and Economic Theory, London, 38-65

Frenkel, S.J./Korczynski, M./Shire, K.A./Tam, M (1999): On the Front Line. Organization of Work in the Information Economy, New York

Freyberg, T.v. (1989): Industrielle Rationalisierung in der Weimarer Republik. Untersucht an Beispielen aus dem Maschinenbau und der Elektroindustrie, Frankfurt/M.

Friedeburg, L.V. (1963): Soziologie des Betriebsklimas, Frankfurt/M.

Friedman, A. (1977): Industry and Labour: Class Struggle at Work and Monopoly Capitalism, London

Friedman, A. (1987): Managementstrategien und Technologie. Auf dem Weg zu einer komplexen Theorie des Arbeitsprozesses, in: E. Hildebrandt/R. Seltz Hrsg.: Managementstrategien und Kontrolle. Eine Einführung in die Labour Process Debate

Friedmann, G. (1952): Der Mensch in der mechanisierten Produktion, Köln (Original: Problèmes humains du Machinisme industriel, Paris 1946)

Friedmann, G. (1953): Zukunft der Arbeit, Köln (Original: Ou va le travail humain? Paris 1950)

Friedmann G. (1959): Grenzen der Arbeitsteilung, Frankfurt/M. (Original: Le travail en miettes, Paris 1955)

Friedrich Ebert-Stiftung et al. (1981): Ein Programm und seine Wirkungen. Analyse von Zielen und Aspekten zur Forschung „Humanisierung des Arbeitslebens". Schriftenreihe Humanisierung des Arbeitslebens, Bd. 31, Frankfurt/M.

Friedrichs, J. (Hrsg.) (1998): Die Individualisierungsthese, Opladen

Froud, J./Haslam, C./Suikdev, J./Williams, K. (2000): Shareholder value and financialization: consultancy promises, management moves, in: Economy and Society 29, 80-110

Fürstenberg, F. (1972): Japanische Unternehmensführung. Management-Strukturen in der japanischen Industrie, Zürich

Fürstenberg, F (1977): Soziale Unternehmenspolitik. Strategien und Perspektiven, Berlin

Fürstenberg, F. (1997): Wirtschaftsbürger in der Berufsgesellschaft? Zürich

Fürstenberg, F. (2000): Berufsgesellschaft in der Krise. Auslaufmodell oder Zukunftspotential, Berlin

Funder, M. (1999): Paradoxien der Reorganisation. Eine empirische Studie strategischer Dezentralisierung von Konzernunternehmungen und ihrer Auswirkungen auf Mitbestimmung und Industrielle Beziehungen, München und Mering

Furusten, S. (1998): The Creation of Popular Management Texts, in: J.L. Alvarez (ed.): The Diffusion and Consumption of Business Knowledge, London, 141-163

Galbraith, J.K. (1968): Gesellschaft im Überfluss, München

Ganßmann, H. (1996): Geld und Arbeit, Frankfurt/M.

Geck, A. (1953): Soziale Betriebsführung, Essen

Gehlen, A. (1957): Die Seele im technischen Zeitalter. Sozialpsychologische Probleme in der industriellen Gesellschaft, Hamburg

Geiger, T. (1932): Die soziale Schichtung des deutschen Volkes, Braunschweig

Geißler, R. (1996) Die Sozialstruktur Deutschlands, 2. Aufl. Opladen

Gerloff, W. (1952): Geld und Gesellschaft. Versuch einer gesellschaftlichen Theorie des Geldes, Frankfurt/M.

Giddens, A. (1973): The Class Structures of Advanced Societies, London (dt.: Die Klassenstruktur fortgeschrittener Gesellschaften, Frankfurt/M. 1984)

Gildemeister, R./Wetterer, A. (1995): Wie Geschlechter gemacht werden. Die soziale Konstruktion der Zweigeschlechtlichkeit und ihre Reifizierung in der Frauenforschung, in: G. Axeli-Knapp/A. Wetterer (Hrsg.): Traditionen, Brüche. Entwicklungen feministischer Theorie, Freiburg Br., 2. Aufl., 201-254

Goffman, E. (1973): Asyle, Frankfurt/M.

Goldthorpe, J.H./Lockwood D./Bechhofer, F./Platt, J. (1968): The Affluent Worker. Industrial Attitudes and Behaviour, Cambridge (Dt.: Der 'wohlhabende' Arbeiter in England, Bd. I-III, München 1970).

Gottschall, K. (1990): Frauenarbeit und Bürorationalisierung. Zur Entstehung geschlechtsspezifischer Trennungslinien in großbetrieblichen Verwaltungen, Frankfurt/M.

Gouldner, A. (1954): Patterns of Industrial Bureaucracy, Glencoe

Grabher, G. (ed.) (1993): The Embedded Firm. On the Socio – Economics of Industrial Networks. London

Granovetter, M (1985): Economic Action and Social Structure. The Problem of Embeddedness, in: American Journal of Sociology 91, 481-510

Gray, J. (1999): Die falsche Verheißung. Der globale Kapitalismus und seine Folgen, Berlin (Original: False Dawn. The Delusions of Globalized Capitalism, London 1998)

Groß, P. (1994): Die Multioptionsgesellschaft, Frankfurt/M.

Habermas, J. (1962): Strukturwandel der Öffentlichkeit, Neuwied

Habermas (1968): Technik und Wissenschaft als 'Ideologie', Frankfurt/M.

Habermas, J. (1981): Theorie des kommunikativen Handelns, Band I und II, Frankfurt/M.

Hack, L. (1987): Die dritte Phase der industriellen Revolution ist keine „technische Revolution", in: G. Bechmann/W. Rammert (Hrsg.): Jahrbuch 4 Technik und Gesellschaft, Frankfurt/M., 26-60

Hack, L./Hack I. (1985): Die Wirklichkeit, die Wissen schafft, Frankfurt/M.

Halfmann, J. (1997): Die Implementation von Innovationen als Prozess sozialer Einbettung, in: D. Bieber (Hrsg.): Technikentwicklung und Industriearbeit. Industrielle Produktionstechnik zwischen Eigendynamik und Nutzerinteressen, Frankfurt/M., 87-110

Hall, J.R. (ed.) (1997): Reworking class, Ithaca and London

Haller, M. (1999): Soziologische Theorie im systematisch-kritischen Vergleich, Opladen

Hartmann, H. (1968): Der deutsche Unternehmer. Autorität und Organisation, Frankfurt/M. (Original: Authority and Organization in German Management, Princeton 1959)

Hartmann, M. (1996): Top-Manager. Die Rekrutierung einer Elite, Frankfurt/M.

Hauser, R. (1997): Wächst die Armut in Deutschland? in: S. Müller/U. Otto (Hrsg.): Armut im Sozialstaat. Gesellschaftliche Analysen und sozialpolitische Konsequenzen, Neuwied, S. 29-48

Haussherr, H. (1955): Wirtschaftsgeschichte der Neuzeit, Weimar

Hax, K. (1969): Betriebliche Sozialpolitik als Teilbereich der Unternehmenspolitik, in: Ders. (Hrsg.): Personalpolitik und Mitbestimmung, S. 119-133, Köln

Heckscher, C. (ed.) (1994): The Post-bureaucratic Organization: New Perspectives on Organizational Change, Thousand Oaks/Cal.

Heidenreich, M./Schmidt, G. (Hrsg.) (1991): International vergleichende Organisationsforschung, Opladen

Heinsohn, G./Steiger, O. (1996): Eigentum, Zins und Geld. Ungelöste Rätsel der Wirtschaftswissenschaft, Reinbek

Heintz, B. (1993): Die Herrschaft der Regel. Zur Grundlagengeschichte des Computers, Frankfurt/M.

Heintz, B./Nadai, E. (1998): Geschlecht und Kontext. De-Institutionalisierung und geschlechtliche Differenzierung, in: Zeitschrift für Soziologie 27, 75-93

Heinze, R.G./Schmidt, J./Strünck, C. (1999): Vom Wohlfahrtsstaat zum Wettbewerbsstaat. Arbeitsmarkt- und Sozialpolitik in den 90-er Jahren, Opladen

Hellpach, W. , Lang, R. (1922): Gruppenfabrikation, Berlin

Herkommer, S./Bierbaum H. (1979): Industriesoziologie. Bestandsaufnahme, Kritik, Weiterentwicklung, Stuttgart

Heymann, C. (1989): Betriebliche Sozialleistungen. Neue Trends im Sozialleistungssystem, Konstanz

Hilbert, J./Sperling, H.J./Fretschner, R. (1999): Interessenvertretung in Klein- und Mittelbetrieben, in: W. Müller-Jentsch (Hrsg.): Konfliktpartnerschaft. Akteure und Institutionen der industriellen Beziehungen, 3. Aufl., München und Mering, 257-272

Hildebrandt, E./Seltz, R. (Hrsg.) (1987): Managementstrategien und Kontrolle. Eine Einführung in die Labour Process Debate, Berlin

Hilferding, R. (1968): Das Finanzkapital. Studie über die jüngste Entwicklung des Kapitalismus, Frankfurt/M. (Erstausgabe 1912)

Hinrichs, P. (1981): Um die Seele des Arbeiters. Arbeitspsychologie, Industrie- und Betriebssoziologie in Deutschland 1871-1945, Köln

Hinterhuber, A. (2000): Der Shareholder Value und seine Grenzen, in: Frankfurter Allgemeine Zeitung vom 31.7.2000

Hirsch, P.M. (1993): Undoing the Managerial Revolution? Needed Research on the Decline of Middle Management and Internal Labor Markets, in: R. Swedberg (ed.): Explorations in Economic Soziology, New York, 145-160

Hirsch-Kreinsen, H. (2000): Industriesoziologie in den 90ern. Arbeitspapier des Lehrstuhls Technik und Gesellschaft Nr. 6, Universität Dortmund

Hochschild, A.R. (1983): The Managed Heart. Commercialization of Human Feeling, University of California Press, Berkeley and Los Angeles (dt.: Das gekaufte Herz. Zur Kommerzialisierung der Gefühle, Frankfurt/M. 1990)

Hochschild, A.R. (1994): The Time Bind. When Work Becomes Home and Home Becomes Work, New York

Holtgrewe, U./Voswinkel, S./Wagner, G. (2000): Für eine Anerkennungssoziologie der Arbeit, Einleitende Überlegungen, in Dies. (Hrsg.): Anerkennung und Arbeit, Konstanz, 9-26

Homburg, H. (1982): Externer und interner Arbeitsmarkt. Zur Entstehung und Funktion des Siemens-Werkvereins 1906-1918. In: T. Pierenkemper/R. Tilly (Hrsg.): Historische Arbeitsmarktforschung, Göttingen

Honneth, A. (1985): Kritik der Macht, Frankfurt/M.

Honneth, A. (1992): Kampf um Anerkennung. Zur moralischen Grammatik sozialer Konflikte, Frankfurt/M.

Honneth, A. (1996): Die soziale Dynanik von Missachtung, in: Institut für Sozialforschung, Mitteilungen 7, 13-32

Horkheimer, M./Adorno, T.W. (1987): Dialektik der Aufklärung, in: M. Horkheimer: Gesammelte Schriften, Bd. 5, Hrsg. v. G. Schmid Noerr, Frankfurt/M. (Erstausgabe: Amsterdam 1947)

Howaldt, J./Kopp, R. (Hrsg.) (1998): Sozialwissenschaftliche Organisationsberatung. Auf der Suche nach einem spezifischen Beratungsverständnis, Berlin

Huber, J. (1998): Vollgeld. Beschäftigung, Grundsicherung und weniger Staatsquote durch eine modernisierte Geldordnung, Berlin

Hübner, K. (1988): Die Krisentheorien der Regulationisten, in: B. Mahnkopf (Hrsg.): Der gewendete Kapitalismus, Münster 1988, 29-74

Hunt, G./Rayside, D. (2000): Labor Union Response to Diversity in Canada and the United States, in: Industrial Relations 39, 401-444

ILO (International Labour Office; 1996): World Employment 1996/97. National Policies in a Global Context, Geneva

ILO (International Labour Office; 1997): World Labour Report. Industrial Relations, Democracy and Social Stability, Geneva

Inohara, H. (1990): Human Resource Development in Japanese Companies, Tokyo

Institut für Sozialforschung (1956): Soziologische Exkurse. Nach Vorträgen und Diskussionen, Frankfurt/M.

Jackall, R. (1988): Moral Mazes. The World of Corporate Managers, Oxford University Press

Jacobs, J.A. (1989): Long-Term Trends in Occupational Segregation by Sex, in: American Journal of Sociology 95, 160-173

Jaeggi, U./Wiedemann, H. (1966): Der Angestellte in der Industriegesellschaft, Stuttgart

Jauch, P. (1997): Industriemeister und industrielle Reorganisation, München und Mering

Jauch, P./Schmidt, W. (2000): Industrielle Beziehungen im Umbruch. Die Regulierung von Lohn, Gehalt und Arbeitszeit in Deutschland und Großbritannien, München und Mering

Joas, H. (1992): Die Kreativität des Handelns, Frankfurt

Jürgens, U./Naschold, F. (Hrsg.) (1985): Arbeitspolitik, Opladen

Jürgens, U. /Rupp, J./Vitols, K. unter Mitarb. v. B. Jäschke-Werthmann (2000): Corporate Governance und Shareholder Value in Deutschland, Diskussionspapiere des Wissenschaftszentrums Berlin für Sozialforschung, WZB FS II 00-202, Berlin

Kadritzke, U. (1975): Angestellte – die geduldigen Arbeiter, Frankfurt/M.

Kadritzke, U. (1997): Die Grenzen professioneller Autonomie. Widersprüche moderner Unternehmenskulturen aus der Perspektive qualifizierter Expertenberufe, in: U. Kadritze (Hrsg.): „Unternehmenskulturen" unter Druck. Neue Managementkonzepte zwischen Anspruch und Wirklichkeit, Berlin, 123-162

Kaelble, H. (1983): Soziale Mobilität und Chancengleichheit im 19. und 20. Jahrhundert, Göttingen

Kasper, M./Streit, M.E. (1998): Institutional Economics. Social Order and Public Policy, Cheltenham

Kaufmann, F. X. (1995): Zukunft der Familie im vereinten Deutschland. Gesellschaftliche und politische Bedingungen, München

Keller, B. (1997a): Einführung in die Arbeitspolitik. Arbeitsbeziehungen und Arbeitsmarkt in sozialwissenschaftlicher Perspektive, 5. Aufl. München

Keller, B. (1997b): International vergleichende Arbeitsbeziehungen: USA-Deutschland, in: C. Heidack (Hrsg.): Arbeitsstrukturen im Umbruch. Festschrift für Prof. Dr. Dr. h.c. Friedrich Fürstenberg, München und Mering, 227-250

Keller, B. (1997c): Europäische Arbeits- und Sozialpolitik, München

Kern, H./Schumann, M. (1970): Industriearbeit und Arbeiterbewusstsein, Frankfurt/M.

Kern, H./Schumann, M. (1984): Das Ende der Arbeitsteilung? Rationalisierung in der industriellen Produktion, München

Kern, H./Sabel, C. (1994): Verblasste Tugenden. Zur Krise des deutschen Produktionsmodells. In: N. Beckenbach/W. van Treeck (Hrsg.): Umbrüche gesellschaftlicher Arbeit. Soziale Welt, Sonderband 9, Göttingen, 605-624

Kerr, C./Dunlop, J.T./Herbinson, F.H./Myers, C.A. (1960): Industrialism and Industrial Man. The Problems of Labor and Management in Economic Growth, Cambridge

Keup, H./Straus, W./Straus, F. (2000): Civic matters: Motive, Hemmnisse und Fördermöglichkeiten bürgerschaftlichen Engagements, in: U. Beck (Hrsg.): Die Zukunft von Arbeit und Demokratie, Frankfurt/M., 217-268

Keynes, J.M. (1973): The General Theory of Employment, Interest and Money, Cambridge University Press (First edition 1936).

Kieser, A. (1996): Mythen und Moden des Organisierens, in: Die Betriebswirtschaft 56, 21-39

Kieser, A. (Hrsg.) (1999): Organisationstheorien, 3. Aufl. Stuttgart

Kieser, A. (1999b): Managementlehre und Taylorismus, in Ders. (Hrsg.): Organisationstheorien, 3. Aufl., Stuttgart, 65-98

Kieser, A (1999a): Human Relations-Bewegung und Organisationspsychologie, in Ders. (Hrsg.): Organisationstheorien, 3. Aufl. Stuttgart, 101-131

Kirsch, W./zu Knyphausen, B. (1991): Unternehmen als autopoetische Systeme? in: W.H. Staehle/J. Sydow (Hrsg.): Managementforschung 1, Berlin, 75-102

Knie, A. (1997): Technik als gesellschaftliche Konstruktion, Institutionen als soziale Maschinen, in: M. Dierkes (Hrsg.): Technikgenese. Befunde aus einem Forschungsprogramm, Berlin, 225-244

Knight, F. H. (1921): Risk, Uncertainity and Profit, Chicago

Knorr-Cetina, K. (1984): Die Fabrikation von Erkenntnissen, Frankfurt/M.

Knuth, M. (1998): Von der Lebensstellung zur nachhaltigen Beschäftigungsfähigkeit: Sind wir auf dem Weg zum Hochgeschwindigkeitsarbeitsmarkt? in: G. Bosch (Hrsg.): Zukunft der Erwerbsarbeit. Strategien für Arbeit und Umwelt, Frankfurt/M., 300-331

Kocka, J. (1969): Unternehmensverwaltung und Angestelltenschaft am Beispiel Siemens 1847-1914. Zum Verhältnis von Kapitalismus und Bürokratie in der deutschen Industrialisierung, Stuttgart

Kocka, J, (1977): Angestellte zwischen Faschismus und Demokratie. Zur politischen Sozialgeschichte der Angestellten: USA 1890-1940 im internationalen Vergleich, Göttingen

Kocka, J. (1981): Die Angestellten in der deutschen Geschichte 1850-1980, Göttingen

Kocka, J. (1986): Sozialgeschichte, 2. Aufl., Stuttgart

Kocka, J. (1990): Arbeitsverhältnisse und Arbeiterexistenzen. Grundlagen der Klassenbildung im 19. Jahrhundert, Bonn

Kocyba, H./Vormbusch, U. (2000): Partizipation als Managementstrategie. Gruppenarbeit und flexible Steuerung in Automobilindustrie und Maschinenbau, Frankfurt/M.

Köhler, C./Sengenberger, W. (1983): Konjunktur und Personalanpassung – Betriebliche Beschäftigungspolitik in der deutschen und amerikanischen Automobilindustrie, Frankfurt/M.

Kohli, M. (1989): Institutionalisierung und Individualisierung der Erwerbsbiographie. Aktuelle Veränderungstendenzen und ihre Folgen, in: D. Brock u.a. (Hrsg.): Subjektivität im gesellschaftlichen Wandel, München

Koike, K. (1988): Understanding Industrial Relations in Modern Japan, London

Konrad, W./Paul G. (1999): Innovation in der Softwareindustrie. Organisation und Entwicklungsarbeit, Frankfurt/M.

Kotthoff, H./Reindl, J. (1990): Die soziale Welt kleiner Betriebe, Göttingen

Kotthoff, H. (1994): Betriebsräte und Bürgerstatus. Wandel und Kontinuität betrieblicher Mitbestimmung, München und Mering

Kotthoff, H. (1997): Führungskräfte im Wandel der Firmenkultur. Quasi-Unternehmer oder Arbeitnehmer? Berlin

Kotthoff, H. (2000): Anerkennung und sozialer Austausch. Die soziale Konstruktion von Betriebsbürgerschaft, in: U. Holtgrewe/S. Voswinkel/G. Wagner (Hrsg.): Anerkennung und Arbeit, Konstanz, 27-38

Kracauer, S. (1959): Die Angestellten. Eine Schrift vom Ende der Weimarer Republik, Allensbach

Kreckel, R. (1997): Politische Soziologie der sozialen Ungleichheit, 3. Aufl., Frankfurt/M.

Krell, G. (1993): Vergemeinschaftung durch symbolische Führung, in: W. Müller-Jentsch (Hrsg.): Profitable Ethik – effiziente Kultur. Neue Sinnstiftungen durch das Management, München und Mering, 39-55

Kühl, S. (2000): Grenzen der Vermarktlichung – Die Mythen um unternehmerische Mitarbeiter, in: WSI-Mitteilungen 12, 818-828

Küpper, W./Felsch, A. (1999): Organisation, Macht und Ökonomie. Mikropolitik und die Konstitution organisationaler Handlungssysteme, Wiesbaden

Landes, D.S. (1973): Der entfesselte Prometheus. Technologischer Wandel und industrielle Entwicklung in Westeuropa von 1750 bis zur Gegenwart, Köln

Lang, T. (2000): Monetäre Globalisierung, in: Zeitschrift für Sozialökonomie, 37. Jg., Dez., 20-34

Lauterbach, W. (1991): Erwerbsmuster von Frauen. Entwicklungen und Veränderungen seit Beginn dieses Jahrhunderts, in: K.U. Mayer/J. Allmendinger/J. Huinink (Hrsg.): Vom Regen in die Traufe: Frauen zwischen Beruf und Familie, Frankfurt/M., 23-56

Lederer, E. (1979): Die Angestellten im Wilhelminischen Reich, in Ders.: Kapitalismus, Klassenstruktur und Probleme der Demokratie in Deutschland 1910-1940, 51-82, Hrsg. v. J. Kocka, Göttingen

Lempert, W./Thomssen, W. (1974): Berufliche Erfahrung und gesellschaftliches Bewusstsein, Stuttgart

Lenin, W.I (1947): Die nächsten Aufgaben der Sowjetmacht, in Ders.: Ausgewählte Werke, Band II, Moskau, 357-392

Lenz, I. (1984): Kapitalistische Entwicklung, Subsistenzproduktion und Frauenarbeit. Der Fall Japan, Frankfurt/M.

Levenstein, A. (1912): Die Arbeiterfrage. Mit besonderer Berücksichtigung der sozialpsychologischen Seite des modernen Großbetriebes und der psychophysischen Einwirkungen auf die Arbeiter, München

Littler, C. R. (1982): The Development of the Labour Process in Capitalist Societies, London

Lordon, F. (2000): La 'creation de valeur' comme rhétorique et comme practice. Généalogie et sociologie de la 'valeur actionnariale', in: L' Anneé de la régulation. Périodique annuel 4, 117-168

Loughlin, I.M. (1996): Inside the Non-Union Firm, in: P. Ackers/ C. Smith/ P. Smith (eds.): The New Workplace and Trade Unionism, London, 301-323

Luckmann, T. (1991): Die unsichtbare Religion, Frankfurt/M.

Lüde, v. R. (1996): Die Reorganisation der Fabrik und die Wiederaneignung der Arbeit. Perspektiven für Bildung und Qualifizierung in der Industriegesellschaft, Opladen

Lütge, F./Lepsius, R.M. (1954): Die soziale Stellung des Meisters im Industriebetrieb. Ergebnisse einer Befragung von Industriemeistern, München

Lüthje, B. (2001): Standort Silicon Valley. Ökonomie und Politik der vernetzten Massenproduktion, Frankfurt/M.

Lüthje, B./Scherrer, C. (Hrsg.) (1997): Jenseits des Sozialpakts – Neue Unternehmensstrategien, Gewerkschaften und Arbeitskämpfe in den USA, Münster

Lütz, S. (1997): Von der Selbstverwaltung zur Hierarchie? Börsenregulierung im Zeichen der Globalisierung von Kapitalmärkten. In: S. Hradil (Hrsg.): Differenz und Integration. Verhandlungen des 28. Deutschen Soziologentages in Dresden, Frankfurt/M., 740-749

Luhmann, N. (1964): Funktion und Folgen formaler Organisation, Berlin

Luhmann, N. (1968): Zweckbegriff und Systemrationalität. Über die Funktion von Zwecken in sozialen Systemen, Tübingen

Luhmann, N. (1984): Soziale Systeme. Grundriss einer allgemeinen Theorie, Frankfurt/M.

Luhmann, N. (1985): Zum Begriff der sozialen Klasse, in Ders. (Hrsg.): Soziale Differenzierung. Zur Geschichte einer Idee, Opladen, 119-162

Luhmann, N. (1988a): Die Wirtschaft der Gesellschaft, Frankfurt/M.

Luhmann, N. (1988b): Macht, 2. durchges. Auflage, Stuttgart (1. Aufl. 1975)

Luhmann, N. (1998): Die Gesellschaft der Gesellschaft, Erster und zweiter Teilband, Frankfurt/M.

Luhmann, N. (2000): Organisation und Entscheidung, Opladen

Lukes, S. (1974): Power. A Radikal View. London and Basingstroke

Lutz, B. (1976): Bildungssystem und Beschäftigungsstruktur in Deutschland und Frankreich – Zum Einfluss des Bildungssystems auf die Gestaltung betrieblicher Arbeitskräftestrukturen, in: Mendius, H.G. et al. (Hrsg.): Bildung-Arbeitsmarkt-Qualifikation I, Frankfurt/M., 83-151

Lutz, B. (1984): Der kurze Traum immerwährender Prosperität. Eine Neuinterpretation der industriell-kapitalistischen Entwicklung im Europa des 20. Jahrhunderts, Frankfurt/M.

Lutz, B. (1987): Arbeitsmarktstruktur und betriebliche Arbeitskräftestrategie – Eine theoretisch-historische Skizze zur Entstehung betriebszentrierter Arbeitsmarktsegmentation, Frankfurt/M.

Lutz, B. (1996): Der zukünftige Arbeitsmarkt für Industriearbeit – Entwicklungstendenzen und Handlungsbedarf, in: B. Lutz, M. Hartmann, H. Hirsch-Kreinsen (Hrsg.): Produzieren im 21. Jahrhundert, Frankfurt/M., 103-144

Lutz, B. (1998): Modernisierungsstrategie und Sozialwissenschaften, in: Schader-Stiftung (Hrsg.): Schaderpreis 1997. Burkhard Lutz, Darmstadt, 115-132

Lutz, B./Schmidt, G. (1977): Industriesoziologie, in: R. König (Hrsg.): Handbuch der empirischen Sozialforschung, Bd. 8: Beruf, Industrie, Sozialer Wandel, Stuttgart, 101-263

Lutz, B./Nickel, H.M./Schmidt R./Sorge, A. (Hrsg.) (1996): Arbeit, Arbeitsmarkt und Betriebe. Berichte zum sozialen und politischen Wandel in Ostdeutschland, Opladen

Mahnkopf, B. (Hrsg.) (1988): Der gewendete Kapitalismus. Kritische Beiträge zur Theorie der Regulation, Münster

Mallet, S. (1972): Die neue Arbeiterklasse, Berlin

Malsch, T. (1987): Die Informatisierung des betrieblichen Erfahrungswissens und der 'Imperialismus der instrumentellen Vernunft'. Kritische Bemerkungen zur neotayloristischen Instrumentalismuskritik und ein Interpretationsvorschlag aus arbeitssoziologischer Sicht, in: Zeitschrift für Soziologie 16, 77-91

Malsch, T. (Hrsg.) (1998): Sozionik. Soziologische Ansichten über künstliche Sozialität, Berlin

Malsch, T./Seltz, R. (Hrsg.) (1987): Die neuen Produktionskonzepte auf dem Prüfstand, Berlin

Mambrey, P./Pateau, M./Tepper, A. (1995): Technikentwicklung durch Leitbilder. Neue Steuerungs- und Bewertungsinstrumente, Frankfurt/M.

de Man, H. (1927): Der Kampf um die Arbeitsfreude, München

Manske, F./Mickler, O./Wolf, H. (1994): Computerisierung technisch geistiger Arbeit. Ein Beitrag zur Debatte um Formen und Folgen gegenwärtiger Rationalisierung, in: N. Beckenbach/W.v. Treeck (Hrsg.): Umbrüche gesellschaftlicher Arbeit. Sonderheft 9 der Sozialen Welt, Göttingen, 161-182

March, J./Simon, H. (1958): Organizations, New York

Marcuse, H. (1964): One Dimensional Man. Studies in the Ideology of Advanced Industrial Society, Boston (dt.: Der eindimensionale Mensch, Neuwied 1967)

Mars, F. (1998): 'Wir sind alle Seher' – Die Praxis der Aktienanalyse, Diss. Bielefeld (unveröffentlicht)

Martinelli, A. (1994): Entrepreneurship and Management, in: N. Smelser/R. Swedberg (eds.): Handbook of Economic Sociology, Princeton, N.J., 476-503

Marx, K. (1964): Die Frühschriften, Hrsg. v. S. Landshut, Stuttgart

Marx, K. (1953): Grundrisse der Kritik der Politischen Ökonomie (Rohentwurf), Berlin

Marx, K. (1968): Das Kapital, Erster Band, Berlin

Marx, K. (1969): Resultate des unmittelbaren Produktionsprozesses, Frankfurt/M.

Marz, L. (1997): Zum Beispiel die Arbeitsschauuhr. Zu einem techniksoziologischen Engpass und einem Ansatz seiner Überwindung, in: M. Dierkes (Hrsg.): Technikgenese. Befunde aus einem Forschungsprogramm, Berlin, 195-224

Matthies, H. (1999): Diskurs im Betrieb. Möglichkeiten und Grenzen einer konsensorientierten Gestaltung des Arbeitsverhältnisses, Opladen 1999

Maurer, A. (1999): Herrschaft und soziale Ordnung. Kritische Rekonstruktion und Weiterführung der individualistischen Theorietradition, Opladen

Maurice, M.F./Sorge, A./Warner, M. (1980): Societal Differences in Organizing Manufacturing Units. In: Organization Studies, No. 1, 1980

Mayntz, R. (1966): Die soziale Organisation des Industriebetriebes, 2. Aufl., Stuttgart (1. Aufl. 1958)

Mayntz, R. (1968): Max Webers Idealtypus der Bürokratie und die Organisationssoziologie, in: R. Mayntz (Hrsg.): Bürokratische Organisation, Köln, 27-35

Mayo, E. (1949): The Social Problems of an Industrial Civilization, London

Mazza, C. (1998): The Popularization of Business Knowledge Diffusion: From Academic Knowledge to Popular Culture? in: J.L. Alvarez (ed.): The Diffusion and Consumption of Business Knowledge, London, 164-181

McKinlay, A./Taylor, P. (1996): Power, Surveillance and Resistance: Inside the 'Factory of the Future', in: P. Ackers/ C. Smith/P. Smith: The New Workplace and Trade Unionsm, London, 240-278

Mensch, G. (1975): Das technologische Patt. Innovationen überwinden die Depression, Frankfurt/M.

Mense-Petermann, U, (1996): Die Verbetrieblichung der industriellen Beziehungen in Ostdeutschland als Herausforderung für das Duale System, in: Industrielle Beziehungen 3, 36-50

Meyer, J.W./Rowan, B. (1977): Institutionalized Organizations: Formal Structure as Myth and Ceremony, in: American Journal of Sociology 83, 240-363

Mickler, O./Dittrich, E./Neumann, U. (1976): Technik, Arbeitsorganisation und Arbeit. Eine Untersuchung über die automatisierte Produktion, München

Mikl-Horke, G. (1999). Historische Soziologie der Wirtschaft. Wirtschaft und Wirtschaftsdenken in Geschichte und Gegenwart, München/Wien

Mikl-Horke, G. (2000): Industrie- und Arbeitssoziologie, 5. Aufl., München

Mills, C.W. (1951): White Collar. The American Middle Classes, New York 1951

Millward, N./Bryson, A./Forth, J. (2000): All Change at Work? British Employment relations 1980-1998, as portrayed by the Workplace Industrial Relations Survey series, London

Minssen, H. (1999a): Direkte Partizipation kontra Mitbestimmung? Herausforderung durch diskursive Koordinierung, in: W. Müller-Jentsch (Hrsg.): Konfliktpartnerschaft. Akteure und Institutionen der industriellen Beziehungen, 3. Aufl., München und Mering, 129-156

Minssen, H. (1999b): Von der Hierarchie zum Diskurs? Die Zumutungen der Selbstregulation. München und Mering

Mintzberg, H. (1979): The Structuring of Organizations, Englewood Cliffs N.J.

Mintzberg, H. (1983): Power in and Around Organizations, Englewood Cliffs, N.J.

Mintzberg, H. (1991): Mintzberg über Management: Führung und Organisation, Mythos und Realität, Wiesbaden

Misik, R. (1997): Zur unpolitischen Ökonomie des Rentners. Pensionsfonds – ein Phänomen des neuesten Kapitalismus, in: Merkur 51, 955-958

Moldaschl, M. (1994): 'Die werden zur Hyäne' – Erfahrungen und Belastungen in neuen Arbeitsformen, in: M. Moldaschl/R. Schulz-Wild (Hrsg.): Arbeitsorientierte Rationalisierung. Fertigungsinseln und Gruppenarbeit im Maschinenbau, Frankfurt/M., 105-150

Moldaschl, M. (1997): Zweckrationales und reflexives Handeln. Zwei Kulturen des Managementhandelns, in: U. Kadritzke (Hrsg.): „Unternehmenskulturen" unter Druck. Neue Managementkonzepte zwischen Anspruch und Wirklichkeit, Berlin, 101-122

Moldaschl, M./Sauer, D. (2000): Internalisierung des Marktes – Zur neuen Dialektik von Kooperation und Herrschaft, in: H. Minssen (Hrsg.): Begrenzte Entgrenzungen. Wandlungen von Organisation und Arbeit, Berlin, 205-224

Moldaschl, M./Schulz-Wild, R. (Hrsg.) (1994): Arbeitsorientierte Rationalisierung. Ferigungsinseln und Gruppenarbeit im Maschinenbau, Frankfurt/M.

Montagna, P. (1990): Accounting rationality and financial legitimation, in: S. Zukin, P. DiMaggio (eds.): Structures of capital. The social organization of the economy, Cambridge, 203-226

Moore, W.E. (1948): Industrial Sociology: Status and Prospects, in: American Sociological Review 13, 382-391

Müller-Jentsch, W. (Hrsg.) (1993): Profitable Ethik – effiziente Kultur, München und Mering

Müller-Jentsch, W. (1994): Über Produktivkräfte und Bürgerrechte, in: N. Beckenbach, W.v. Treeck (Hrsg.): Umbrüche gesellschaftlicher Arbeit, Sonderheft 9 der Sozialen Welt, Göttingen, 643-661

Müller-Jentsch, W. (1997): Soziologie der industriellen Beziehungen. Eine Einführung, 2. erw. Auflage, Frankfurt/M.

Nave-Herz, R. (1996): Zeitgeschichtliche Differenzierungsprozesse privater Lebensformen – am Beispiel des veränderten Verhältnisses von Ehe und Familie, in: L. Clausen (Hrsg.): Gesellschaften im Umbruch. Verhandlungen des 27. Kongresses der deutschen Gesellschaft für Soziologie in Halle an der Saale 1995, 60-77

Neckel, S. (1999): Blanker Neid, blinde Wut? Sozialstruktur und kollektive Gefühle, in: Leviathan 27, 145-165

Neuberger, O. (1994): Personalentwicklung, Stuttgart

Noble, D.F. (1977): America by Design. Science, Technology and the Rise of Corporate Capitalism, Oxford

Noble, D.F. (1984): Forces of Production. A Social History of Industrial Automation, New York

Nohria, N./Eccles, R.G. (1998): Where does Management Knowledge come from? in: J.L. Alvarez (ed.): The Diffusion and Consumption of Business Knowledge, London, 278-304

Nolan, P./O'Donnell, K. (1995): Industrial Relations and Productivity, in: P. Edwards (ed.): Industrial Relations. Theory and Practice in Britain, Oxford, 397-433

Noll, H./Habich, R. (1990): Individuelle Wohlfahrt: Vertikale Ungleichheit oder horizontale Disparitäten?, in: P. Berger/S. Hradil (Hrsg.): Lebenslagen, Lebensläufe, Lebensstile, Sonderband 7 der Sozialen Welt, Göttingen, 153-188

Nordhause-Janz, J./Pekruhl, U. (2000): Managementmoden oder Zukunftskonzepte? Zur Entwicklung von Arbeitsstrukturen und Gruppenarbeit in Deutschland, in: Dies. (Hrsg.): Arbeiten in neuen Strukturen? Partizipation, Kooperation, Autonomie und Gruppenarbeit in Deutschland, München und Mering, 13-68

Offe, C. (Hrsg.) (1977): Opfer des Arbeitsmarktes, Neuwied

Ogilvie, S. (2000): The European Economy in the eighteenth century, in: T.C.W. Blanning (ed.): The Short Oxford History of Europe, vol. XII: The Eighteenth Century, Oxford: Oxford University Press, 91-130

Ortmann, G. (1995): Formen der Produktion. Organisation und Rekursivität, Opladen

Osterland, M. (1973): Lebensgeschichtliche Erfahrung und gesellschaftliches Bewusstsein, in: Soziale Welt 24, 409-417

Ostner, I. (1978): Beruf und Hausarbeit. Die Arbeit der Frau in unserer Gesellschaft, Frankfurt/M.

Ostner, I. (1995): Wandel der Familienformen und soziale Sicherung der Frau oder: Von der Status- zur Passagensicherung, in: D. Döring/R. Hauser (Hrsg.): Soziale Sicherheit in Gefahr. Zur Zukunft der Sozialpolitik, Frankfurt/M., 80-117

O'Sullivan, M. (2000): Le socialisme des fonds de pension, ou ‚plus ca change ...‘. Financement des retraites et corporate governance aux États-Unis, in: L‘ Annee de la régulation. Périodique annuel, vol. 4: Fonds de pension et ‚nouveau capitalisme‘, Paris, S. 47-87

Otto, U. (1997): Bürgergeld contra Grundsicherung. „Armutsfestigkeit“ als konsensträchtiges, aber ergänzungsbedürftiges Kriterium, in: S. Müller/ U. Otto (Hrsg.): Armut im Sozialstaat. Gesellschaftliche Analysen und sozialpolitische Konsequenzen, Neuwied, 211-244

Ouchi, W.G. (1980): Markets, Bureaucracies and Clans, in: Administrative Science Quarterly 25, 129-141

Parkin, F. (1979): Marxism and Class Theory, New York

Pfau-Effinger, B. (1996): Analyse internationaler Differenzen in der Erwerbsbeteiligung von Frauen – theoretischer Rahmen und empirische Ergebnisse, in: Kölner Zeitschrift für Soziologie und Sozialpsychologie 48, 462-492

Pfeil, E. (1966): Die Frau in Beruf, Familie und Haushalt, in: Familie und Gesellschaft, Tübingen, 141-176

Picot, A./Reichwald, R./Wigand, R.T. (1996): Die grenzenlose Unternehmung. Information, Organisation und Management, Wiesbaden (3. Aufl. 1998)

Piore, M.J./Sabel, C. (1985): Das Ende der Massenproduktion. Studie über die Requalifizierung der Arbeit und die Rückkehr der Ökonomie in die Gesellschaft, Berlin (Original: The Second Industrial Divide. Possibilities for Prosperity, New York 1984)

Pirker, T. (1963): Bürotechnik – Zur Soziologie der maschinellen Informationsbearbeitung, Stuttgart

Polanyi, K. (1978): The Great Transformation. Politische und ökonomische Ursprünge von Gesellschaften und Wirtschaftssystemen, Frankfurt/M.

Polanyi, M. (1966): The Tacit Dimension, Garden City, New York (dt.: Implizites Wissen, Frankfurt/M. 1985)

Pollard, S. (1968): The Genesis of Modern Management, Harmondsworth (Erstausgabe 1965)

Popitz, H./Bahrdt, H.P./Jüres, E.A./Kesting, H. (1957a): Technik und Industriearbeit, Tübingen

Popitz, H./Bahrdt, H.P./Jüres, E.A./Kesting, H. (1957 b.): Das Gesellschaftsbild des Arbeiters, Tübingen

Powell, W.W. (1990): Neither Market nor Hierarchy: Network Forms of Organization. In: Research in Organizational Behaviour 12, 295-336 (dt. Version:

Weder Markt noch Hierarchie: Netzwerkartige Organisationsformen, in: P. Kenis/V. Schneider (Hrsg.): Organisation und Netzwerk. Institutionelle Steuerung in Wirtschaft und Politik, Frankfurt 1996, 213-272)

Prinz, M. (1986): Vom neuen Mittelstand zum Volksgenossen. Die Entwicklung des sozialen Status der Angestellten von der Weimarer Republik bis zum Ende der NS-Zeit, München

Pross, H. (1965): Manager und Aktionäre in Deutschland. Untersuchungen zum Verhältnis von Eigentum und Verfügungsmacht, Frankfurt/M.

Rammert, W. (1982): Verwissenschaftlichung der Arbeit: Industrialisierung der Wissensproduktion und der Informationsverarbeitung, in: W. Littek, W. Rammert, G. Wachtler (Hrsg.): Einführung in die Arbeits- und Industriesoziologie, Frankfurt/M., 76-90

Rammert, W. (1993): Technik aus soziologischer Perspektive. Forschungsstand, Theorieansätze, Fallbeispiele – Ein Überblick. Opladen

Rammert, W. (Hrsg.) (1995): Soziologie und künstliche Intelligenz. Produkte und Probleme einer Hochtechnologie, Frankfurt/M.

Rammert, W. (1997): Auf dem Weg zu einer post-schumpeterianischen Innovationsweise, in: D. Bieber (Hrsg.): Technikentwicklung und Industriearbeit. Industrielle Produktionstechnik zwischen Eigendynamik und Nutzerinteressen, Frankfurt/M., 45-72

Rammert, W. (2000): Technik aus soziologischer Perspektive II, Opladen

Reddy, W. M. (1984): The rise of market culture. The textile trade and French society, 1750-1900, Cambridge

Reddy, W.M (1987): Money and liberty in modern Europe. A critique of historical understanding, Cambridge

Reichwein, R. (1965): Funktionswandlungen der betrieblichen Sozialpolitik, Köln

Reindl, J. (2000): Scheinselbstständigkeit. Ein deutsches Phänomen und ein verkorkster Diskurs, in: Leviathan 28, 413-433

Reulecke, J. (1976): Vom blauen Montag zum Arbeiterurlaub. Vorgeschichte und Entstehung des Erholungsurlaubs für Arbeiter vor dem 1. Weltkrieg. In: Archiv für Sozialgeschichte, Jg. XVI

Rieger, E./Leibfried, S. (1997): Die sozialpolitischen Grenzen der Globalisierung, in: Politische Vierteljahresschrift 4, 771-796

Riese, H. (1995): Geld – das letzte Rätsel der Nationalökonomie, in: W. Schelkle/M. Nitsch (Hrsg.): Rätsel Geld. Annäherungen aus ökonomischer, historischer und soziologischer Sicht, Marburg, 45-62

Riesman, D./Denney R./Glazer R. (1950): The Lonely Crowd. A Study of the Changing American Character, New Haven (dt.: Die einsame Masse, Reinbek 1958)

Rifkin, J. (1995): Das Ende der Arbeit und ihre Zukunft, Frankfurt/M.

Rifkin, J. (2000): Access – Das Verschwinden des Eigentums. Warum wir weniger besitzen und mehr ausgeben werden, Frankfurt/M.

Roethlisberger, F.J., Dickson, W.J. (1939): Management and the Worker, Cambridge/Mass

Roos, P.A. (1985): Gender and Work. A Comparative Analysis of Industrial Societies, New York

Rosa, H. (1999): Bewegung und Beharrung. Überlegungen zu einer sozialen Theorie der Beschleunigung, in: Leviathan, Nr. 3, S. 386-414

Rosenbaum, H. (1982): Formen der Familie. Untersuchungen über den Zusammenhang von Familienverhältnissen, Sozialstruktur und sozialem Wandel in der deutschen Gesellschaft des 19. Jahrhunderts, Frankfurt/M.

Samuelson, A. (1964): Volkswirtschaftslehre, 3. Aufl., Köln (Original: Economics. An Introductory Analysis, New York 1961)

Sauer, D./Altmann, N. (1989): Zwischenbetriebliche Arbeitsteilung als Thema der Industriesoziologie. In: N. Altmann, D. Sauer (Hrsg.): Systemische Rationalisierung und Zulieferindustrie. Sozialwissenschaftliche Aspekte zwischenbetrieblicher Arbeitsteilung, Frankfurt/M., 5-28

Sauer, D./Döhl, M. (1997): Die Auflösung des Unternehmens? – Entwicklungstendenzen der Unternehmensreorganisation in den 90-er Jahren, in: Institut für sozialwissenschaftliche Forschung (ISF) München, Internationales Institut für empirische Stadtökonomie (INIFES), Stadtbergen, Institut für Sozialforschung (IfS) Frankfurt/M., Soziologisches Forschungsinstitut (SOFI) Göttingen, Hrsg.: Jahrbuch sozialwissenschaftliche Technikberichterstattung 1996, Schwerpunkt Reorganisation, Berlin, 19-76

Scase, R./Goffee, R. (1989): Reluctant Managers. Their Work and Lifestyles, London

Schein, E. (1985): Organisation Culture and Leadership, San Francisco

Schein, E. (1988): Organizational Socialization and the Profession of Management, in: Sloan Management Review 53 (Fall 1988), 53-65 (SMR Classical Reprint)

Schelsky, H. (1965): Auf der Suche nach Wirklichkeit. Gesammelte Aufsätze, Düsseldorf

Scherhorn, G. (1997): Das Ganze der Güter, in: Meyer-Abich, K.M. et al.: Vom Baum der Erkenntnis zum Baum des Lebens. Ganzheitliches Denken der Natur in Wissenschaft und Wirtschaft, München, 162-253

Schluchter, W. (1988): Religion und Lebensführung. Studien zu Max Webers Kultur- und Werttheorie, 2 Bde., Frankfurt/M.

Schmähl, W. (Hrsg.) (1999): Betriebliche Sozial- und Personalpolitik. Neue Herausforderungen durch veränderte Rahmenbedingungen, Frankfurt/M.

Schmidt, J. (2000): Die Grenzen der Rational Choice Theorie. Eine kritische theoretische und empirische Studie, Opladen

Schmidt, P. (1990): Warum Frauen nicht arbeiten und was das mit der Arbeit der Männer zu tun hat. Arbeit in der bürgerlichen Geschlechtertheorie, in: H. König/B.v.Greiff/H. Schauer (Hrsg.): Sozialphilosophie der industriellen Arbeit. Leviathan Sonderheft 11, Opladen, 258-270

Schmidt, R. (Hrsg.) (1993): Zwischenbilanz – Analysen zum Tranformationsprozess der deutschen Industrie, Berlin

Schmiede, R. (1986): Alte und neue Stammbelegschaften, paternalistische und protektorale Sozialpolitik. Zur Entstehung betriebsinterber Arbeitsmärkte am Beispiel der Firmen Siemens und MAN. Arbeitspapier 1986-3 des Arbeitskreises für sozialwissenschaftliche Arbeitsmarktforschung, Universität/GH Paderborn

Schmiede, R. (1996): Informatisierung, Formalisierung und kapitalistische Produktionsweise, in Ders. (Hrsg.): Virtuelle Arbeitswelten. Arbeit, Produktion und Subjekt in der 'Informationsgesellschaft', Berlin, 15-48

Schmiede, R. (1996): Informatisierung und gesellschaftliche Arbeit, in Ders. (Hrsg.): Virtuelle Arbeitswelten. Arbeit, Produktion und Subjekt in der 'Informationsgesellschaft', Berlin, 107-129

Schmiede, R./Schudlich.E. (1976): Die Entwicklung der Leistungsentlohnung in Deutschland, Frankfurt/M.

Schmierl, K. (1998): Amorphie im „Normierten Verhandlungssystem" – Wandel industrieller Beziehungen im internationalen Unternehmensverbund, in: M. Behr/H. Hirsch-Kreinsen (Hrsg.): Globale Produktion und Industriearbeit. Arbeitsorganisation und Kooperation in Produktionsnetzwerken, Frankfurt/M., 161-208

Schönhoven, K. (1980): Expansion und Konzentration. Studien zur Entwicklung der Gewerkschaften im Wilhelminischen Deutschland 1890 bis 1914, Stuttgart

Schreyögg, G. (1998): Organisation. Grundlagen moderner Organisationsgestaltung. Mit Fallstudien, 2. Aufl., Wiesbaden

Schumann, M./Gerlach, F./Gschlössl A./Milhoffer, P. (1971): Am Beispiel der Septemberstreiks – Anfang der Rekonstruktionsperiode der Arbeiterklasse? Frankfurt/M.

Schumann, M./Baethge-Kinsky, V./Kuhlmann.M./Kurz, C./Neumann, U. (1994): Trendreport Rationalisierung. Automobilindustrie, Werkzeugmaschinenbau, Chemische Industrie, Berlin

Schumpeter, J.A. (1952): Theorie der wirtschaftlichen Entwicklung, Berlin (Erstausgabe 1911)

Schumpeter, J.A. (1993): Kapitalismus, Sozialismus und Demokratie, 7. Aufl. Tübingen (Erstausgabe 1950)

Schwerdtfeger, B. (1998): Der Griff nach der Psyche. Was umstrittene Persönlichkeitstrainer in Unternehmen anrichten, Frankfurt/M.

Scimecca, J.A. (1977): The Sociological Theory of C. Wright Mills, New York

Scott, R. (1986): Grundlagen der Organisationstheorie, Frankfurt/M.

Scott, R. (1995): Institutions and Organizations, London

Seifert, W. (1995): Die Mobilität der Migranten. Die berufliche, ökonomische und soziale Stellung ausländischer Arbeitnehmer in der Bundesrepublik, Berlin

Seifert, W. (1997): Gewerkschaften in der japanischen Politik von 1970 bis 1990. Der dritte Partner? Opladen

Sengenberger, W. (1987): Struktur und Funktionsweise von Arbeitsmärkten. Die Bundesrepublik Deutschland im internationalen Vergleich, Frankfurt/M.

Sennett, R. (1985): Autorität, Frankfurt/M. (Original: Authority, New York 1980)

Sennett, R. (1998): Der flexible Mensch. Die Kultur des neuen Kapitalismus, Berlin

Seyfarth, C./Sprondel, W. (Hrsg.) (1973): Seminar: Relition und gesellschaftliche Entwicklung. Studien zur Protestantismus-These Max Webers, Frankfurt/M.

Sievers, B. (1994): Work, Death and Life Itself. Essays on Management and Organization, Berlin/New York

Simmel, G. (1989): Philosophie des Geldes. Gesamtausgabe, Hrsg. v. Ottheim Rammstedt, Band 6, Hrsg. v. D.F. Frisby und K.C. Köhnke, Frankfurt/M. (Erstausgabe 1900)

Simon, H.A. (1976): Administrative Behaviour, 3. Aufl. New York (Erstauflage 1945)

Sisson, K./Marginson, P. (1995): Management: Systems, Structures and Strategy, in: P. Edwards (ed.): Industrial Relations. Theory and Practice in Britain, Oxford, S. 89-122

Smelt, S. (1980): Money's place in society, in: British Journal of Sociology 31/2, 204-223

Sombart, W. (1928): Der moderne Kapitalismus. Das europäische Wirtschaftsleben im Zeitalter des Frühkapitalismus, vornehmlich im 16., 17., und 18. Jahrhundert, Zweiter Band, München und Leipzig

Sorge, A. (1985): Informationstechnik und Arbeit im sozialen Prozess, Frankfurt/M.

Soskice, D. (1999): Globalisierung und institutionelle Divergenz: Die USA und Deutschland im Vergleich, in: Geschichte und Gesellschaft, Jg. 25, S. 252f.

Spahn, H.P. (1984): Marx – Schumpeter – Keynes: Drei Fragmente über Geld, Zins und Profit, in: Jahrbücher für Nationalökonomie und Statistik 199/3, 237-255

Speier, H. (1977): Die Angestellten vor dem Nationalsozialismus, Göttingen

Sprenger, R. (2000a): Aufstand des Individuums. Warum wir Führung komplett neu denken müssen, Frankfurt/M.

Sprenger, R. (2000b): Das Prinzip Selbstverantwortung. Wege zur Motivation, 10. Aufl., Frankfurt/M.

Springer, R. (1987): Die Entkoppelung von Produktions- und Arbeitsprozess. Zur Gestaltbarkeit von Arbeitsorganisation – dargestellt am Beispiel des Maschinenbaus, in: Zeitschrift für Soziologie, Heft 1, 33-43

Springer, R. (1999): Rückkehr zum Taylorismus? Arbeitspolitik in der Automobilindustrie am Scheideweg, Frankfurt/M.

Staehle, W. (1990): Management, 5. Aufl. München

Statistisches Bundesamt (1999): Statistisches Jahrbuch 1998, Wiesbaden

Stearns, P. (1980): Arbeiterleben. Industriearbeit und Alltag in Europa 1890-1914, Frankfurt/M. (Original: Lives of Labour. Work in a Maturing Industrial Society, London 1975)

Stern, F. (1988): Gold und Eisen. Bismarck und sein Bankier Bleichröder, Reinbek (dt. Erstausgabe Frankfurt/M. 1978, amerikanisches Original: Gold and Iron, 1977)

Stihler, A. (1998): Die Entstehung des modernen Konsums. Darstellung und Erklärungsansätze, Berlin

Stockmann, R. (1987): Gesellschaftliche Modernisierung und Betriebsstruktur. Die Entwicklung von Arbeitsstätten in Deutschland 1875-1980, Frankfurt/M.

Streeck, W. (1988): Status und Vertrag als Grundkategorien einer soziologischen Theorie der industriellen Beziehungen. Discussion Paper FS I 88-3, Wissenschaftszentrum Berlin für Sozialforschung

Streeck, W. (1991): On the Institutional Conditions of Diversified Quality Production, in: E. Matzner/W. Streeck (ed.): Beyond Keynesianism. The Socio-Economics of Production and Full Employment, Aldershot, 21-61

Streeck, W. (1996): Gewerkschaften zwischen Nationalstaat und Europäischer Union. Max-Planck-Institut für Gesellschaftsforschung Köln, Working Paper 96/1

Streeck, W./Schmitter, P.C. (1985): Community, market, state – and associations? The prospective contribution of interest governance to social order, in: dies. (Hrsg.): Private Interest Goverment. Beyond Market and State, London, 1-29

Streeck, W./Visser J. (1998): An Evolutionary Dynamic of Trade Union Systems, Max-Planck-Institut Köln, Discussion Paper 98/4

Sydow, J. (1993): Strategische Netzwerke. Evolution und Organisation. Wiesbaden

Sydow, J./Wirth, C. (1999): Von der Unternehmung zum Unternehmensnetzwerk – Interessenvertretungsfreie Zonen statt Mitbestimmung? in: W. Müller-Jentsch (Hrsg.): Konfliktpartnerschaft. Akteure und Institutionen der industriellen Beziehungen, 3. Aufl., München und Mering, 157-184

Szydlik, M. (1990): Die Segmentierung des Arbeitsmarktes in der Bundesrepublik Deutschland. Eine empirische Analyse mit Daten des Sozio-ökonomischen Panels, 1984-1988, Berlin

Tacke, V. (1998): Wirtschaftsorganisationen als Reflexionsproblem. Zum Verhältnis von neuem Institutionalismus und Systemtheorie, in: Soziale Systeme 5, 55-82

Tacke, V. (2000): Soziologische Beobachtungsoptiken in der „grenzenlosen Gesellschaft" – Ein Vorschlag zur Neujustierung industriesoziologischer Schlüsselkonzepte, in: H. Minssen (Hrsg.): Begrenzte Entgrenzungen. Wandlungen von Organisation und Arbeit, Berlin 2000, 105-140

Taylor, F.W (1917): Die Grundsätze wissenschaftlicher Betriebsführung, München 1917 (Originalausgabe: Principles of Scientific Management, 1911)

Tenbruck, F. (1981): Emile Durkheim oder die Geburt der Gesellschaft aus dem Geist der Soziologie, in: Zeitschrift für Soziologie 10, 333-350

Teubner, G. (2000): Netzwerke – Binnenstruktur und Externalitäten. Eine Debatte zwischen Ökonomie und Rechtswissenschaft, in: G. Schreyögg (Hrsg.): Funktionswandel im Management: Wege jenseits der Ordnung. Drittes Berliner Kolloquium der Gottlieb Daimler- und Karl Benz-Stiftung, Berlin, 125-160

Thomas, K. (1964): Die betriebliche Situation der Arbeiter, Stuttgart

Thompson, P. (1983): The Nature of Work. An introduction to debates on the labour process, London

Tolbert, P./Zucker, L.G. (1996): The Institutionalization of Institutional Theory, in: S.R. Clegg/C. Hardy/W. R. Nord (eds.): Handbook of Organization Studies, London, 175-190

Trautwein-Kalms, G. (1995): Ein Kollektiv von Individualisten? Interessenvertretung neuer Beschäftigtengruppen, Berlin

Traxler, F. (1997): Der Flächentarifvertrag in der OECD. Entwicklung, Bestandsbedingungen und Effekte, in: Industrielle Beziehungen 4, 101-124

Traxler, F./Woitech, B. (1999): Transnationale Investititionen und nationale Arbeitsmarktregimes: Ein Fall von „Regime Shopping"? in: S. Hradil/F. Traxler (Hrsg.): Grenzenlose Gesellschaft? Verhandlungen des 29. Kongresses der Deutschen Gesellschaft für Soziologie, des 16. Kongresses der österreichischen Gesellschaft für Soziologie, des 11. Kongresses der Schweizerischen Gesellschaft für Soziologie in Freiburg/Br. 1998, Opladen, 506-521

Trist, E.L., Bamforth, K.W. (1951): Some social and psychological consequences of the longwall method of coal getting", in: Human Relations 4, 3-38

Türk, K. (1995): „Die Organisation der Welt". Herrschaft durch Organisation in der modernen Gesellschaft, Opladen

Uhle, C. (1987): Betriebliche Sozialleistungen. Entwicklungslinien und Ansätze einer Erklärung ihrer Bereitstellung, Köln

Ullrich, U. (1977): Technik und Herrschaft. Vom Hand-werk zur verdinglichten Blockstruktur industrieller Produktion, Frankfurt 1977

Useem, M. (1993): Shareholder Power and the Struggle for Corporate Control, in: R. Swedberg (ed.): Explorations in Economic Sociology, New York, 308-334

Vahrenkamp, R. (1983): Wirtschaftsdemokratie und Rationalisierung. Zur Technologiepolitik der Arbeiterbewegung in der Weimarer Republik, in: Gewerkschaftliche Monatshefte 34, 722-740

Veblen, T. (1953): The Theory of the Leisure Class. An Economic Theory of Institutions, New York (First Edition: New York 1899)

Ven, F. van der (1972): Sozialgeschichte der Arbeit, Band 1-3, München

Voß, G./Pongratz, H.G. (1998): Der Arbeitskraftunternehmer. Eine neue Grundform der 'Ware Arbeitskraft'? in: Kölner Zeitschrift für Soziologie und Sozialpsychologie 50, 131-158

Voswinkel, S. (2000): Das mcdonaldistische Produktionsmodell – Schnittstellenmenegement interaktiver Dienstleistungsarbeit, in: H. Minssen (Hrsg.): Begrenzte Entgrenzungen. Wandlungen von Organisation und Arbeit, Berlin, 177-204

Walgenbach, P./Kieser, A. (1995): Mittlere Manager in Deeutschland und Großbritannien, in: G. Schreyögg/J. Sydow (Hrsg.): Managementforschung 5. Empirische Studien, S. 259-310, Berlin

Wallerstein, I. (2000): Globalization or the Age of Transition? A Long-Term View of the Trajectory of the World System, in: International Sociology, Vol. 15, No. 2, S. 249-265

Walter-Busch, E. (1989): Das Auge der Firma, Stuttgart

Warnecke, H.J. (1992): Die fraktale Fabrik. Revolution der Unternehmenskultur, Berlin

Webb, S und B. (1920): Industrial Democracy, London (First Edition 1902)

Weber, C. (1993): Welche Maske zu welcher Gelegenheit? Anmerkungen zur Debatte um Frauen und Management, in: W. Müller-Jentsch (Hrsg.): Profitable Ethik – effiziente Kultur. Neue Sinnstiftungen durch das Management? München und Mering, 209-228

Weber, C. (1998): Neue Produktionskonzepte: Folgen für Frauen, München und Mering

Weber, M. (1920): Die protestantische Ethik. Eine Aufsatzsammlung, Tübingen (Lizenzausgabe Hrsg. von J. Winckelmann, 1965)

Weber, M. (1924): Gesammelte Aufsätze zur Soziologie und Sozialpolitik, Tübingen

Weber, M. (1972): Wirtschaft und Gesellschaft, 5. Aufl., Tübingen

Weber-Kellermann, I. (1974): Die deutsche Familie. Versuch einer Sozialgeschichte, Frankfurt/M.

Weidig, I./Hofer, P./ Wolff, H. (1999): Arbeitslandschaft 2010 nach Tätigkeiten und Tätigkeitsniveau, in: Beiträge zur Arbeitsmarkt- und Berufsforschung, 227, Nürnberg

Wengenroth, U. (1997): Zur Differenz von Wissenschaft und Technik, in: D. Bieber (Hrsg.): Technikentwicklung und Industriearbeit. Industrielle Produktionstechnik zwischen Eigendynamik und Nutzerinteressen, Frankfurt/M., 141-152

Weyer, J. (Hrsg.) (2000): Soziale Netzwerke, München

Whythe W.H. jr. (1956): Organization Man, New York

Williamson, O.E. (1975): Markets and Hierarchies: Analysis and Antitrust Implications, New York

Williamson, O.E. (1985): The Economic Institutions of Capitalism, New York

Willke, H. (1998): Organisierte Wissensarbeit, in: Zeitschrift für Soziologie, Jg. 27, Heft 3, S. 161-177

Willms-Herget, A. (1985): Frauenarbeit. Zur Integration von Frauen in den Arbeitsmarkt, Frankfurt/M.

Wimmer, R. (1998): Wider den Veränderungsoptimismus. Zu den Möglichkeiten und Grenzen einer radikalen Transformation von Organisationen, in: Soziale Systeme, Jg. 5, Heft 1, S. 159-180

Windolf, P. (1981): Berufliche Sozialisation, Stuttgart

Windolf, P. (1994): Die neuen Eigentümer. Eine Analyse des Marktes für Unternehmenskontrolle, in: Zeitschrift für Soziologie 23, 79-92

Windolf, P./Beyer, J. (1995): 'Korporativer Kapitalismus'. Unternehmensverflechtungen im internationalen Vergleich, in: Kölner Zeitschrift für Soziologie und Sozialpsychologie 47, 1-36

Wrench, J./Wirdee, S. (1996): Organizing the Unorganized. „Race', Poor Work and Trade Unions, in: P. Ackers/C. Smith/P. Smith (ed.) (1996): The New Workplace and Trade Unionism. Critical Perspectives on Work and Organization, London, 240-278

Wittel, A. (1997): Belegschaftskultur im Schatten der Firmenideologie. Eine ethnographische Fallstudie, Berlin

Womack, J.P./Jones, D.T./Roos, D. (1991): Die zweite Revolution in der Automobilindustrie, Frankfurt/M.

Wright, E. O. (1985): Classes. London

Wuntsch, M. v. (1988): Determinanten und Spielräume der Industriearbeit. Die industriesoziologische Diskussion des Verhältnisses von Technik, Ökonomie und Arbeitsorganisation seit 1945, Frankfurt/M.